SCHÄFFER
POESCHEL

ANDREAS BAETZGEN
JÖRG TROPP (HRSG.)

BRAND CONTENT

DIE MARKE ALS MEDIENEREIGNIS

2013
Schäffer-Poeschel Verlag Stuttgart

Gedruckt auf chlorfrei gebleichtem, säurefreiem und alterungsbeständigem Papier

Bibliografische Information der Deutschen Nationalbibliothek
Die Deutsche Nationalbibliothek verzeichnet diese Publikation in der Deutschen Nationalbibliografie; detaillierte bibliografische Daten sind im Internet über <http://dnb.d-nb.de> abrufbar.

ISBN 978-3-7910-3315-0

Dieses Werk einschließlich aller seiner Teile ist urheberrechtlich geschützt. Jede Verwertung außerhalb der engen Grenzen des Urheberrechtsgesetzes ist ohne Zustimmung des Verlages unzulässig und strafbar. Das gilt insbesondere für Vervielfältigungen, Übersetzungen, Mikroverfilmungen und die Einspeicherung und Verarbeitung in elektronischen Systemen.

© 2013 Schäffer-Poeschel Verlag für Wirtschaft · Steuern · Recht GmbH
www.schaeffer-poeschel.de
info@schaeffer-poeschel.de

Layout: Melanie Frasch
Einbandgestaltung: Tim Stübane/Andreas Baetzgen/Jessica Joos
Satz: Johanna Boy, Brennberg
Druck und Bindung: CPI books GmbH, Leck

Printed in Germany
November 2013

Schäffer-Poeschel Verlag Stuttgart
Ein Tochterunternehmen der Verlagsgruppe Handelsblatt

Vorwort

Die Zeit, als Marken nur in TV-Spots, Anzeigen oder Postern präsent waren, ist definitiv vorbei. Marken sind heute mediale Ereignisse – sei es, dass sie informative, nützliche oder unterhaltsame Inhalte für Medien liefern, oder sei es, dass sie sich direkt selbst als Medium etablieren und so unterschiedlichste Funktionen erfüllen: vom Wissensfundus und Informationsportal für bestimmte Produkte oder Themen über den spielerischen, intuitiven oder auch sensationellen Zugang in eine Markenwelt bis hin zur Plattform sozialer Interaktionen.

Brand Content, also die vielfältigen Geschichten, Themen, Anlässe und Inhalte einer Marke, wird damit zum entscheidenden Erfolgsfaktor. Dies gilt insbesondere in einer digitalen Medienwelt, in der Marken rund um die Uhr mit Konsumenten interagieren – über Games, Apps, Online, Social Media, Magazine, TV, Filme und Events. Hierfür brauchen Marken relevante Inhalte.

»Brand Content« lautet deshalb der Titel dieses Buches. Lange haben wir diskutiert, ob dieser die Idee und das Anliegen dieses Sammelwerks auf den Punkt bringt. Warum nicht Branded Content, Content Marketing oder Owned Media? So – und ähnlich – lauteten die Vorschläge, die in Diskussionen mit Kollegen, Autoren dieses Buches und dem Verlag gefallen sind. Letztlich erschien uns das Rubrum Brand Content aus einem sehr triftigen Grund am geeignetsten: Es betont die *strategische* Bedeutung von Markeninhalten. Diese müssen weder gebrandet sein, wie der Begriff »Branded Content« suggeriert, noch sind diese zwingend auf Owned Media beschränkt. Brand Content, so unser Verständnis, ist die strategische Basis, der Stoff für eine moderne Markenkommunikation, in der Marken zu Medienereignissen werden.

30 Marken- und Medienexperten aus den unterschiedlichsten Bereichen der Praxis und der Wissenschaft legen in diesem Band ihre Sicht auf den Zusammenhang von Marken und Inhalten dar. In sechs Hauptkapiteln beleuchten sie das Thema anwendungsorientiert und aus unterschiedlichen Blickwinkeln: Nach einer Einführung in die *Grundlagen & Theorien*, beschäftigt sich Kapitel 2 mit den *Strategien & Konzepten*. Konkret geht es um Storytelling, Gamification, User Generated Content sowie News & Sensation. Im anschließenden Kapitel *Medien & Instrumente* werden Online-Medien, Mobile Media, TV, Corporate Publishing und Games behandelt bevor im vierten Kapitel *Inhalte & Themen* des Brand Content im Mittelpunkt stehen: Live Communication, Authentizität und Sport. Im Kapitel *Planung & Prozess* folgen Erläuterungen zur Content- und Formatentwicklung, zur Distribution von Brand Content sowie die Klärung der Fragen nach dem

Content Marketing ROI und den rechtlichen Herausforderungen. Zwei Ausblicke, was die nächste Evolutionsstufe von Brand Content sein könnte, schließen den Band ab. Jedem Beitrag ist ein kurzer Abstract vorangestellt, der dem Leser die schnelle Orientierung ermöglichen soll. In den Aufsätzen verlinken QR-Codes auf Beispiele und weitere Informationen zu einem Thema.

Am Ende des Buches finden sich ein zentrales Literatur- und ein Autorenverzeichnis, das dem Leser einen komprimierten Überblick über die Autorinnen und Autoren gibt, die mit ihrer Expertise zum Entstehen dieses Buches ganz wesentlich beigetragen haben. Wir, die Herausgeber, können den Autorinnen und Autoren gegenüber gar nicht hinreichend zum Ausdruck bringen, wie sehr wir es wertschätzen, dass sie mit ihrem Know-how und ihrer Zeit zu einer fundierten Reflektion beigetragen haben. Ganz herzlichen Dank dafür!

Unser Dank gilt auch Tim Stübane für die Einbandgestaltung und Julia Susanne Schwarz für ihr professionelles Projektmanagement und ihre sorgfältige Assistenz.

Schließlich möchten wir den Lesern eine spannende Lektüre wünschen. Wenn Ihnen das Buch zu neuen Anregungen für das Brand Content Management verhilft oder es Sie mit nützlichen Informationen bei der Erstellung einer wissenschaftlichen Abhandlung unterstützt, hat es sein Ziel erreicht. Geben Sie uns doch gelegentlich einmal eine Rückmeldung. Wir würden uns freuen!

Berlin	Frankfurt am Main
Andreas Baetzgen	Jörg Tropp

Inhaltsverzeichnis

Vorwort V

Kapitel 1: Grundlagen & Theorien

Die Marke als Medium. Eine Einführung in das Brand Content Management
Jörg Tropp und Andreas Baetzgen 3

Theoretische Erklärungsansätze der Nutzung, Wahrnehmung und Wirkung von Brand Content
Holger Schramm und Johannes Knoll 18

Kapitel 2: Strategien & Konzepte

Storytelling. Warum Marken Geschichten erzählen müssen
Markus Albers und Sebastian Handke 31

Gamification. Game on! Markenmanagement mit Spaßfaktor
Nora S. Stampfl 42

User Generated Content. Marken und Menschen – neue Chancen für die Beziehung
Thomas Funk 57

News und Sensation. Wie Marken die neue Nachrichtenwelt erobern
Bernhard Fischer-Appelt 69

Kapitel 3: Medien & Instrumente

Brand Content in Online-Medien. Von der Creative Excellence zur Content Excellence
Peter Figge und Hans Albers 87

Brand Content in Mobile Media. Jedem Device sein eigener Content – oder warum das Geschichtenerzählen auf Mobile so anders ist.
Heike Scholz 101

Brand Content im TV. How to put the »Branded« in Branded Entertainment
Claus Bröckers und Markus Großweischede 117

Vom Corporate Publishing zum Content Marketing. It's the content, stupid!
Rainer Burkhardt und Andreas Siefke 130

Brand Games. Spielend werben!
Andreas Stecher und Tobias Piwek 144

Kapitel 4: Inhalte & Themen

Wie Live Communication Marken zum Thema macht. Content-Strategien am Beispiel Musik
Herbert Schmitz 159

Authentizität im Content-Marketing. Wie echt müssen Marken sein?
Christoph Bornschein 173

Brand Content und Sport. Emotionalisierung als Instrument erfolgreicher Markenkommunikation
Peter Lauterbach und Nicole Bongartz 183

Kapitel 5: Planung & Prozess

Content- und Formatentwicklung. Wie Marken den Zuschauer mit bewegten Bildern fesseln können
Bjoern Hoven 197

Distribution von Brand Content. Herausforderungen und strategische Optionen
Georg Ramme 213

Content Marketing ROI. Marketing-Erfolg ist messbar –
auch in den Social Media
Jesko Perrey und Thomas Bauer 227

Brand Content als rechtliche Herausforderung
Pietro Graf Fringuelli und Michael Kamps 243

Kapitel 6: Ausblick
»Content is King, packaging is God«
Lars Lehne und Conrad Fritzsch 265

Vom Markenmedium zur Medienmarke. Die Zukunft des Brand Content
Managements
Jörg Tropp und Andreas Baetzgen 275

Literaturverzeichnis 289

Autorenverzeichnis 299

Stichwortverzeichnis 307

Kapitel 1:
Grundlagen & Theorien

Die Marke als Medium

Eine Einführung in das Brand Content Management

Jörg Tropp und Andreas Baetzgen

> In ihrer Einführung beschreiben Jörg Tropp und Andreas Baetzgen die Grundzüge eines Brand Content Managements. Sie sprechen von einer neuen Ära der Markenkommunikation, in der Marken zu Medien werden und Content der zentrale Effizienztreiber ist. Die Herausgeber stützen sich auf die Ergebnisse einer Delphi-Studie unter führenden Marken- und Medienexperten, die nach den Ursachen, Erfolgsfaktoren und Implikationen dieser fundamentalen Entwicklung fragt.

Modeblogger auf der ganzen Welt waren begeistert als *Burberry* 2011 seine Show auf der London Fashion Week live ins Netz streamte – bis dahin ein Novum in der um Exklusivität bemühten Fashion-Welt. Stargäste wie Sienna Miller und Anna Wintour von der Vogue sahen, was tausende Follower online bereits gesehen hatten. Chefdesigner Christopher Bailey fotografierte jedes Model persönlich und twitterte das Bild im Burberry »Tweetwalk«, bevor es auf den Catwalk ging. »Burberry is now as much a media-content company as we are a design company, because it's all part of the experience«, so Christopher Bailey (vgl. Carter-Morley 2011; Indvik 2011).

Die Marke Burberry steht beispielhaft für eine neue Ära der Markenkommunikation, über die US-Autorin Rebecca Lieb (2011) schreibt: »Marketers are *buying* less and less media. They are *becoming* the media.« Pulizzi und Barrett (2009) sprechen angesichts dieser Entwicklung gar von einem »Marketing Tsunami«. Sie schreiben: »smart companies know they need to do something more than just vendors, so they've learned how to become significant content providers for their current and future customers. (...). Marketing organizations are now realizing that they can create quality content equal to or better than what many media companies are producing.« (ebd.: 8) Auch in Deutschland werden immer mehr Unternehmen zu Content-Anbietern, die ähnlich wie Filmstudios, Fernsehsender oder Verlagshäuser hochwertige Medieninhalte produzieren. Laut einer Schätzung des Verbands Deutscher Zeitschriftenverleger (VDZ) und der Unternehmensberatung

McKinsey & Company steigen hierzulande bis 2015 die Ausgaben für klassische Werbemedien (Paid Media) um 700 Millionen Euro, die für Owned Media um 4,5 Mrd. Euro (VDZ & McKinsey 2012). Besonders brisant sind die Umwälzungen im Print-Bereich: Während die Netto-Werbeeinnahmen von Tageszeitungen von 2010 bis 2012 um 8,2 Prozent gesunken sind (BDZV 2012), stiegen die Investitionen der Unternehmen in eigene Print-Publikationen wie Kundenmagazine im gleichen Zeitraum um 6,3 Prozent an (EICP 2012).

> Aus Marken werden Medien: Statt Werbezeiten und -plätze einzukaufen, investieren immer mehr Marken in eigene Informations- und Unterhaltungsangebote, so genannte Markenmedien (Owned Media). Sie markieren den Anbruch einer neuen Evolutionsstufe der Markenkommunikation (Abbildung 1).

Kommunikative Evolutionsstufen der Marke	Marke als selbstbezügliche Kommunikation	Marke in redaktionellen Kontext integriert	Marke als Medium für Kommunikation
Erscheinungsform	Trennung von werblicher und redaktioneller Kommunikation	Werbung als integraler Bestandteil des redaktionellen Kontext	Redaktionell aufbereitetes Fernseh-/Online-/Print-Angebot
Beispielhafte Instrumente	Klassische Werbung (u.a. TV-Spot, Plakat, Banner)	Placement, Sponsoring, Produkt-PR, Campaigning	Corporate Publishing, Content Marketing
Verhältnis Marke/-Medien	Paid Media	Paid Media, Earned Media	Owned Media
Ziele	Aufmerksamkeit, Werbeerinnerung, Imageaufbau	Imagetransfer, Involvement, Reaktanzvermeidung	Interaktion, Nutzwert der Kommunikations- und Medienangebote
Wahrnehmung	passives Reiz-Reaktionsmuster	aktive Zuwendung zum redaktionellen Kontext	aktive Zuwendung zum Kommunikations- und Medienangebot der Marke

Abb. 1: Aus Marken werden Medien: Eine neue Ära der Markenkommunikation (eigene Abbildung)

Die Folge ist eine neue Qualität der Markenkommunikation mit erheblichen Auswirkungen für das Markenmanagement:

- Die Marke wird zum Initiator und Anbieter (»owner«) von Content. Sie kommuniziert über eigene Medien (*Markenmedien*) zum Kunden, die sie inhaltlich und formal kontrollieren und frei ausgestalten kann.
- Häufig werden diese Content-Angebote vom Konsumenten nicht als Werbung wahrgenommen. Auch wenn ihre Intention letztlich werblich ist, dominiert ihr redaktioneller Charakter.
- Markenmedien haben für die Zuschauer und User einen Eigenwert (z. B. Information, Unterhaltung, Vernetzung) und werden somit aktiv und freiwillig genutzt. Es sind *Angebote*.
- Meist ist nicht die Marke oder das Produkt Inhalt der Kommunikation, sondern es geht um ein daraus abgeleitetes Spektrum aufmerksamkeitsstarker Themen.
- Viele Content-Angebote sind deshalb eigenständig gebrandet. Beispiele sind Medienformate wie *Laviva* oder *The Red Bulletin*, die nur indirekt auf die Herausgeber Rewe und Red Bull schließen lassen.
- Markenmedien schaffen für die Marke ein exklusives Umfeld, um deren Erlebniswelt zu inszenieren bzw. durch die Nutzer inszenieren zu lassen.
- Markenmedien verbinden professionellen und User Generated Content, um den Kunden und die Community aktiv in die Kommunikation einzubeziehen. Zudem schaffen sie eine Kommunikationsplattform für die Kommunikation der Menschen untereinander.
- Markenmedien sind in aller Regel langfristig ausgerichtet, d.h. sie zielen auf die institutionalisierte und regelmäßige Produktion und Verbreitung von Inhalten. Mit wachsendem Angebot können spezialisierte Abteilungen oder Organisationseinheiten entstehen, die für die Produktion und die Vermarktung der Inhalte verantwortlich sind (z. B. Red Bull Media House, P&G Entertainment).

Weshalb entwickeln sich Marken zu Medien? Was sind die Erfolgsfaktoren von Markenmedien und die Eckpfeiler eines ganzheitlichen Brand Content Managements? Zur Beantwortung dieser Fragen stützen wir uns auf die Ergebnisse einer Delphi-Studie, die wir im Jahr 2012 unter führenden Marken- und Medienexperten durchgeführt haben. Die Studie zeigt, dass das Beispiel Burberry keine Ausnahme ist. Vieles deutet darauf hin, dass die Markenkommunikation am Anfang einer Content Revolution steht, die gewaltige Anforderungen an das Markenmanagement stellt.

> **Die Delphi-Studie**
>
> 26 Marken- und Medienexperten aus Praxis und Wissenschaft bewerteten in einer zweistufigen Online-Befragung das Potenzial und die Erfolgsfaktoren von Markenmedien (vgl. Baetzgen/Tropp 2012). Die Ergebnisse zeigen, dass Markenmedien mehr sind als nur ein weiteres Instrument der Marketing-Kommunikation. Markenmedien geben der Kundenansprache eine neue Qualität und verändern das Management von Marken und Medien grundlegend. Der Teilnehmerkreis der Studie bestand aus Experten aus Wissenschaft, Industrie, Medien, Vermarktern und Agenturen, u.a. Gerald Banze (Mindshare), Prof. Dr. Manfred Bruhn (Universität Basel), Philipp Dinkel (Programsolutions), Dirk Engel, Prof. Dr. Franz-Rudolf Esch (European Business School), Dr. Holger Feist (Burda Intermedia Publishing), Florian Gmeinwieser (plan.net), Kai Greib (Razorfish), Gregor Gründgens (Vodafone), Prof. Dr. Frank Keuper (Steinbeis School of Management + Innovation), Stefan Kiwit (Exit-Media), Georg Konjovic (Axel Springer), Lars-Eric Mann (IP Deutschland), Christoph Mayer (MRM), Martin Moszkowicz (Constantin Film), Nina Rieke (DDB), Michael Schade (Fishlabs Entertainment), Prof. Dr. Andreas Scheuermann (Brainpool TV), Prof. Dr. Gabriele Siegert (Universität Zürich), Uwe Storch (Ferrero), Thomas Strerath (Ogilvy & Mather), Penelope Winterhager (Draftfcb Hamburg), Ulrike Vollmoeller, Alexander Wipf (Leo Burnett).

Ursachen der Content Revolution

Ein wichtiger Grund, weshalb immer mehr Unternehmen in Content investieren, liegt an einem strukturellen Wandel unserer Gesellschaft, den Medienwissenschaftler als *Medialisierung* – stellenweise auch als Mediatisierung – bezeichnen (vgl. Imhof 2006; Krotz 2005, 2007; Meyen 2009). Gemeint ist, dass immer mehr gesellschaftliche Teilbereiche (Politik, Wissenschaft, Wirtschaft etc.) ihr Handeln an den Inszenierungsformen und Strategien der Medien ausrichten, um Aufmerksamkeit auf sich zu ziehen und öffentliche Meinungsbildungsprozesse zu lenken. In der Wirtschaft geschieht dies besonders durch die Unternehmen und ihr Markenmanagement. Wirtschafts- und Medienwissenschaftler sprechen von einer »kommunikativen Neukonstitution der Ökonomie« (Imhof 2006: 206), einer Ökonomie der Aufmerksamkeit, in der Aufmerksamkeit zum Wert an sich wird (vgl. Franck 1998). Der spektakuläre Sprung von Felix Baumgartner aus 39 Kilometer Höhe für die Getränkemarke *Red Bull* ist der vorläufige Höhepunkt dieser Entwicklung und ein Beispiel für die Medialisierung von Marken. »Baumgartner brach mit seiner jahrelang vorbereiteten Aktion nicht nur Rekorde, er sorgte auch für einen globalen Medien-Event durch alle Generationen, wie es ihn seit der Mondlandung in den 60er-Jahren nicht mehr gegeben hat«, so die Begründung der BAMBI-Jury, die Baumgartner mit dem »Millennium BAMBI« 2012 auszeichnete.

> In einer Ökonomie der Aufmerksamkeit gilt: Relevanz ist die neue Währung.

Die Relevanz eines Mediums und damit der Nutzen für den Leser, Zuschauer oder User sind in einer Ökonomie der Aufmerksamkeit entscheidend für den Erfolg. Gleiches gilt für den Erfolg von Marken und Markenmedien. Letztere können durch den gezielten Zuschnitt auf die Nutzungsmotive der Konsumenten wie beispielsweise Information, Unterhaltung oder soziale Interaktion (Ridder & Engel 2010) einen Mehrwert für den Kunden schaffen und damit als Bereicherung des Medienangebots erlebt werden. Ein Beispiel hierfür ist die Kult-Comedy-Serie »Easy to Assemble« von *IKEA* (vgl. Wittkopf 2011).

Durchschnittlich 10 Millionen User haben die Show auf Kanälen wie My Damn Channel, YouTube, Koldcast, Hulu und IKEAFans.com gesehen. In der Serie versucht Produzentin und Hauptdarstellerin Illeana Douglas dem Show-Geschäft mit einem Job in ihrem örtlichen *IKEA* Einrichtungshaus zu entfliehen, um ein normales Leben zu führen. Doch der Versuch scheitert. »Die Sendereihe war die perfekte Möglichkeit, uns über das Format mit unseren Kunden zu verbinden, das diese regelmäßig und gerne nutzen«, so Alia Kemet von *IKEA*. »Easy to Assemble lädt unsere Kunden zu einem humorvollen Blick hinter die Kulissen der Shops und der Ikea-Kultur ein. Ein lustiger Ort zum Einkaufen und Arbeiten.«

IKEA – Easy to Assemble

> Markenmedien schaffen eine Win-Win-Situation: Der Mehrwert für den Konsumenten liegt in deren Informations-, Unterhaltungs- und Interaktionswert. Der Mehrwert für die Marke ergibt sich aus der Aufmerksamkeit und der aktiven Zuwendung des Konsumenten zum Medienangebot.

Eine weitere Ursache für die Entstehung von Markenmedien ist die Digitalisierung. Vor allem das Internet erzwingt die Entwicklung von immer neuem Brand Content. Marken brauchen ständig wechselnde Themen und Inhalte, um 24 Stunden, 7 Tage die Woche, 365 Tage im Jahr mit dem Konsumenten zu interagieren. Digitaler Content ist zudem wichtig, damit eine Marke in den assoziativen Strukturen des Internets gefunden und angeklickt wird. Durch die Digitalisierung haben sich zudem die technischen und strukturellen Voraussetzungen der Markenkommunikation verändert. Es gibt immer mehr Medien und damit immer mehr Möglichkeiten mit dem Konsumenten zu kommunizieren. Unternehmen sind folglich immer weniger auf die Unterstützung professioneller Medien angewiesen. Sie können ihre eigenen Medien und Inhalte schaffen und damit ohne Umweg mit dem Kunden kommunizieren – ganz ohne zeitliche und formale Restriktionen. Zudem schaffen diese Markenmedien für die Marke ein exklusives Umfeld. Sie sind frei von störenden Nebengeräuschen und Botschaften des Wettbewerbs und machen eine Marke unabhängig von Fernsehsendern und Verlagen, deren inhaltliche Angebote nach Meinung vieler Werbetreibender immer mehr an Qualität verlieren. »Ich verstehe nicht, dass Sender und Verlage uns nicht das anbieten, was wir als Werbetreibende wirklich brauchen«, so Anders Sundt Jensen, Leiter Markenkommunikation von *Mercedes-Benz*, in einem Interview mit der Zeitschrift horizont (Amirkhizi 2013: 17). »Ich kann nicht bei Richterin Salesch werben. Ich brauche Einzigartigkeit«, so Jensen weiter. Diese Einzigartigkeit schaffen Markenmedien. Sie liefern das Werbeumfeld gleich mit und damit die perfekte Bühne für eine Marke. Obendrein liefern sie Unternehmen wichtige Kundendaten und Insights. Obwohl es insbesondere die digitalen Medien sind, die die Content Revolution vorantreiben, bieten auch Fernsehen (vgl. Kap. 3, S. 117), Zeitungen und Zeitschriften vielfältige Möglichkeiten für eigenen Brand Content.

> Vor allem im Internet werden Marken zum Medium: Sie sind Herausgeber, Provider, Produzent, Redakteur, Moderator und Zuschauerservice in einem.

Erfolgsfaktoren von Brand Content

Laut Meinung der Experten unserer Delphi-Studie ist das Gelingen von Brand Content an drei Bedingungen geknüpft: Brand Content muss (1.) der *Logik der Medien*, (2.) der *Logik der Marke* und (3.) der *Logik journalistischen Handelns* entsprechen.

Die Marke als Medium
Eine Einführung in das Brand Content Management

1. Logik der Medien: Entspricht der Content den Regeln des Mediums und der Aufmerksamkeitsökonomie?

Jedes Medium hat seine eigenen Regeln. Themen und Inhalte, die in dem einen Medium funktionieren, sind für ein anderes Medium ungeeignet oder müssen inhaltlich und formal grundlegend anders aufbereitet sein. Die Charakteristika eines Mediums beeinflussen eben wesentlich die Struktur und Bedeutung von Kommunikation. Denn mit jedem Medium sind unterschiedliche Kontexte, Motivationen und Nutzungsmuster verbunden. Der bekannte Philosoph Marshall McLuhan (1964) hat diese elementare Bedeutung der Medien in seiner populären Grundthese »the medium is the message« prägnant formuliert. Beispielsweise lässt sich durch die Verwendung eines besonders innovativen Mediums die Innovationsstärke einer Marke unterstreichen, wie das Beispiel *Burberry* zeigt. Burberry war das erste Modelabel, das seine Shows via *Twitter* und Livestream verbreitete.

Das größte Potenzial für Brand Content liegt nach Meinung der Experten in den Onlinemedien sowie bei Games, während die Möglichkeiten im Rundfunk rechtlich begrenzt bleiben (vgl. Kap. 5, S. 243). »Gerade im Bereich der Free-to-Play-Games können Marken durchaus gegen kommerzielle Publisher antreten. Marken bringen durch ihre Produkte von Haus aus einen Mehrwert mit. Sie haben eine Fanbase und auch das nötige Budget, um die eigenen Free-to-Play-Games ganz nach oben in die Download-Charts zu pushen«, so ein Experte der Studie (vgl. Kap. 3, S. 144). Ein zentraler Erfolgsfaktor von Brand Content ist dabei die Reichweite. Ist diese erst groß genug, werden Markenmedien zu ernsthaften Konkurrenten von Paid Media, so die Expertenmeinung der Delphi-Studie. Tatsächlich aber steht der Aufwand zur Erstellung der Medienleistungen noch nicht immer im Verhältnis zur Nutzung und Reichweite durch den Konsumenten. Vor allem in den neuen Medien gibt es eine Euphorie, die Rentabilitätsfragen ausblendet. Viele Unternehmen wollen um jeden Preis dabei sein, auch wenn die aufwendig produzierten Inhalte gerade ein paar Hundert Zuschauer auf *Youtube* erreichen. Sicher ist, dass der Erfolgsdruck für viele Markenmedien besonders in den digitalen Medien dramatisch steigen wird, wenn die Phase des Experimentierens vorbei ist. Dies liegt zum einen an den sehr transparenten Erfolgswährungen von *Facebook*, *Youtube* & Co. (z. B. Abonnenten, Videoaufrufe) und zum anderen an Best Cases, die die Messlatte immer weiter nach oben verschieben. Die Jagd nach Klicks kann für eine Marke schnell zum Verhängnis werden. Viele Marketer gieren so sehr nach Sensation und Aufmerksamkeit, dass sie dabei die Markenpersönlichkeit vergessen. Ein Beispiel ist der Film »Stresstest« von *NIVEA*, der innerhalb von nur einer Woche 4 Millionen Klicks erzielte. Die vielen negativen Kommentare auf Facebook und Youtube jedoch zeigen, dass aus der Perspektive der User der Film der Logik der Marke widerspricht, was zur zweiten Erfolgsbedingung überleitet.

2. Logik der Marke: Passen Medium und Content zur Marke?

Brand Content ist ein wichtiges Profilierungs- und Differenzierungsinstrument in wettbewerbsintensiven Märkten. Jede Marke muss dennoch kritisch prüfen, ob und inwieweit sich Produktkategorie und Markenpersönlichkeit wirklich eignen, eigenständige Content-Angebote zu entwickeln. Vor allem Marken mit einem hohen emotionalen Involvement, so unsere Studie, haben gute Voraussetzungen, um eine erfolgreiche Content-Strategie zu lancieren. Im Vorteil sind auch Marken, die an sich Unterhaltung versprechen, beispielsweise Spielzeugunternehmen wie *Hasbro* und *Lego* (vgl. Kap. 3, S. 117). Auch eine stark marken-involvierte Anhängerschaft wie bei *Apple* und *Harley-Davidson* sowie inhaltliche Anknüpfungspunkte zu Themen, Inhalten oder Personen aus den Medien sind hilfreich. Vorteilhaft sind auch bestehende Überlappungen mit der Medienbranche, wie im Bereich der Unterhaltungselektronik. Aber auch Mode- und Sportmarken, die immer schon Teil des Showbusiness sind, haben es leichter, wie auch *Burberry* zeigt. Weitere begünstigende Faktoren sind nach Meinung der Experten eine ausgeprägte, assoziationsreiche und die Fantasie anregende Markengeschichte und eine hohe Informationskompetenz.

Bei der Entwicklung einer Content-Strategie muss neben der thematischen Passung zudem die Position einer Marke im Markt berücksichtigt werden. Markenmedien sind nur bedingt geeignet, um eine bislang unbekannte Marke aufzubauen. Aber eine starke, bereits etablierte Marke kann über ein vermehrtes Content-Angebot noch relevanter für den Konsumenten werden. Grundsätzlich aber, so die einhellige Expertenmeinung unserer Studie, hat jede Marke das Potenzial, erfolgreiche Markenmedien zu etablieren. Dank günstiger werdender Produktionsangebote sowie Long Tail eignen sich Markenmedien auch für spitze Zielgruppen. Selbst B-to-B-Unternehmen können sich über Markenmedien profilieren. Beispiel hierfür ist das schwäbische Familienunternehmen *Stihl*, das mit der »Timbersports Series« die weltweit führende Wettkampfserie im Sportholzfällen initiiert hat und diese im Fernsehen, über *Youtube* und *Facebook* vermarktet. Bestätigt wird dies von der Studie »B2B Content Marketing Trends 2012«, wonach 84 Prozent der befragten Unternehmen planen, ihre Investitionen in Content Marketing in den nächsten zwölf Monaten zu erhöhen und damit vor allem qualifizierte Interessenten gewinnen wollen (Schulze 2012). Entscheidend für den Erfolg eines Markenmediums ist letztlich der Content. »Ist der Content wirklich King, ein ›Must-see‹, dann kann es jede Marke«, ist Thomas Strerath von Ogilvy & Mather überzeugt (Baetzgen/Tropp 2012: 44).

3. Logik des Journalismus: Entsprechen Medium und Content den Grundsätzen journalistischen Handelns?

Markenmedien sind redaktionell aufbereitete Angebote, die vom Konsumenten nicht zuletzt nach ihrer Glaubwürdigkeit, Qualität und Aktualität bewertet werden. Es ist daher erforderlich, einige journalistische Grundsätze zu berücksichtigen. Für Marketer ist dies ungewohnt, gelten doch im Journalismus andere Gesetze als im Marketing. Brand Content, so die Meinung der Teilnehmer der Delphi-Studie, muss hochwertig und exklusiv sein. Denn im Kampf um die Aufmerksamkeit der Zuschauer konkurrieren Markenmedien mit professionellen Medien. Der Unterhaltungs- und Informationswert steht deshalb an erster Stelle – die Markenbotschaft steht dagegen hinten an. Markenmedien dürfen keine Abspielstation für austauschbaren oder anderweitig generierten Content werden. Diese Versuchung ist latent, so die Experten. Sie plädieren deshalb für weniger Beliebigkeit und Austauschbarkeit bei den Inhalten: »Da Markenmedien besondere und weitergehende Ansprüche ihrer Konsumenten befriedigen müssen, als eine plumpe Beschallung mit stereotypen Inhalten, werden Markenverantwortliche umdenken müssen«, so stellvertretend der Kommentar von Uwe Storch (zit. n. Baetzgen/ Tropp 2012: 44). Ein klares Themenprofil ist hierfür die Voraussetzung. Aber gerade dieses haben viele Markenmedien nicht. »Eine fundierte, sauber recherchierte, journalistische Arbeit findet oft nicht statt«, beobachtet Georg Konjovic (zit. n. ebd.) von Axel Springer. Auch gelingt es vielen Unternehmen nicht, die Verkaufsbrille abzusetzen. Die Folge, so Florian Gmeinwieser (vgl. ebd.), ist eine erbärmliche Dauerwerbesendung, die für den Zuschauer kaum Relevanz besitzt.

> Eine Marke muss Themen und Inhalte definieren, die sie als Marke und Medium glaubwürdig besetzen kann.

Glaubwürdigkeit spielt für den Erfolg von Markenmedien eine zentrale Rolle. Deshalb ist es wichtig, dass eine Marke Themen definiert, die sie glaubwürdig besetzen kann – als Marke und als Medium. Meist ergeben sich diese Themen aus dem Produkt, der Produktverwendung oder den Interessen der Verwender. Weitere thematische Anknüpfungspunkte können die Historie der Marke oder das aktuelle Zeitgeschehen sein, wie etwa der Rücktritt des Papstes oder die Hochzeit des Prinzenpaares William und Kate, die hohe Resonanz in der Markenwelt gefunden haben. All dies sind Themen, die sich hervorragend zum Newsjacking eignen, wie Bernhard Fischer-Appelt aufzeigt (vgl. Kap. 2, S. 69). Interessant ist in diesem Zusammenhang das Themen-Management der Marke Coca-Cola und dessen »70/20/10«-Prinzip. Brand Content besteht bei Coca-Cola aus 70 Prozent »Low Risk Content« für ein breites Mainstream-Publikum, 20 Prozent »Innovative Content« für spezifische Zielgruppen und 10 Prozent »High Risk Content«, also neuartige Themen und Ideen, die quasi ein Experimentierfeld für die Marke und deren inhaltliche Weiterentwicklung bilden. Als Beispiel für High Risk Content nennt das Unternehmen den Fanta »Big Bounce« (http://www.fanta.com/bigbounce), ein spontanes Straßenevent und Online-Game.

Grundsätzlich sollten Markenmedien kein Versteckspiel um ihren kommerziellen Hintergrund machen, sondern den Markenabsender deutlich zu erkennen geben. Die Experten der Studie sehen darin einen entscheidenden Vorteil von Markenmedien gegenüber redaktionell integrierten Werbeformen wie dem Product Placement, dem immer das Makel des »geheimen Verführers« anhaftet. Die Aufregung um die verdeckten Werbebotschaften bei »Wetten, dass...?« haben dies zuletzt wieder einmal gezeigt. »In dem Maße, wie traditionelle journalistische Medien sich in zu engen Kooperationen mit der Werbewirtschaft ›verstricken‹, verlieren sie ihre journalistische Glaubwürdigkeit«, so die Medienwissenschaftlerin Gabriele Siegert (zit. n. Baetzgen/Tropp 2012: 45). »Markenmedien können hier mit Transparenz punkten, das heißt, oft geben sie gar nicht vor, von unabhängigen Redaktionen zu kommen.« (ebd.) Vor allem im Unterhaltungsbereich sind Markenmedien im Vorteil. Viele Konsumenten fühlen eine starke emotionale Verbundenheit mit Marken. Der vielbeachtete Webauftritt von *Coca-Cola* ist hierfür ein Beispiel.

Aufbereitet wie ein Lifestyle-Magazin, erzählt *Coca-Cola* hier Geschichten über die Marke und nimmt den User mit auf eine unterhaltsame Reise. Content Excellence ist dabei wichtiger als Creative Excellence, so die *Coca-Cola* Content Strategie 2020.

Coca-Cola Content Strategie 2020

> Aufgabe der Markenkommunikation ist es, Inhalte zu kreieren, die so attraktiv sind, dass Konsumenten diese teilen.

Einig sind sich die Experten unserer Studie aber auch, dass Markenmedien nicht die Rolle und Aufgaben journalistischer Medien übernehmen werden und auch gar nicht sollen oder können. Ein solches Streben würde dem Wunsch vieler Menschen nach unabhängigen Nachrichtenmedien widersprechen und hätte folglich wenig Aussicht auf Erfolg. Der spöttische Kommentar von *FAZ*-Herausgeber Frank Schirrmacher (2012) unterstreicht dies: »Wir freuen uns schon, wenn *Apple* über die Arbeitsbedingungen in China berichtet oder *Coca-Cola* über die Segnungen der Globalisierung.« In allen inhaltlichen Bereichen, die jedoch nicht auf die tagesaktuelle Ereignislage Rücksicht nehmen müssen, können Markenmedien gleichwertig mitspielen. Neben Unterhaltungsformaten sind dies insbesondere Ratgeber- und Serviceplattformen. Ein Beispiel ist *Procter & Gamble*. Der Konsumgüterriese betreibt in Kooperation mit NBC umfangreiche Themen- und Serviceportale wie petside.com oder www.LifeGoesStrong.com. Devin Johnson von NBC erläutert den Hintergrund dieser erfolgreichen Partnerschaft: »We are basically enabling P&G to be in the media business. Instead of us going to a company and saying we have created a platform, and ›would you like to advertise on it‹, we are saying let's create content together – a platform that walks a fine line between the consumer's interests and brand need; that's our secret sauce: a property for the brand and also a distinct value for consumers.« (Johnson zit n. Shayon 2011)

Eckpfeiler eines erfolgreichen Brand Content Managements

Ziele:
- *Markenbezogene Ziele:* Emotionalisierung der Marke, Stärkung des Images, Vermittlung produktspezifischer Informationen, Erhöhung des Brand Involvement, Markenerweiterung
- *Konsumentenbezogene Ziele:* Stärkung der Kundenbeziehungen und Loyalität, Gewinnung von Konsumentendaten und Insights
- *Kommunikationsbezogene Ziele:* Erhöhung des Involvement, Vermeidung von Reaktanz und Streuverlusten, Multiplikatoreffekte (Earned Media, Word-of-Mouth)

Mehrwert für Zielgruppe:
- Information: Informationen über Produkte, produktverwandte Themen und News
- Unterhaltung: Bedürfnis nach Spaß, Ablenkung und Entspannung befriedigen

- *Soziale Vernetzung*: Aufbau und Pflege sozialer Kontakte, Austausch von Erfahrungen, Selbstbestätigung und Identifikation

Strategische Erfolgsfaktoren:
- *Logik der Medien:* Passt der Brand Content zum Medium (Thema, Dramaturgie, inhaltliche und formale Inszenierung)?
- *Logik der Marke:* Passen Medium und Content zur Marke (Markenpersönlichkeit, Markenbekanntheit, Produktkategorie)?
- *Logik des Journalismus:* Spiegeln Markenmedium und Content die Grundsätze journalistischen Handelns wider (redaktionelle Unabhängigkeit, Glaubwürdigkeit)?

Anforderungen an Gestaltung:
- *Qualität:* Haben Content und Aufmachung die gleiche Qualität wie die Produkte der Marke?
- *Exklusivität:* Ist der Content so neu und einzigartig, dass darüber auch außerhalb des Mediums gesprochen wird (Word of Mouth, Earned Media)?
- *Relevanz:* Bietet der Content für die Zielpersonen nicht nur in ihrer Rolle als Konsumenten, sondern vor allem als Mediennutzer einen relevanten Mehrwert (Information, Unterhaltung, Vernetzung), der zum Verweilen oder Wiederkommen motiviert?
- *Inhaltsfülle:* Bietet der Content ausreichend Stoff für eine interessierte Zielgruppe und eine intensive Beschäftigung mit dem Medium?
- *Interaktivität:* Bietet die Plattform genügend Freiraum, damit sich der Konsument selbst aktiv in die Inhalte einbringen kann?
- *Aktivierung:* Ist der Content überraschend genug, um die Zielgruppe zum Liken/Mitmachen/Weitersagen zu bewegen?

Die erste Konsequenz: Markenmanagement als Medienmanagement

Markenmedien stellen das Management vor einen Zielkonflikt. Dieser resultiert aus der konträren Logik von Marketing und Journalismus. Einerseits sollen Markenmedien zum Abverkauf der Produkte beitragen. Andererseits sollen sie gut gemachte Unterhaltung und keine Werbung sein. Philipp Dinkel bringt diesen Zielkonflikt auf den Punkt: »Die Aufgabe des Marketing ist eben nicht die Produktion eines Mediums, sondern die Steigerung von Absatz oder der Aufbau eines starken Images. Und dies funktioniert eben nur über markengefärbte Inhalte, die dann meist aber kein ›Must-see‹ sind« (zit. n. Baetzgen/Tropp 2012: 44). Dass dieser Zielkonflikt dennoch zu lösen ist, zeigen die Erfolgsbeispiele von *IKEA*, *Burberry*, *Red Bull* und *Coca-Cola*. Die Lösung liegt in einem ausgewogenen Zielsystem, das ökonomische (markenbezogene) und publizistische (kommunikationsbezogene) Ziele gleichermaßen berücksichtigt. Das bedeutet, dass journalistische, redaktionelle und verlegerische Kompetenzen kombiniert werden müssen mit den Anforderungen eines professionellen Markenmanagements. Für Markenmanager ist dies eine Umstellung. Sie müssen lernen, wie Redakteure zu denken. »The role of content excellence is to behave like a ruthless editor«, so die Content-Strategie von *Coca-Cola*.

> Der Wert einer Marke ist zunehmend abhängig von ihrem Wert als Medium. Markenmanagement ist immer auch Medienmanagement.

Haben Markenmedien das Potenzial, zu einer Medienmarke zu werden? Formate wie »Laviva« von Rewe oder »The Red Bulletin« von *Red Bull* legen diese Vermutung nahe. Sie sind im Zeitschriftenmarkt erfolgreich etabliert und müssen als Marke langfristig gepflegt werden (vgl. Kap. 6, S. 275). Häufig erfordert dies jedoch den Aufbau von eigenständigen Entertainment-Abteilungen oder Produktionsgesellschaften, da der Aufwand für Vermarktung und Redaktion erheblich sind.

Die zweite Konsequenz: Kommunikationsqualität als Effizienztreiber

Markenmedien brauchen professionellen Content, der die gleiche Qualität haben muss wie die Produkte einer Marke selbst. Kommunikations*qualität* wird damit zu einem entscheidenden Effizienztreiber. Es geht darum, Content zu entwickeln, der die Zielgruppe als Konsument *und* Rezipient (z. B. als Fernsehzuschauer, Internet-User oder Zeitungsleser) anspricht. Ein Beispiel ist der Spionagefilm »Move On« der *Deutschen Telekom* mit Alexandra Maria Lara und Mads Mikkelsen in den Hauptrollen.

Telekom Move On

Für die Süddeutsche Zeitung ist der Film »qualitativ ernst zu nehmendes Kino, in dem die Produkte diskreter eingesetzt werden als etwa bei James Bond«, so die anerkennende Kritik der SZ (Sterneborg 2012: 35). Bemerkenswert ist das Movie auch deshalb, weil ProSieben dieses ausgestrahlt und damit bewiesen hat, dass Brand Content auch im TV trotz aller rechtlicher Restriktionen funktionieren kann.

Nach Überzeugung der Experten sind Markenmedien ein *langfristiges Investment in die Marke*. Vor allem in den ersten Jahren ist eine erhebliche Anschubfinanzierung erforderlich. Einen direkten Return on Investment gibt es meist nicht. Das beste Beispiel ist die Red Bull Media House GmbH, in der u.a. die Printmagazine »Red Bulletin« und »Servus in Stadt und Land« sowie der Fernsehsender »Servus TV« und die Produktionsfirma Terra Mater zusammengefasst sind. Für 2011 weist das Medienhaus einen Umsatz von sechs Millionen Euro und eine halbe Million Euro Verlust aus. Ein Blick in die Gewinn- und Verlust-Rechnung zeigt jedoch, dass das Unternehmen auf enorme Zuschüsse angewiesen ist: Unter »übrige Erträge« werden 126,9 Millionen Euro genannt, wovon der allergrößte Teil Zuwendungen des Mutterkonzerns sein sollen, so das österreichische Wirtschaftsmagazin *trend* (vgl. Beck 2012).

Grundsätzlich gilt: Je stärker ein Markenmedium ›gebrandet‹ ist, desto schwieriger ist es, damit Geld zu verdienen, so die Experten. Eine Ausnahme bildet der Handel, der mit seinen Markenmedien eine interessante Plattform für Herstellermarken bildet. Beispiele sind das »Zalando Magazin«, das in einer Millionenauflage erscheint, die »Apotheken Umschau« und das Lifestyle-Frauenmagazin »Laviva« von *Rewe*. Das *Rewe*-Heft, das neben redaktionellen Themen aus den Bereichen Beauty, Mode, Reise und Foods auch Coupons im Wert von 60 Euro enthält, gehört mit einer verkauften Auflage von 300.000 Exemplaren zu den erfolgreichsten monatlichen Frauenzeitschriften. Rewe profitiert von den Verkaufs- und Werbeerlösen. Für eine einseitige Anzeige zahlen Werbekunden laut Preisliste 18.600 Euro. Zudem wirkt das Heft verkaufsfördernd und stärkt langfristig die Kundenbindung.

> Je stärker ein Markenmedium ›gebrandet‹ ist, umso schwieriger ist es, damit Geld zu verdienen.

Meist lässt sich der monetäre Wert eines Markenmediums nur schwer beziffern. Dies hängt zum einen damit zusammen, dass von Markenmedien vor allem langfristig Image-Effekte für die Marke ausgehen, die mit den herkömmlichen Wirkungsindikatoren der Marketing-Kommunikation (Markenbekanntheit, Werbeerinnerung, Einstellung zur Marke etc.) schwer messbar sind. Zum anderen stößt das Management bei der Erfolgsmessung unweigerlich auf Zurechnungs- und Operationalisierungsprobleme, d. h. durch die inhaltliche Vernetzung von Owned, Paid und Earned Media lässt sich kaum mehr sagen, welche Wirkung von welchem Medium im Maßnahmen-Mix ausgeht (vgl. Kap. 5, S. 227). Dennoch wird der Erfolgsnachweis in Zukunft entscheidend für die Frage sein, welche Bedeutung Markenmedien im Marketing-Mix von Unternehmen spielen werden. Es braucht eine verbindliche Währung, um die Kontakt*qualitäten* von Markenmedien intermedial mit den Markenkontakten, die aus dem übrigen Media-Mix resultieren, vergleichen zu können. Herkömmliche quantitative Kennzahlen wie Tausend-Kontakt-Preis und Gross Rating Points greifen hier zu kurz.

Medienkooperation als Erfolgsmodell

Da die meisten Marketing-Manager wenig Erfahrung mit der Erstellung und Verbreitung von Content haben, sind diese auf das Know-how erfahrener Medienhäuser und Technologieanbieter angewiesen und sollten dieses nutzen, um hochwertigen Content zu entwickeln und zu verbreiten. In einer fragmentierten Medienlandschaft, wie wir sie heute bereits haben, müssen relevante Inhalte nicht nur erstellt und verbreitet, sondern auch gefunden werden. Eingebunden in starke, existierende Medienkanäle kann dies einfacher gelingen als alleine, so die Überzeugung der Experten unserer Studie. Die Medienkooperation von *P&G* und *NBC* ist hierfür ein Beispiel. Auch Illeana Kemet, Macherin der bereits erwähnten *IKEA*-Serie »Easy to Assemble« plädiert für eine Zusammenarbeit: »Unser Content findet Nachhall, weil er von Medien und nicht von Sales-Leuten gemacht wird.« (Tuttle 2012) Eine Zusammenarbeit zwischen Marken und Medien ist auch deshalb sinnvoll, weil Owned Media die Unterstützung von Paid und Earned Media braucht. Erfahrene Medienanbieter und Online Provider können hier im Medienverbund für wichtige Multiplikatoreffekte sorgen. Zudem verfügen sie über die notwendigen Kontakte und die Infrastruktur. Ergänzung statt Verdrängung, Kollaboration statt Konfrontation, lautet deshalb die abschließende Empfehlung der Experten für ein erfolgreiches Brand Content Management.

Theoretische Erklärungsansätze der Nutzung, Wahrnehmung und Wirkung von Brand Content

Holger Schramm und Johannes Knoll

> Vor dem Hintergrund zunehmender Werbereaktanz der Konsumenten beschäftigen sich die beiden Wirkungsforscher Holger Schramm und Johannes Knoll mit den Voraussetzungen für eine erfolgreiche Wirkung von Brand Content. Entscheidend ist, so die Autoren, dass dieser primär als redaktionell und nicht als werblich wahrgenommen wird. Um eine maximale Wirkung zu erzielen, sollte der Content zudem ein Flow- bzw. Unterhaltungserleben bei der Zielgruppe ermöglichen.

Da Konsumenten klassische Werbung mehr und mehr vermeiden (Rosengren 2008), setzen Unternehmen zunehmend auf alternative Markenkommunikation wie die direkte Einbindung von Marken in redaktionelle Inhalte (Smit et al. 2009). Eine neuere Form stellt darunter der so genannte Brand Content dar, bei welchem Unternehmen redaktionelle Inhalte als Teil der Markenkommunikation selbst erstellen und distribuieren bzw. dies in Zusammenarbeit mit etablierten Medien erfolgt (Hudson/Hudson 2006). Prominente Beispiele sind hier die Kurzfilmreihe »The Hire«, in der bekannte Regisseure wie John Woo oder David Fincher Action-Kurzfilme rund um verschiedene *BMW*-Modelle drehten (BMW 2005) oder das Sport- und Lifestylemagazin »The Red Bulletin«, das monatlich im Auftrag von *Red Bull* erscheint (Red Bull Media House 2013). Da Auftraggeber bzw. Absender der Markenkommunikation für den Konsumenten häufig nicht oder nicht direkt erkennbar sind, weist die Wahrnehmung von Brand Content aus Sicht der Nutzer große Überscheidungen mit der Wahrnehmung von Product oder Brand Placements auf (van Reimersdal et al. 2009). Zwar sind im Falle des Brand Content die entsprechenden Medieninhalte meist direkt unter der Regie von Unternehmen produziert, jedoch spielt dies aus Sicht der Konsumenten erst einmal keine Rolle, sofern ein Absender werblicher Kommunikation nicht unmittelbar erkennbar ist. Mediennutzer unterscheiden dann nicht, ob Marken zufällig Teil redaktioneller Inhalte sind, dort werbliche Zwecke erfüllen oder einfach nur zum Realismus des gezeigten Geschehens beitragen sollen (DeLorme/Reid 1999; Schramm/Knoll 2013). Folglich definieren wir Brand Content in Anlehnung an etablierte Brand-Placement-Definitionen (Russell/Belch 2005; van Reijmersdal et al. 2009) als ==Einbindung von Marken in redaktionelle Inhalte (d. h. in nicht primär werbliche Inhalte)==, wobei die Einbindung der Marken direkt im jeweiligen Inhalt (vgl. Kurzfilme »The Hire«), aber auch als Dach- oder umrahmende Marke (vgl. »The Red Bulletin«) erfolgen kann. Wir folgen damit Hudson und Hudson (2006), die Brand Content als Weiterentwicklung klassischer Brand Placements betrachten. Zentrales Merkmal ist ein besonders hoher Grad an Integration von Marken in mediale Handlungsstränge (vgl. auch Horrigan 2009).

> Unter Brand Content ist die Einbindung von Marken in redaktionelle Inhalte zu verstehen, wobei die Einbindung der Marken direkt im jeweiligen Inhalt, aber auch als Dach oder Rahmen erfolgen kann.

Nutzungsmotive von Brand Content

Nach dem Verständnis von Brand Content als redaktioneller Inhalt, der Marken bzw. gewünschte Markenassoziationen integriert, gelten für dessen Nutzung dieselben Nutzungsmotive wie für jegliche Mediennutzung. Kommunikationswissenschaftler gehen in diesem Fall davon aus, dass Nutzer Medien und konkrete Medieninhalte häufig aktiv und mehr oder weniger bewusst auswählen (Rubin 2009), um jeweils aktuelle Bedürfnisse zu befriedigen (Katz et al. 1973). Für Deutschland gibt hier die Langzeitstudie Massenkommunikation Aufschluss (vgl. Tab. 1), die ca. alle fünf Jahre die Bedürfnis- bzw. Motivlage aller Deutschen in Bezug auf Mediennutzung erhebt: »Obwohl es im 46-jährigen Untersuchungszeitraum der Langzeitstudie Massenkommunikation große Umbrüche im Mediensystem gegeben hat, erweisen sich die elementaren Bedürfnisse und Stimmungslagen, in denen die Menschen Medien nutzen, als vergleichsweise konstant: Information und Unterhaltung sind die zentralen Dimensionen der Nutzung geblieben, auch wenn sich das Angebot an Medieninhalten und verfügbaren Medien stark verändert hat. Die zentrale Bedürfnislage bleibt also bestehen, und neue Angebote und Medien wachsen in diese Grundstruktur von Medienfunktionen hinein« (Ridder/Engel 2010). Letzteres bestätigen auch internationale Studien, die neben den Bedürfnissen nach sozialer Interaktion und Selbstexpression vor allem die Bedürfnisse der Information und Unterhaltung bezüglich der Nutzung von Onlinemedien und dem Social Web im Besonderen anführen (Ko et al. 2005; Papacharissi/Rubin 2000; Shao 2009). Dennoch zeigt bereits Tabelle 1, dass Medien zur Befriedigung dieser Bedürfnisse nicht alle gleichermaßen genutzt werden. Studien zeigen außerdem unterschiedliche Motivlagen je nach Alter, Geschlecht oder Bildung potenzieller Mediennutzer (z. B. Busemann/Engel 2012; Ridder/Engel 2010).

> Als Produzenten von Brand Content ist es daher von herausragender Bedeutung, sich mit der individuellen Bedürfnis- und Motivlage der jeweiligen Zielgruppe auseinanderzusetzen, um die Wahrscheinlichkeit der tatsächlichen Nutzung des Brand Content zu maximieren, auch wenn Information und/oder Unterhaltung häufig dominieren dürften.

Nutzungsmotive tagesaktueller Medien		Fernsehen	Radio	Zeitung	Internet	Ø
Information	weil ich mich informieren möchte	84	80	97	91	88
	weil ich dort Dinge erfahre, die für meinen Alltag nützlich sind	64	65	81	80	73
	weil ich Denkanstöße bekomme	51	46	66	61	56
Unterhaltung	weil es mir Spaß macht	81	86	66	80	78
	weil ich mich dabei entspannen kann	77	76	40	37	58
Eskapismus	weil ich mich ablenken möchte	61	54	24	40	45
Soziale Interaktion	damit ich mitreden kann	58	52	76	51	59
	weil ich mich dann nicht alleine fühle	26	33	10	14	21
Gewohnheit	weil es aus Gewohnheit dazugehört	58	70	57	42	57

Tab. 1: Nutzungsmotive deutscher Mediennutzer (ab 14 J.) nach Medien in Prozent Zustimmung (»trifft voll und ganz zu/weitgehend zu«) nach Ridder/Engel (2010)

In Bezug auf noch wenig markenaffine Konsumenten dürfte das Motiv Unterhaltung eine übergeordnete Rolle spielen, da sich mittels unterhaltsamer Inhalte auch ohne großes Markeninteresse affektive Beziehungen zwischen Konsument und Marke aufbauen lassen (Heath 2009). Hingegen ist zu erwarten, dass markenaffine Konsumenten dem jeweiligen Brand Content mehr Aufmerksamkeit widmen und infolgedessen auch Gefallen an informationslastigerem Brand Content finden (van Reijmersdal et al. 2005).

Voraussetzungen für eine erfolgreiche Wirkung von Brand Content

Wie eingangs erwähnt, wählen Markenstrategen vor allem deswegen alternative Wege der Markenkommunikation, da Konsumenten klassischer Markenwerbung immer weniger Aufmerksamkeit schenken oder diese ganz vermeiden (Rosengren 2008; van Reijmersdal et al. 2005). Folgt man dem »Persuasion Knowledge Model« (Friestad/Wright 1994), eignen sich Menschen im Laufe ihres Lebens sowohl als Zielpersonen als auch als Initiatoren persuasiver (und damit auch werblicher) Kommunikation Wissen über eben diese Art der Kommunikation an (sog. »Persuasionswissen«), das dann in jeglicher Persuasionssituation aktiviert wird, sofern diese als solche erkannt wird. »For consumers it is a necessary resource in virtually all interactions with marketers« (Friestad/Wright 1994: 3). Dieses hilft ihnen, Persuasionsversuche zu erkennen, zu analysieren, zu bewerten und mit geeignetem Verhalten zu bewältigen. In unserer von Werbung geprägten Gesellschaft fällt es Menschen vergleichsweise leicht, klassische Werbung als Persuasionsversuch zu erkennen. Im Zusammenhang mit dem erhöhten Werbeaufkommen führt aktiviertes Persuasionswissen dann in vielen Fällen automatisch zu verminderter Aufmerksamkeit oder zu Vermeidungsverhalten, da sich diese Bewältigungsstrategien in der Vergangenheit als erfolgreich erwiesen haben (Dahlén/Edenius 2007; Friestad/Wright 1994; Speck/Elliot 1997).

> Voraussetzung für erfolgreiche Brand-Content-Kommunikation ist daher, dass diese primär als redaktionell, d. h. nicht-werblich, wahrgenommen wird.

Wird sie dennoch als werblich wahrgenommen, sollte ihr werbender Charakter zumindest als nicht störend in Bezug auf die Erfüllung aktueller Nutzerbedürfnisse, wie Information oder Unterhaltung, empfunden werden. Betrachtet man Brand Content als in redaktionelle Inhalte integrierte Marken, gibt die Forschung zur Akzeptanz von Brand Placements darüber Aufschluss, welche Faktoren sich hier positiv auswirken: Auf Medienseite führt eine Einbindung von Marken dann besonders zu Akzeptanz der Einbindung sowie zu positiven Einstellungen gegenüber der Marke, wenn die Marke tatsächlich in das mediale Geschehen integriert ist (z. B. als elementarer Handlungsgegenstand in einem Film, vgl. BMW in »The Hire«) anstatt nur Beiwerk zu sein (d'Astous/Chartier 2000).

Statt negativ aufzufallen und zu stören, trägt die Marke dann vielmehr zum Realismus des jeweiligen Geschehens bei (DeLorme/Reid 1999). D'Astous und Chartier (2000) folgern dementsprechend auch nach ihrer Befragung von Brand-Placement-Konsumenten: »If the most important objective is to enhance consumer attitudes toward the placement, than decision-makers should look for well-integrated placements« (d'Astous/Chartier 2000: 39). Hierzu passen auch die Ergebnisse zweier Studien (DeLorme et al. 1994; DeLorme/Reid 1999), die übereinstimmend herausfanden, dass Mediennutzer dann positiver gegenüber integrierten Marken eingestellt sind, wenn deren Einsatz subtiler Natur ist. Allerdings müssen dann möglicherweise Einbußen hinsichtlich der Markenerinnerung in Kauf genommen werden (DeLorme/Reid 1999). Blickt man auf die Konsumenten selbst, erweisen sich Alter, Geschlecht und Kulturkreis als relevante Einflussfaktoren. Verschiedene Befragungsstudien berichten übereinstimmend, dass jüngere im Vergleich zu älteren Mediennutzern Brand Placements eher akzeptieren, positivere Einstellungen gegenüber diesen besitzen und nach einem erfolgten Kontakt auch eher erwägen, die dort beworbenen Produkte zu kaufen (DeLorme/Reid 1999; Hall 2004). Bezüglich des Geschlechts akzeptieren Männer eher die Integration von Marken, wobei die Unterschiede hier nicht besonders groß sind (Gould et al. 2000; Gupta/Gould 1997; McKechnie/Zhou 2003). Betrachtet man verschiedene Konsum- und Medienkulturen, sind US-Amerikaner generell positiver gegenüber der Integration von Marken in redaktionelle Inhalte eingestellt als Europäer (Gould et al. 2000) oder Chinesen (McKechnie/Zhou 2003). Diese Ergebnisse sollen vor allem global kommunizierende Produzenten von Brand Content auf interkulturelle Wahrnehmungsunterschiede hinweisen, zumal das oben angesprochene Persuasionswissen immer auch von der jeweiligen Kultur des Konsumenten geprägt ist (Friestad/Wright 1994).

BMW – The Hire

> Brand Content muss immer vor dem Hintergrund der jeweiligen Kultur, der die Konsumenten angehören, konzipiert werden.

In diesem Zusammenhang ist wichtig zu nennen, dass die Integration ethisch fragwürdiger Marken wie Zigaretten-, Alkohol- oder Waffenmarken generell weniger akzeptiert ist als die Einbindung übriger Marken (Schramm et al. 2013), wobei auch hier US-Amerikaner diese eher akzeptieren (Gould et al. 2000; Gupta/Gould 1997; McKechnie/Zhou 2003).

> Erfolgreiche Markenkommunikation mittels Brand Content sollte von der Zielgruppe primär als nichtwerblich wahrgenommen und erlebt werden. Eine realistische Integration der Marken in die jeweiligen redaktionellen Inhalte sowie ein subtiler Markeneinsatz fördern dies. Markenstrategen sollten in diesem Zusammenhang Soziodemografie und kulturellen Hintergrund ihrer Zielgruppe miteinbeziehen.

Dennoch bleibt zum Teil offen, wie Konsumenten längerfristig mit Brand Content umgehen, da Menschen mit der Zeit und häufigerem Kontakt lernen, diesen neuen bzw. alternativen Werbestrategien zu begegnen (Friestad/Wright 1994).

Wann fühlen sich Nutzer durch Brand Content gut unterhalten?

Wie bereits erläutert, spielt das Nutzungsmotiv Unterhaltung die zentrale Bedeutung für die Zuwendung und letztendlich auch für die Wirkung von Brand Content, was auch daran deutlich wird, dass Brand Content nicht selten mit Brand Entertainment gleichgesetzt wird (Hudson/Hudson 2006). Dies wirft die Frage auf, wann bzw. unter welchen Bedingungen sich Nutzer gut unterhalten fühlen. Sowohl die US-amerikanische als auch die deutschsprachige Medienwirkungsforschung beschäftigt sich seit Ende der 1970er-Jahre mit dieser Frage. Dabei wird Unterhaltung nicht nur als Merkmal bzw. Potenzial des Medienangebots, sondern als eine spezifische Wirkung eines Angebots bzw. als eine spezifische Erlebensweise während der Mediennutzung verstanden (Bryant/Vorderer 2006; Wirth et al. 2006). Wodurch zeichnet sich diese Wirkung bzw.

dieses Erleben aus? Bosshart und Macconi (1998: 4) haben folgendes Spektrum ermittelt:

- »psychological relaxation – it is restful, refreshing, light, distracting
- change and diversion – it offers variety and diversity
- stimulation – it is dynamic, interesting, exciting, thrilling
- fun – it is merry, amusing, funny
- atmosphere – it is beautiful, good, pleasant, comfortable
- joy – it is happy, cheerful«

Diese Facetten von Unterhaltung lassen sich wiederum durch das Ansprechen von diversen Sinneskanälen (z. B. visuelle vs. auditive Reize) und motorischen Handlungen (z. B. beim Computerspielen), durch das Heraufbeschwören unterschiedlichster Emotionen (z. B. Freude, Überraschung, Schadenfreude, Aufregung etc.), durch die Inszenierung von interessanten Mediencharakteren, aber auch durch kognitive und intellektuelle Herausforderung des Medienangebots erreichen (z. B. bei einem Quiz wie »Wer wird Millionär?«, aber auch bei einer Geschichtsdokumentation wie »Die Deutschen«). Letzteres verdeutlicht, dass selbst informationslastige Medienangebote Unterhaltungserleben in hohem Maße herbeiführen können und ihm nicht entgegenstehen. Produzenten von Brand Content steht damit prinzipiell die gesamte Palette an Medienangeboten und -inhalten als potenzielle Werbemittel zur Verfügung.

Grundvoraussetzung für ein optimales Unterhaltungserleben ist stets das angemessene Maß an Stimulation. Unterhaltung stellt sich gleichermaßen zwecks Abbau von Überstimulation durch Entspannung wie zwecks Aufbau von Stimulation durch Anspannung und Erregung ein. Maßgeblich ist in der Regel ein als angenehm empfundenes, mittleres Erregungsniveau, das jedoch von Person zu Person unterschiedlich ausfallen kann, was es für die Produzenten von Brand Content nicht unbedingt einfach macht: So bevorzugen so genannte »High Sensation Seeker« höhere Erregungslevels als so genannte »Low Sensation Seeker« (Zuckerman 2006). Der Erregungslevel steht in engem Zusammenhang mit dem Umfang an Informationen bzw. der Informationskomplexität, die auf die Nutzer einwirkt: »Maximales Wohlgefallen wird bei einer mittleren Erregung und damit einer mittleren Komplexität empfunden; steigt die Aktivierung bei zu komplizierten Wahrnehmungsleistungen an, so sinkt das Wohlgefallen ab. Wirkt dagegen etwas so langweilig, dass es nicht aktiviert, so ist das Wohlgefallen gleich Null« (De la Motte 1996: 166–167). Eine Theorie, die genau diesen Zusammenhang modelliert hat, ist die sogenannte Flow-Theorie (Csikszentmihalyi 1975, 1990). Nach dieser Theorie müssen die Wahrnehmungs- und Verarbeitungsfähigkeiten der Nutzer mit der Schwierigkeit bzw. der Komplexität des Medienangebots korrespondieren, damit sich ein so genanntes Flow-Erleben einstellen kann (vgl. Abb. 1). Ist der Content gemessen an den Fähigkeiten des Nutzers zu schwierig bzw. komplex, stellt sich ein Gefühl der Überforderung und Belastung bis hin zu Angst ein. Ist der Content für den Nutzer zu wenig schwierig bzw. komplex, so tritt Langeweile und ein Gefühl der Unterforderung ein.

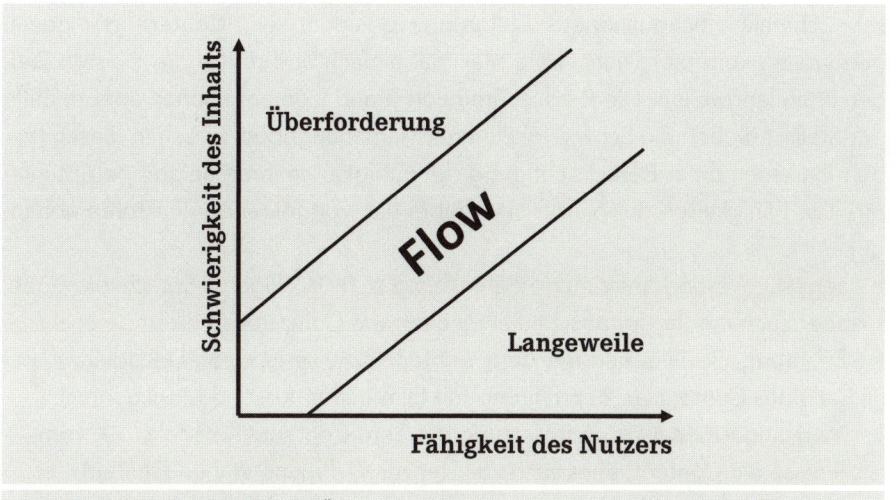

Abb. 1: Flow als Erleben zwischen Überforderung und Langeweile (nach Sherry 2004: 332)

Ziel von Markenstrategen sollte es also sein, zunächst die Bandbreite potenzieller Wahrnehmungs- und Verarbeitungsfähigkeiten ihrer Zielgruppe abzuschätzen, um dann die Markenkommunikation in einem Content umzusetzen, der der Bandbreite dieser Fähigkeiten bestmöglich entgegenkommt. Oder anders gesagt: Der Anteil der Nutzer, die sich durch den Content unter- oder überfordert fühlen, sollte möglichst minimiert werden, um die Wirkung der Markenkommunikation zu maximieren.

> Um eine maximale Wirkung zu erzielen, darf Brand Content weder unter- noch überfordern.

Laut Flow-Theorie beeinflussen diverse Merkmale bzw. »Stellschrauben« die Schwierigkeit und damit auch die Wirkung des Contents (Sherry 2004):
▶ Dichte/Komplexität des Contents
▶ Unverständlichkeit des Contents (z. B. durch Fachvokabular)

- Schnelligkeit der Informationsvermittlung (z. B. durch schnelles Sprechen)
- Brüche mit Kompositions-/Produktionsregeln/formalen Charakteristiken des Contents sowie unlogische Abfolgen

Content, der in sehr dichter und komplexer Weise viele und teils unverständliche Informationen in relativ kurzer Zeit vermittelt und dabei noch mit gewohnten Produktionsregeln bricht, wäre also maximal schwierig und dürfte allenfalls für eine sehr schmale, hochqualifizierte Zielgruppe geeignet sein. Content, der genau gegenteilig konzipiert wäre, wäre maximal einfach und dürfte die meisten Zielpersonen langweilen. Die Produzenten von Brand Content können aber mithilfe der Stellschrauben die Schwierigkeit ihres Medienangebots zwischen diesen beiden Extremen unter Berücksichtigung der Fähigkeiten ihrer Zielgruppe optimieren. Die Fähigkeiten der Nutzer sind dabei u.a. von folgenden Faktoren abhängig:

- angeborene und antrainierte Fähigkeiten (z. B. Intelligenz, Sprachvermögen, aber auch medienspezifische Fähigkeiten wie Computerspielkompetenz)
- Erfahrung, Sozialisation mit dem Content bzw. Lernen von Dekodierungsregeln des Contents (z. B. Erfahrung mit Film-, Literatur- und Musikgenres)
- Motivation zur Auseinandersetzung mit dem Content (abhängig z. B. vom Interesse am Content, aber auch von der zur Verfügung stehenden Zeit)

Produzenten von Brand Content sollten im Zweifelsfall also auf Angebote setzen, mit denen die Zielgruppe aufgewachsen ist bzw. Erfahrung gesammelt hat. Wenn dies nicht möglich oder gewünscht ist (z. B. weil die zu kommunizierenden Markenassoziationen nach einem Content verlangen, zu dem die Zielgruppe eine eher geringe Affinität hat), so muss umso mehr eine Motivation zur Auseinandersetzung mit dem unbekannten und damit potenziell überfordernden Content bei der Zielgruppe hergestellt werden. Das kostenlose Bereitstellen eines solchen Contents im Umfeld von bereits durch die Zielgruppe genutzten kostenpflichtigen Angeboten wäre beispielsweise eine mögliche Strategie, die Zielgruppe zur Nutzung des Brand Contents zu motivieren.

Nun zeichnet sich Unterhaltungs- und Flow-Erleben durch eine stark involvierte, aufmerksamkeitsabsorbierende, aber dennoch unangestrengte Beschäftigung mit dem Content aus, bei der die Zeit schneller zu vergehen scheint und die einer rein intrinsischen Motivation folgt (Nakamura/Csikszentmihalyi 2002). D. h. der Konsument fragt sich nicht, ob die Auseinandersetzung mit dem Content außerhalb der eigentlichen Nutzung noch einen weitergehenden Zweck erfüllt, ob man beispielsweise etwas fürs Leben lernt oder wertvolle Produktinformationen und Kaufempfehlungen erhält (extrinsische Motivation). Dementsprechend gilt sein Augenmerk bei der Nutzung des Contents auch nicht etwaiger Produkt- und Markenkommunikation. Dies kann sich freilich ändern, wenn das Produkt bzw. die Marke obtrusiv, d. h. augenfällig, im Handlungszusammenhang gezeigt wird. In diesen Momenten kann die Marke bewusst vom Nutzer wahrgenommen und verarbeitet werden, so dass die Wahrscheinlichkeit für eine spätere Wiedererkennung (Recognition) oder Erinnerung (Recall) steigt. Gleichzeitig kann aber mit der bewussten Wahrnehmung der Marke auch Persuasionswissen aktiviert werden, sodass die Marke trotz besserer Erinnerung aufgrund des zugeschriebenen Persuasionsversuchs unter Umständen schlechter bewertet wird. Insofern kann es sogar im Sinne der Markenkommunikation sein, wenn die Wahrnehmung der Marke nicht die Bewusstseinsgrenze überschreitet. Diverse Studien (vgl. z. B. Matthes et al. 2007; im Überblick: Wirth et al. 2009) haben in diesem Kontext gezeigt, dass Produkt- und Markenplatzierungen die Nutzer in ihren Urteilen über die Marke positiv beeinflussen, ohne dass sich die Zuschauer an die jeweiligen Platzierungen erinnern können. Wichtig ist also nur, dass Mediennutzer auch tatsächlich die Möglichkeit haben, die platzierte Marke wahrzunehmen. Diese Wahrnehmung kann dann sowohl bewusst als auch unbewusst erfolgen und jeweils für unterschiedliche Dimensionen der Werbewirkungen (Markenwiedererkennung, -erinnerung, -bewertung, Markenassoziationen/-attribute, Einstellung zur Marke, Kaufwunsch/-absicht, Kaufverhalten) förderlich sein.

> Markenstrategen müssen bei der Konzeption von Brand Content neben dem thematischen Fit zwischen Content und den gewünschten Markenassoziationen vor allem berücksichtigen, dass der Content potenzielles Flow-Erleben bzw. Unterhaltungserleben bei der Zielgruppe ermöglicht.

Dies ist dann gewährleistet, wenn man die Konsumenten weder unter- noch überfordert und kann sowohl über Informations- als auch Unterhaltungsangebote realisiert werden. Der kreativen Umsetzung von Brand Content sind demnach keine Grenzen gesetzt, sie sollte zukünftig jedoch die Wahrnehmungs- bzw. Verarbeitungsfähigkeiten und -gewohnheiten der Zielgruppe stärker miteinbeziehen – und zwar schon vor der kreativen Umsetzung im Zuge der strategischen Planung der Markenkommunikation.

Kapitel 2:
Strategien & Konzepte

Storytelling

Warum Marken Geschichten erzählen müssen

Markus Albers und Sebastian Handke

> Markus Albers und Sebastian Handke haben als Redakteur, Journalist und Regisseur gearbeitet, bevor sie damit begonnen haben, die Geschichten von Marken zu erzählen. Gute Geschichten sind der emotionale Kern einer erfolgreichen Marken- und Content-Strategie, so ihr Credo. Ihr Beitrag zeigt, warum Storytelling so wirkungsvoll ist und warum Marken endlich aufhören sollten, in ihrer Kommunikation stets zuerst eine Marke zu sein.

Werbung und Marketing erfahren zurzeit einen grundlegenden Wandel. Ursache dieses Wandels ist die Digitalisierung der Medien. Das Verhalten und die Erwartungen der Nutzer, die Produktion der Inhalte, die Kanäle der Kommunikation – das einst so klar überschaubare Spielfeld hat sich aufgelöst in ein hoffnungslos chaotisches Netzwerk aus Sendern und Empfängern. Noch nie hatten wir so leicht Zugriff auf derart viel Information. Eine großartige Entwicklung. Für Marken allerdings ergibt sich ein Problem daraus: Klassische Markenkommunikation schlüpft kaum einmal durch das feinmaschige Informationsnetz, das wir in den vergangenen Jahren um uns herum geknüpft haben. Marken tauchen vor allem dann – quasi inkognito – auf, wenn sie Grundregeln journalistischen Geschichtenerzählens berücksichtigen: echte Menschen statt Stockfotografie. Relevante Informationen statt Hochglanz-Oberfläche. Authentizität statt Corporate Identity. Magazin statt Prospekt. *Google* hat das erkannt und belohnt mit seinem Such-Algorithmus Panda seit einiger Zeit verstärkt genuine Inhalte statt Copy-Paste-Blabla und Keyword-Wüsten.

> Marken werden beachtet, wenn sie Grundregeln journalistischen Geschichtenerzählens berücksichtigen: echte Menschen statt Stockfotografie. Relevante Informationen statt Hochglanz-Oberfläche. Authentizität statt Corporate Identity. Magazin statt Prospekt.

Wie Marken Menschen berühren

Heute, wo Marken und Menschen über ganz unterschiedliche Kanäle und an so vielen verschiedenen Schnittstellen in Kontakt kommen, muss jede Marke eine Art *Ecosystem* aufbauen, um diese Kontakte zu begünstigen. Das Konzept so genannter »Touchpoints« versucht darauf eine Antwort zu finden. Dahinter steht die Einsicht, dass Marken sich in der verteilten, fragmentierten und individualisierten Struktur unserer täglichen Kommunikation nicht länger über zentrale Anlaufstellen definieren können, sondern immer dort kommunizieren müssen, wo ihre Kunden sind. Wenn man etwa der *Brand Eins* auf Twitter folgt oder beim Telekom-Blog auf einen Link der T-Labs klickt, so hat man in dieser Terminologie einen Touchpoint berührt. Es steht ja das Markenlogo daneben. Das Problem dabei ist: Auch dieser Strategie liegt noch der Glaube zugrunde, Menschen würden sich spontan und scheinbar zufällig für eine Marke interessieren, so lange sie präsent ist und die Botschaft originell daher kommt. Man folgt deshalb oft noch dem Prinzip von TV-Werbespots oder Flugblättern – also der Schrotflintenmethode guter alter Einwegkommunikation: einfach mal in die Masse reinhalten und abdrücken. Irgendwen wird's schon treffen. Diese Methode ist allerdings überholt. Kommunikation ist keine Einbahnstraße mehr, sondern ein Netzwerk aus vielen Sendern und Empfängern, und höchstens Feuilletonredakteure halten sich noch mit der Klage über die Informationsflut auf. Die meisten Menschen haben sich, ganz pragmatisch, einfach neue, effizientere Filter gebaut. Welches Video schauen meine Freunde auf *Facebook*? Welchen New-Yorker-Artikel empfiehlt der Experte auf Twitter? Welche Linksammlung hat der fleißige Fachblogger zu seinem Super-Special-Interest-Bereich wieder zusammengestellt? Ständig feinere Content-Aggregatoren helfen, das individuelle Finetuning der Inhalte immer exakter einzustellen.

Nicht mehr nur die Avantgarde der *digital natives*, sondern die Mehrzahl routinierter Internet-Nutzer sucht sich Information und Unterhaltung heute selbst zusammen. Markenbotschaften, Entschuldigung, stören da in der Regel nur. Auch die klassischen Gatekeeper, die Verlage und Medienhäuser, müssen sich neue Rollen suchen, weil sich immer mehr Menschen eigenständig informieren. 45 Prozent aller Suchanfragen auf Smartphones, so das Ergebnis der jüngsten Mobile Search Study von *Google* und *Nielsen* (2013), werden getätigt, um sich vor einer Kaufentscheidung zu informieren. Mit alten PR-Tricks und lieblosen Wurfsendungen kommt man nicht mehr weit. Und jeder Fauxpas kann sich zum Shitstorm auswachsen.

Reklame nervt – online offenbar noch mehr als in Print und TV, wie eine aktuelle Studie von Adobe (2012) zeigt. Die Nutzer ärgern sich über Banner-Werbung und klicken einfach weiter. Das Prinzip der unterbrechenden Werbung, lange Zeit eine tragende Säule des Marketing, ist nicht mehr das passende Mittel. Es gibt im Web schlicht zu viel Inhalt, als dass man mit uninspirierten Angeboten noch etwas ausrichten könnte. Die Nutzer haben sich daran gewöhnt, dass Kommunikation in beide Richtungen funktionieren muss. Sie wollen gehört werden. Sie möchten teilhaben, kommentieren, sich mit anderen austauschen. Und dennoch: Nur etwa ein Prozent jener Menschen, die auf Facebook eine großen Marke »liken«, sind auf der Fanpage auch aktiv, fand das Ehrenberg-Bass Institute (2012) kürzlich heraus und schloss: »Über Nacht ändern zu wollen, wie Menschen mit einer Marke interagieren, ist einfach unrealistisch.« Die Mehrheit der Unternehmen sei noch stark in den alten Gewohnheiten der Einweg-Kommunikation gefangen, kritisiert auch A.T. Kearney (2012) bei einer Untersuchung der Facebook-Auftritte der 50 größten Marken der Welt. 180 Millionen Fans haben diese Unternehmen zusammen, aber mehr als die Hälfte reagierte auf keine einzige Kundenrückmeldung. »Alle wollen Fans, aber nicht jeder will mit ihnen in den Dialog treten.«

> Das Prinzip der unterbrechenden Werbung, lange Zeit eine tragende Säule des Marketing, ist nicht mehr das passende Mittel.

In der Regel wird uns kein Markenauftritt von sich aus zufällig mit Präsenz, Opulenz oder Gimmicks begeistern. Vielmehr suchen wir gezielt nach Marken, die uns regelmäßig das bieten, was Zeitungen im Ansatz können, das Internet aber noch viel besser: zunächst einmal gefühlt alles, was man wissen muss. Und dann noch eine kleine, aber potenziell unendliche Menge davon, was man wissen wollen könnte, stieße man zufällig darauf. *Controlled Serendipity* hat das einmal jemand zutreffend genannt. Die gute Nachricht: Diesem Dilemma wohnt ein Paradox inne, das mehr Marken für sich nutzen können. Erst wenn sie aufhören, stets zuerst Marke sein zu wollen, werden sie kommunikativ erfolgreich sein. Ja, im Kern muss eine glaubwürdige Idee stehen, eventuell sogar Werte. Um diesen Kern herum aber sollten Marken im digitalen Zeitalter unbedingt Geschichten anbieten. Und hoffen, dass die Menschen sie weitererzählen. Content Marketing lautet das jüngste Schlagwort zu diesem Trend.

> Erst wenn Marken aufhören, stets zuerst Marke sein zu wollen, werden sie kommunikativ erfolgreich sein.

Im Zeitalter von Social Media spielen Aufmerksamkeit und Vertrauen eine noch größere Rolle als bislang – und sie müssen heute auf andere, neue Weise gewonnen werden. Mit guten Geschichten, für die man als Nutzer gerne Zeit aufwendet. Mit einem Auftreten, das offen, authentisch und dialogfreudig ist. Und vor allem: mit Originalität und hohem Unterhaltungswert. Deshalb arbeiten immer mehr Agenturen nicht mehr nur mit Textern und Grafikern zusammen, sondern auch mit teils gestandenen Journalisten, Fotografen, Illustratoren und Kreativen aus benachbarten Disziplinen, etwa aus Film und Kunst. Das können durchaus auch mal berühmte Regisseure sein: Das italienische Luxus-Label Prada beispielsweise veröffentlichte im März 2013 drei Spots für seine *Prada* Candy-Kampagne – gedreht von Wes Anderson und Roman Coppola.

Bemerkenswert ist aber eher, dass Expertise und Kreativität gerade auch im glamourfernen Alltag der Agenturen immer häufiger von außerhalb der Branche kommen. Das gesamte Gefüge des klassischen Marketings verschiebt sich. Und alle müssen neu lernen zusammenzuarbeiten. Denn das Erzählen ist ein Handwerk, das man beherrschen muss, will man erfolgreich sein. Kein Verlag, kein Filmstudio kann zwar mit Sicherheit vorhersagen, welche ihrer Geschichten erfolgreich sein werden (genauso wenig übrigens wie die Viralität eines Youtube-Clips). Dann gäbe es ja keine Flops mehr. Doch es gibt Regeln, die den Erfolg zumindest begünstigen. Und Erfolg bedeutet: Menschen wollen die Geschichte hören. Sie wollen dranbleiben. Sie haben nicht das ärgerliche Gefühl, dass ihnen sinnlos Zeit gestohlen wurde, sondern freuen sich, dass sie die hinter ihnen liegenden Minuten gewinnbringend verbracht haben.

Prada – Candy-Kampagne

Der Kern guter Geschichten

Es gibt unzählige Modelle und Theorien zum Storytelling. Aber selbst William Wallace Cooks umfangreiches Buch »Plotto«, ein analytisches Kompendium aller denkbaren Grundsituationen in Erzählungen, beruht auf einem zentralen Element: dem Hindernis. Anders gesagt: Es geht um das »Aber«. Eine Geschichte darf sich nicht auf »Und« oder »Und dann« beschränken – das ergäbe nur eine Reihung, die schnell langweilt.

> Eine Geschichte darf sich nicht auf »Und« oder »Und dann« beschränken – das ergäbe nur eine Reihung, die schnell langweilt. Es geht um das »Aber«.

Es muss ein Hindernis geben oder eine Pointe. Zum Beispiel so: William Hewlett und David Packard hatten nur eine Garage in Palo Alto, aber sie gründeten ein Imperium. Oder: Der schüchterne Nerd Mark Zuckerberg wollte am College eigentlich nur eine neue Freundin für sich finden, erfand dabei aber die modernen sozialen Netzwerke. Steve Jobs wurde aus seiner Firma geekelt, kehrte aber zurück und verwandelte das sieche Unternehmen in einen Weltkonzern. Diese »brand narratives«, also Geschichten, die der Marke einen emotionalen Kern geben, halten die Content-Ökosysteme zusammen. Und sie gelingen besonders dann, wenn ein Mensch im Mittelpunkt steht. Das muss nicht unbedingt eine außergewöhnliche Persönlichkeit sein. Nicht immer der CEO, sondern auch mal der Mitarbeiter, der Experte. Oder Kunden. Im modernden Marketing spielen Testimonials ganz gewöhnlicher Menschen nicht umsonst schon heute eine so große Rolle: Sie erleichtern die Anteilnahme.

> »Brand narratives« sind Geschichten, die der Marke einen emotionalen Kern geben. Sie halten die Content-Ökosysteme zusammen.

Eine Geschichte braucht aber auch einen guten Einstieg und einen guten Schluss. Man kann mit einem überraschenden Detail anfangen oder mit der Tür ins Haus fallen; man kann verwirren, locken oder gleich zur Sache kommen – Hauptsache, es ist vom ersten Moment an klar, warum dieser Text, dieses Video es wert ist, dass ich meine Zeit dafür einsetze. Ein guter Schluss wiederum setzt noch einmal einen Punkt, rundet ab – und sorgt damit auch dafür, dass das Gesagte in Erinnerung bleibt. »Eine Geschichte ist nichts anderes als ein Witz«, so Andrew Stanton, mehrfach Oscar-prämierter Regisseur und Autor beim Animationsstudio *Pixar*, wo in den letzen Jahren einige der erfolgreichsten Geschichten der Filmgeschichte entstanden. »Du musst die Pointe kennen und den Schluss. Und du musst wissen: Alles, was man vom ersten bis zum letzten Satz von sich gibt, dient einem einzigen Ziel.«

Was ist damit gemeint? Kohärenz. Vom kurzen, eilig mit »Viddy« dahin produzierten Clip bis zum inhaltsvollen Longread: Auf die Aufbereitung kommt es an. Geschichten zu erzählen, bedeutet nicht nur recherchieren können, eine gute Schreibe haben oder das Video-Equipment beherrschen. Jede Geschichte ist ein »Werk« und das bedeutet vor allem: Sie ist zusammengesetzt und kuratiert. Das bedeutet: Der Autor oder Regisseur muss viele Entscheidungen treffen. Was lasse ich weg, was ist relevant, wie ordne ich es an? Geschichten sprechen nur dann unsere Gefühle an, wenn die Elemente sinnhaft miteinander verbunden sind. Menschen suchen instinktiv in

Pixar – Storytelling

dem, was sie sehen, hören oder erleben, nach dem roten Faden. Ob es das eigene Leben ist oder die Erzählung eines anderen: Wir rationalisieren einzelne Ereignisse zu einem sinnvollen Ganzen. Wir können übrigens gar nicht anders. Wissenschaftler gehen davon, dass unser Gedächtnis überhaupt nur auf diese Weise funktioniert. Die Inhalte einer Powerpoint-Präsentation mit ihren Kuchendiagrammen und Bullet Points haben es darum ungleich schwerer, im Gedächtnis haften zu bleiben, als der Inhalt einer gut erzählten Geschichte. Hirnforscher konnten in Versuchen zeigen (vgl. Paul/Murphy 2012), dass immer dann, wenn wir eine Geschichte hören, nicht nur jene Partien des Gehirns aktiv werden, die für die entsprechenden Reize zuständig sind – also für Sprache, Metaphern oder Bilder –, sondern es wird das gesamte Hirn aktiv, sogar jene Regionen, die eigentlich nur arbeiten sollten, wenn wir diese Ereignisse gerade selbst erleben. Anders gesagt: Wir machen uns jede Geschichte zu eigen. Ein Grund dafür ist, dass wir alle nach Zusammenhängen suchen, nach Ursachen und Folgen. Nach Sinn. Ohne Verknüpfungen gibt es keinen Sinn. Und ohne Sinn ist es ungleich schwerer, eine aktive Handlung beim Adressaten zu motivieren – und sei es nur das genaue Zuhören. Oder der Kauf eines Produktes. Oder das Weiterempfehlen einer Marke. Gute Geschichten leisten genau das: Sie rühren uns oder bringen uns zum Lachen. Sie sind aber auch rational verknüpft. Diese beiden Dinge miteinander zu verbinden – Emotion und Kausalität – führt zum Erfolg. Erst dann ist eine Geschichte mehr als eine flache Aneinanderreihung von Szenen und Behauptungen. Gute Journalisten, Regisseure und andere Geschichtenerzähler können das, denn genau das ist ihr Job.

Erfahrene Erzähler verstehen ihr Handwerk. Sie wissen nicht nur, wie wichtig es ist, Bilder im Kopf des Rezipienten entstehen zu lassen – sie wissen auch, wie man das anstellt. Sie haben gelernt, ihrer Erzählung, sei es Film, Comic, Reportage oder anderes, eine Dramaturgie zu geben, die den Konsumenten bei der Stange hält. Sie wissen, wie man überrascht, ohne zu irritieren. Wie man rote Fäden webt, ohne penetrant zu werden. Wo man Höhepunkte und Pointen setzt. Wie man echte Menschen, also Medien-Laien, in Szene setzt und wie man erfahrenen Profis etwas Neues entlockt. Sie wissen, wie man Inhalte mit Details anreichert – und wo man diese Details findet, wenn sie erst noch gesucht werden müssen. Und nicht zuletzt: Sie haben ein Gespür dafür, wie man Inhalte so bündelt und arrangiert, dass sich am Ende ein abwechslungsreiches und doch geschlossenes Ganzes ergibt.

Nun kann man natürlich fragen: Wo liegt der Unterschied zur Werbung? Die Grenzen sind heute durchaus fließend, denn auch die Werbung hat ja gelernt, dass es oft besser ist, Geschichten zu erzählen statt einfach nur Waren anzupreisen. Berühmtes Beispiel sind die Mac-vs-PC-Clips von *Apple*: Jeder dieser Spots ist eine kleine Geschichte in sich, eine kurze Begegnung zweier (symbolisch aufgeladener) Menschen mit einem Einstieg, einem Konflikt, einer Pointe. Es fällt leicht, den Inhalt dieser Clips mit dem eigenen Alltag in Verbindung zu bringen.

Es ist noch nicht lange her, da wurden neue Computer ausschließlich über ihre technische Leistung beworben. So funktioniert klassische Werbung – nach dem Prinzip des Marktschreiers: »Mein Gemüse ist frischer!«. Seine Ziele konnte man damit durchaus erreichen. Früher war es schließlich eher die »Hardware« eines Unternehmens, die dessen Wert ausmachte. Die Ware, die Fabriken, die Maschinen. Heute aber prägen oft immaterielle Dinge den Wert eines Unternehmens: Marke und Menschen, Software und Dienstleistung, das intellektuelle Kapital. Diese Dinge kann man nicht präsentieren. Man muss sie erzählen. Wir fragen uns deshalb bei jedem neuen Auftrag: Was ist die passende Erzählform für dieses Projekt? Die iPad-App zum Facelift des *Volkswagen* EOS etwa präsentiert nicht einfach die Features seines spektakulären Faltdaches. Die Ingenieure selbst stellen seine Entwicklung vor – Menschen, die normalerweise eher nicht vor die Kamera dürfen. Und für die obligatorische Bildstrecke wurde das Cabrio nicht einfach in einer schönen, aber austauschbaren Umgebung abgelichtet. Stattdessen fuhr der Schauspieler Daniel Brühl mit dem Wagen durch Barcelona und Berlin – und zeigte uns seine persönlichen Lieblingsorte jener zwei Städte, in denen er abwechselnd lebt. Auch der Schweizer Marktführer für Fotoprodukte, *Ifolor*, wollte die Kommunikation mit seinen Kunden vertiefen – und dabei sowohl die handwerkliche Qualität seiner Arbeit als auch das Streben nach Innovation deutlicher in den Vordergrund treten lassen.

Apple – Mac-vs-PC-Clips

Unser Video-Team besuchte *Ifolor* an seinem Firmensitz am Bodensee und produzierte dort eine Mini-Dokumentation, in der die Technik und die Menschen hinter den Kulissen unterhaltsam und anschaulich näher gebracht werden. Darüber hinaus erklärt das Blog »Ifolor Inspire« Wissenswertes aus der Welt der modernen Fotografie – von Smartphone-Apps bis zum selbstgebauten Diffusor. Ein weiteres Beispiel ist die biografische Microsite »Meilensteine« zum 100. Geburtstag des Verlegers Axel Springer. Im Wochen-Rhythmus erscheinende Albumblätter werfen Schlaglichter auf das Wirken Springers. Die Anekdoten und historischen Begebenheiten erscheinen allerdings nicht einfach auf einer chronologischen Zeitleiste, sondern sind eingebettet in eine übergreifende Geschichte: Drei »DNA«-Stränge symbolisieren die drei prägenden Facetten Axel Springers – Journalismus, Unternehmergeist, politisches Engagement. So lassen sich Daten und Fakten eines Unter-

Ifolor – Mini-Dokumentation

nehmens mit der persönlichen Geschichte seines Gründers und sogar der Geschichte Deutschlands verknüpfen.

Warum gute Geschichten wirken

Lange Zeit hatte man sich daran gewöhnt, dass der Erfolg von Werbung nur schwer und ungenau messbar ist. Die Werbewirkungsforschung publiziert zwar Studien und Kompendien, finanziert Marktforschungsinstitute und verschafft Experten gut dotierte Festanstellungen bei Agenturen. Doch das Ergebnis ihrer Bemühungen ist bislang bestenfalls durchwachsen. Dass selbst Hirnscanner eingesetzt werden, um die Wirkung von Werbung auf Verbraucher zu analysieren, beweist im Grunde nur die Hilflosigkeit einer Branche.

> Dass selbst Hirnscanner eingesetzt werden, um die Wirkung von Werbung auf Verbraucher zu analysieren, beweist im Grunde nur die Hilflosigkeit der Branche.

Die Werbebanner im Internet aber haben Erwartungen geweckt. Online lässt sich nämlich ganz einfach zählen, wie viele Menschen auf eine Anzeige klicken. Zudem verraten die Verbraucher im Netz freiwillig, was sich früher nur erahnen oder in mühsamen Befragungen zusammentragen ließ. Wer kauft ein Produkt, wer abonniert den Newsletter? Wo hat er sich informiert? Wer bucht die Probefahrt, wer bestellt den Katalog? Die lange Datenspur, die wir alle in der Datosphäre hinterlassen, ist ein weites Feld, das mit immer mächtigeren Werkzeugen bestellt und beackert wird.

Ob das bloße Zählen von Klicks, Likes und neuen Followern wirklich aussagekräftig ist, das wird zwar zunehmend kritisch diskutiert. Es hat in jedem Fall aber dazu geführt, dass die Marketingabteilungen heute noch mehr unter Druck stehen, ihre Budgets zu rechtfertigen. Da ist plötzlich deutlich weniger Raum für Bauchgefühl, Visionen, vage Wirkversprechen. Während also die Werber sich für originelle Ideen gegenseitig auf die Schulter klopfen und besonders ungewöhnliche Anzeigenmotive schon mal nur deshalb entwerfen, um Preise zu gewinnen, in den Branchen-Rankings nach oben zu kommen und so die Messbarkeit von Kreativität vorzuspiegeln, fangen Werbekunden an, Fragen zu stellen. Es wird zunehmend erwartet, dass Agenturen nicht nur Ideen und Konzepte liefern, sondern auch harte Prognosen. Sie müssen ihren Auftraggebern versprechen, dass die Investition eine Awareness-Erhöhung von x Prozent bewirkt. Das wird dann auch regelmäßig überprüft oder – im Fachjargon: getrackt. Und so sind sie in einem Wettrüsten gefangen: Die Unternehmen verlangen mehr Daten, um sich in dem Glauben wiegen zu können, ihr Geld sei gut angelegt. Die Agenturen messen, tracken und analysieren, um dem Kunden ein gutes Gefühl zu geben. Große Unternehmen überprüfen monatlich die Wirkung ihrer Werbung. Typische Parameter heißen ==Awareness, Sympathie, Kauf- und Wiederkaufbereitschaft oder Advocacy, also Bereitschaft zur Weiterempfehlung.== Man fragt die Bekanntheit der Marke ab, will wissen, ob sich Menschen an Werbebotschaften erinnern. Die härteste Währung wäre natürlich: x Kontakte mit der Kommunikation gleich Kauf. Aber genau dieser Zusammenhang ist schwierig.

Meist hangelt man sich bei der Analyse am sogenannten ==Aida-Modell== entlang, das steht für »==Attention, Interest, Desire, Action==«, zu Deutsch »Aufmerksamkeit, Interesse, Begehren, Aktion«. Die ersten drei Bereiche zu untersuchen, ist kein Problem. Agenturen wie Unternehmen machen das längst bis zum Exzess. Schwierig wird es beim vierten – und entscheidenden – Punkt, der Aktion. Es ist schier unmöglich, den Erfolg einer bestimmten Botschaft, im Sinne eines messbaren Cause-and-Effect-Zusammenhangs, zu beweisen. Wenn das Produkt ein Erfolg wird, kann man davon ausgehen, dass die Kampagne ihren Anteil daran hat. Aber schon bei der Frage, wie gewichtig dieser Anteil war, stochert man im Nebel. Und so werden die Werbetreibenden immer kritischer, das sieht man schon daran, dass Aufwendungen nicht steigen. Laut Zentralverband der deutschen Werbewirtschaft ZAW sanken die Investitionen der Firmen in klassische Werbung 2012 um 0,8 Prozent auf 29,68 Milliarden Euro. Ein Bonmont, das Werber nicht gerne hören. Schon weil es so überstrapaziert ist, wird es von einigen Henry Ford zugeschrieben, von anderen dem Kaufhauskönig John Wannamaker: »Ich weiß, dass ich 50 Prozent meines Werbeetats zum Fenster hinauswerfe. Ich weiß nur nicht, welche 50 Prozent.«

> Es ist schier unmöglich, den Erfolg einer bestimmten Botschaft, im Sinne eines messbaren Cause-and-Effect-Zusammenhangs, zu beweisen.

Mehr Wirkung versprechen sich Firmen darum nun vom Storytelling und von *brand narratives*. Sie lassen den Etat zwar nicht schrumpfen. Aber das Geld ist besser angelegt. Gut erzählte Geschichten werden im Gegensatz zu klassischer Werbung nicht ausgeblendet – weil der Nutzer sie gar nicht ausblenden will. Er sucht sogar danach. Nach Geschichten, die ihn interessieren und unterhalten.

Oder ihn ansprechen, weil sie von echten Menschen verbreitet werden. Das amerikanische Wirtschaftsmagazin *Forbes* beispielsweise lässt auf seiner Website Anzeigenkunden eigene Beiträge publizieren. Die Website von *Ikea* kommt wie ein Magazin daher. *Samsung* richtet während der Berlinale einen »Smartfilm Award« aus. *Red Bull* unterhält ein eigenes Medienunternehmen mit etwa 400 Redakteuren, mehreren Magazinen und Fernsehsendern. Und das vierteljährlich erscheinende Print-Magazin »Hays Journal« des Personaldienstleisters *Hays* hat sich selbst bei Konkurrenten zu einer unverzichtbaren Wissensressource gemausert. Anders als klassische Werbung holt sich der Kunde diese Inhalte freiwillig. Denn sie sind relevant für ihn. Und möglicherweise verteilt er sie sogar noch an Freunde weiter. Strategieberater Emke Hillrichs plädiert deshalb dafür, das überkommene Aida-Modell zu erweitern: Künftig müsse man noch mehr Parameter messen, zum Beispiel »Involvement, freiwillig beschäftigen, zurückkommen, weiterempfehlen« (Albers 2013: 103). Facebook arbeitet angeblich mit dem Marktforscher *Datalogix* an einer Technik, die seinen Werbekunden verrät, ob ein Nutzer, der eine Anzeige angeschaut hat, später im Laden auch tatsächlich das beworbene Produkt kauft. Wenn das funktionierte, hätte das Unternehmen den Heiligen Gral der Werbewirkungsforschung gefunden.

Gut erzählte Geschichten werden nicht ausgeblendet – weil der Nutzer sie gar nicht ausblenden will. Er sucht sogar danach. Nach Geschichten, die ihn interessieren und unterhalten. Oder ihn ansprechen, weil sie von echten Menschen verbreitet werden.

Für Storyteller gibt es noch einiges zu entdecken in der digitalen Sphäre. Wie kann der Nutzer noch tiefer in meine Geschichte hineingezogen werden? Welche Formen von Interaktivität innerhalb der Geschichte und Interaktion mit anderen sind noch denkbar? Wie lassen sich die verschiedenen Kanäle sinnvoll für das crossmediale Ökosystem meiner *brand narrative* nutzen? Insbesondere in Bereichen wie Augmented Reality und »SoLoMo« (social, local, mobile) stehen die Geschichtenerzähler erst am Anfang. Eines sollte aber heute schon klar sein: Content Marketing und Storytelling sind nicht alter Wein in neuen Schläuchen. Es geht nicht darum, Werbung zu kaschieren. Es geht auch nicht um neue, zusätzliche Kanäle, mit denen Agenturen nur Geld verdienen wollen. Sondern es geht um eine Bereicherung und Neujustierung der Kommunikation zwischen Unternehmen und Nutzern. Content Marketing bedeutet: veränderte Realitäten zu erkennen und mit neuen Konzepten darauf zu reagieren.

Gute Geschichten erleichtern die Kontaktaufnahme mit dem Kunden, denn er nimmt gerne daran Anteil. Gute Geschichten werden geteilt. Es ist schwer, ihnen zu widerstehen. Sie geben Daten eine Bedeutung. Sie erzeugen Kohärenz und produzieren Sinn – das ist gerade in einer als immer unübersichtlicher wahrgenommenen Welt ein Wert an sich. Gute Geschichten machen Botschaften und Marken einzigartig, erinnerungswürdig und wiedererkennbar. So schafft man echte Touchpoints – also Berührungspunkte. Denn Menschen lesen keine Anzeigen. Sie lesen Inhalte, die sie interessieren, die ihnen nützen. Das kann zwar auch mal eine Anzeige sein. Ist es in der Regel aber nicht.

Gamification. Game on!

Markenmanagement mit Spaßfaktor

Nora S. Stampfl

> Nora S. Stampfl zeigt, dass sich Spielmechanismen heute in nahezu jedem Lebensbereich wiederfinden. Warum sollte sich das Content Marketing diese Allgegenwärtigkeit des Spiels also nicht zunutze machen? In ihrem Beitrag gibt die Autorin zahlreiche Hinweise und Ratschläge, wie das Kundenerlebnis »spielifiziert« und motivierende Spieldynamiken kreiert werden können. Sie rät: Brand Games sollten um ihrer selbst willen gespielt werden und nicht, weil der Konsument für sein Spielen von der Marke belohnt wird.

Spiele sind überall

Unzählige Stunden fließen Tag für Tag in Computerspiele. Allein das Casual Game »Angry Birds« verschlingt täglich weltweit 200 Millionen Minuten für den Kampf von Vögeln gegen Schweine (Brian 2011). Und dies ist nur ein Beispiel aus der schier unermesslichen Menge an Computerspielen, die heute um die Aufmerksamkeit der Gamer buhlt. Diese enormen Zeit- und Energieressourcen sind ein Indiz dafür, welche Kraft Spielen innewohnt, Menschen in ihren Bann zu ziehen. Es ist daher kaum verwunderlich, dass diese Ressourcen immer öfter kanalisiert werden und ganz bewusst Anleihe bei Spielen genommen wird, um Aufmerksamkeit und Engagement zu erreichen. In sämtlichen Lebensbereichen ist daher der Einzug spielerischer Elemente zu beobachten: Das Sammeln von Punkten, Emporklettern auf Ranglisten, Meistern von Herausforderungen, wie sie ansonsten nur aus digitalen Spielen bekannt sind, ist nicht länger der virtuellen Welt vorbehalten. Zunehmend treffen wir heute bei den verschiedensten Aktivitäten vom Einkaufen über Bildung und Arbeit bis zum Reisen auf Mechanismen, die Computerspielen entliehen sind.

Gamification. Game on!
Markenmanagement mit Spaßfaktor

> Punkte, Levels, Wertungen und Ranglisten, Herausforderungen und Belohnungen sind die Ingredienzien von »Gamification«, wie der Transfer von Spielmechanismen auf nicht-spielerische Umgebungen genannt wird.

Gamification macht sich die Anziehungskraft von Spielen zunutze und wird eingesetzt, um Menschen zu motivieren und zu ganz bestimmtem Verhalten zu animieren. Ganz neu ist die Idee nicht, denn Strategien von Unternehmen, Interaktionen zur Erhöhung der Kundenbindung unterhaltsam und kompetitiv zu gestalten, gibt es schon lange. Kundenbindungswerkzeuge wie Rabattmarken oder Loyalitätsprogramme von Airlines weisen etliche Mechanismen auf, die der Spielwelt entliehen sind: Gesammelte Punkte können gegen Prämien eingetauscht werden, der Aufstieg in nächsthöhere Levels ist mit dem Erwerb bestimmter Privilegien verbunden etc. Auch *Weight Watchers* ist ein gutes und frühes Beispiel, wie Spielmechanismen Motivation und Engagement fördern und auf diese Weise ein gewünschtes Verhalten auslösen. Bereits in den 1960er-Jahren entwickelte das US-amerikanische Unternehmen ein ausgefeiltes System, um die Gewichtsreduktion einfacher zu gestalten. Mit seinem Punktesystem, den Fortschrittsberichten, der Möglichkeit, an besonderen Herausforderungen teilzunehmen und sich mit anderen zu messen sowie den regelmäßig stattfindenden Motivationstreffen hat das Unternehmen alle Zutaten eines Multiplayer Games. Mit diesem denkbar einfach klingenden Rezept schafft es die Organisation seit Jahrzehnten, Abnehmwillige erfolgreich bei der Erreichung ihrer Ziele zu unterstützen. Warum aber gelingt auf diese Weise etwas, woran Einzelne alleine regelmäßig scheitern? Das Geheimnis liegt darin, dass es in der Punktewelt von *Weight Watchers* plötzlich nicht mehr vorrangig um das als unangenehm erlebte Diäthalten und Bewegungsprogramm geht, sondern darum, das spezifische System aus Herausforderungen, Fortschritten, Ranglisten und Belohnungen zu beherrschen.

> In vielen Bereichen – von der Lebenshilfe bis zum Projektmanagement, von der humanitären Hilfe bis zur crowdgesourcten Wissenschaft – bringt die Anleihe beim Gaming neue Denkprozesse und Verhaltensänderungen in Gang.

Auch in vielen anderen Bereichen – von der Lebenshilfe bis zum Projektmanagement, von der humanitären Hilfe bis zur crowdgesourcten Wissenschaft – bringt die Anleihe beim Gaming neue Denkprozesse und Verhaltensänderungen in

Gang. In allen Fällen verspricht der spielerische Weg zur Problemlösung bessere Ergebnisse. Denn Spiele sind der realen Welt in mancherlei Hinsicht überlegen, weil sie spannender und aufregender sind, besseres und unmittelbares Feedback geben, einen stärkeren sozialen Zusammenhalt schaffen und Menschen fortwährend in Erstaunen versetzen und neugierig machen. Sie verschaffen befriedigende Arbeit und vermitteln die Erfahrung, Fähigkeiten zu besitzen und etwas wirklich gut zu können. Der Erfolg von Spielen gründet zu einem großen Teil zudem auf deren Eigenart, den Spielern das Gefühl zu geben, Teil eines größeren Ganzen zu sein.

Alles wird zum Spiel

Foldit animiert die Internetcommunity spielerisch, sich an der Lösung wissenschaftlicher Probleme zu beteiligen: Durch die Manipulation von Proteinmodellen sollen Spieler dem Rätsel der Proteinfaltung auf die Spur kommen. Die Herstellung »guter« Proteine wird mit Punkten und Status belohnt und die Wissenschaft kommt an eine Masse wertvoller Daten, die anders kaum generierbar wäre.

Foldit – Spiel Proteinfaltung

EpicWin verwandelt langweilige Aufgaben des Alltags in aufregende Abenteuer. Als Avatar arbeitet man seine zuvor definierte Liste der »Quests« ab: vom Abwasch bis zum Staubsaugen. Weil es für den erfolgreichen Kampf gegen den Alltag Punkte und einen entsprechenden Platz auf der Rangliste gibt, findet »Aufschieberitis« ein Ende, so das Ziel des Spiels.

Pick n'Play nannte sich eine Kampagne von *McDonald's*, bei der Spieler über ihr Smartphone auf einem großen in der Stockholmer Innenstadt angebrachten Bildschirm gegeneinander Ping Pong spielen konnten. Der Gewinner konnte sich in der nächstgelegenen Filiale einen Snack abholen.

McDonald's – Pick n'Play

> GRID verwandelte London in ein virtuelles Spielfeld. *Nike* ließ in diesem 15-tägigen Spiel Läufer Telefonzellen ansteuern, in denen sie auf Missionen geschickt wurden. Je nach Geschwindigkeit, Route und dem Meistern verschiedenster Herausforderungen gab es Punkte und Preise zu ergattern.

> Technische Errungenschaften und die Generation Gaming beflügeln Gamification und eröffnen ungeahnte Möglichkeiten in der Ökonomie der Partizipation.

Dass Gamification gerade jetzt einen besonderen Aufwind erlebt und um einiges vielgestaltigere Möglichkeiten bereithält als seine oben genannten Vorläufer, ist zuvorderst der technischen Fortentwicklung zuzuschreiben. Smartphones, Digitalkameras, Sensoren und das zunehmend allgegenwärtige Internet vernetzen unsere Welt und überziehen sie mit einer Datenschicht. Immer mehr entfallen dadurch auch die Grenzen zwischen physischer und virtueller Welt, weswegen es nicht verwundert, dass auch Computerspiele immer weiter ins reale Leben und in das Markenmanagement vordringen (vgl. Kap. 3, S. 144). Zudem wird unsere Umwelt bald an allen Ecken und Enden mit Technologie ausgestattet sein. Wir treten in ein Zeitalter der Wegwerf-Elektronik ein: Preise von Recheneinheiten, Sensoren und Kameras fallen so rasant, dass selbst gewöhnliche Alltagsgegenstände in nicht allzu ferner Zeit mit Elektronik bestückt sein werden – von der Kaffeetasse über Lebensmittelverpackungen bis hin zur Zahnbürste. All diese Dinge werden durch das Internet miteinander verbunden sein. Das »Internet der Dinge« führt in eine Welt, in der alles, was wir tun, gemessen und verfolgt werden kann. Dies ist eine Voraussetzung für die Implementierung von Spielmechanismen: Die gesamte Welt wird so zum Spielbrett. Mit den technischen Möglichkeiten einer vernetzten Welt entstehen immer mehr Spiele, die diese Bezeichnung auch verdienen und die über einfache Belohnungssysteme von Treueprogrammen hinausgehen. Denn als Spiel wahrgenommen werden Anwendungen erst dann, wenn sie nicht bei der Vergabe von Punkten, Abzeichen und Statusmerkmalen, also rein extrinsischen Motivatoren, stehenbleiben, sondern sie die innere Motivation des Spielers ansprechen und bedeutungsvolle, bereichernde Spielerfahrungen bieten. Dazu kommt heute noch, dass eine junge Generation von Kindheitstagen an mit virtuellen Welten und Computerspielen groß wird. Für die *Generation Gaming* ist Spielen längst nichts mehr, was mit dem Entwachsen der Kindertage abgelegt wird. Spielen ist Bestandteil ihres Lebens. Die Grenzen zwischen Spiel und Realität entfallen. Die Generation Gaming hat eine spielerische Perspektive auf alle Bereiche ihres Lebens. Gamification scheint eine logische Folge dieses neuen Ausblicks auf das Leben. Die Vertreter der Generation Gaming wollen ihrer spielerischen Perspektive entsprechend angesprochen werden. Dies wird die Wirtschaft und die Gesellschaft verändern: Je mehr die spielende Generation ins Arbeitsleben eintritt, Verantwortung in Unternehmen übernimmt und selbst zum Kunden wird, werden spielerische Elemente in alle diese Bereiche einkehren. Mit dem Joystick in der Hand aufgewachsen und damit Armeen befehligt, Städte gebaut und Phantasiewelten erobert, erwartet diese Generation Beteiligung. Sie ist es gewohnt mitzumachen und Neues auszuprobieren. Daher ist nicht länger Aufmerksamkeit, sondern Engagement das knappe Gut der neuen Ökonomie der Partizipation. Und Gamification wird das Schmiermittel dieser neuen Ökonomie werden, denn nichts hat so starke Kraft, zum Mitmachen zu bewegen, wie Spiele.

> Mit dem Joystick in der Hand aufgewachsen und damit Armeen befehligt, Städte gebaut und Phantasiewelten erobert, erwartet die Generation Gaming Beteiligung.

Die Macht der Spiele: Wie das Kundenerlebnis »spielifiziert« wird

Von der Wiege bis zur Bahre, vom Nord- bis zum Südpol, ob Backgammon, Schach oder Pacman: Gespielt wird von jedermann überall, das Spiel zieht sich durch alle Epochen und Kulturkreise und kann gar als älteste Kulturtechnik gesehen werden. Das Spiel ist die Quelle menschlicher Kreativität und Ausgangspunkt der Entwicklung des Selbst. Auch wenn Spiele oftmals als bloßes Nebenprodukt in der kindlichen Entwicklung abgetan werden, als verzichtbarer Teil der Tagesgestaltung oder sinnloser Zeitvertreib: Spielen ist keine Spielerei! Vielmehr ist Spielen Teil der menschlichen Entwicklung: Für die Lern- und Gedächtnisleistung, Stressbewältigung sowie das Wohlbefinden hat Spielen eine ebensolche Bedeutung wie alle anderen Aspekte des Lebens einschließlich Schlafen und Träumen. Spiel ist unabdingbar für neurologisches Wachstum und Entwicklung: Auf diese Art werden komplexe, gewandte, reaktionsfähige, sozialkompetente und kognitiv flexible Gehirne herausgebildet.

Spielen ist also von der Natur vorgesehen. Inhalte und Komplexität von Spielen mögen sich im Laufe unseres Lebens ändern – die Anziehungskraft bleibt stets dieselbe: Weil Menschen von Natur aus neugierig und lerngierig sind und hungrig nach Erfolgserlebnissen. Spiele haben alle Inhaltsstoffe dessen, was Menschen wirklich glücklich und zufrieden macht: Menschen sehnen sich danach, befriedigende Arbeiten mit konkreten Aufgabenstellungen zu erledigen, die als sinnvoll empfunden werden und einem nach getaner Arbeit das Gefühl geben, etwas vollbracht zu haben. Menschen genießen die Erfahrung, etwas gut zu können, eine Sache zu beherrschen und erfolgreich zu sein, einen Beitrag zu leisten, der von anderen wahrgenommen wird. Auch die Interaktion mit anderen Menschen trägt zu Glück und Zufriedenheit bei. Kaum etwas macht glücklicher, als Zeit mit Menschen zu verbringen, die wir gerne mögen. Schließlich sucht der Mensch danach, Teil eines größeren Ganzen zu sein, das umfassende Bild zu sehen und zu gestalten, welches über unser eigenes Leben hinausreicht. Spiele bedienen diese Sehnsüchte außerordentlich gut. Sie sind im besten Fall so ausgestaltet, dass sie weder zu einfach noch zu schwierig sind. Die Herausforderungen sollten für den Spieler zu bewältigen sein und ihm ein Flow-Erlebnis verschaffen, wie der Psychologe Mihaly Csikszentmihalyi (1975) den Zustand des Glücksgefühls nennt, in den Menschen geraten, wenn sie gänzlich in einer Beschäftigung »aufgehen« und alles um sich vergessen (vgl. Kap. 1, S. 18).

> Gamification gewinnt nicht nur die Aufmerksamkeit, sondern das Engagement von Kunden und verwandelt diese in loyale Markenbotschafter.

Es ist diese immense Bedeutung des Spiels für den Menschen, die Gamification solch große Potenziale für die Marke verleiht. Denn die digitale Ära stellt neue Anforderungen an Markenführung und -kommunikation. Die Deutungshoheit über die Markenbotschaft liegt heute nicht mehr bei Marketern alleine: Peer Reviews, Empfehlungen von Freunden und sämtliche durch Internetnutzer erstellte Inhalte fließen in die Wahrnehmung einer Marke mit ein. Unternehmen sind gewohnt, ihre Markenbotschaften zu diktieren und weitgehende Kontrolle über ihre Kommunikation zu behalten. Die interaktiven Möglichkeiten des Internets, Inhalte zu verlinken, auf sie zu verweisen, Kommentare und Bewertungen abzugeben sowie viele andere Formen der digitalen Mundpropaganda tragen aber dazu bei, dass sich Meinungen von Kunden über Produkte und Dienstleistungen in Windeseile verbreiten und nur schwer steuern lassen. Darüber hinaus hat die Mitmachkultur des Netzes auch ein neues Selbstverständnis vieler Kunden hervorgebracht: vom passiven Konsumenten zum aktiven Mitgestalter. Kommunikation ist längst keine Einbahnstraße mehr. Eine mit den interaktiven Möglichkeiten des Internets groß gewordene Generation verlangt, beteiligt zu werden und zweiseitig auf Augenhöhe zu kommunizieren. Die einseitige Berieselung mit Werbung funktioniert nicht mehr. Marketer sind daher gut beraten, die technischen Möglichkeiten eines modernen Kundendialogs für sich nutzbringend einzusetzen, denn die digitale Konversation wird ohnehin stattfinden – mit oder ohne Beteiligung der Marketingverantwortlichen. Als Konsequenz dieser gewachsenen Macht der Mundpropaganda müssen Marketer sich in den Konversationsprozess einschalten. Auf die unaufgeforderte und unbezahlte Kommunikation heißt es, in angemessener Weise zu reagieren, soll die Marke lebendig bleiben. Hinzu kommt, dass Konsumenten heute im Internet regelrecht überschwemmt werden von einer Flut an Banner-Ads und Pop-Up-Windows, die ihren Zweck angesichts des inflationären Einsatzes dieser Werbeform schon längst nicht mehr erfüllen. Es fällt Marketern daher immer schwerer, sich vom »Hintergrundrauschen« der digitalen Welt abzusetzen und aus der Überfülle an Information und Werbung mit ihren jeweiligen Markenbotschaften herauszustechen. Die sozialen Medien haben zusätzliche Komplexität in den Marketingprozess gebracht und sind ihren anfangs überschwänglich bewerteten Marketingpotenzialen kaum gerecht geworden: Weil Konsumenten heute den Empfehlungen von Freunden ohnehin mehr Glauben schenken als den Botschaften eines geschäftsmäßigen Marketings, werden Kampagnen auf sozialen Netzwerken oftmals als unglaubwürdig eingestuft, weil ihnen die nötige Authentizität fehlt, ohne die Kunden heute kaum noch zu gewinnen sind (vgl. Kap. 4, S. 173). Mehr und mehr werden im Internet »walled gardens« errichtet, das heißt, umfriedete, geschlossene Räume mit exakt geregeltem Informationsfluss: Den Botschaften des Netzwerks werden bereitwillig die Pforten geöffnet, während unerbetene Nachrichten ausgeschlossen werden.

> Spielmechanismen und -dynamiken sind die Bausteine von Gamification, die – passend kombiniert – die Macht haben, menschliches Verhalten vorhersehbar zu beeinflussen.

Um in diesem Umfeld dennoch mit der eigenen Markenbotschaft durchzudringen, in einen Dialog mit Konsumenten zu treten und letztlich loyale Kunden zu gewinnen, bietet sich Gamification als neues, schlagkräftiges Werkzeug an. Denn die Integration von Spielelementen ist mehr als ein Mittel im Kampf um die Aufmerksamkeit von Kunden. Weil Spielelemente grundlegende menschliche Bedürfnisse ansprechen, haben sie die Kraft, das Engagement der Kunden zu gewinnen, sie zu begeistern und zu loyalen Markenbotschaftern zu machen. Der Mensch ist von Natur aus ein spielendes Wesen, deshalb lässt sich kaum ein besseres Mittel zur Motivation finden, sich mit einer Marke zu beschäftigen. Mit Hilfe von Spielmechanismen wird ein motivationsförderndes System aus Anreizen, Feedback und Belohnungen geschaffen, das Verhalten weitestgehend vorhersehbar in eine erwünschte Richtung bewegt. Zu den gebräuchlichsten Mechanismen zählen:

- *Herausforderungen*: Dem Spieler werden klar definierte Aufgaben gestellt, die nacheinander abgearbeitet werden müssen. Dabei sollen die Herausforderungen so beschaffen sein, dass der Spieler mit jeder erfolgreich gemeisterten Aufgabe Erfahrung gewinnt und dadurch immer komplexere Aufgaben bewältigen kann.
- *Punkte*: Für die Ausführung bestimmter Aktionen wird der Verdienst von Punkten in Aussicht gestellt. Lässt der Spielverlauf erkennen, dass mit der Anhäufung von Punkten bestimmte Belohnungen, wie etwa der Aufstieg in höhere Levels, verbunden sind, steigt die Motivation weiter zu sammeln. Punkte sind aber auch ein wichtiges Mittel, um dem Spieler zu jeder Zeit seine Erfolge aufzuzeigen und versorgen ihn mit dem Gefühl, das Spiel zu meistern.
- *Status und Rangliste*: Auf verschiedene Weise wird der erreichte Status angezeigt, etwa in Form von Badges, Punkteskalen etc. – immer erfolgt dies gut sichtbar für alle Spieler. Denn das Erreichte soll nach außen hin präsentiert werden, wodurch ein Vergleich mit den Mitspielern möglich und der Wettbewerb angefacht wird. Der Wettbewerb wird noch verstärkt, werden Spieler mit ihren Erfolgen auf einer Rangliste direkt gegenübergestellt.
- *Feedback*: Auf seine Aktivitäten erhält der Spieler Rückmeldungen, die er unmittelbar in neue oder angepasste Handlungsstrategien umsetzen kann. Weil Feedback dem Spieler sein Handeln sichtbar macht, wird das System für ihn durchschaubarer: Der Spieler wird nach positiven Rückmeldungen streben, um Erfolge zu erzielen.
- *Fortschrittsanzeige*: Grafisch (z. B. in Form von Balken oder Prozentangaben) wird der Erfolg während der Bewältigung der Herausforderungen angezeigt, wobei zumeist sowohl das bereits Geleistete als auch der noch zu erledigende Teil der Aufgabe veranschaulicht wird. Der Mensch strebt danach, diese »Lücke« zu schließen.

Spielmechanismen sind die grundlegenden Bausteine einer spielifizierten Anwendung. Durch Spieldynamiken, die spezifische Zusammenstellung von geeigneten Mechanismen, können komplexe Sequenzen von Aktionen angestoßen werden.

> Spieldynamiken sind jene zeitlichen Verläufe und Muster von Spielmechanismen, die planvoll und vorhersehbar in verschiedenen Kontexten erwünschte Ziele und Ergebnisse herbeiführen.

Sie nehmen ins Kalkül, dass nicht jeder Mensch auf gleiche Weise zu motivieren ist, weswegen sich auch Spieldesigns unterscheiden müssen. Nach dem jeweiligen Antrieb zum Spielen hat Richard A. Bartle (1996) vier Spielertypen identifiziert:

- »Achievers« suchen nach Leistung und verfolgen daher die Spielziele für den bestmöglichen Erfolg.
- »Explorers« geht es um die Erkundung der Spielwelt und die Erforschung der Spiellogik.
- »Socializers« dient das Spiel der Interaktion und Kommunikation mit anderen Spielern.
- »Killers« interessieren sich ebenfalls für die Mitspieler, jedoch hauptsächlich um ihnen Schaden zuzufügen.

Es steht nun in der Macht der Spieldynamiken, die Aktivitäten bestimmter Spielertypen zu fördern oder zu bremsen. Zusätzlich sorgen Spieldynamiken für die zeitliche Abstimmung der einzelnen Mechaniken: Punkte und Badges steigern zwar die Motivation, ihre wahre Kraft entfalten sie aber erst, wenn sie zum richtigen Zeitpunkt im Spielverlauf ausgeschüttet werden. Eine Auswahl gängiger Spieldynamiken findet sich nachfolgend:

- *Appointments*: Spieler müssen eine bestimmte Aktion zu einem festgelegten Zeitpunkt ausführen, um eine Belohnung zu kassieren bzw. eine negative Sanktion abzuwehren. Das geläufigste Beispiel der Appointment-Dynamik ist wohl die »Happy Hour« in Bars: Für jedes innerhalb eines bestimmten Zeitraums bestellte Getränk erhält man ein zweites geschenkt.
- *Countdown*: Wird Spielern zur Ausführung einer Aktion nur ein beschränktes Zeitfenster eingeräumt, werden sie hohe anfängliche Aktivität zeigen, die sich bis zum Ablauf der Zeit noch intensiviert. So müssen beispielsweise innerhalb einer Skisaison beim *BMW xDrive Cup* Badges für das Meistern verschiedener Herausforderungen auf der Piste verdient werden, die Zugang zu Gewinnverlosungen bieten.
- *Ownership*: Dem Spieler Kontrolle über etwas zu verschaffen, steigert die im Spiel verbrachte Zeit und erzeugt Loyalität. Beispielsweise vergibt *Green Giant*,

ein US-amerikanischer Hersteller von Tiefkühl- und Dosengemüse, in einer Kooperation mit dem *Facebook*-Game *Farmville* beim Kauf seiner Produkte Codes, die in *Farmville*-Geld umgewandelt werden können. Weil der Spieler damit etwa durch den Kauf von Saatgut seinen Ernteertrag mehren kann, wird er zum Weiterspielen animiert.

▶ *Lottery*: Führt einzig und allein Zufall zum Sieg, erzeugt dies eine hohe Erwartungshaltung. Gewinner werden endlos weiterspielen, während Verlierer schnell aufgeben werden. Beim Loyalitätsprogramm »My Coke Rewards« enthalten die Produkte des Softdrinkherstellers Codes, die in virtuelle Punkte eingelöst werden können. Damit können Kunden nicht nur Sachprämien »kaufen«, sondern auch an Verlosungen teilnehmen.

> Spiele sind perfekte Belohnungssysteme. Daher ist Gamification ein wirkungsvolles Werkzeug, um Motivation zu steigern, Engagement zu fördern und Handlungsbereitschaft zu wecken.

Im Rahmen von Gamification besteht die besondere Herausforderung des Einsatzes von Spieldynamiken nun darin, den Nutzer zu einem bestimmten Verhalten zu bewegen, wie etwa den Besuch der Webseite, das Einholen von Informationen zu Produkt oder Unternehmen, das Weiterempfehlen von Leistungen oder sogar den Produktkauf. Die Wirkungsweise von Gamification zu verstehen, führt daher über den Weg, Menschen und ihr Verhalten zu verstehen.

Das Fogg Behavior Model von B.J. Fogg (2009)

Eine einfache Antwort auf die Frage, ob sich ein Mensch für oder gegen ein bestimmtes Verhalten entscheidet, bietet der Psychologe B.J. Fogg (2009) mit seinem »Fogg Behavior Model«. Demnach kann Verhalten erfolgreich gesteuert werden, wenn folgende drei Faktoren zeitgleich auftreten:
1. *Motivation*: Jemand muss einen guten Grund haben, etwas zu tun.
2. *Fähigkeit*: Jemand muss das Gefühl haben, in der Lage zu sein, etwas zu tun. Das heißt, er muss das nötige Talent und Können aufweisen, aber auch beispielsweise ausreichend Zeit haben.
3. *Trigger*: Ein effektiver Impuls oder Auslöser muss jemanden dazu bringen, etwas zu tun.

Kapitel 2: Strategien & Konzepte

> Spieldynamiken sind bestens geeignet, eben diese Voraussetzungen zu erfüllen: Sie motivieren den User durch positives Feedback in Form von Punkten, Statusgewinn oder sichtbaren Fortschritt. Außerdem steigern Spieldynamiken die (realen oder wahrgenommenen) Fähigkeiten des Spielers, indem Aufgaben vereinfacht werden, die Möglichkeit zum Üben eingeräumt oder die Schwelle zur Erreichung des Zielverhaltens gesenkt wird. Letzteres wird etwa dadurch bewerkstelligt, dass große komplexe Aufgaben in kleinere, leicht zu bewältigende Aufgabenhäppchen zerteilt werden. Und schließlich bieten Spieldynamiken exakt dann einen Trigger, wenn die Spieler ein Höchstmaß an Befähigung verspüren. Nach Fogg sind Spieldynamiken somit ein perfekter Antrieb.

Für das Markenmanagement bedeutet dies, dass es je nach Ausgestaltung des Marken-Games möglich ist, das Kundenverhalten effektiv zu steuern. Zunächst animiert Gamification dazu, einen ersten Kontakt mit der Marke aufzunehmen, sei es durch den Besuch der Webseite oder eines physischen Shops. Gamification bietet dabei eine Plattform für die aktive (spielerische) Auseinandersetzung mit der Marke und bietet sich damit als schlagkräftiges Mittel zur Kundenpartizipation an. Die Präsentation der Marke in einem spielerischen Setting erlaubt außerdem die Bildung einer Markencommunity. Auf diese Weise kommt sowohl eine Konversation zwischen Kunde und Unternehmen als auch zwischen Kunden untereinander in Gang. Weil Gamification den Aufbau von Communities stärkt und für Gesprächsstoff sowie Sharing auf sozialen Netzwerken sorgt, führt dies zu einer intensivierten Auseinandersetzung mit den Markenbotschaften sowie zu mehr Kundenkontakten. Darüber hinaus verwandelt Gamification Markenbotschaften in Konversationen, weil spielerische Elemente fast zwangsläufig irgendeine Art der Interaktion hervorrufen. Marketer erhalten so die Möglichkeit, auf individualisierter Basis in das Gespräch einzusteigen und dies durch geeignete Spielmechanismen aufrecht zu erhalten und zu vertiefen.

Der spielerische Umgang mit der Marke sowie Spaß und Unterhaltung, die der Nutzer dabei erfährt, tragen zum Aufbau positiver Emotionen rund um die Marke beim Kunden bei. Auf diese Weise kann Gamification dem Kunden bestimmte Einstellungen »beibringen« und einen ersten Schritt in Richtung Markenbindung tun. In dieser Hinsicht spielt Gamification eine ganz besondere Rolle in Märkten, in denen kaum Differenzierungsmerkmale vorhanden sind, weil etwa der Produktnutzen mehr oder weniger austauschbar ist oder die Qualität kaum Unterscheidungen zulässt. In solchen Fällen sind in der Käuferwahrnehmung

Emotionen zur Abgrenzung der Produkte besonders bedeutend. Zudem enthält Gamification im Gegensatz zu herkömmlicher Werbung keine direkte Kaufaufforderung und wird schon allein deshalb als unaufdringlicher empfunden. Die spielifizierte Anwendung bewegt sich an der Grenze zwischen Werbung und Unterhaltung und ist damit auch die ideale Basis für Brand Content. Die so erzeugten positiven Assoziationen mit der Marke stärken langfristige und vertrauensvolle Kundenbeziehungen.

Zusätzlich ist Gamification ein erfolgversprechender »Köder« in jeder viralen Marketingkampagne, sofern die Umsetzung als unterhaltsam, überraschend oder einzigartig wahrgenommen wird. Denn ein grundlegendes Prinzip von Gamification ist es, den Wettbewerbsgedanken groß zu schreiben und die Spieler dazu anzuspornen, ihre Erfolge kundzutun und andere zum Mitmachen einzuladen. Insbesondere die virale Natur sozialer Netzwerke kann hierbei hilfreich sein, um »Buzz« zu erzeugen und gleichzeitig durch eine wachsende Anhängerschaft die zugeschriebene Glaubwürdigkeit und Bedeutung zu erhöhen. Weil Spielmechanismen – insbesondere in Verbindung mit sozialen Netzwerken – Word-of-Mouth fördern, sind sie die beste Voraussetzung, um einen Schneeballeffekt auszulösen. Da Gamification auf diesem Weg ein breiteres, begeistertes Publikum erreicht, wird in letzter Konsequenz die Sichtbarkeit der Marke erhöht.

> Brand Games müssen um ihrer selbst willen gespielt werden – nicht weil der Konsument dafür von der Marke belohnt wird.

Die Selbstbestimmungstheorie nach Edward L. Deci & Richard M. Ryan (1985)

In Anlehnung an die von Edward L. Deci und Richard M. Ryan (1985) entwickelte Selbstbestimmungstheorie (»self-determination theory«) kann eine Gamification-Anwendung dann als erfolgreich gelten, wenn drei psychische Grundbedürfnisse ausreichend befriedigt werden: Kompetenz, Selbstbestimmung und soziale Eingebundenheit.

Kompetenz: Der Game Designer Raph Koster findet eine schlichte, aber eingängige Antwort auf die Frage, warum uns Spielen Spaß macht: »Fun is just another word for learning.« (Koster 2005: 46) Der Spaß kommt mit der Beherrschung des Spiels. So verschafft das Erkennen von Mustern und Strukturen oder das Lösen von Rätseln positive Gefühle. »It is the act of solving puzzles that makes games fun. In other words, with games, learning is the drug.« (Koster 2005: 40) Sobald wir ein Spiel komplett beherrschen und kein Lernerfolg mehr beim Spielen einsetzt, wird die Aktivität langweilig. Gamification muss daher nicht nur interessante Herausforderungen bereithalten, sondern die Aufgaben müssen auch kontinuierlich in ihrem Schwierigkeitsgrad ansteigen, damit das Gefühl der Kompetenz aufrecht bleibt. Fortlaufendes, aufmunterndes Feedback verstärkt diesen Effekt. Wichtig ist dabei, dass Spiele ein gutes Design aufweisen, das so durchdacht ist, dass sich Herausforderungen und Spielerfähigkeiten die Waage halten, so dass immer wieder die Erfahrung von Kompetenz und Können gemacht wird.

Selbstbestimmung, das zweite von Deci und Ryan (1985) ins Feld geführte Grundbedürfnis, bezeichnet die menschliche Kapazität, Herr über die eigenen Aktivitäten zu sein. Daher müssen Spiele stets eine freiwillige Angelegenheit sein. Spiele zu spielen, muss aus dem Inneren kommen, dem eigenen Antrieb geschuldet sein, darf nicht durch Belohnungen »erkauft« werden. Wird zum Spiel extrinsisch durch vorhersehbare, erwartbare Belohnungen motiviert, so stellt sich schnell das Gefühl ein, Autonomie zu verlieren und kontrolliert zu werden. Dazu kommt noch, dass Belohnungen das Signal aussenden, die Tätigkeit, für die sie verteilt werden, sei es nicht wert, um ihrer selbst willen getan zu werden. Die Community rund um den sensorbestückten Laufschuh *Nike+* ist ein gelungenes Beispiel, wie Spielmechanismen den inneren Antrieb von Kunden anregen. Der Sportartikelhersteller liefert seinen Kunden einen echten Mehrwert, weil sich auf der Website alles um das Laufinteresse seiner Kunden dreht, relevante Informationen zur Verfügung gestellt werden und die Läufer sich mit Gleichgesinnten austauschen können. Zugleich wird durch den Vergleich der Trainingsdaten der Wettbewerb angefacht. All dies unterstützt *Nikes* Kunden beim Training und verlockt zur Wiederkehr auf die Website und zum Produktkauf.

Soziale Eingebundenheit: Das Bedürfnis nach Interaktion und Verbindung mit anderen wird in Spielen dann umgesetzt, wenn sie die persönlichen Ziele des Spielers ansprechen und eine Beziehung herstellen zu Interessen und Wünschen, die auch außerhalb des Spiels relevant sind. Damit Mechanismen, die auf Status und Reputation setzen (Levels, Badges, Ranglisten) auch funktionieren, muss das Spiel im Rahmen einer Commu-

> nity stattfinden, die für den Spieler Bedeutung hat. Nur wenn die Möglichkeit eingeräumt wird, sich mit anderen über die Spielerfolge auszutauschen, haben diese überhaupt einen Wert. Soziale Eingebundenheit kann in Spielen auch dadurch hergestellt werden, dass die Spielaktivitäten in eine bedeutsame Geschichte eingebettet werden – so wie es in vielen Computerspielen um nicht weniger geht, als darum, die Menschheit zu retten.

Fazit und Ausblick

Die Vielzahl der heute im Einsatz befindlichen Gamification-Anwendungen funktioniert nach dem Prinzip: »Tu' dies und du erhältst das« – Belohnungen sollen zu bestimmten Aktivitäten anspornen. Damit ist Gamification heute oftmals bloße »Punktifizierung«, ein auf extrinsische Motivatoren setzendes System der Verhaltensbeeinflussung, dem jegliches spielerische Element abgeht. Jedoch verschenkt Gamification mit der bloßen Vergabe von Punkten und Badges einen Großteil seiner Potenziale. Die intrinsische Motivation bleibt auf der Strecke, weil der Fokus nicht auf den Spielaktivitäten liegt, sondern auf den Belohnungen für diese Aktivitäten. Dabei zeichnen sich gute Spiele dadurch aus, dass sie knifflige Rätsel stellen, für Erfolgserlebnisse sorgen und das Gefühl geben, eine Sache zu beherrschen und zu meistern. Bloß eine Schicht aus schlichten Mechanismen wie Punkten oder Ranglisten über eine erwünschte Tätigkeit zu legen, hat mehr mit simpler Konditionierung als mit der Schaffung bedeutungsvoller, bereichernder Spielerfahrungen gemeinsam. Nicht nur, dass solche Anwendungen kaum dauerhaft genutzt werden, auch bewirkt oft genug extrinsische Motivation durch Belohnung exakt das Gegenteil des Gewollten und kann intrinsische Motivation sogar verringern (vgl. z. B. Deci 1971, 1972; Lepper et al. 1973; Ross 1975).

Zwar sind durchaus auch punktifizierte Anwendungen in der Lage, Aufmerksamkeit zu erregen und kurzzeitig neue Nutzer anzuziehen, doch versagen sie beim Wecken der inneren Motivation der Nutzer, denn sie haben kaum etwas aufzubieten, um die ureigenen Ziele der Nutzer zu befriedigen und sie längerfristig zu fesseln. Für die langfristige Bindung und den Aufbau von Markenloyalität braucht es mehr als Spielmechanismen. Gamification muss sich an den Bauprinzipien guter Spiele orientieren, um Nutzer im Inneren zu packen:

> Spiele sollten Erlebnisse schaffen, den Spieler auf eine Reise in Fantasiewelten mitnehmen, ihn in Rollen abseits des täglichen Lebens schlüpfen lassen.

Ein Spiel eröffnet immer auch die Möglichkeit, dem Alltag zu entrinnen, weil es die Freiheit gewährt, anders zu denken und zu handeln als dies im »normalen« Leben opportun wäre. Nur wenn es eine bedeutungsvolle Erfahrung für den Nutzer schafft, kann Gamification nutzbringend für das Content Marketing sein, weil es nur dann den Aufbau persönlicher Bindungen zur Marke erlaubt.

User Generated Content

Marken und Menschen – neue Chancen für die Beziehung

Thomas Funk

> Vertrauen ist die Voraussetzung für die Wirkkraft einer Marke und verlangt größtmögliche Nähe zum Konsumenten. User Generated Content spielt dabei eine wichtige Rolle, so der Ausgangspunkt von Thomas Funk. Die aktive Einbeziehung des Konsumenten birgt jedoch auch Gefahren wie der Autor in zahlreichen Beispielen zeigt. Um diese in den Griff zu bekommen, stellt Funk das neue Konzept des User Inspired Content vor. Der Grundgedanke: Die Konsumenten erstellen Inhalte nicht ausschließlich selbst, sondern inspirieren das Markenmanagement durch ihre Ideen.

Marken brauchen Nähe zu den Menschen

Eine Marke existiert vor allem in den Köpfen der Menschen. Sie entsteht dort aus der Summe aller individuellen Erlebnisse – den Interaktionen mit der Marke, ihren Produkten und Angeboten. Auf viele dieser Erlebnisse hatten Unternehmen bislang keinen Einfluss. Verschmelzen diese mit der individuellen Wahrnehmung des Markenbildes, ist daran nur noch schwer zu rütteln. Dies ist vor allem dann problematisch, wenn die Erlebnisse negativ sind oder dem intendierten Markenbild widersprechen. Eine größtmögliche Nähe zwischen Unternehmen und Konsumenten ist deshalb wichtig.

Nähe schafft man durch Vertrauen. Der aktuelle Forschungsstand zeigt, dass eine Marke vor allem dann wirkt, je mehr sie das Vertrauen der Konsumenten genießt (Beysüngü 2012). Vertrauen als Basis für den Erfolg von Marken ist nicht neu. Neu ist aber, dass der Aufbau von Vertrauen, dessen Erhalt und Ausbau heute kurzfristiger erfolgen kann als jemals zuvor. Auch bestehende Skepsis – und das ist spektakulär – kann heutzutage schneller in Vertrauen umgewandelt werden, als es früher möglich war. Eine Marke erhält heute Vertrauen, indem die Konsumenten ihr einen Vertrauensvorschuss geben, der sich als berechtigt erweisen muss. Dieser Vertrauensvorschuss reduziert die natürliche Distanz des Konsumenten zur Marke. Erzielt wird dieser durch die möglichst frühe, aber kontrollierte Einbindung der Konsumenten, die eine Begegnung von Marke und Mensch auf Augenhöhe suggeriert. Der Austausch von Marke und Mensch muss dabei vor allem authentisch und natürlich erfolgen, da sonst das Risiko besteht, dass eine Reversion der Vertrauensbildung erfolgt (vgl. Kap. 4, S. 173). Dies kann sehr schnell geschehen und für längere Zeit irreversibel sein.

Bis zu dem Zeitpunkt, an dem die Digitalisierung auch die Spielregeln des Marketings neu definiert hat, war die werbliche Kommunikation überwiegend eine Einbahnstraße. Unternehmen bestimmten, welche faktischen Informationen, verpackt in einem emotionalen Rahmen, der Konsument zu Produkten oder Services erhielt. Eine wirkliche dialogische Interaktion mit dem Konsumenten fand nur im Abseits des marketing-kommunikativen Mainstreams statt.

Heute gibt der technologische Wandel den Menschen eine Vielzahl von Kanälen an die Hand, die den direkten barrierefreien Austausch mit Marken ermöglichen. Dadurch entstehen Informationen und Inhalte, die von Marken bzw. Unternehmen direkt aufgegriffen und verarbeitet werden können und müssen. Marken bekommen auf diese Weise – und zwar ungeachtet dessen, ob sie es überhaupt wollen – von (potenziellen) Kunden direkte Einblicke in Bedürfnisse und Präferenzen. Insbesondere auf den sozialen Plattformen im Internet tauschen Verbraucher ungehemmt und offen ihre Erfahrungen mit Marken und Produkten untereinander aus. Derartige Insights bekamen Markenartikler früher allenfalls als Annäherungswerte aus Fokusgruppen. Kaum verwunderlich ist dabei, dass sich in der Konsequenz auch negative Rückmeldungen und Kommentare der Konsumenten verstärken: Laut einer Studie von Harris Interactive nutzen 34 Prozent der Amerikaner Social-Media-Kanäle, um sich über Unternehmen, Marken oder Produkte zu beschweren (Heckathorne 2010). Der einzelne Konsument hat nun die Möglichkeit, sich im öffentlichen Raum über Marken zu äußern, ohne dass Hersteller im Gegenzug darauf Einfluss nehmen können. Folglich ist eine Marke ohne die gute Beziehung zu ihren Käufern und Nutzern in diesem veränderten Kommunikationsumfeld einem deutlich höheren Imagerisiko ausgesetzt.

Unternehmen stehen somit vor zwei großen Herausforderungen in der Kommunikation, die sich durch die technologischen Neuerungen ergeben: Zunächst müssen sie sich in der ständig wachsenden Wettbewerbsflut von werblichen Informationen, die eine erweiterte Kommunikationsinfrastruktur mit sich bringt, noch stärker abgrenzen als bisher. Der amerikanische Werber Howard Gossage hat bereits 1965 festgestellt: »People don't read ads. They read what interests them. Sometimes it is an ad.« (Gossage 1965). Was damals galt, gilt heute mehr denn je: Es sind neue und für Konsumenten relevante Kommunikationsformen und -inhalte erforderlich, um überhaupt noch wahrgenommen zu werden. Weiterhin müssen Marken, die durch den Dialog eingehenden Meldungen und Kommentare entgegennehmen, evaluieren und verarbeiten. Und das zunehmend politisch korrekt, da eine Reaktion auf ein individuelles Anliegen heutzutage von einer nicht zu beziffernden Anzahl von Menschen gelesen werden kann und dadurch auf die Meinungsbildung großflächig Einfluss nimmt. Neue Kontroll- und Strukturierungsmechanismen werden immer wichtiger, um diesem Anspruch gerecht werden zu können.

> Unternehmen müssen sich mehr denn je von werblichen Informationen abgrenzen und eingehende Meldungen und Kommentare von Kunden evaluieren und verarbeiten.

User Generated Content als Katalysator

Eine Möglichkeit, Nähe durch Vertrauensvorschuss herzustellen, bietet die konzeptionelle Einbindung von User Generated Content (UGC; auch: User Driven Content oder nutzergenerierte Inhalte). UGC findet seinen Ursprung im anglo-amerikanischen Sprachraum, wo die Bezeichnung überwiegend als Sammelbegriff für alle nicht-professionellen von Internetnutzern erzeugten Webinhalte verwendet wird (Tropp 2011). Bislang existiert für den Begriff keine einheitlich anerkannte Definition. Laut OECD lässt sich User Generated Content folgendermaßen beschreiben: »Content made publicly available over the internet, which reflects a certain amount of creative effort and which is created outside of professional routines and practises.« (Wunsch-Vincent & Vickery 2007).

> Unter ›User Generated Content‹ sind alle nicht-professionellen von Internetnutzern erzeugten Webinhalte zu verstehen.

Aufgrund der umgangssprachlichen Herkunft und der im Wesentlichen durch gesellschaftliche Diskussion getragenen Begriffsentwicklung lässt sich heute weder über den exakten Entstehungszeitpunkt noch über die erste Verwendung des Begriffs eine genaue Aussage treffen. In der *New York Times* wurde UGC erstmals im Dezember 1995 verwendet – als Überbegriff für die von Internetnutzern in Chatrooms und Bulletinboards erstellten Textinhalte (Bauer 2011).

Dass User Generated Content bereits seit einigen Jahren in der Öffentlichkeit wahrgenommen und akzeptiert wird, zeigt das *Time Magazine*, das 2006 titelte: »YOU. Yes, you. You control the information age, welcome to your world.« (Grossman 2006). Maßgeblicher Treiber dieser Entwicklung ist der 2005 gegründete, mittlerweile größte Video-Streaming-Dienst *YouTube*, der bereits zwei Jahre nach seiner Gründung mehr Nutzer anzieht, als alle Konkurrenten zusammen.

Indem Unternehmen von Nutzern entwickelte Inhalte offiziell in ihre Markenkommunikation integrieren, nehmen sie dieser den Top-down-Charakter. Sie signalisieren dadurch, dass das Produkt für Menschen und deren Bedürfnisse gemacht ist und nicht vorrangig der Bereicherung des Unternehmens dient.

UGC schafft Nähe

User Generated Content ist für Unternehmen und Marken Chance und Herausforderung zugleich. UGC bietet Marken die Chance, näher an Menschen heranzurücken und die Grenzen zwischen Sender und Empfänger, Produzent und Konsument, auf positive Weise zu verwischen. Es treten sehr unterschiedliche Formen und Ausprägungen von UGC auf, die aus verschiedenen Perspektiven und Motivationen entstehen. Drei sind besonders häufig:

1. *Kommunikationsinhalte:* Der Content entsteht durch die Verbraucher – sie erstellen Kommunikationscontent für die Marke und liefern Ideen und Inspiration. Beispiel *Ford*: 2009 initiiert der Autobauer die Aktion »Fiesta Movement«. Aus allen Bewerbungen für die Aktion werden 100 Gewinner ausgewählt, die das Fahrzeug für mehrere Monate kostenlos zur Verfügung gestellt bekommen. Der Content entsteht aus den Posts der Teilnehmer *auf Facebook, Twitter, YouTube*, privaten Blogs und weiteren Kanälen über das Auto sowie das Ausführen von Aufgaben mit Hilfe des Wagens, die den Fahrern monatlich gestellt werden. 2013 nun überlässt *Ford* in der Weiterführung des »Fiesta Movement« einem Teil der Community die Erstellung aller Elemente für die Werbekampagne 2014. *Ford* ist damit eine der wenigen Marken, die eine Kampagne in die Hände ihrer Fans legt und voll auf UGC setzt (Heine 2013).
2. *Produktentwicklung:* Verbraucher interagieren mit einem bestehenden Produkt der Marke – Content entsteht durch die Entwicklung neuer Ideen, die

vom Verbraucher dokumentiert werden. Beispiel *Lego*: Der Spielzeughersteller bietet seinen Kunden mit der Produktserie »Lego Mindstorms« die Möglichkeit, Roboter und andere autonome und interaktive Systeme zu konstruieren und zu programmieren. Der Content entsteht hier durch Interaktion der User mit dem Produkt, welches klar im Mittelpunkt steht. Viele Nutzer laden aus freien Stücken anschließend ein Video ihrer Erfindung auf *YouTube* hoch – innerhalb der letzten Jahre bereits rund 60.000 Stück.
3. *Beziehungsentwicklung:* Content entsteht, indem die Verbraucher direkt mit der Marke oder mit einer vorhandenen Idee der Marke interagieren – diese Interaktion wird dokumentiert. Beispiel »*Nike+*«: Das Unternehmen bietet Sportbegeisterten über eine Smartphone-App die Möglichkeit, alle wichtigen Details über den eigenen Trainingsverlauf festzuhalten (vgl. Kap. 2, S. 42). Durch Interaktion mit der »Nike+«-Plattform entstehen Inhalte über einen GPS-Sender im Smartphone, der die nötigen Daten sammelt. User können eigene Trainingspläne erstellen, Ziele festlegen und auswerten oder ihre persönlichen Ergebnisse mit Freunden in ihrem sozialen Netzwerk teilen.

Unternehmen, die User Generated Content zum Bestandteil ihrer Kommunikationsstrategie machen, geben einen Teil der Kontrolle über Inhalte und ihre Entwicklung aus der Hand. Das macht Konsumenten in der Wahrnehmung beider Parteien im besten Fall zu einem wertgeschätzten Teil der Marke. In den genannten drei Fällen sind allerdings sowohl der Mehrwert als auch die Risiken und Gefahren für Marke und Unternehmen unterschiedlich hoch.

> Durch User Generated Content geben Unternehmen einen Teil der Kontrolle über Inhalte aus der Hand. Der Konsument wird so im besten Fall zu einem wertgeschätzten Teil der Marke.

User Generated Content birgt auch Gefahren

Die Verwendung von UGC vermag nicht nur die Distanz zwischen Menschen und Marken zu verringern. Der überdurchschnittlich hohe Vertrauensvorschuss, den manche Unternehmen im Zuge des UGC-Trends ihren Verbrauchern zugestehen, birgt auch neue Risiken und Gefahren für Marken. Im besten Fall sind die Verbraucher der Marke wohl gesonnen und liefern qualitativ hochwertigen Content, der dem Unternehmen Einblicke liefert, Geld spart und enge Beziehungen mit

Verbrauchern nach sich zieht. Im schlimmsten Fall will sich der Verbraucher vor allem selbst darstellen und produziert und publiziert Inhalte, die der Marke und dem Unternehmen unter Umständen langfristig Schaden zufügen. In den letzten Jahren hat sich mehrfach gezeigt, dass ein Zuviel an Vertrauen und Nähe aufgrund unbedachter oder unzureichend geplanter Verbrauchereinbindung zu einer Umkehrung des Verhältnisses zwischen einer Marke und ihrer Fangemeinde führen kann. Folgende Beispiele illustrieren derartige Fälle: Hier wurden zugunsten der Produktanwender zu wenig oder überhaupt keine Grenzen gesetzt mit der Konsequenz, dass mittlerweile die Skepsis bezüglich der Verwendung von User Generated Content deutlich zugenommen hat.

▶ Beispiel *GAP*: Der amerikanische Kleidungshersteller ruft 2010 Fans auf, Vorschläge für ein neues Markenlogo einzureichen, welches das traditionelle Logo mit den drei Buchstaben ersetzen sollte. Nachdem zahlreiche Entwürfe abgegeben wurden, entscheidet sich das Unternehmen für einen Entwurf mit dem die Community alles andere als zufrieden ist. Die Marke erntet mit dieser Wahl so viel negative Kritik, dass das Logo schließlich wieder in das altbekannte *GAP*-Logo umgeändert wird (Walker 2010).

▶ Beispiel *OTTO*: Das Versandhaus sucht 2010 ein neues Gesicht für seine Facebook-Fanpage und ruft zu einem Model-Wettbewerb auf. Eine nennenswerte Beteiligung erfolgt erst, als sich eine Dame namens Brigitte anmeldet, hinter der sich ein 22-jähriger BWL-Student verbirgt. Er hatte laut eigenen Angaben unter erheblichem Alkoholeinfluss mit Freunden die Idee entwickelt, sich spaßeshalber als Transvestit zu bewerben. Brigitte gewinnt den Wettbewerb durch das Voting der Community. *OTTO* sieht sich gezwungen, die Siegerin zum Shooting einzuladen, damit das Unternehmen nicht vor der Community das Gesicht verliert. Die Macht der Community wird hier besonders deutlich (Bruce 2010).

▶ Beispiel *Ford*: Der Automobilhersteller ruft 2011 zum Wettbewerb »Go Do Adventure« auf. Die Mitglieder der *Ford* Community sollen Ideen einreichen, was sie unternehmen würden, wenn sie den Ford Explorer eine Woche lang Probe fahren dürften. Die Gewinner des Wettbewerbs dürfen ihren Vorschlag anschließend in die Tat umsetzen: Eine Gruppe von Freunden fährt nach Minnesota, um inmitten einer Einöde Eishockey zu spielen – das 39-sekündige Dokumentationsvideo wurde von nur 4500 Menschen angeschaut (Youtube 2011).

▶ Beispiel *Pizza Hut*: Das amerikanische Fastfood-Unternehmen sucht im Jahr 2007 einen »Honorary VP of Pizza«. Das Unternehmen fordert Konsumenten mit der Frage »Why are you Pizza Hut's biggest fan« zum Einreichen von *YouTube*-Videos auf. Was die User aber im Endeffekt an Content erstellen, ist

wenig erfreulich: Viele der generierten Uploads sind keine treuen Fan-Videos, sondern Parodien auf Kosten der Marke.
▶ Beispiel *Pril*: Auch der Spülmittelhersteller hat die Macht der Community unterschätzt. Die Marke initiiert 2011 einen Designwettbewerb, der die User dazu auffordert, Designvorschläge für Spülmittel-Flaschen einzureichen. Die von der Community als erfolgreichste Beiträge ermittelten Designs sollen, so das Versprechen der Marke, tatsächlich in den Handel kommen. Das Voting kommt erst in Gang, als Designs mit dem Titel »Hähnchengeschmack« oder dem skizzierten Rage-Guy eingereicht werden. Um dem nun drohenden Schaden für die Marke vorzubeugen, werden während des laufenden Wettbewerbs die Regeln geändert: Die Designs werden nun erst nach Begutachtung der Initiatoren freigegeben. Als Folge des Vertrauensmissbrauchs fühlt sich die Community von *Pril* so sehr betrogen, dass die Marke einen heftigen Imageverlust erleidet.

User Generated Content ist ein kraftvolles Werkzeug, dessen Einsatz allerdings auch die Beachtung einiger wichtiger Spielregeln erfordert. Neben einer klaren Zielformulierung müssen die jeweiligen Weggabelungen, an denen ein UGC-Projekt bei angemessener Freiheit für den User aus dem Ruder laufen kann, antizipiert und von Beginn an kontrolliert werden. Im Fall von *Pril* hätte die offizielle Einbindung eines Moderators, der die Einreichungen erst nach Prüfung auf Markenkompatibilität freischaltet, nicht nur zum Erfolg der Maßnahme geführt, sondern auch Störer von vornherein von der Teilnahme abgehalten.

Mehr Nähe ohne Kontrollverlust

Um User Generated Content in seiner vollen Kraft zu nutzen, muss ein Weg gefunden werden, der für den Konsumenten qualitativ ansprechend ist und gleichzeitig für die Marke arbeitet. Deshalb gibt es immer mehr Kampagnen, die Verbrauchernähe und Qualität vereinen. Sie funktionieren anders als herkömmlicher User Generated Content. Die Konsumenten erstellen Inhalte nicht ausschließlich selbst, sondern inspirieren vornehmlich Inhalte durch ihre Ideen:

> User Generated Content wird zu User Inspired Content (UIC). UIC reduziert die Freiheit, die dem Konsumenten gegeben wird. Dies geht allerdings nicht so weit, dass der Konsument seinen Beitrag am Markenauftritt nicht mehr erkennen kann.

Folgende Techniken helfen, User Inspired Content zu verwirklichen:

1. Spielerische Aufgaben

Marken müssen an den Spieltrieb der Menschen appellieren und ihnen Aufgaben geben, die Spaß bereiten (vgl. Kap. 2, S. 42). Beispiel *Entega*: Der zweitgrößte Energieversorger von Ökostrom in Deutschland startete 2010 die Aktion »Snowmen against global warming«. Um nicht nur auf regionaler, sondern auch auf nationaler Ebene das Bewusstsein der Menschen für Ökostrom zu aktivieren, rief das Unternehmen zum dreitägigen, kollektiven Schneemannbauen auf dem Berliner Schlossplatz auf. Unter dem Slogan »Save the snowmen« beteiligten sich insgesamt 20.000 Menschen an der Aktion und bauten eine Armee von Schneemännern. Zahlreiche Medien berichteten darüber, und *Entega* konnte sich mit dieser Aktion als verantwortungsvoller Partner im Kampf gegen den Klimawandel positionieren (Clio Award 2011).

Entega – Snowman against global warming

2. Geringe Partizipationshürde

Im Idealfall begegnet eine Marke den Menschen in ihrem Alltag und bezieht sie auf spielerische Art und Weise in ihre Kommunikation mit ein. So wächst die Bereitschaft, sich an einer Aktion zu beteiligen, massiv. Beispiel *McDonald's*: Sein 40-jähriges Deutschland-Jubiläum feierte die Fastfood-Kette 2011 auf ganz besondere Art und Weise – mit einer Social-Media-Aktion. Über die Website »My Burger« konnten *McDonald's*-Fans aus über 70 Zutaten ihren ganz individuellen virtuellen Burger erstellen und diesen über ebenso individualisierte Marketing-Tools wie Produktvideos, Banner und Handzettel selbst promoten. Innerhalb von fünf Wochen konnten 116.000 Burger, 12.000 personalisierte Kampagnen und über 1,5 Millionen Burger-Votes generiert werden. Die besten fünf Burger wurden anschließend für eine Woche real in allen *McDonald's*-Filialen angeboten und die Personen dahinter außerdem in eigenen TV-Spots gewürdigt. Die Crowdsourcing-Kampagne war auch wirtschaftlich so erfolgreich, dass sie seitdem jedes Jahr wiederholt wird (Luerzer's Archive 2011).

McDonald's – My Burger

3. Klar definiertes Spielfeld

Die Marke gibt den Rahmen vor, innerhalb dessen sich die Verbraucher austoben können. So behält die Marke die Kontrolle und nutzt gleichzeitig das Potenzial ihrer Fans. Beispiel *Deutsche Telekom*: 2010 rief das Unternehmen mit dem Projekt »Million Voices« zum größten Online-Chor Deutschlands auf. Dabei konnten die Menschen ihre Version vom Song »7 Seconds« ins Netz hochladen – ein Song, den jeder kennt und mitsingen kann. Aus den insgesamt 11.200 Beiträgen wurde unter Anleitung und Partizipation von Rapper Thomas D ein Remix ausgewählter Beiträge zusammengestellt. Das Video dazu strahlte die Telekom anschließend auf allen relevanten Kanälen aus. »Mit Million Voices ist es gelungen, unvergessliche Momente für die Menschen zu schaffen und diese über einen Song zu verbinden«, so Hans Christian Schwingen, Leiter Markenstrategie und Marketing Kommunikation der *Deutsche Telekom AG* (Deutsche Telekom 2010).

Deutsche Telekom – Million Voices

4. Nur Experten involvieren

Um eine hohe Qualität des Contents zu garantieren, sollte eine Marke nicht alle Menschen dazu einladen, sich an einer Aktion zu beteiligen, sondern nur »Amateur-Experten«. Beispiel *Lego*: Die Tüftler-Plattform »Lego Cuusoo« bietet *Lego*-Fans eine Bühne, ihre Bastelkünste unter Beweis zu stellen. Die Teilnehmer erstellen dabei alle möglichen Formen und Figuren. Die qualitativ hochwertigsten Entwürfe haben die Chance, zu echten, massenproduzierten *Lego*-Produkten umgesetzt zu werden (lego.cuusoo.com/).

5. Für hohe Reichweite sorgen

Die Marke sorgt dafür, dass die Ideen der Konsumenten eine große Bühne bekommen. Gleichzeitig werden die Vorschläge dazu genutzt, Content ganz im Sinne der Marke zu erstellen. Beispiel *PepsiCo*: Seit 2007 lässt das Unternehmen für den jährlichen Superbowl-Spot seiner Marke »Doritos« die Fans ans Werk.

Beim Contest »Crash the Superbowl« reichen die User Ideen für 30-sekündige Spots ein, die anschließend durch das Unternehmen beurteilt werden. Die besten Vorschläge werden von der Marke umgesetzt, aus denen die Community zwei Gewinner-Spots wählen darf, die tatsäch-

Pepsi – Superbowl-Spot Doritos

lich in der Werbepause des Super-Bowls gezeigt werden. Der mittlerweile größte Online-Video-Contest der Welt bringt der Marke jedes Mal wertvollen Content sowie starkes Imagewachstum (Facebook 2012).

> User Inspired Content gibt Marken die Chance, den Menschen näher zu kommen, ohne dabei die Kontrolle zu verlieren.

Bei entsprechend sorgfältig geplanter Handhabung der Maßnahme erhält die Marke unzählige einzigartige, unter Umständen außergewöhnliche und unbezahlbare Ideen für ihren Content. Und der User bekommt eine Plattform, auf der er sich darstellen kann. Davon profitieren beide Parteien.

User Inspired Content eröffnet neue Möglichkeiten

Neben der klassischen Markenkommunikation eröffnen weitere Formen der Interaktion die Möglichkeit, Verbraucher zu beteiligen, Nähe zu schaffen, und über die Kreation von Inhalten, bei denen der unterhaltende Charakter im Vordergrund steht, zudem die Bereitschaft zu fördern, für ein Produkt zu bezahlen. Bislang erfolgt Ähnliches lediglich im Bereich des Sponsorings, das nicht unumstritten ist und häufig einen negativen Beigeschmack hat. Die Kernaussage eines Artikels der Huffington Post vom Cannes Film Festival 2012 (Ross 2012) unterstützt diese Wahrnehmung: »Sponsoring und Product Placement stören Filme.« Ein außergewöhnliches, wenn nicht sogar wegweisendes Beispiel, wie sich Unterhaltung und User Inspired Content sinnvoller verknüpfen lassen, stammt abermals von *der Deutschen Telekom*. Um das Markenversprechen »Erleben, was verbindet« greifbar zu machen und somit Marke und Menschen einander stärker anzunähern, drehte die *Telekom* 2012 einen Kinofilm in Form eines Roadmovies durch ganz Europa: »Move On – the road movie inspired by you« (»Move On« 2012, Abbildung 1).

Der User Inspired Content zieht sich durch das gesamte Projekt: Die Marke involviert Menschen aller Couleur und lässt sie wichtige Parameter des Films mitbestimmen. So liefert die Community unter anderem Ideen zu den Schauplätzen, an denen das Geschehen spielen sollte, gab Anregungen zur Musik im Film und machte Vorschläge für Straßennamen. Zudem konnten sich die User mit selbst erstellten Videobeiträgen für Komparsenrollen bewerben. Der Film ist ein gelungenes Beispiel für User

Telekom – Move On

Inspired Content und zeigt, wie Unternehmen auf der einen Seite die Unterhaltungsindustrie bereichern und auf der anderen Seite gleichzeitig Nutzen für ihre Marke ziehen können. Insgesamt erntete das Projekt viel positive Resonanz – selbst unter Hollywood-Stars. Der Hauptdarsteller des Films, Mads Mikkelsen, sagte über »Move On«: »We brought Rock'n'Roll back into the film industry« (»Move On« 2012). Das Ergebnis ist Brand Content in seiner reinsten Form.

Fazit: User Generated Content und User Inspired Content – so individuell wie die Marke

Marken haben mit dem Einsatz von UGC und UIC neue Möglichkeiten, verhältnismäßig schnell eine enge Marke-Mensch-Beziehung aufzubauen. Allerdings kann die

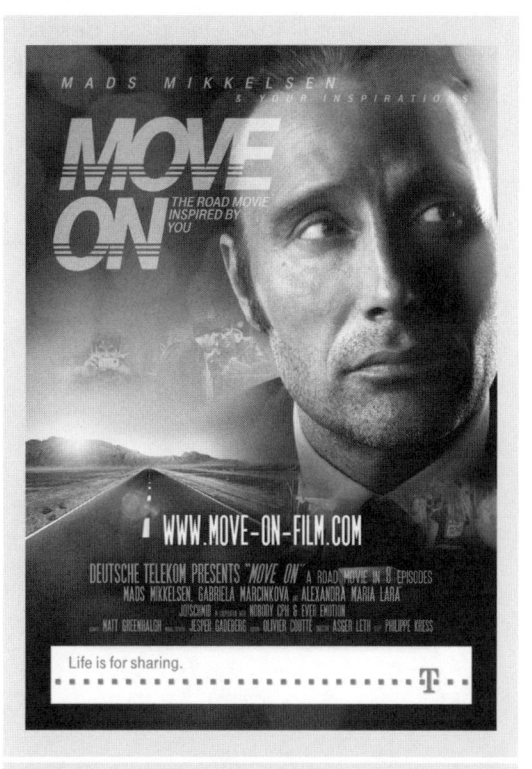

Abb. 1: Plakat zum Kinofilm »Move On« der *Deutschen Telekom*

Gültigkeit dieser Aussage nicht verallgemeinert werden. Wie die genannten Beispiele zeigen, hängt der Erfolg einer Kampagne maßgeblich vom Zusammenspiel einer Marke mit der jeweiligen kreativen Idee und deren Umsetzung ab. Neben der Orientierung an den oben erwähnten Spielregeln sollte eine Marke folgende Leitlinien beachten:

- *Authentizität ist unverzichtbar.* Die Marke muss mehr denn je transparent und konsistent nach innen und außen auftreten, denn die Menschen haben Kenntnis von der Marke und eine Meinung über sie; zusätzlich tauschen sie sich in einem noch nie da gewesenen Umfang über sie aus.
- *»Know your audience.«* Die Aktion muss eine Bereicherung für die Menschen sein. Sie müssen Interesse und Lust haben, daran mitzuwirken. Wenn Menschen gerne mit einer Marke interagieren, gewinnen beide Seiten.
- *Der Markenkern bestimmt Form und Ansprache.* Er entscheidet, wie und durch welche Aktion die Menschen angesprochen werden sollen. Ein Projekt

wie »Move On« passt deshalb so gut zur *Deutschen Telekom*, weil es den Markenkern »Erleben, was verbindet« exakt trifft und greifbar macht.

Grundsätzlich gilt: User Generated Content und User Inspired Content sind genauso individuell wie Marken und Menschen und ermöglichen deshalb auch eine ebensolche Vielfalt.

News und Sensation

Wie Marken die neue Nachrichtenwelt erobern

Bernhard Fischer-Appelt

> Wie kreiert man Marken-Stories, die das Potenzial haben, Schlagzeilen zu machen? Bernhard Fischer-Appelt gibt zwei Antworten: Newsjacking und Newsplanning. Der Autor erläutert die grundsätzlichen Selektionsmechanismen der Medien und nennt vier Faktoren, wie Brand Content zu Media Content werden kann: Strukturierung, Faktorisierung, Personalisierung und Formatierung. Diese Faktoren sind zugleich die Basis für das erfolgreiche Generieren von Earned Media.

Wann bekommt *Coca-Cola* den Pulitzer-Preis? Dieser renommierte, seit 1917 verliehene Preis, ist eigentlich Journalisten vorbehalten. Doch Unternehmen entdecken zunehmend die Kraft von selbst publizierten, hochwertigen Inhalten, von Themen und von News. Sie übernehmen gelegentlich die Rolle von Publizisten oder entwickeln eigene Plattformen für die Publikationen. Der Weg zu einer klassischen Verleger-Rolle ist für einige Unternehmen nicht mehr weit. So wurde die globale Corporate-Website von *Coca-Cola* Ende 2012 zu einem Nachrichtenportal mit dem Namen »Coca-Cola Journey« weiterentwickelt, das neben klassischen Unternehmensstories auch Themen wie Umwelt, Gesundheit und Sport aufnimmt und in Interviews, Kolumnen oder Blog Postings aufbereitet (vgl. Kap. 1, S. 3). Für diesen Wandel integrierte *Coke* auch ein Redaktionsteam in das Kommunikationsteam, das nun aus internen Themen echte Markengeschichten macht und darüber hinaus News Content mit journalistischem Anspruch produziert.

Es ist durchaus denkbar, dass einzelne Unternehmen auch zu qualitativen Speerspitzen des Journalismus werden. Warum sollte beispielsweise ein Touristikunternehmen wie *TUI* nicht auch ein interkulturelles Dokumentationsformat auf den Weg bringen können? Gegenwärtiger sind allerdings bei den meisten Unternehmen noch die Fragen aus dem Marketing: Wie setzen wir unseren Content direkt kundengewinnend in Szene? Oder spitzer: How to brand the News? Diese Fragen münden seit einiger Zeit in einem Hype um den Begriff »Content Marketing«, der ähnlich wie in der Vergangenheit »Corporate Media«, »Corporate Publishing« oder »Brand Journalism« durch die Branche geistert. Content Marketing im Zusammenhang mit Nachrichten beschreibt den Umgang mit Marken-Stories, die das Potenzial haben, Schlagzeilen zu machen. Dazu gehören traditionell eine Produkteinführung, beispielsweise in der Automobilbranche, eine Bilanzpressekonferenz eines Dax-Konzerns oder aber der Jobwechsel des CEO. Mit Blick in die jüngste Vergangenheit stellen wir aber fest, dass eher ein Sprung aus dem All, ein gestohlener Keks und ein verlorenes Smartphone Basis für Brand Stories waren, welche die News weltweit dominiert haben. Das liegt vor allem an den immer stärker auf Unterhaltung setzenden Nachrichten-Formaten.

Das Branding von News ist immer schon Bestandteil der PR gewesen: Themen aufgreifen, Journalisten anregen, Stories provozieren. Im Zuge der stetigen Vergrauung zwischen den Bereichen PR und Marketing ist es aber mittlerweile eine integrierte Kommunikationsdisziplin, die nicht nur auf ein allgemeines Produkt- oder Markenimage, sondern auch direkt auf eine Kaufentscheidung abzielt. Wenn nun also die klassische Absender-Kommunikation immer häufiger zu einer kollektiven Resonanz führt, stellt sich für große Brands die Frage nach Spielregeln und Erfolgsfaktoren.

Wir erleben eine Verschiebung weg vom Push einer Markenbotschaft hin zum erklärten Ziel des Content Pull. Die Menschen erwarten von einer Marke Geschichten, Erlebnisse oder sogar Sensationen. Dies wird nur möglich, wenn sich Brands so flexibel aufstellen, dass sie sich an aktuelle Gesellschaftstrends, Marktdiskussionen und Kontroversen andocken können. Das »Content-Spiel« funktioniert nicht mit rigiden, sondern nur mit responsiven Prozessen, die tagesaktuell – also auf Basis der aktuellen Nachrichtenlage – funktionieren. Ein Lösungsansatz ist es, PR mit Brand Storytelling zu paaren und daraus ein journalistisch geprägtes Format zu machen (vgl. Kap. 2, S. 31). Das funktioniert angelehnt an aktuelle Ereignisse in Echtzeit oder als langfristig geplante Brand Story auf eigenen Publikationsplattformen.

> Brands müssen flexibel an aktuellen Gesellschaftstrends, Marktdiskussionen und Kontroversen andocken können. Das »Content-Spiel« funktioniert nicht mit rigiden, sondern nur mit responsiven Prozessen, die tagesaktuell – also auf Basis der aktuellen Nachrichtenlage – funktionieren.

Newsjacking – »Newsbranding« in real time

Der Begriff »Newsjacking« stammt von David Meerman Scott, der in seinem Buch *Newsjacking: How to Inject Your Ideas into a Breaking News Story and Generate Tons of Media Coverage* das Zusammenschließen von aktuellen News und dem eigenen Brand Content erstmalig strukturiert darstellte (Scott 2011). Es geht also um das Ausnutzen eines newsrelevanten populären Ereignisses, um Marketing- und Sales-Ziele zu erreichen, indem eine Unternehmensbotschaft in einem engen Time Slot in Beziehung zum jeweiligen Ereignis gestellt wird. Ziel ist es, mit geringem Aufwand ein großes Echo zu erzeugen.

> **Oreo is Newsjacking the Superbowl**
>
> Der Superbowl ist das Werbeereignis der USA. Zwischen den Werbetreibenden herrscht ein regelrechter Wettkampf um die kreativsten Spots.
>
> 2013 schafft es *Oreo* zum »Talk of the Nation« zu werden. Zu verdanken ist dies vor allem der Reaktionsschnelligkeit des Unternehmens:
>
> Oreo – Superbowl-Tweet
>
> Als während des Spiels ein Stromausfall die Lichtanlage des Stadions und somit das Spiel zum Erliegen bringt, tweetet der Kekshersteller das Bild eines *Oreo*-Kekses vor dunklem Hintergrund, versehen mit dem Text »You can still dunk in the dark« (siehe Abb. 1).
>
> *Oreo* springt somit nicht nur auf das aktuelle Ereignis auf, sondern verbindet dies auch humorvoll mit dem eigenen Produkt. Binnen einer Stunde wird der Tweet mehr als 10.000 Mal retweetet.
>
> Die enorme Reichweite im Social Web generiert auch Aufmerksamkeit und Relevanz für klassische Medien. Im Zuge der Berichterstattung über den Super Bowl und dessen Stromausfall berichten zahllose Zeitungen, Newsportale und Fernsehsendungen über den *Oreo*-Tweet, der je nach Ansatz der Messung eine höheren »Payoff« als der *Oreo* Superbowl Werbefilm »Cream or Cookie« gehabt haben könnte.

Abb. 1: Nachdem beim Superbowl der Strom ausfällt, dockt sich Oreo mit einem Tweet an die Berichterstattung an. (Quelle: Twitter)

Newsplanning – Produktion von Branded News in formatierten Episoden als Teil einer Serie

Newsplanning meint die Konzeption und Durchführung eines klassischen PR-Stunts, der aber eine episodenhafte Präsenz in den Nachrichten hat. Um über mehrere Wochen oder gar dauerhaft Teil der Nachrichten zu sein, bedarf es einer inhaltlich starken Story, die das klassische journalistische Weiterdrehen zulässt.

Red Bull orchestriert eine Brand Story, die Schlagzeilen macht

Das von *Red Bull* gesponserte Projekt Stratos war ein Fallschirmsprung aus 39 Kilometer Höhe vom Extremsportler Felix Baumgartner im Oktober 2012 (siehe Abb. 2). Ziel war es, alle seit den 1960er-Jahren gültigen Stratosphären-Rekorde zu brechen und darüber hinaus Forschungsdaten zu sammeln. Baumgartner durchbrach dabei als erster Mensch die Schallmauer ohne technische Hilfe. Etwa 200 Fernsehsender und Netzwerke berichteten live von dem Ereignis. Den von *YouTube* angebotenen Livestream sahen zur Zeit des Sprungs rund acht Millionen Menschen gleichzeitig. Der Kanal weist mittlerweile über 500 Millionen Views auf. Eine ähnliche Explosion konnte man auf Facebook feststellen, wo nur das Projekt Stratos innerhalb kürzester Zeit eine halbe Million Fans gewann. Auf *Twitter* folgten und folgen über 200.000 Menschen. Vor allem beherrschte das Projekt die Trend- und Themenwelt im Social Web. *Red Bull* war in aller Munde, was sich auch auf die starke Visualität und Episodentauglichkeit zurückführen lässt. Beispielsweise entstanden nach dem Sprung zahlreiche Social-Web-Montagen, unter anderem mit *Lego*-Figuren, Promis oder dem klassischen »Cat-Content«. Durch kluge Orchestrierung der Kanäle und Formatierung des Projekts schaffte es *Red Bull* über einen Zeitraum von mindestens drei Monaten kanalübergreifend, aber auch über die eigenen Kanäle Red Bulletin, RedBull.com oder ServusTV, das Interesse von klassischen Medien und im Social Web zu schüren. Ein Phänomen, das man sonst nur bei Vor- und Nachberichterstattung von Olympischen Spielen oder Fußballweltmeisterschaften kennt. »Stratos« ist mit ca. 50 Millionen Euro Investment und einem Werbewert von ca. 1 Milliarde Euro das mit Abstand erfolgreichste Owned-Media-Projekt aller Zeiten (vgl. Kap. 4, S. 183).

Abb. 2: Red Bull überträgt die Markenbotschaft »... verleiht Flügel« auf die mediale Begleitung (Quelle: picture alliance/dpa)

Was sind News und welche Themen und Bilder schaffen es in die Medien?

Nach »Wir sind Papst« im Jahr 2005 war »...die neue Hand Gottes« das News-Pendant im Jahr 2013. Während die »Bild«-Zeitung 2005 noch die mit Abstand lauteste Stimme im Mediengetöse stellte, ist heute die Stimmen-Vielzahl das Charakteristikum »sensationeller« Ereignisse. Am Tag, an dem aus der Sixtinischen Kapelle in Rom weißer Rauch aufstieg, wurden etwa sieben Millionen Tweets zur Papstwahl abgesetzt (vgl. Beitrag 6.1). Nach Bekanntgabe der Wahl Jorge Mario Bergoglios zu Papst Franziskus I. wurden mehr als 130.000 Tweets pro Minute abgesetzt. Rekordhalter in Sachen Twitter-Buzz bleibt Barack Obama, der bei seiner Wiederwahl zum amerikanischen Präsidenten im November 2012 auf 237.000 Tweets pro Minute kam. Obamas eigener Tweet »Four more years« hält immer noch den Rekord des am häufigsten geteilten Tweets aller Zeiten.

Wir haben innerhalb weniger Jahre den Sprung ins digitale News-Zeitalter gemacht. Dies drückt sich am meisten durch Viralität aus, die bei der News-Verbreitung eine immer stärkere Rolle spielt. Was sich bei der Verbreitung gesellschaftspolitischer Themen wie der Wahl eines Präsidenten oder Papstes zeigt, gilt in noch stärkerem Maße für Brands: Klassische Medien sind als Distributor einer News nicht mehr ausreichend. Insbesondere dann, wenn eine News auch marketingtauglich sein soll.

News haben per definitionem einen Neuigkeitswert für den Rezipienten. Doch das Potenzial für eine Stimulation ist durch die Vielzahl an Stimmen enorm angestiegen. Interpretationen von Nachrichten und vor allem die daraus resultierenden Reaktionen beflügeln mittlerweile die Fantasie von Marketers, die zu Recht ein großes Potenzial für ihre Brands sehen. Ereignisse mit einem relevanten Neuigkeitswert können ohne großes Investment als Positionierungsplattform für Marken dienen, weil News-Empfänger selbst zum Distributor und Verstärker der Nachricht werden. Wenn sie nicht ohnehin schon Absender sind. Denn die Produktion einer News obliegt nicht mehr dem klassischen Journalisten, sondern ist von jedem Computer oder Mobiltelefon aus zu leisten. Die Grenzen zwischen Sender und Empfänger, Blog Post und Magazin-Artikel und am Ende auch Newsroom und Marketer-Büro verschwimmen.

> Es gibt eine revolutionäre Veränderung in der Urheberschaft und Distribution.

Eher evolutionär hat sich in den vergangenen 15 Jahren die Nachrichtenauswahl entwickelt. Die Kriterien »Verfügbarkeit von Bildern«, »Visualität« und »bildliche Darstellung von Emotionen« haben in den vergangenen Jahren am deutlichsten an Bedeutung gewonnen. Auch die Fragen nach der möglichen Reichweite (Relevanz), dem Bekanntheitsgrad der Protagonisten (Prominenz), dem Grad an Personalisierung und dem lokalen Bezug (Nähe) (in Deutschland der Bezug zu deutschen Inhalten) sind heute wichtiger als vor zehn Jahren.

Der Aufschwung der sozialen Medien nimmt Einfluss auf die »Newsworthiness« von Themen: Gesellschaft und Soziales, Buntes und Boulevard dominieren die Social-Media-Kanäle. Im Zuge der Konvergenz schwappen diese auch in klassische Medien: Soziale Medien und klassische Medien passen sich in ihren Inhalten an. Festzuhalten bleibt, dass »News« als Begriff ein sich gerade in den vergangenen Jahren schnell entwickelndes Konzept ist, das von allen Beteiligten – von Journalisten bis Marketers – ein hohes Maß an Flexibilität fordert.

»How to brand the News? – Erfolgsfaktoren«

Vier Faktoren bestimmen den Erfolg: 1. Strukturierung, 2. Faktorisierung, 3. Personalisierung und 4. Formatierung.

1. Strukturierung – Ohne Content-Verständnis und -Denken in der Organisation sowie der Kultur von Marketing-Abteilungen kein erfolgreiches »Newsbranding«

Um innovative Content-Strategien zu entwickeln, müssen Unternehmen und Organisationen erst einmal beginnen, in Content zu denken. Das klassische Jobprofil und die Denkweise von Marketing-Managern widerspricht bislang qualitativer Content-Entwicklung. Denn Markenbotschaften, Sales-Flyer, »Marketingsprech« und so genannte Produktversprechen sind häufig Content-Killer. Ursprung dieses Marketing-Ansatzes sind Unternehmensprozesse, die nicht zu den heutigen Newsprozessen passen. Die Entwicklung von Branded Content ist im klassischen Marketingprozess nicht vorgesehen. Die Strukturen und Zielvorgaben im Marketingbereich sind komplett auf einen kontrollierten Ad-Push ausgelegt. Abstimmungsprozesse zwischen Pressestellen, UK-Stäben und Marketing-Entscheidern von Unternehmen sind daher Newsbranding-Killer. Wer mit Content punkten will, muss sich diesem neuen Rhythmus auch strukturell anpassen. Die Zeitfenster dafür, wann etwas eine News mit Newsjacking-Potenzial ist, sind klein. Eine bei innovativen Unternehmen bereits seit einigen Jahren funktionierende Antwort sind redaktionell und multi-disziplinär geprägte Newsrooms. Sie gewährleisten über einen integrierten Content-Pool eine große cross-mediale Newsflexibilität. Der nächste Evolutionsschritt wird die Aufstellung von Content Hubs sein. Gemeint sind dezentrale Content-Einheiten, die direkten Zugang zu den Unternehmensbereichen haben, in denen spannender Content entsteht.

Dies garantiert optimales Content Matching auf das mediale Zeitgeschehen und eine dem Newsrhythmus angepasste Reaktionsgeschwindigkeit.

Case: Eristoff Vodka

Als es in Belgien einem Fernsehteam gelingt, nach über 100 Jahren erstmalig einen Wolf in freier Wildbahn zu filmen, ist dies das Medienthema des Landes. Ein Wolf ist auch das Logo des Wodka-Herstellers *Eristoff*, der in der Wolf-Entdeckung des belgischen Staatsfernsehens seine Chance sieht, die News zu kapern. In der Nacht nach der Veröffentlichung der Bilder dreht *Eristoff* ein Video, das zeigt, wie ein Team des Wodka-Herstellers einen gemieteten Film-Wolf vor der im Wald verstecken Kamera des Fernsehens auf- und ablaufen lässt. Das echte Vorkommnis wird so auf *Facebook* als Werbung von Eristoff deklariert. Binnen Kürze nehmen sämtliche Medien das Thema auf und das belgische Staatsfernsehen fühlt sich gezwungen, öffentlich die Echtheit ihres Videos zu beteuern. Mit klassischen Abstimmungsprozessen wäre der Case nicht zu realisieren gewesen. Aus einem Newsroom heraus war die Story hingegen schnell zu inszenieren.

2. Faktorisierung – Eine gute Konzeption muss die klassischen Nachrichtenfaktoren des traditionellen Journalismus berücksichtigen

Die Marketing-Manager von Eristoff haben darüber hinaus einen smarten Umgang mit den traditionellen Nachrichtenfaktoren aus den journalistischen Handbüchern der 1990er-Jahre gezeigt. Die alten journalistischen Grundsätze

News und Sensation
Wie Marken die neue Nachrichtenwelt erobern

- Neuigkeit
- Nähe
- Tragweite
- Prominenz
- Dramatik
- Kuriosität
- Konflikt
- Sex
- Gefühl
- Fortschritt
- Nutzwert

sind auch weiterhin die entscheidenden Faktoren dafür, ob Content zur News taugt. Marken, die sich einen oder mehrere dieser Faktoren zunutze machen, schaffen es schneller und sicherer in die News.

»American Rom« und der Faktor »Konflikt«

Der Schokoriegel »*Rom*« ist ein Traditionsprodukt auf dem rumänischen Markt. Und genau das ist sein Problem. Das Land befindet sich im Umbruch. Ausländische Produkte sind gefragt, während einheimische Erzeugnisse als uncool gelten, trotz des eigentlich ausgeprägten Nationalstolzes der Rumänen. Diesen Widerspruch macht sich *Rom* zunutze und überrascht mit einem Re-Branding (siehe Abb. 3). Über Nacht wird der Schokoriegel zu »American Rom« mit Stars & Stripes-Verpackung und amerikanisch anmutenden Werbespots. Der Aufschrei ist riesig. Im Social Web echauffieren sich User über die Amerikanisierung des Produkts, sogar Protestmärsche werden organisiert.

Abb. 3: Ein Traditionsprodukt schockt die eigenen Landsleute mit einem fingierten Re-Branding. (Quelle: McCann Erickson)

Die Medien greifen das Thema nicht zuletzt wegen des Nationalstolz-Aspekts auf und sorgen für eine mediale Präsenz der Marke. Nach dem kalkulierten Aufschrei der Öffentlichkeit outet Rom die Aktion als »Stunt«, nimmt das Re-Branding zurück und positioniert sich als stolzes rumänisches Produkt – mit einer Steigerung der Abverkaufszahlen um 79 Prozent.

HEMA und der Faktor »Sex«

Die Einführung eines neuen Push-up BH bei der niederländischen Kaufhauskette *HEMA* hat keinen Nachrichtenwert. Dennoch schafft es das Handelsunternehmen durch einen kleinen Trick, sein neues Produkt zum nationalen Thema zu machen: Andrej Pejic wirbt als erster Mann für eine Lingerie-Kampagne (siehe Abb. 4). Versehen mit einer Perücke und durch die dank des Push-up in Form gebrachten Brüste sieht das Model aus wie eine Frau. Der »Schwindel« fällt beim Betrachten der Anzeige nicht auf. Erst nach der Veröffentlichung der Kampagne informiert *HEMA* die nie-

Abb. 4: Charmante Provokation: Das Model für den Push-up ist ein Mann. (Quelle: HEMA)

> derländische Presse über den ungewöhnlichen Darsteller. Das gezielte Hereinlegen belegt nicht nur die Leistung des Produkts, sondern ist als Marketing-Maßnahme so ungewöhnlich und charmant zugleich, dass die Anzeige und damit der neue Push-up zum Thema für zahlreiche Medien werden.

Diese Beispiel-Cases haben alle einen zutiefst journalistischen Kern: Sie zahlen auf präsente oder nur wenig sichtbare, aber schwelende gesellschaftliche Debatten ein und führen diese mit eigenem Content weiter. Klassische Brand-PR und Werbung hingegen lassen nur selten Debatten zu. Für Branded Content sind Debatten aber wie Öl ins Kommunikationsfeuer. Impulse und Polarisierungen mit redaktioneller Substanz sind newsrelevant, wie man am Beispiel von »American Rom« sehen kann. Ob Content zur News und die News sogar zur Sensation taugen, steht auf einem anderen Blatt. Die beiden besten Beispiele für »Brand Sensation News« sind das Projekt »Stratos« von *Red Bull* und die Geschichte rund um den gestohlenen *Bahlsen*-Keks (siehe Abb. 5). Bei diesen »Sensation News« muss die Marke auch andere Faktoren berücksichtigen. Dazu gehören Personalisierung und Formatierung.

> Klassische Brand-PR und Werbung lassen nur selten Debatten zu. Bei Brand Content wirken Debatten dagegen wie Öl ins Kommunikationsfeuer.

3. Personalisierung – Personalisiertes und an Archetypen ausgerichtetes Storytelling ist Vorausetzung für Content Pull

Marken müssen nicht Kommunikation machen, sondern Geschichten erzählen (vgl. Kap. 2, S. 31). Das ist mittlerweile Common Sense in der Marketingwelt. Ziel: Weg vom Ad Push und hin zum Content Pull. Storytelling reicht aber nicht aus. Es müssen Geschichten sein, die jeder kennt und liebt: archetypische Geschichten. Und diese funktionieren nur mit archetypischen Charakteren wie dem »Everyman« (*Volkswagen*), dem »Schalk« (*Ben & Jerrys*), dem »Outlaw« (*Fritz-Cola*) oder dem »Liebenden« (*Häagen-Dasz*). Charaktere, die wir alle kennen, weil sie im kollektiven Unterbewussten jedes Einzelnen gespeichert sind. Archetypische Helden sind der Stoff, aus dem Belletristik- und Hollywood-Kassenschlager gemacht werden. Und Weltmarken. Als kraftvolle Urbilder, Sinnbilder und Vorbilder liefern archetypische Helden Identifikation. Helden wie Robin Hood, Jeanne d'Arc oder

Odysseus verfügen über Licht- und Schattenseiten und verkörpern grundlegende Motive. In ihnen können sich Menschen spiegeln oder aber an ihnen Orientierung finden. Archetypen lösen Reize aus, appellieren an unser Unterbewusstes; sie reduzieren die kognitive Komplexität zugunsten der Bauchentscheidung. Marken müssen dies nutzen, um ihren Content für Geschichten aufzuladen.

| Archetypische Helden sind perfekte Positionierungshilfen.

Archetypisches Markenmanagement aktiviert den Helden in der Marke und sorgt für eine tiefere Bedeutung, größere Begeisterung und mehr Zeitgeist-Relevanz sowie Andockungspotenzial an das »daily Newsbusiness«. Das Gute an archetypischen Stories: Man muss sie nicht komplett neu erzählen, sondern nur andeuten. Red Bull hat nie den Helden Felix Baumgartner im Rahmen des »Stratos«-Projektes in den Vordergrund gestellt, sondern ihn ganz von alleine zum Helden werden lassen. Ein anonymer Stuntman hätte jedenfalls weitaus weniger mediale Öffentlichkeit erzielt und News produziert als *Red Bull*-Grenzgänger Baumgartner.

Eine archetypische Geschichte von einem gestohlenen Keks

Der Diebstahl eines Kekses erregte weltweite Aufmerksamkeit. Am 4. Januar 2013 wurde der vergoldete Leibniz-Keks des Unternehmens *Bahlsen* von der Fassade der Zentrale in Hannover entwendet. Das Verschwinden blieb einige Wochen unbemerkt, bis ein Bekennerschreiben bei einer regionalen Tageszeitung eintraf. In diesem forderte der Dieb das Unternehmen auf, 1000 Euro an ein Tierheim, sowie Kekse an ein örtliches Krankenhaus zu spenden. Folge *Bahlsen* dieser Aufforderung nicht, werde der Keks »bei Oskar in der Tonne« landen. Als Absender des Schreibens outete sich das Krümelmonster, eine Figur der Kindersendung »Sesamstraße«. Nach anfänglich passiver Haltung ging *Bahlsen* schließlich via Facebook in die Offensive: Sollte *Bahlsen* den Keks zurückbekommen, sei man gewillt, 52.000 Packungen Leibniz Kekse an 52 soziale Einrichtungen zu spenden. Daraufhin schickte der Entführer einen weiteren Brief, in dem er forderte, die angebotenen Kekse sollten mit Schokolade überzogen sein. Nicht nur in den deutschen, sondern auch in den internationalen Medien löste die Geschichte Begeisterung aus. In den USA, in Russland und Australien wurde der gestohlene Keks zur News. Auch wenn es sich möglicherweise nicht um eine geplante PR- bzw. Marketing-Aktion von *Bahlsen* handelte, brachte die Aktion einen medialen Gegenwert von fast zwei Millionen Euro. Aus Perspektive des *Storytellings* handelt es sich um eine Geschichte, die jeder liebt, weil sie »gut« und »böse« in einen reinen und unschuldigen Zusammenhang bringt. Ein Robin Hood in Gestalt des Krümelmonsters kämpft für das Gute gegen ein Großunternehmen, das zwar »reich« ist, dem man aber nicht wirklich Schlechtes will.

Bahlsen – Leibniz-Keks

APPELL AN DAS „KRÜMELMONSTER"

Bahlsen macht Keks-Entführer Angebot

Backwarenhersteller bietet 52 000 Packungen Gebäck für gestohlenen Keks

Abb. 5: Eine Story wie aus der Feder von Marketing-Strategen (Quelle: picture alliance/dpa/Michael Thomas/HAZ)

4. Formatierung – Newsjacking und Newsplanning funktionieren nur im richtigen Content-Format

Für guten Brand Content muss man am Puls der Zeit sein. Content wird dann zur News oder Sensation, wenn er in bestehende Berichterstattungsmuster passt. Wie man aus News Content macht, zeigen seit Jahrzehnten die Late-Night-Shows in den USA. Letterman und Leno übersetzen Newsanlässe in unterhaltsamen Content und machen daraus sogar eigene Formate. Nehmen wir als Beispiel die tägliche Top-Ten als Signature-Format von David Letterman: Aktuelle Themen übersetzt er in eine unterhaltsame Rangliste (zum Beispiel die »Top Ten Excuses of the *Exxon* Tanker Captain«). Ähnlich macht es Harald Schmidt, der Ereignisse mit *Playmobil*-Figuren erklärt. Dies sind Beispiele für einen Umgang mit Content, wie ihn heute jedermann im Social Web machen kann. Die Devise lautet also »Learning from Letterman«, aber mit digitalem Twist. Erfolgsfaktoren für Formate sind folglich:

- *Shareable (Der Tweet ist der neue »Küchenzuruf«)*
  Brand Content ist immer dann erfolgreich, wenn man ihn einfach weitererzählen kann. Auf der technischen Ebene betrifft dies vor allem die Einfachheit und Usability des »Teilens« im Social Web durch eine smarte Einbettung etwa in Form von Share-Buttons. Auf der inhaltlichen Ebene geht es um den Sharing-Faktor, den Journalisten früher »Küchenzuruf« nannten. Gemeint ist die Weitererzählbarkeit in 140 Zeichen: »Krümelmonster klaut *Bahlsenkeks*« oder »Fallschirmsprung aus dem Weltall«.

- *Copyable (Nachahmer sind die besten Multiplikatoren)*
  Guter Content muss sich auch kopieren lassen. Harlem Shake und Gangnam Style wurden millionenfach nachgeahmt. Der *Red Bull* Stratos-Sprung wurde in Lego nachgebaut und von fast 400.000 Menschen auf YouTube gesehen. Auch die Jubelpose des italienischen Stürmers Mario Balotelli nach seinem Tor gegen Deutschland kursierte über Wochen in millionenfachen Varianten im Social Web.

- *Spinnable (»Weiterdreh« für Brands)*
  Einer Story Entfaltungsraum zu geben, ist für Marketers gleichbedeutend mit Kontrollverlust. Themen und somit auch News können sich aber nur entwickeln, wenn es keinen zwingenden Produktbezug gibt, der die Geschichte schon im Prolog abschließt. Das Beispiel Red Bull zeigt auch hier, wie weit man sich vom Produkt entfernen kann und muss, um spannenden Geschichten Entfaltungsraum zu geben. Damit fallen aber auch die üblichen Erfolgs-Kontroll-Mechanismen aus dem Marketing weg. Kontrollverlust heißt jedoch auch, dass die Marke neuen Content, neue Geschichten und Erzählformen hinzugewinnen kann.

▶ *Viewable (Bilder, Bilder, Bilder)*
Ein Sprung aus dem All hat keine Bedeutung, wenn die Kamera nicht dabei ist. Die Entführung des Bahlsen-Keks wird nur mit Erpresserbrief und Krümelmonsterbild zur News. Schon immer galt die Nachrichten-Frage: »Haben wir Bilder?«. Heute sind Bilder Grundvorrausetzung, um überhaupt ins Mindset von Redaktionen und Zielgruppen zu kommen. Brand Content ohne Bilder kann die Marke nicht repräsentieren und findet keine Aufmerksamkeit.

Ausblick

Cases aus dem News-Bereich wie *HEMA*, *Oreo* oder *Red Bull* sind gute Beispiele für die Verschmelzung von PR und Marketing. Eine strategische Gestaltungsempfehlung wird sich für die Zukunft aber nicht aus dem Instrumentarium dieser beiden Disziplinen ableiten lassen. Die Strategie hängt maßgeblich von der weiteren kulturellen Entwicklung des News-Segments ab. Nur wer die Wege der Nachrichtenverbreitung ständig verfolgt und zu jederzeit versteht, wird Erfolg haben. Wichtig wird es sein, neue Kanäle, Technologien und Zielgruppeninteressen zu antizipieren – und kreativ zu reagieren.

Die Auflage der »*Bild*«-Zeitung verlor in den vergangenen zehn Jahren eineinhalb Millionen Exemplare und die Prognose für die nächsten zehn Jahre sieht ebenfalls düster aus. Die »*Bild*« diversifiziert bereits ihr Geschäftsfeld und setzt dabei auch auf ein zentrales Online-Portal als Gratis-Ableger des kostenpflichtigen bild.de. Hier sollen Leser den News-Content selbst produzieren. Die Auswahl der Nachrichten wird immer weniger von den Tagesmedien oder der Entscheidung der Nachrichtenagenturen abhängen. In der nächsten Dekade werden News zu einem großen Teil in der Netzgemeinde generiert werden. Marketing muss künftig Brand Stories produzieren, die optimal für diese Form der Peer-to-Peer-Interaktion geeignet sind. Gemeint sind Themen und Stories, die eine gleichberechtigte und quasi kollaborative Weiterentwicklung im Social Web zulassen und gleichzeitig für die News-Produktion geeignet sind. Nur so können Newsjacking und Newsplanning ein echter Differenzierungsfaktor für Marken werden. Bei den genannten Erfolgsfaktoren werden Marketers insbesondere »Strukturierung« und »Formatierung« beachten müssen, weil sie den Rahmen für die Handlungsschnelligkeit und die Content-Qualität setzen. Aber genau diese Faktoren bedürfen eines großen Kulturwandels in Marketing-Abteilungen.

Kapitel 3:
Medien & Instrumente

Brand Content in Online-Medien

Von der Creative Excellence zur Content Excellence

Peter Figge und Hans Albers

> Im Jahr 1900 hatte der Reifenhersteller Michelin die Idee, einen Werkstatt-Wegweiser für Autofahrer herauszugeben, um diese zu längeren Ausflügen zu ermutigen. Entstanden ist daraus einer der weltweit renommiertesten Hotel- und Restaurantführer. Content Marketing, so Peter Figge und Hans Albers, ist also nicht prinzipiell etwas Neues. Neu ist aber das Ausmaß an Nutzerorientierung, das für erfolgreiches Content Marketing Voraussetzung ist. Es geht nicht nur um die Auswahl der Inhalte selbst, sondern um die Form ihrer Aufbereitung und ihre Verfügbarkeit zum richtigen Zeitpunkt und im richtigen Medium. Ein klares Redaktionsprogramm und ein reaktionsschnelles, kontinuierliches Community Management sind dafür unerlässlich.

Was tun gegen Haarausfall oder wie färbe ich schonend?

Diese und etliche ähnliche Google-Suchfragen beschäftigten vor einiger Zeit das Marketing des Unternehmens *Henkel* (vgl. Kap. 3, S. 130). Es ging darum, für die Marke *Schwarzkopf* mehr Sichtbarkeit in Suchmaschinen zu erreichen – und infolgedessen um die komplette Umgestaltung der eigenen Webseite. Denn die sieht heute aus wie ein Modejournal und verzichtet bewusst auf den Eindruck einer Hersteller-Startseite (vgl. Abb. 1). Die Produkte sind nicht das Thema. Sie ordnen sich unter und tauchen erst in tieferen Ebenen auf, wo sie stimmig in Artikeln integriert sind.

Abb. 1: Digitale Markenplattform Schwarzkopf (Quelle: www.schwarzkopf.de)

Der Auslöser dafür war die Feststellung, dass Internetnutzer deutlich häufiger nach Problemlösungen denn nach Produkten suchen (Knüwer 2011). Wer sich auf ihre Bedürfnisse einstellt, gewinnt an Relevanz und damit zunehmend mehr Besucher als derjenige, der das Web vornehmlich zur reinen Angebotspräsentation nutzt. Eigentlich eine naheliegende Erkenntnis. Dennoch markiert sie einen Umbruch landläufiger Marketing-Strategien, Content Marketing genannt.

> Internetnutzer suchen deutlich häufiger nach Problemlösungen als nach Produkten. Wer sich auf ihre Bedürfnisse einstellt, gewinnt an Relevanz und damit zunehmend mehr Besucher als derjenige, der das Web vornehmlich zur reinen Angebotspräsentation nutzt.

Content Marketing wird im Wesentlichen mit der medialen Digitalisierung in Verbindung gebracht, mit digitalen Plattformen und Onlinekommunikation. Über die Themenwelt des Verbrauchers und nicht allein über die des Herstellers zu kommunizieren, ist jedoch um Einiges älter als das Internet. So publizierte die Firma *John Deere* bereits im Jahr 1895 ein Kundenmagazin namens »The Furrow«, das Landwirte bis heute über aktuelle Trends der Landwirtschaft informiert (Pulizzi 2012). Noch bekannter ist das Engagement des Reifenherstellers *Michelin*, der 1900 einen Werkstatt-Wegweiser für Autofahrer anbot und diesen dann mit Reise- und Routeninformationen weiterentwickelte, bis schließlich einer der renommiertesten Hotel- und Restaurantführer daraus entstand (vgl. Abb. 2).

Von der »Apotheken Umschau« bis zu »Dr. Oetker's Backbuch« – eine Auflistung entsprechender, längst etablierter Aktivitäten von Unternehmen und Marken aus den unterschiedlichsten Branchen fiele ausladend lang aus. Und man würde sie wohl klassisch unter Verbraucherinformationen, Kundenservices oder

Abb. 2: »Le Guide Vert Michelin«
(Quelle: http://www.leguidevert.michelin.fr/p/historique.html)

Bindungsmaßnahmen verbuchen. Dass das Ganze heute Content Marketing heißt, ist dennoch mehr als dem Hang der Kommunikationsbranche zu immer neuen Schlagwörtern zu verdanken. Denn die Möglichkeiten, Inhalte aufzuarbeiten, verfügbar zu machen und für die Markenkommunikation zu nutzen, haben durch die Digitalisierung völlig neue Dimensionen erfahren. Und damit auch ganz neue Spielregeln.

Der Nachteil des Internets: Sein Vorteil

Einerseits eröffnet das Internet prinzipiell jedem relativ einfache Wege, zum Publisher zu werden und mit einem treffenden Konzept auch ansehnliche Reichweiten zu erlangen. Andererseits liegt in dem freien Zugang zur öffentlichen Bühne namens World Wide Web auch gleich die Crux: Es sammelt sich dort eine schlichtweg unvorstellbare Menge an Inhalten an. Allein *YouTube* verbucht nach jüngsten Zahlen einen täglichen Upload von Filmen, Clips und Videos, für die man mehr als 1700 Jahre bräuchte, um sie sich alle anzusehen (Kroker 2012, vgl. auch Abb. 3).

Diese Menge, die immerhin etwa 10 Prozent des weltweiten Datenverkehrs im Internet ausmacht, relativiert dramatisch, dass davon täglich etwa 4 Milliarden Videos (Computerbild 2012) abgerufen werden und allein in Deutschland fast 40 Millionen Nutzer auf die Plattform zugreifen (ACTA 2012). Das heißt, der stattliche *YouTube*-Konsum, dessen Reichweite bei so manchem Katzenvideo, Justin Bieber-Clip oder ulkigem Tanz aus Korea locker die Millionen stemmt, sollte nicht darüber hinwegtäuschen, dass sich die Masse an inhaltlichen Beiträgen mit eher übersichtlicher Wahrnehmung abzufinden hat. Daraus ergibt sich für den Einsatz von Inhalten im Internet ein grundsätzliches Dilemma: Je populärer – also vermeintlich relevanter – ein Thema ist, desto mehr Content gibt es auch dazu und desto schwieriger ist es, Reichweite aufzubauen.

Durchschnittlicher Upload von Videomaterial bei YouTube pro Minute von 2007 bis 2012 (in Stunden)

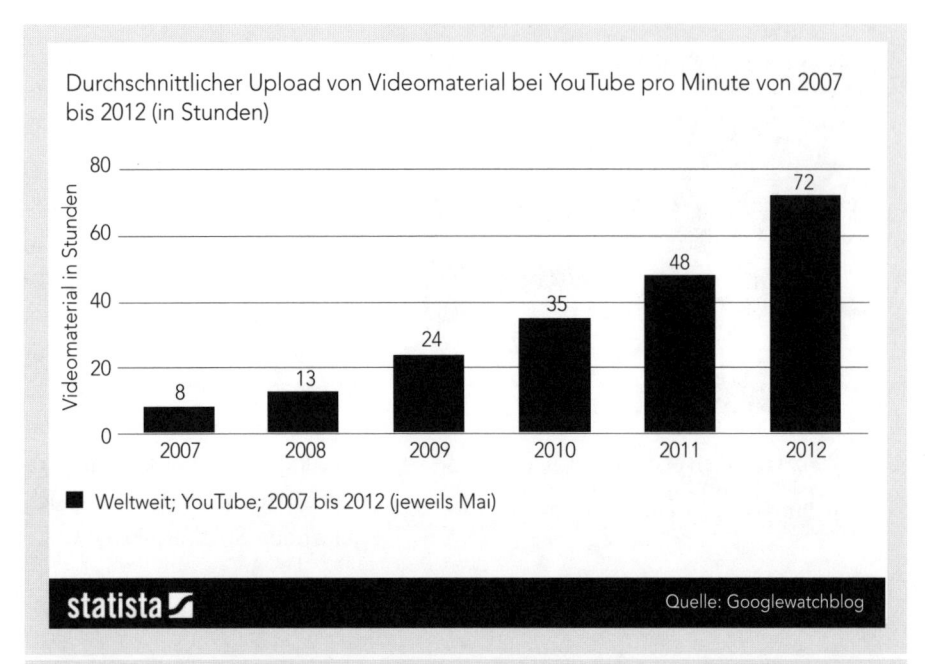

- 2007: 8
- 2008: 13
- 2009: 24
- 2010: 35
- 2011: 48
- 2012: 72

Weltweit; YouTube; 2007 bis 2012 (jeweils Mai)

statista — Quelle: Googlewatchblog

Abb. 3: Durchschnittlicher Upload von Videomaterial bei YouTube pro Minute von 2007 bis 2012 (in Stunden) (Quelle: Statista)

> Je populärer ein Thema ist, desto mehr Content gibt es dazu und desto schwieriger ist es, Reichweite aufzubauen.

Content ist alles. Aber nicht alles, was zählt

Ob Videos, Fotos, Spiele, grafische oder textliche Informationen, Meinungen, sozialer Austausch oder Anwendungen aller Art – Content ist der Bau- und Füllstoff aller Online-Medien, wie übrigens aller anderen Medien auch. Interessanterweise fällt aber fast ausnahmslos im Zusammenhang mit der digitalen Welt die Redewendung »Content ist King«.

Gerade das – nämlich über alles Geschehen regierend und all entscheidend über Erfolg oder Misserfolg – ist jedoch viel eher bei klassischen Medien mit ihrem festen, redaktionellen Konzept der Fall. Der Sender sendet, der Empfänger empfängt und quittiert den Inhalt der Sendung mit Gefallen und bestenfalls Sendertreue. Oder eben nicht. Die Direktive über das Internet und über alles, was mit seinen Inhalten passiert – also wie schnell und erfolgreich sie registriert, akzeptiert, reflektiert und multipliziert werden – liegt mitnichten beim Content oder demjenigen, der ihn einstellt. Entscheidend ist der Nutzer und ein Mix aus ausgesprochen dynamischen Einflussfaktoren, die die Relevanz von Inhalten für ihn festlegen: Seine Lebensgewohnheiten. Seine situationsspezifischen Bedürfnisse, die er zu Hause, im Büro oder unterwegs entwickelt. Seine unterschiedlichen Endgeräte, die ihn mit der digitalen Welt verbinden. Und seine sozialen Netzwerke. Manche Fachleute ordnen übrigens insbesondere dem sozialen Informations-, Erfahrungs- und Meinungsaustausch im Netz eine so hohe Bedeutung zu, dass sogar von der Gleichung »Digital = Social« gesprochen wird. Oder wie es Corey Doctorow (2012), Autor und Journalist, formuliert: »*If I sent you to a desert island and gave you the choice of taking your friends or your movies, you'd choose your friends – if you choose the movies, we'd call you a sociopath. Conversation is king. Content is just something to talk about.*« Wie auch immer, Gespräche brauchen Stoff. Bleiben wir also beim Content und den Möglichkeiten, ihn erfolgreich in Marketing-Aktivitäten einzubeziehen.

Wie schafft man Content und was macht guten Content aus?

Die Auseinandersetzung mit dem Thema Content Marketing beginnt zuweilen mit einem Missverständnis, das offenbar der klassischen Praxis von Marketingkommunikation geschuldet ist. Denn diese platziert ihre Inhalte bekanntermaßen in reichweitenstarken Umfeldern, um von deren Wahrnehmungsfrequenz zu profitieren. Ergo wird Content auch im Zusammenhang mit Onlinemedien als Rahmen für die Einbettung von werblichen Inhalten, Botschaften und Informationen gehalten. Dementsprechend suchen Marken für ihre Homepage, die Facebook-Seite oder die mobile Plattform nach allen möglichen Zusätzen, die für User irgendwie nützlich, interessant oder wenigstens unterhaltsam sein könnten.

Die für gelungenes Content Marketing entscheidenden Inhalte beginnen jedoch bereits bei dem, was eigentlich schon vorhanden ist und nicht erst extern generiert werden muss: Informationen, die Interessenten helfen, sich ein klares und konsistentes Bild über das Unternehmen, seine Produkte und Leistungen zu machen. Die Bestandsaufnahme dieser Informationen sollte nicht nur berücksichtigen, was man selbst am liebsten von sich präsentiert, also das Angebot. Fast wichtiger ist es, sich auf die Nachfrage der Kunden einzustellen, das heißt, auf alles was Onlinenutzer bei ihren Suchläufen interessiert, um Lösungen für ihre Bedürfnisse zu finden.

> Die für gelungenes Content Marketing entscheidenden Inhalte beginnen bei dem, was eigentlich schon vorhanden ist und nicht erst extern generiert werden muss: Informationen, die Interessenten helfen, sich ein klares und konsistentes Bild über das Unternehmen, seine Produkte und Leistungen zu machen.

Immerhin liefert die digitale Welt eine Fülle von Erkenntnissen, wonach sich Menschen im Netz orientieren, mit welchen Schlüsselwörtern sie sich navigieren und nach welchen Kriterien sie letztendlich ihr Meinungsbild ausrichten. Aufschluss darüber geben übrigens nicht nur die umfassenden Daten von Suchmaschinen-Betreibern, sondern auch eine systematische Analyse dessen, worüber sich Nutzer zu dem jeweiligen Thema in Blogs, in Foren, auf Erfahrungsportalen und in ihren sozialen Netzwerken austauschen, auch Conversation Scan genannt. Und nicht zuletzt sollten auch alle direkten Kontaktpunkte mit Kunden – wie zum Beispiel Shops oder Callcenter – genutzt werden. Gleicht man die so gesammelten Erkenntnisse mit den Ergebnissen einer umfassenden und regelmäßig aktualisierten Content-Inventur ab, finden sich in aller Regel schnell geeignete Ansätze für ein erfolgversprechendes Content-Konzept. Damit dieses erfolgreich ist, müssen im nächsten Schritt, alle relevanten Inhalte möglichst nutzerfreundlich aufbereitet werden.

> Für ein gelungenes Content Marketing ist es wichtig, sich auf die Nachfrage der Kunden einzustellen, das heißt auf alles, was Onlinenutzer bei ihren Suchläufen interessiert, um Lösungen für ihre Bedürfnisse zu finden.

Was guten Content ausmacht, ist das Wie

Die Relevanz von Content wird oftmals allein auf inhaltliche Aspekte zurückgeführt. Da der digitale Kosmos aber mit unendlich vielen Optionen für jede nur denkbare Problemstellung aufwartet, sind Aufarbeitung und Verfügbarkeit von Inhalten mindestens genauso relevant wie die Inhalte selbst. Je einfacher Informationen zugänglich sind und je anschaulicher sie vermittelt werden, desto höher ist ihr Nutzwert. Und desto höher fällt nebenbei die Chance aus, dass Content im Netz weitergereicht wird und sich verbreitet. Eine erstklassige Infografik, die komplexe Zusammenhänge wie etwa bei Finanzdienstleistungen allgemein verständlich macht oder eine Gebrauchsanweisung, die komplizierte Technik für jedermann erklärt, haben beste Chancen, im Web vornehmlich zitiert und von Usern geteilt zu werden.

So haben sich zum Beispiel in dem Netzwerk *Pinterest*, das allein 2012 ein Wachstum von über 1000 Prozent verzeichnen konnte, gleich Dutzende von Galerien gebildet, in denen besonders bemerkenswerte Infografiken von Usern gepinnt und unter anderem auf *Facebook* gepostet werden.

> Je einfacher Informationen zugänglich sind und je anschaulicher sie vermittelt werden, desto höher ist ihr Nutzwert und die Chance auf eine große Verbreitung.

Man ist also grundsätzlich gut beraten, wenn man für die eigenen Darstellungen mehr als nur Powerpoint-Vorlagen bemüht und sich nach dem richtet, wonach sich schließlich zig Millionen Nutzer im Netz richten: nach den Benchmarks. Ein weiterer essenzieller Gesichtspunkt bei der Aufbereitung von Inhalten ist die konsequente Berücksichtigung unterschiedlicher Endgeräte und damit auch unterschiedlicher Nutzungssituationen.

Es reicht nicht, seine Inhalte für mobile Schnittstellen wie Smartphones oder Tablets einfach nur auf kleinere Bildschirme zu übertragen. Entscheidend ist, welche Inhalte und Orientierungshilfen für den Nutzer unterwegs am wertvollsten, sprich hilfreichsten sind. Die Bezeichnung App trifft es schon ganz gut, wenn man sie wortwörtlich nimmt: Anwendung.

Die Fluggesellschaft *Lufthansa* hat die damit verbundenen Herausforderungen hervorragend realisiert, indem sie ihren Kunden eine mobile Plattform anbietet, über die man auf einen Blick alle auf Reisen wichtigen Informationen und Leistungsinhalte erfassen und abrufen kann – bis hin zum digitalen Flugticket. Auch dieses Beispiel zeigt, dass Content Marketing nicht zwingend mit der Suche nach neuen Themenwelten und Fremdinhalten einherzugehen hat. Die systematische Erfassung der eigenen Inhalte, der laufende Abgleich mit den Suchläufen von Konsumenten im Netz und die optimale Aufbereitung bilden bereits eine überaus werthaltige Basis für den erfolgreichen Einsatz von Inhalten, die über klassische Marketingbotschaften hinausgehen und Marken im Internet mehr Aufmerksamkeit verleihen.

Von der Marken-Website zum Themen-Portal

Wie bei fast allen Aspekten des digitalen Marketings, so hat auch das Content Marketing in den letzten Jahren einen vielseitig genährten Hype ausgelöst. Ein regelmäßiger Diskussionspunkt ist dabei, in wie weit sich Marken für die Besetzung von Themen engagieren und damit ihre Kommunikationsinhalte beträchtlich erweitern sollten, etwa von der Herstellerseite zum Mode-, Sport-, Freizeit- oder Ernährungsportal. Diese Vision ist allemal nachvollziehbar. Schließlich finanziert die klassische Markenkommunikation mit ihren Mediabudgets ein Wesentliches der Produktion und Veröffentlichung von Content in nahezu allen gängigen Medien, die keine öffentlichen Subventionen genießen. Konsequent weiter gedacht, könnte man also den für seine Zielgruppen relevanten Content auch selbst herstellen und exklusiv im eigenen Online-Medium anbieten. In gleicher Konsequenz würde das jedoch den Aufbau und Unterhalt sehr komplexer redaktioneller und produktionstechnischer Strukturen bedeuten sowie den Eintritt in einen Wettbewerb, der angesichts der über 600 Millionen Websites im Netz (Netcraft 2012) deutlich härter wäre als der, den die traditionellen Medien ohnehin schon untereinander auszufechten haben. Wer sich hier wirklich erfolgreich behaupten will, braucht neben außergewöhnlichen und herausragenden Konzepten auch ebenso herausragende Ressourcen. Das bedeutet relativ viel Budget. Das spektakulärste Beispiel dafür ist zweifellos *Red Bull*. Nach Branchenangaben investiert das Unternehmen ein gutes Drittel seines gesamten Umsatzes ins Marketing, weit über eine Milliarde Euro (vgl. Seiser 2010). In die Wertschöpfung dieses Engagements, das vom Stratosphärensprung über die Formel 1 bis hin zur Unterstützung zahlloser Extremsportarten und Events weltweit reicht, ist allerdings auch deutlich mehr als nur der Getränkeabsatz eingebunden. Das Unternehmen hat sich längst zur multimedialen Content-Marke entwickelt und dabei eine Vielzahl von Vermarktungsstrukturen wie etwa eigene Zeitschriften, TV-Sender und Musik Labels gebildet. Das heißt, hier ist Content Marketing zum Geschäftsmodell geworden, das die Produktion von Energy Drinks langfristig sogar ablösen könnte.

Es geht auch spielend zum Erfolg

Das zweite, ebenfalls bekannte Paradebeispiel für den konsequenten Ausbau exklusiven Marken-Contents bleibt deutlich dichter bei seinen Produkten und bindet diese sogar perfekt mit ein: *Nike+* (vgl. Abb. 4). Die Marke bedient sich einer

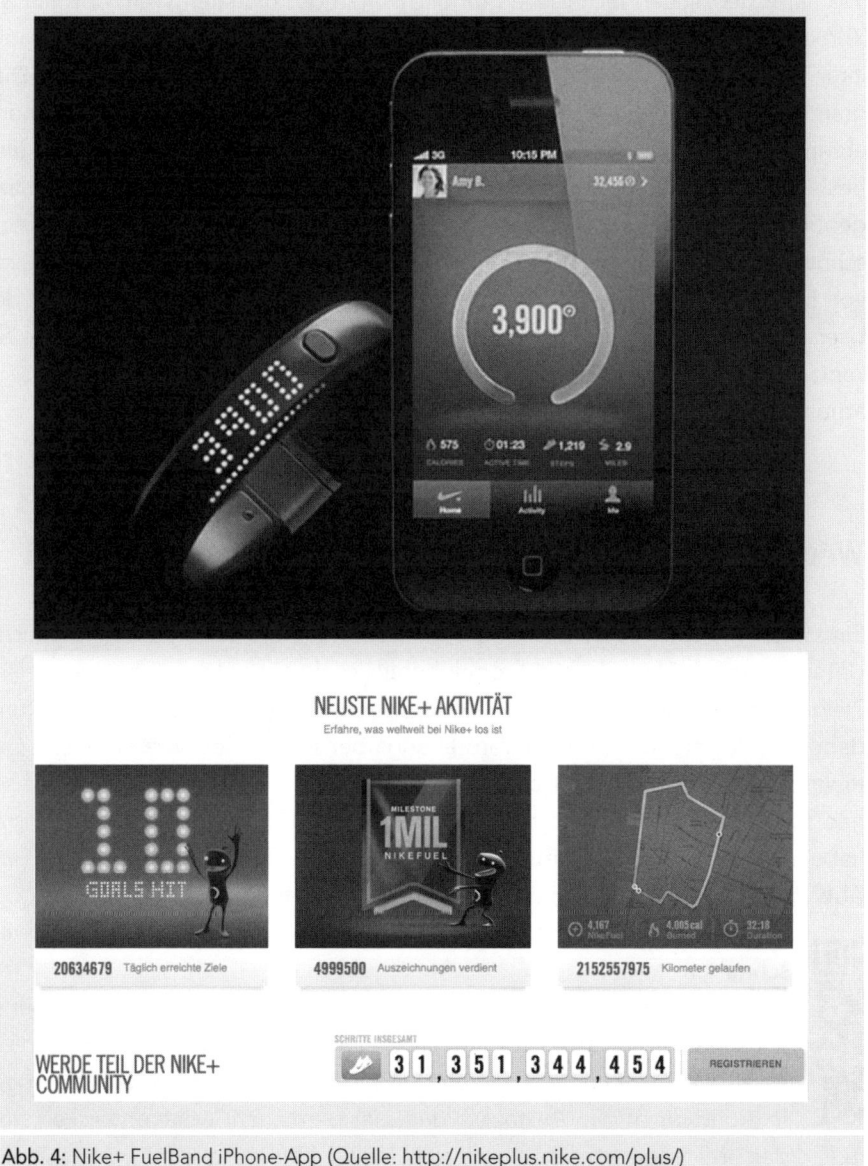

Abb. 4: Nike+ FuelBand iPhone-App (Quelle: http://nikeplus.nike.com/plus/)

Formel, deren Bedeutung im Netz stetig zunimmt und die zu den klaren Erfolgsfaktoren im Content Marketing zählt: Gamification (vgl. Kap. 2, S. 42). Gamification setzt in der Regel bereits bei der Gestaltung von zeitgemäßen Websites an. Diese haben zum Ziel, den Benutzer durch spielerische Elemente zu Interaktionen mit unterschiedlichen Anwendungen zu motivieren. *Nike+* führt dieses Prinzip mit einer bemerkenswerten Palette an Instrumenten weiter und nutzt dafür alle nur erdenklichen technischen Möglichkeiten der digitalen Welt – bis hin zur Xbox. In die Sportschuhe integrierte Sensoren erfassen die Bewegungsabläufe ihrer Träger und protokollieren diese mittels interessanter Schaubilder und Diagramme im Netz. Gleiches bieten eigens entwickelte Sportarmbänder und Sportuhren, die zudem über GPS-Tracking Laufgeschwindigkeiten, Distanzen und Bestzeiten registrieren, abspeichern und auf den Account übertragen. Die dazu gehörende Smartphone App hält Streckenverläufe auf Karten fest, weist Fortschritte aus und ermöglicht es durch die Verbindung in soziale Netzwerke, sich von Freunden anfeuern zu lassen oder sich mit ihnen zu messen. Je aktiver der User ist und je mehr Fortschritte er macht, desto mehr Punkte sammelt er. So kann er sich mit anderen Teilnehmern des Programms vergleichen und zusätzlich attraktive Prämien einheimsen.

Wenn aus Creative Excellence Content Excellence wird

Ein drittes Beispiel zeigt besonders eindrucksvoll, wie man sowohl sämtliche Unternehmens-, Marken- und Produktbereiche als auch die Sichtweisen seiner Zielgruppen in eine dynamische Generierung von Inhalten einbeziehen kann und dabei alle Register der Content-Verbreitung über soziale Netzwerke bedient. Gemeint ist das Unternehmen *Coca-Cola*, das es sicher nicht allein dem gewachsenen Status als Love Brand verdankt, weltweit über 70 Millionen Facebook-Fans zu haben, denen sich täglich im Schnitt etwa 30.000 neue Fans anschließen (vgl. Abb. 5). *Coca-Cola* hat sich bereits vor einigen Jahren dem Wechsel von der klassischen Einweg-Kommunikation hin zum digitalen Storytelling verschrieben.

Und das nicht etwa nur auf Marken-, sondern auf Unternehmensebene. Erklärtes Ziel bis 2020 ist, systematisch Inhalte zu produzieren, die so interessant, relevant und involvierend sind, dass sie im Netz millionenfach geteilt und durch den Austausch der User permanent weiterentwickelt werden. Man spricht daher auch von Liquid Marketing oder wie es in der

Coke – Storytelling

Abb. 5: Coca-Cola Journey (Quelle: Coca-Cola Company)

Eigendarstellung heißt: »*Content excellence purpose to create ideas so contagious they can not be controlled.*« (Mildenhall 2011) Diesem Anspruch folgen die Auswahl und die Aufarbeitung jeder Information bzw. Geschichte aus dem umfangreichen Unternehmensuniversum. Vom CSR-Engagement in Indien bis hin zu Tipps, wie man eine Coke-Flaschen-Sammlung anlegt. Daher arbeitet das Team um Digital-Chef Ashley Brown mittlerweile wie die Redaktion eines Magazins, inklusive dezidierter Redaktionspläne und eines festen Produktionskalenders. Vier Vollzeitkräfte und 40 freie Autoren arbeiten allein an der entsprechenden Unternehmens-Website und verstehen sich selbst als »Content-Trüffelschweine« innerhalb der gesamten Organisation.

Der einfachste Tipp zum Erfolg: Reden

Zweifellos sind *Red Bull*, *Nike+* und *Coca-Cola* internationale Megabrands mit Etat-Ressourcen, die für den Auf- und Ausbau von Content Marketing eher selten vorhanden sind. Dass es sich aber auch in kleinerem Rahmen durchaus lohnt, die Inhalte des Unternehmens mit den aktuellen Interessen seiner Zielgruppen abzugleichen und daraus nutzerfreundliche Geschichten zu generieren, zeigt eine Marke, die bei Facebook Deutschland ebenso viele Fans hat wie *Coca-Cola*: die Drogeriemarktkette *dm*. Das Unternehmen macht sich nämlich vor allem den lebendigen Dialog mit seinen Kunden über Facebook zu eigen. Dabei wird oft mit einfachsten, aber eben relevanten Mitteln die Augenhöhe gehalten, und Inhalte werden konsequent in den Lebenskontext der User gestellt. So wird ein regnerischer Sonntag prompt mit der freundschaftlichen Anregung für alle Fans verbunden, sich die Stimmung nicht vermiesen zu lassen und den Tag unter anderem zum Stöbern in neuen Sortiment-Highlights zu nutzen – wohin dann auch ein direkter Link führt. Das mag im ersten Moment fast plump anmuten. Es ist aber um ein Vielfaches verbrauchernäher als jede klassische Kommunikationsmaßnahme. Denn von der Echtzeitkommunikation mal ganz abgesehen, wird die Marke zum Menschen, für den es im Moment der Ansprache genauso regnet wie für alle anderen auch. Zudem beteiligt sich die Marke unmittelbar an dem Gesprächsstoff, der gerade alle beschäftigt, wie zum Beispiel das Wetter (vgl. Kap. 2, S. 69). Das Ergebnis ist eine eigendynamische Konversation, bei der die Community alles Mögliche miteinander teilt – wo denn wohl gerade die Sonne scheint, was man an so einem Tag unternehmen könnte oder welcher Film gerade im Fernsehen läuft.

Im gleichen Atemzug tauscht man sich aber auch darüber aus, ob jemand schon einmal die Bodycreme Blaubeere von *Balea* getestet hat, ob die neue Kirschzahnpasta tatsächlich empfehlenswert sei oder ob nicht jemand interessante Make-up-Tipps auf Lager hat. Das heißt, hier gelingt es auch ohne groß angelegte Themen-Website und die Verfügbarmachung ausladender Inhalte und ausgeklügelter Anwendungen, Content zu schaffen und ihn direkt für die Beziehungsbildung zum Kunden einzusetzen. Man sollte sich jedoch auch in diesem Fall darüber bewusst sein, dass wenigstens ein klares Redaktionsprogramm und ein kontinuierliches Community Management mit sehr schnellen Reaktionszeiten vonnöten sind, um ein entsprechendes Kommunikationssystem dauerhaft erfolgreich zu führen.

dm – Social Media Content

Fazit

Verbraucherinformation, Kundenservice und -bindungsmaßnahme – Content Marketing ist all das, potenziert um die Möglichkeiten der Digitalisierung. Content Marketing erlaubt es also, in Form von digital gelebtem Storytelling eine wirkliche Kommunikation mit dem Verbraucher zu führen. Damit diese Interaktion für den Verbraucher interessant, relevant und involvierend ist, ordnet sich die Kommunikation von Angeboten den Bedürfnissen der Verbraucher und ihrer Themenwelten unter.

> Menschen wollen kommunizieren. Und der Content, den ein Unternehmen oder eine Marke zur Verfügung stellt, bietet den Stoff dazu; begeistert bestenfalls – und regt so den Dialog an.

Trotz immer mehr Cases und der umfangreichen Auseinandersetzung unterschiedlichster Fachleute mit Content Marketing muss man aber immer noch realisieren, dass es sich um einen relativ jungen Kommunikationsbereich handelt. Wirklich fundierte Erfahrungen, die sich als zuverlässige Regeln generalisieren und breit anwenden lassen, sind nach wie vor selten. Die Praxis ist oft noch darauf angewiesen, Neuland zu betreten und verschiedenartige Mechanismen für sich zu testen, bevor man die Planung und Umsetzung von Konzepten auch mit einem verbindlichen ROI belegen kann.

Dass der Umgang mit digitalen Inhalten in Zukunft eine der zentralen Herausforderungen im Marketing darstellen wird, steht dagegen außer Frage. Insofern macht es absolut Sinn, sich nicht erst dann mit Content Marketing zu beschäftigen, wenn es branchenübergreifend zum wettbewerbsbestimmenden Alltag geworden sein wird. Den eigenen Content (und nicht nur den jeweils aktuellen Marketing-Fokus) vollumfänglich und systematisch zu erfassen und diesen mit den Interessen und digitalen Suchläufen seiner Zielgruppen abzugleichen, bietet bereits heute sehr konkrete Chancen, auf ganz neue Wege der kommunikativen Präsentation und Differenzierung zu kommen. Die Relevanz der Themen bleibt also auch in der digitalen Kommunikation der Schlüssel zum Erfolg. Wer sich dabei allerdings allein auf den Inhalt oder ein bestimmtes Thema fokussiert, irrt. Aufbereitung und Verfügbarkeit von Inhalten sowie spielerische interaktive Elemente sind genauso entscheidend wie der Content selbst – und nicht zuletzt das Abpassen des richtigen Zeitpunkts. Nutzerfreundlichkeit ist das Schlagwort – befindet man sich doch in einer schier unendlichen Datenfülle und somit einem höchst kompetitiven Feld. Es geht nicht mehr nur um den direkten Wettbewerb, sondern man buhlt mit allen starken Marken um Aufmerksamkeit.

Digital zu kommunizieren bedarf daher eines angemessenen Budgets, einer Redaktion und Ressourcen, sprich Manpower, um klare Konzepte mit langem Atem und kontinuierlichem Community Management am Laufen zu halten. Kommunikation muss gepflegt werden. Glücklicherweise muss das ja nicht gleich auf einen Fallschirmsprung aus 40 Kilometer Höhe hinauslaufen. Ein hilfreicher Tipp gegen Haarausfall reicht manchmal auch.

Brand Content in Mobile Media

Jedem Device sein eigener Content – oder warum das Geschichtenerzählen auf Mobile so anders ist

Heike Scholz

> Mobile ist nicht einfach nur ein kleinerer Screen, sondern besitzt eigene, vom Online-Marketing stark abweichende Spezifika, so Heike Scholz. Marketer brauchen genaue Kenntnisse der Endgeräte, Betriebs- und Ecosysteme, um über verschiedene, technologische Devices und Touch Points hinweg eine durchgehend »flüssige Erfahrung« für den Nutzer zu schaffen. Heike Scholz zeigt außerdem, was dies für die Gestaltung und Vermarktung von mobilem Content bedeutet.

Markt und Marktentwicklung

»*Ein neuer Gedanke wird zuerst verlacht, dann bekämpft, bis er nach längerer Zeit als selbstverständlich gilt.*« (Arthur Schopenhauer) So erging es auch in den vergangenen Jahren dem Thema Mobile, doch heute ist dieses Medium in der Mitte der Gesellschaft angekommen und wird jeden Tag ganz selbstverständlich genutzt. Doch was genau ist Mobile Media? Die drahtlose Nutzung des Internets oder der verschiedenen Medien ist nicht neu. Was ist heute also anders und was bedeutet dies für die strategische Ausrichtung von Unternehmen und das Content Management? Um diese Fragen beantworten zu können, ist es wichtig, zunächst die Struktur des Mobile-Marktes zu verstehen. Denn im Gegensatz zum »stationären Internet«, also der Internetnutzung an PCs und Notebooks, spielen die Endgeräte, die Betriebssysteme und die hiermit verbundenen Ecosysteme eine entscheidende Rolle, will man erfolgreiches Content Marketing auf mobilen Endgeräten betreiben.

Nutzer entscheiden sich bewusst für ein bestimmtes Endgerät, meist auf Basis der Markenwahrnehmung des jeweiligen Geräteherstellers. Ein weiteres Kriterium bei der Kaufentscheidung ist das Angebot an Apps in dem jeweiligen App Store und auch hier wiederum der wahrgenommene Markenwert der jeweiligen Plattform. Für das Marketing ist entscheidend, was die Geräte und die Plattformen leisten, welche Spezifika zu beachten sind, welche Restriktionen von Seiten der Plattformbetreiber ein Rolle spielen. Gerade im Hinblick auf Inhalte ist zum Beispiel *Apple* wesentlich restriktiver als Google, was dazu führen kann, dass für iOS eine andere Content-Strategie entwickelt werden muss als für Android. Wie hat sich der deutsche Mobilfunkmarkt also entwickelt und wie stellt er sich heute dar? Verschiedene Faktoren mussten zusammen kommen, damit mobile (Massen-)Märkte entstehen konnten:

- Leistungsfähige, preiswerte Endgeräte
- Breitbandige Netzinfrastruktur
- Preiswerte Tarife und Flatrates
- Nützliche Services und wertige Inhalte
- Verändertes Nutzerverhalten

Endgeräte

Schon vor dem iPhone gab es Smartphones, auf denen die Nutzer zusätzliche Software (Applikationen oder auch Apps) installieren konnten. Damals dominierte *Nokia* mit seinen Geräten und dem eigenen mobilen Betriebssystem *Symbian* den deutschen Markt. *Nokia* stand für hochwertige und vor allem innovative Endgeräte. Wer mit seinem Mobiltelefon mehr als nur telefonieren wollte, kam an Nokia nur schwer vorbei. 2007 stellte *Apple* der Öffentlichkeit sein erstes Mobiltelefon vor: das iPhone. Von einigen belächelt, traute man ausgerechnet Apple nicht zu, im Mobilfunkmarkt Erfolg zu haben, von anderen bejubelt und gefeiert zu werden. Heute wissen wir, dass das iPhone den Mobilfunkmarkt maßgeblich verändert hat. Denn Steve Jobs erkannte schon damals, wie eine gute User Experience auf einem Mobiltelefon gestaltet sein sollte und schuf eine bis dahin nur in Ansätzen bekannte Benutzerführung auf Basis von Touch Displays. Dieser Impuls, der vom iPhone ausging, erschütterte das Gefüge der Gerätehersteller. *Nokia*, zu diesem Zeitpunkt in Deutschland mit großem Abstand Marktführer, rutschte immer weiter ab. *Nokias* Symbian spielt heute in Deutschland bei den Neuverkäufen keine Rolle mehr und die Kooperation von *Nokia* und *Microsoft* trägt nur sehr langsam Früchte. Hand in Hand mit der Entwicklung bei Smartphones veränderten sich die Plattformen und die sie umgebenden Ecosysteme. Android dominiert den Markt für mobile Betriebssysteme weltweit. Dahinter folgt mit großem Abstand Apples iOS. In Deutschland werden überwiegend Smartphones verkauft. Die einfachen Geräte (Feature Phones) liegen nur noch im einstelligen Prozentbereich der Neuverkäufe. Daneben erlebt eine weitere Gerätegattung seit einigen Jahren einen rasanten Aufstieg: die Tablets. Hier führt den Markt zurzeit noch Apple an, allerdings holt Android stark auf.

Netzinfrastruktur

Dem Ausbau der Mobilfunknetze kommt ebenfalls eine große Bedeutung bei der Entwicklung der mobilen Märkte zu. Denn mangelnde Netzverfügbarkeit oder schlechte Performance bremsen die Nutzung und verhindern das Entstehen innovativer Dienste. In Deutschland erfolgt seit einiger Zeit die Einführung der Mobilfunknetze der vierten Generation, genannt LTE (Long Termin Evolution). Sie wird über kurz oder lang den derzeitigen Standard UMTS (dritte Generation oder auch 3G) ablösen und Downloadraten bis zu 300 Megabit pro Sekunde ermöglichen. Zum Vergleich: Mit UMTS sind bis zu zwei Megabit pro Sekunde beim Download möglich.

Tarife und Flatrates

In den Anfängen des mobilen Internets wurde der Zugang meist nach Zeiteinheiten abgerechnet, was zu sehr hohen Kosten führte. Seit 2003 führten die Mobilfunkanbieter volumenbasierte Internet-Tarife ein, sogenannte »Flatrates«. Bis heute halten sich diese Tarife, bei denen ab einem bestimmten Surfvolumen die Geschwindigkeit gedrosselt wird. Flatrates haben im Mobilfunk bewirkt, dass das Surfen von mobilen Endgeräten heute nur noch selten als teuer wahrgenommen wird. Diese Hürde behinderte lange die Entwicklung mobiler Services, denn die Nutzer empfanden es aufgrund ihrer subjektiven Erfahrungen aus den Vorjahren als zu teuer, mit ihren mobilen Geräten ins Internet zu gehen.

Services und Inhalte

Mit den Smartphones entstanden auch die sie umgebenden Ecosysteme, die App Stores in ihrer heutigen Form. Auch diese sind keine Erfindung von Apple, gab es sie doch schon weit vor Einführung des iPhones im Jahr 2007. Doch genauso wie mit dem iPhone hat Apple auch mit seinem App Store gezeigt, wie intuitiv und einfach es für den Nutzer sein kann, sein Gerät mit weiteren Funktionen und Diensten zu erweitern und zu individualisieren. Anfang 2013 liegen die beiden größten App Stores, der Apple App Store und Google Play, mit den verfügbaren Apps gleichauf, der Windows Phone Store und die *Blackberry* World haben dagegen noch ein gutes Stück des Weges vor sich. Apps und App Stores spielen für die Nutzer eine immer größer werdende Rolle, und sie erwarten von Markenunternehmen, dass sie in App Stores ebenso präsent sind wie im Internet. Da aber auch das mobile Internet zunehmend insbesondere für die Suche verwendet wird, kann eine mobile Content-Strategie sinnvollerweise nur so ausgelegt sein, dass beides bedient wird. Auch zukünftig wird es eine Koexistenz von Apps und browserbasierten Angeboten geben, die sich jedoch in ihrem Nutzenversprechen unterscheiden werden. Welcher Content wann, wie und wo ausgespielt werden sollte, richtet sich nach der Art der Inhalte, den jeweiligen Zielgruppen, deren mobilem Nutzungsverhalten auf ihren jeweiligen Endgeräten und Plattformen sowie natürlich nach den Ressourcen, die einem Unternehmen zur Verfügung stehen. Durch die Heterogenität und Komplexität des Mobile Marktes sind granulare Marketing-Strategien notwendig, denn Mobile ist nicht einfach nur ein kleinerer Screen, sondern weist eigene und vom Online-Marketing stark abweichende Spezifika auf.

> Mobile ist nicht einfach nur ein kleinerer Screen, sondern weist eigene und vom Online-Marketing stark abweichende Spezifika auf.

Typen von Apps

Native Apps: Speziell entwickelte Applikationen, die nur auf einem bestimmten Endgerät und dessen Betriebssystem lauffähig sind.
Web-Apps: Webbasierte Applikationen, bei deren Anwendung alle oder nur bestimmte Teile aus dem Internet geladen werden und die auf allen webfähigen Endgeräten genutzt werden können.
Hybride Apps: Bestehen aus einem nativen und einem webbasierten Teil, werden also über die vorhandenen App Stores zum Download angeboten.

Nutzerverhalten

Die Online-Nutzung auf mobilen Endgeräten hat sich deutlich schneller entwickelt als die auf stationären Computern. Vorbehalte, Ängste und fehlendes Wissen machten der Verbreitung des Internets in seinen Anfängen zu schaffen. Doch der Schritt von einem PC auf ein mobiles Device war nur klein und wurde von den Nutzern wesentlich schneller vollzogen. Die mobile Nutzung unterscheidet sich jedoch erheblich von der am stationären PC. Bestimmend sind hier natürlich die genutzten Geräte, aber auch der ganz individuelle Nutzungskontext, der von verschiedenen Faktoren wie zum Beispiel der physischen und sozialen Umgebung, Uhrzeit und den individuellen Kenntnissen und Fertigkeiten bestimmt wird. So haben Smartphones sowohl morgens und abends, als auch während der Drive-Time, also dem Weg von und zum Arbeitsplatz und während Wartezeiten eine hohe Nutzungsintensität. Tablets werden sogar schon beim Frühstück genutzt, erreichen ihren Höhepunkt aber am Abend als Couch-Device zum Surfen, Lesen, Shoppen und insbesondere zur Nutzung von Social Networks. Im Rahmen der Studie »Mobile 360°« konnte Gruner + Jahr EMS (2013) das Entstehen neuer Kommunikationstypen feststellen:

- *Enthusiasten* (18 Prozent, 3,8 Millionen) – Intensivste Nutzung: Socializing und Shoppen
  Diese Heavy Mobile User sind überwiegend zwischen 14 und 39 Jahren alt und verfügen über eine gute Bildung. Die Smartphone-Nutzung erfüllt für sie soziale Funktionen und hat ihre Mediennutzung verändert. Sie surfen weniger mit PC/Laptop und sind parallel zur Fernsehnutzung häufig mit dem Handy online.
- *Erfahrene Pragmatiker* (24 Prozent, 5,1 Millionen) – Zeitersparnis in Alltag und Job
  Diese eher männlichen User zwischen 30 bis 49 Jahren arbeiten oft in Führungspositionen oder selbständig. Ihre gezielte Smartphone-Nutzung dient vor allem der Lebenserleichterung, indem sie damit Berufliches, Konsum und Kommunikation zeitsparend organisieren. Ferner nutzen sie häufig Websites und Apps von Zeitschriften und Zeitungen.
- *Junge Routiniers* (28 Prozent, 6,0 Millionen) – Entertainment statt Konsum
  Das mobile Internet gehört für diese User mit Altersschwerpunkt bei den 20- bis 29-Jährigen selbstverständlich zum Lebensstil dazu. Ihr Smartphone dient der Unterhaltung und dem Zeitvertreib, wobei vor allem Funktionen wie Chat, Games und Social Networks überdurchschnittlich genutzt werden.
- *Selektive* (30 Prozent, 6,4 Millionen) – Kaufkräftige mit seltener Nutzung
  Zu ihnen zählen häufig Entscheider ab 40 Jahren mit hohem Haushaltsnetto-

einkommen, die ein Smartphone besitzen, die Möglichkeiten des mobilen Internets jedoch noch nicht voll ausschöpfen.

Dies zeigt, wie unterschiedlich die mobile Mediennutzung nicht nur über den Tagesverlauf hinweg, sondern auch in Abhängigkeit persönlicher Merkmale der Nutzer ist. Diese Entwicklungen gilt es im Rahmen der eigenen Content- und Marketing-Strategie zu berücksichtigen und mobile Konzepte möglichst genau hierauf abzustimmen.

Learnings:
- Mobile ist nicht einfach nur ein kleinerer Screen, sondern weist besondere Spezifika auf, denen im Content Marketing Rechnung getragen werden muss.
- Die am weitesten verbreitete mobile Plattform ist Android.
- Der Tablet-Markt boomt. Diese Geräte verdrängen PCs und Notebooks in den Haushalten.
- Der Ausbau der Mobilfunknetze wird die Nutzung noch datenintensiverer Dienste möglich machen.
- Die digitale Mediennutzung mittels mobiler Endgeräte ist auch in Deutschland Standard.
- Mobile Endgeräte begleiten heute die Nutzer über alle Altersgruppen hinweg und über den gesamten Tagesverlauf.
- Die Nutzung mobiler Geräte unterscheidet sich erheblich von der Nutzung stationärer Computer.
- Smartphones und Tablets werden unterschiedlich verwendet und benötigen jeweils eigene Konzepte.

Mediennutzung und Medienkonvergenz

Vom First- zum Multiscreen

Beim ersten, flüchtigen Blick mag man meinen, die Mediennutzung verändere sich kaum. Denn das gute alte Fernsehen wächst in der Nutzungsdauer immer noch und liegt mit durchschnittlich 225 Minuten pro Tag (noch) uneinholbar vor allen anderen Medien. Damit gilt vielen das Fernsehen nach wie vor als der primäre Bildschirm, neudeutsch »First Screen« genannt. Bisher nutzte man nur einen Bildschirm und den zu seiner Zeit: Man sah fern oder saß an seinem PC, den man wegen seines unangenehm lauten Lüfters häufig ins Schlaf- oder Arbeitszimmer verbannt hatte. Mit den Note- und Netbooks erobern die PCs die Wohnzimmer. Sie sind die sogenannten »Second Screens« Der Weg zu einer parallelen Nutzung von TV und PC ist geebnet, denn auch die immer erfolgreicher werdenden Social Networks verlangen nach immer intensiverer Betreuung durch ihre Mitglieder. Immer mehr Zuschauer tauschen sich etwa während dem *Tatort* mit Freunden, Bekannten und völlig Unbekannten darüber aus, wer der Mörder ist oder ob der Plot gut oder schlecht ist. Schon im März 2012 begann *Nielsen* Nutzungsstatistiken und Konsumgewohnheiten, Online-und Broadcast-Daten zu kombinieren, um den Werbetreibenden einen umfassenderen Blick auf deren Reichweite einzelner Sendungen zu geben. Seit dem Ende des Jahres geht *Nielsen* einen Schritt weiter und fügt *Twitter* mit in die Auswertung ein, um mit dem »Nielsen Twitter TV Rating« den Second-Screen zu erfassen. Es ist unübersehbar, dass digitale und klassische Kanäle verschmelzen, dass Mobile und Social Media als direkter Rückkanal genutzt werden können. Doch nicht nur während des TV-Konsums nimmt die parallele Nutzung verschiedener Medien zu. Es ist für uns heute nicht ungewöhnlich, dass wir unseren *Facebook*-Status updaten oder Mails beantworten und gleichzeitig einen Chat via *WhatsApp* mit einer guten Freundin führen, während der Fernseher läuft. Drei Screens mit wechselnden Prioritäten. Wer kann hier noch genau sagen, welcher Screen wann First und welcher Second oder Third ist? Daher wird mittlerweile auch von Multi-Screen-Nutzung gesprochen.

MTV »Under The Thumb«

Bereits 2012 stellte der Musik-Sender *MTV* seine mobile Social TV App für iOS und Android »Under The Thumb« vor. Die Nutzer erhalten mit der App Zugriff auf alle Inhalte von *MTV* und können gemeinsam eine Sendung im »Co-View«-Modus schauen. Dabei gibt es zusätzlich die Möglichkeit, live mit seinen Facebook-Freunden zu chatten. Ein weiteres Highlight ist die Darstellung und das Fernbedienen der Shows auf dem externen Browser eines Laptops oder stationären PCs. So wird das Smartphone zu einer vollwertigen Fernbedienung. Die Apps und der Zugang zu den Inhalten sind zunächst kostenfrei, aber ohne ein kostenpflichtiges Abonnement können die Nutzer lediglich die erste Folge jeder Staffel einer Serie anschauen. Das Abo schaltet dann alle Inhalte frei. *MTV* versucht mit seinen Apps, die Nutzer enger an sich zu binden, indem sie den

> Austausch der Zuschauer untereinander, der sonst an anderen Stellen im Netz stattfinden würde, in die eigene App holt. Darüber hinaus nutzt *MTV* die Möglichkeit, vorhandenen Content durch das Abomodell erneut zu monetarisieren. Die Multiscreen-Strategie von *MTV* ist darauf gerichtet, zunächst die Mobiltelefone mit den PCs zu verbinden, da sich die Nutzung von *MTV* bereits stark weg vom TV hin zum Internet bewegt hat. Aber auch die Verknüpfung von TV und Mobile könnte zu einem späteren Zeitpunkt innerhalb der vorhandenen Apps hergestellt werden.

Hybride Mediennutzung

Nicht nur beim Fernsehen integrieren sich immer mehr internetbasierte Dienste und Funktionen in unseren Alltag. Online-Medien begleiten uns durch unseren gesamten Tag, stehen uns immer und überall zur Verfügung, sodass wir multiple Kanäle und Geräte ganz selbstverständlich 24 Stunden am Tag, sieben Tage die Woche nutzen. Hinzu kommen die Möglichkeiten der Kommunikation, die wir mit Smartphones, Tablets & Co. haben. Diese hybride Mediennutzung ergänzt und verdrängt bekannte Verhaltensmuster im Alltag. Das Internet wird allgegenwärtig. Gegenstände, Orte, Gebäude, Events – alles wird ein digitales Pendant haben, das wir mit unseren mobilen Geräten immer und überall erreichen und nutzen können.

> Gegenstände, Orte, Gebäude, Events – alles wird ein digitales Pendant haben, das wir mit unseren mobilen Geräten immer und überall erreichen und nutzen können.

Dies gibt Unternehmen die Möglichkeit, Services zu entwickeln, die bisher nur eingeschränkt denkbar gewesen sind. Diverse Taxi-Apps zeigen uns heute, wie man ein Taxi an den Ort, an dem man sich gerade befindet, mit einem Fingertipp bestellt. Car-Sharing-Dienste, Leihfahrräder an jeder Straßenecke oder auch das eigene Auto als Anlieferungsort für bestellte Waren sind keine Zukunftsmusik mehr und zeigen das enorme Potenzial mobiler Medien. Die Nutzer begegnen Marken über den ganzen Tag hinweg, an den verschiedensten Orten, auf den unterschiedlichsten Endgeräten, vom TV bis zum Smartphone. Es ist eine Herausforderung für Marken, eine durchgängig positive Erfahrung über alle Medien (Liquid Experience) herzustellen und dafür zu sorgen, dass an allen ubiquitären Kontaktpunkten (Touch Points) des Nutzers zur Marke eine kontextabhängige, aber vor allem sinnvolle Interaktion sicher gestellt ist. Mit Zunahme der Touch Points durch neue Endgeräte, immer mehr Screens und darüber hinaus gehenden Interaktionspunkten mit dem Internet im Alltag (Machine-to-Machine-Kommunikation) werden die Anforderungen, umfassende, integrative Strategien und Konzepte zu entwickeln, steigen.

Zum Zeitpunkt, als dieses Kapitel geschrieben wurde, steckte das Konzept der Liquid Experience noch in den Kinderschuhen, war von den meisten Marken noch nicht umgesetzt. Erste Ansätze sind zum Beispiel in den verschiedenen Reader-Apps bzw. -Lösungen zu sehen. Mit ihnen kann der Leser, egal an welchem Endgerät, ein Buch lesen und überall darauf zugreifen. Beendet er eine Sitzung, so findet er sich auch bei einem Wechsel des Endgeräts durch ein von der App gesetztes Lesezeichen immer an der Stelle im Buch wieder, an der er aufgehört hat, zu lesen. Es gibt bereits Apps, die in Situationen, in denen der Nutzer nicht selbst lesen kann, zum Beispiel beim Autofahren, in den Vorlesemodus wechseln. Trotz des Wechsels zwischen verschiedenen Ausgabemodi gelangt der Leser immer wieder an die Stelle, an der er gestoppt hat. Eine große Herausforderung wird darin liegen, über verschiedene, technologische Medien hinweg eine durchgehend »flüssige Erfahrung« für den Nutzer zu schaffen. Einzelne Content-Angebote werden dabei in Zukunft nicht nur über ein Medium, sondern über mehrere Medien und Formate gleichzeitig verfügbar sein, die sich substituieren, aber auch ergänzen können. Mobile kann dabei im Medien-Mix eine zentrale Schnittstellenfunktion übernehmen. Einzelne Touch Points lassen sich über das Smartphone aufgrund seiner ständigen Verfügbarkeit leicht inhaltlich miteinander vernetzten. Zudem bietet es schnelle Interaktionsmöglichkeiten für Kunden und ermöglicht die Integration von zusätzlichen Features in die Markenkommunikation wie Bezahl-, Autorisierungs- und Spielfunktionen.

Always-on

Medienkonvergenz und hybride Mediennutzung beruhen darauf, dass der Nutzer ständig online ist, also »always-on«. Hierin liegen enorme Chancen für Unternehmen, denn jetzt ist es möglich, den Nutzer zu jeder Zeit und an jedem Ort, also ubiquitär zu erreichen. Natürlich bedeutet dies auch, dass Inhalte nicht immer und überall die gleiche Relevanz für den Nutzer haben und somit das Ausspielen des »richtigen« Inhalts zum »richtigen« Zeitpunkt an Wichtigkeit gewinnt. Einige Zeitungsverlage sind bereits dazu übergegangen, ihren Lesern morgens nur kurze Informationshäppchen und am Abend, sobald mehr Ruhe vorhanden und vielleicht auch das Tablet zur Hand ist, ausführlichere Artikel oder Dossiers anzubieten. Damit tragen sie dem sich über den Tag verändernden Mediennutzungsverhalten Rechnung und sind so für die Leser attraktiver. Ebenso wie im »always-on«-Konstrukt Chancen liegen, sind auch Risiken für Unternehmen vorhanden. Denn der Nutzer ist nun auch immer und überall in der Lage, Feedback zu geben oder mit der Marke in Kontakt zu treten. Hierbei ist es der Nutzer gewohnt und erwartet es auch, dass er kurzfristig eine Reaktion erhält. Auf eine sofort mit der Kamera dokumentierte Beschwerde über schlechtes Essen etwa oder ein verdrecktes Hotelzimmer sollte das Unternehmen nicht erst drei Tage später reagieren, sondern innerhalb weniger Stunden. Dies führt dazu, dass in Unternehmen viele interne Prozesse überarbeitet und den neuen Kommunikationsanforderungen angepasst werden müssen. Eine Mobile-Strategie berührt erheblich mehr Prozesse quer durch das gesamte Unternehmen als nur die Marketing- oder IT-Abteilung, die dem Ruf »Wir brauchen eine App!« folgen.

Learnings:
▶ Noch nie war es so einfach, den Nutzer 24/7 zu erreichen.
▶ Das Internet ist allgegenwärtig, die Nutzer sind »always-on«.
▶ Das Inhaltsangebot muss berücksichtigen, dass Nutzungsintensität verschiedener Medien, Kontext und Nutzererwartung im Zeitverlauf variieren.
▶ Marken müssen eine übergreifende Strategie für die Interaktion über alle Touch Points entwickeln.
▶ Content muss gerade auf mobilen Endgeräten in verschiedenen Ausprägungen und Formaten vorliegen.
▶ Interne Prozesse müssen den veränderten Anforderungen angepasst werden.

Apps als Königsweg mobiler Markenkommunikation?

In den vergangenen Jahren wurde viel mit nativen und hybriden Apps, Web-Apps und mobilen Webseiten probiert, viele Erwartungen wurden enttäuscht, es gab aber auch »Überraschungssieger« wie zum Beispiel das »Mobile Game Angry Birds« von *Rovio*, welches im März 2013 die Marke von 1,7 Milliarden Downloads überschritten hat. Ein weiteres Erfolgsbeispiel ist »Waterslide Extreme«. In dem Branded Game von *Barclaycard*, das im Rahmen einer medienübergreifenden Kampagne kreiert wurde, können die Nutzer an ihrem Smartphone eine Wasserrutsche hinunter sausen. Bis heute wurde das Spiel 29 Millionen Mal herunter geladen, im Durchschnitt spielte jeder Nutzer das Spiel 3,8 Mal und dies circa 1:52 Minuten lang.

Auch wenn es für Marken ein teures und damit riskantes Unterfangen ist, Spiele für ihre Markenkommunikation zu nutzen, zeigt »Waterslide«, dass Branded Games immenses Potenzial besitzen (vgl. Kap. 3, S. 144). Über ein Drittel aller in den App Stores von Apple und Google herunter geladenen Anwendungen sind Spiele (vgl. Metzger 2013: 22).

Barclaycard – Waterslide Extreme

Praxistipps für die Gestaltung von Apps

1. Kennen Sie die Anforderungen der Nutzer vor dem Hintergrund ihres Nutzungskontexts.
2. Passen Sie den Content an die unterschiedlichen Endgeräte an: Kurz, klar, kompakt für kurze Ladezeiten und absolut nutzenorientiert für Smartphones; multimedial, spannend mit hohem Unterhaltungswert für Tablets.
3. Halten Sie das Core-Design flexibel.
4. Optimieren Sie Inhalte und Design für moderne Eingabeverfahren und Interaktionen mit den Nutzern.
5. Ziehen Sie Fachleute hinzu.

Das Beratungsunternehmen *Deloitte* führte im Jahr 2011 eine Untersuchung durch und analysierte verschiedene Apps großer Healthcare-Unternehmen und Consumer Brands für iPhone, Android und Blackberry. Lediglich ein Prozent aller Apps wurde mehr als eine Million Mal herunter geladen. Doch noch erstaunlicher war, dass 80 Prozent aller Marken-Apps nicht einmal auf 1.000 Downloads gekommen waren. Die Gründe für enttäuschende Downloadzahlen sind in den meisten Fällen offensichtlich:

1. *Schlechte Qualität der App*
   Hierunter fallen Apps, die mangelhaft programmiert sind und dadurch lange Ladezeiten oder Abstürze verursachen. Aber auch schlechte Benutzerführung oder suboptimales Design führen dazu, dass Apps von den Nutzern verschmäht werden.
2. *Rein kampagnengetriebene Apps*
   Werden mobile Applikationen nur für zeitlich oder sogar räumlich begrenzte Events oder Kampagnen konzipiert, ist weder von sehr hohen Downloadzah-

len noch einer dauerhaften Nutzung auszugehen. Nutzer empfinden diese Apps sogar schon als »App-Spam« und Unternehmen tun gut daran, hier auf browserbasierte Lösungen zu setzen, die eine sehr viel größere technische Reichweite haben. Darüber hinaus bedeutet es einen erheblichen Aufwand, für jedes mobile Betriebssystem eine eigene App zu entwickeln.

3. *Apps, die mobile Webseiten abbilden*
Mobile Webseiten sind Pflicht, Apps sind die Kür. Mobile Webseiten stellen die mobile Webpräsenz einer Marke dar und werden von den meist potenziellen Neukunden über die browserbasierte Suche auf mobilen Geräten gefunden. Nutzer, die sich die App einer Marke herunterladen, sind meist loyale Kunden, die bewusst mit der Marke in Kontakt treten wollen. Hier kommen gänzlich andere Inhalte zum Tragen als auf den mobilen Webseiten. Loyale Kunden verdienen Extra-Features und weiterführende Funktionen sowie Services, die sich mit einer App häufig besser abbilden lassen. Beispielsweise findet man mit der mobilen Suche den Süßwarenhersteller *Haribo* unter m.haribo.com. Dort sind unter den Menüpunkten »Aktuelles«, »Verbraucherinfos«, »Produkte«, »Werksverkauf«, »Kontakt«, »Karriere« und »Land« die Basisinformationen mobil optimiert für die Nutzer hinterlegt. In den App Stores hingegen bietet die Marke gänzlich anderen Content, etwa die kindgerechte, kostenfreie Wetter-App »Bärenwetter«, mit der Kinder und Erwachsene das aktuelle Wetter gemeinsam mit dem Goldbären von *Haribo* entdecken können. Ergänzt wird dies durch eine Augmented-Reality-Funktion, mit der die Nutzer den Goldbären in selbst aufgenommenen Bildern platzieren können.

Abb. 1: Haribo App »Bärenwetter« (Bildquelle: Haribo)

4. *Fehlendes oder mangelhaftes App-Marketing*
Nur die wenigsten Marken sind so stark, dass sie dauerhaft von Nutzern in den App Stores aktiv gesucht werden und so ausreichend Downloads generieren. Für alle anderen ist die Promotion der eigenen Angebote ausschlaggebend.

Praxistipps für die Vermarktung von Apps

Werden Sie gefunden!
- Ein App-Boosting, d.h. die massive Bewerbung der App, um Downloads zu generieren und sie so in die Top-Listen der App Stores zu heben, hilft beim Start. Danach muss sich die App selbst tragen.
- App Store SEO: Die Auswahl der richtigen Keywords hilft den Nutzern, die App zu finden. Nutzen Sie hier zum Beispiel das Google Keyword Tool.

Die optimale App Store-Präsenz
- Ist die Darstellung im App Store nicht überzeugend, klickt der Nutzer schnell weiter. Stellen Sie sicher, dass die Beschreibung der App optimal ist (ein gutes Beispiel ist die soziale Nachrichten-App »Flipboard«), entscheidend sind die ersten 300 Zeichen.
- Hinterlegen Sie attraktive Screenshots, die eine Geschichte erzählen. Sehr gut setzt dies beispielsweise die Navigations-App »Skobbler« um.
- Gute und vor allem viele Ratings und Rezensionen kommen nicht von allein. Laden Sie Ihre Nutzer aktiv dazu ein, zum Beispiel nach der dritten Nutzung der App.

Off-Store-Maßnahmen
- Klassische Pressemeldungen zum Launch Ihrer App bringen meist nichts, dafür werden täglich zu viele Apps gelauncht. App-Blogger sind hingegen häufig recht zugänglich. Sprechen Sie sie persönlich an.
- Weisen Sie auf allen Ihren Präsenzen (off- und online) auf Ihre App hin. Ermöglichen Sie überall, auch in den Offline-Medien, den Download, zum Beispiel mithilfe von kurzen, einprägsamen Links, SMS-Anforderung des Links oder QR-Codes.

Dies sind nur einige Tipps. Das Repertoire der externen Marketing-Dienstleister ist riesig. Ziehen Sie diese Experten hinzu.

Learnings:
- Mobile Webseiten sind Pflicht, Apps die Kür.
- Zielgruppe und Zielsetzung bestimmen die technische Lösung.
- Apps sind eher für die langfristige Kundenbindung, mobile Webseiten für Kampagnen und zur Kundengewinnung geeignet.
- Für das App-Marketing muss ausreichend Budget zur Verfügung stehen.
- Planung und Durchführung der App-Vermarktung entscheiden über den Erfolg.
- Brand Games sind risikoreich in der Markenkommunikation, können aber sehr erfolgreich sein.

Location Based Services als Teil der mobilen Content-Strategie

Eines der Alleinstellungsmerkmale von mobilen Endgeräten wie Smartphones und Tablets ist, dass diese Devices meist über das satellitengestützte GPS-Ortungssystem ihren eigenen Standort ständig aktualisieren. Viele mobile Angebote greifen auf den Standort zu und bieten so dem Nutzer zu seinem Aufenthaltsort passende Informationen (Location Based Information Services) und/oder Werbung mit lokalem Bezug (Location Based Advertisments) an. Die Idee hinter den Location Based Services ist es, dass Informationen aus unserer näheren Umgebung für uns relevanter sind, wenn wir unterwegs sind, als andere. Suche ich unterwegs nach einer Pizzeria, ist es sehr wahrscheinlich, dass ich jetzt gleich etwas in meiner Umgebung essen möchte und nicht den besten Szene-Italiener in New York suche. Es gibt mittlerweile eine Vielzahl von Diensten, die als zentrales Element diese ortsbezogene Suche haben: Geldautomaten-Finder, Filialsuchen, Fahrplan-Apps, Taxi-Apps, Hotelbuchungsapplikationen oder Immobilienangebote, die mittels Augmented Reality auf dem Screen für die direkte Umgebung angezeigt werden. Beispiele hierfür sind etwa *Immonet* und *Immobilienscout24*. Auch für Inhalte kann häufig ein Bezug zu bestimmten Orten hergestellt werden: Stadtrundgänge, Reiseführer, historische Stadtansichten genau von meinem Standort aus, Romane, die mir an ausgewählten Stellen schildern, was hier geschah, Apps, mit denen ich Fotos, Musikstücke oder Videos an bestimmten Orten für meine Freunde hinterlegen kann oder Staumelder, die meinen Standort und meine Bewegungsgeschwindigkeit in ihre Daten einfließen lassen, um nur ein paar Beispiele zu nennen. Eine der erfolgreichsten deutschen Apps ist »Barcoo«, ein mobiler Produktscanner, der verschiedene Produktinformationen wie Preisvergleiche, lokale Geschäfte, in denen das Produkt erhältlich ist, Produkttests, Userbewertungen sowie Gesundheits- und Allergikerinformationen bereit hält. Der Nutzer muss nur den Strichcode auf dem Produkt mit seiner Smartphone-Kamera scannen. Die »Barcoo«-App wurde bis heute 9,5 Millionen Mal heruntergeladen. Das größte Wachstum wird allerdings im Mobile Web verzeichnet. *Barcoo* bietet Markenunternehmen eine Mischung aus Kategorie- und Location-Bezug an, also ein Location Based Targeting. Hierbei bucht ein Unternehmen in einer bestimmten Region Werbeplätze neben den Scans zu ausgewählten Produkten. Die Berliner Wein-Messe »Wine Trophy« buchte etwa vor und während der Messe die Scans mit *Barcoo* zu Wein- und Delikatessen in Berlin und Brandburg. Dies zeigt, dass die Location nur ein Aspekt des mobilen Nutzungskontexts ist. Die Nutzungssituation, die Umgebung, Tag und Uhrzeit und nicht zuletzt der Nutzer selbst bestimmen über den Erfolg von Location Based Services.

Doch nicht nur Start-ups nutzen Location Based Services, um ihren Kunden Mehrwerte zu bieten, auch etablierte Marken setzen auf den lokalen Bezug. So führte Weihnachten 2012 die Drogeriemarktkette *Rossmann* gemeinsam mit dem Check-In-Dienst *Foursquare* einen Spendenmarathon

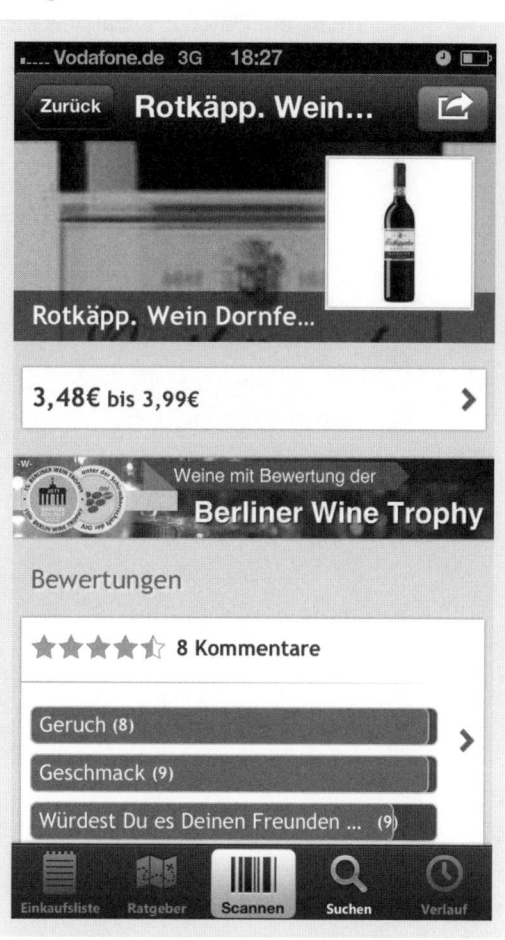

Abb. 2: Werbekampagne der »Wine Trophy« auf Barcoo (Bildquelle: barcoo)

durch. Dabei wurde der Gang zur *Rossmann*-Filiale zur guten Tat, denn je mehr Kilometer zwischen dem eigenen Zuhause und einer *Rossmann*-Filiale lagen, desto höher wurde der Betrag, den Rossmann der *Stiftung Weltbevölkerung* spendete, sobald sich der Nutzer dort eincheckte. Die Nutzer erhielten darüber hinaus Gutscheine oder Produkt-Pakete.

Learnings:
- ▶ Location Based Services haben sich etabliert.
- ▶ Mehrwert können zusätzliche Features wie Augmented Reality stiften.
- ▶ Marken können die Nutzerdaten für ihre Services nutzen. Hierbei ist besonders auf Datenschutzaspekte zu achten.
- ▶ Für einen hohen Nutzen ist es erforderlich, nicht nur den Ort, sondern auch andere, den Kontext bestimmende Faktoren zu berücksichtigen.

Brand Content im TV

How to put the »Branded« in Branded Entertainment

Claus Bröckers und Markus Großweischede

> Mit über zweihundert Minuten täglicher Nutzungsdauer bleibt TV auch in Zeiten von Tablets und Second Screens ein Leitmedium für Brand Content. Ein Beleg hierfür ist der Stromberg-Case des Spielzeugherstellers Hasbro. Claus Bröckers und Markus Großweischede erläutern ihre Erfolgsstrategie. Ihr Fazit: Die Effektivität von Branded Content wird durch den vernetzten Einsatz von TV und Social Media deutlich gesteigert, da der Konsument immer stärker und selbstverständlicher Echtzeit-Dialogmedien wie Smartphones und Tablets nutzt.

Warum reden aktuell alle von Branded Content? Sprechen wir von altem Wein in neuen Schläuchen oder wirklich von neuen Wegen, unsere Konsumenten besser zu erreichen? Nun, die Herausforderung für effiziente Kommunikation ist die gleiche geblieben: Markenbotschaften müssen für die Verbraucher relevant sein. Allerdings haben sich die Rahmenbedingungen für eine effiziente Verbreitung dieser Botschaften durch die extreme Fragmentierung, Segmentierung und Digitalisierung der Kommunikationskanäle geändert. Ein Werbespot im TV allein reicht nicht mehr aus, die »Filter Bubble« der Zuschauer zu durchdringen. Um hier Awareness und Interesse zu erzeugen, ist spannendes und überraschendes Storytelling gefragt (vgl. Kap. 2, S. 31). Das kann durchaus durch einen gut gemachten Werbespot geschehen, der im Idealfall in 30 Sekunden eine faszinierende und für den Zuschauer relevante Geschichte erzählt. Allerdings muss sich diese Geschichte gegen viele andere Impulse aus der Werbeinsel durchsetzen, zudem ist der Konsument bei Werbung eher schwach involviert. Branded Content, genauer Branded Entertainment, kann dieses Involvementproblem umgehen, indem es Markeninhalte mit einem für die Zuschauer per se interessanten Content verbindet. Eine Win-Win-Situation, denn der ideale Branded Content zeigt, wie das Produkt in der Realität (oder zumindest der fiktionalen Umgebung eines Spielfilms/einer Serie) funktioniert und welchen Nutzen es bringt. Die Zuschauer sehen die Marke also als natürlichen Bestandteil eines Formats (TV-Serie, Spielfilm), dem sie sich bewusst zuwenden. Kurzum: Während der Werbespot eher erzählt, was die Marke alles könnte, sieht und versteht der Konsument durch Branded Entertainment, was die Marke wirklich alles kann.

> Während der Werbespot eher erzählt, was die Marke alles könnte, sieht und versteht der Konsument durch Branded Entertainment, was die Marke wirklich alles kann.

Ein Versuch der Begriffsklärung und Abgrenzung von Werbeformen

Bevor wir uns speziell dem Branded Content im TV widmen, wollen wir eine kurze Begriffsklärung und Einschätzung von Werbeformen vornehmen. Grob unterscheiden wir Marken- und Produktinformationen, die im Umfeld des Contents geschaltet werden und Produktinformationen, die innerhalb des Contents platziert werden. Beispiele für die Werbung im Umfeld des Contents sind der »normale« Werbespot, also oft ein 20–30 Sekünder, der neben anderen Spots in der TV-Werbeinsel läuft. Hier hat sich über die letzten Jahre eine Vielzahl an Sonderwerbeformen entwickelt, die die Awareness und das Involvement der Zuschauer erhöhen sollen. Der Movesplit ermöglicht zum Beispiel den Spot parallel zum Nachspann einer Serie »einfliegen« zu lassen, das heißt der Zuschauer ist noch in einer aktiven Verfassung (»Ich schaue die Serie«), wird aber gleichzeitig schon mit der Werbung konfrontiert. Eine ähnliche Anbindung an den Content ist Trailersponsoring. Eine Marke wird hier als Enabler tätig und wünscht dem Zuschauer »viel Spaß mit der Sendung XY«. Ein weiteres Beispiel der Awareness-Optimierung ist Roadblocking, also das gleichzeitige Schalten ein- und desselben Spots auf verschiedenen Sendern der gleichen Sendergruppe (*RTL Group* mit zum Beispiel *RTL*, *VOX* oder *ProSiebenSat.1*). So bleibt ein Zuschauer auch beim möglichen »Wegzappen« mit hoher Wahrscheinlichkeit als Zuschauer des Spots erhalten. All diesen Formen ist jedoch gemein, dass sie keine direkte Verbindung mit dem eigentlichen TV-Content (Serien, Filme, Shows) haben und letztlich Werbung sind.

Branded Content hingegen schafft eine inhaltliche Verknüpfung der Markenbotschaft mit dem Content. Es waren in Deutschland Dauerwerbesendungen wie zum Beispiel »Glücksrad«, die den Weg für eine Integration von Marken und Produkten in den 1990er-Jahren geebnet haben – zunächst »nur« als Gewinnprämie, die keinen direkten Einfluss auf die Gestaltung oder den Spielverlauf der Sendung hatten. In den letzten Jahren haben sich vor allem das Product Placement und Branded Entertainment/Content immer mehr durchsetzen können. Anders als beim Product Placement, bei dem das Produkt nur gezeigt oder erwähnt wird, spielt dieses beim Branded Entertainment eine zentralere Rolle und kann sogar Treiber der Handlung sein.

Warum Branded Content im TV?

Mit Branded Content meinen wir alle von einem Werbetreibenden entwickelten Inhalte, die im TV platziert werden. Werbespots, die in der normalen Werbeinsel laufen, fallen explizit nicht darunter. Branded Content bietet Marketern in erster Linie alle Vorteile des Massenmediums TV, also eine reichweitenstarke Ansprache der Zielgruppe (zum Beispiel messbar durch GfK-Quoten) sowie die Suggestiveffekte von Bewegtbildern. Das Medium TV bietet darüber hinaus eine Vielzahl von bereits erfolgreichen Formaten und Erfahrungswerten. Beispielsweise lässt sich die Werbewirkung eines Placements vorab relativ gut einschätzen, was ein großer Vorteil bei der Budgetplanung und der Erreichung von Mediazielen ist. Zugleich sind diese Inhalte, wie z. B. Serienformate, vom Publikum »gelernt« und dienen einzelnen Zielgruppen sogar zur Strukturierung ihres Tages (»Mittwoch abends läuft Greys Anatomy – da kann ich nicht«). Gerade in Deutschland ist TV weiterhin ein Leitmedium, das für große Teile der Bevölkerung das Lean-Back-Medium Nr. 1 ist. Und es hat zudem eine »Lagerfeuerfunktion« (vgl. Kap. 6, S. 265), indem es für viele Menschen die Anlaufstelle erster Wahl für den Feierabend ist – im heimischen Wohnzimmer und in guter Gesellschaft. Mit ca. 210 Minuten durchschnittlicher Sehdauer (GfK, Juni 2013) spielt TV auch in Zeiten von Tablets, Second Screen und vieler weiterer Medienkanäle wie Radio oder Print eine Leuchtturmrolle. Es kann somit als effiziente Basis für vernetzte, medienübergreifende Kampagnen genutzt werden. Das hohe Involvement der Zuschauer beeinflusst den werblichen Effekt positiv. Zudem haben etablierte TV-Formate ein hohes »Online-Buzz-Potenzial«.

Rechtliche Rahmenbedingungen

Wegen der klaren Regelungen im Rundfunkstaatsvertrag ist Branded Content im TV limitiert. Möglich sind Teleshopping, Dauerwerbesendungen und Product Placements (vgl. Kap. 5, S. 243). Teleshopping und Dauerwerbesendungen sind für eine Marke steuerbar. Das bedeutet, dass Inhalt und Platzierung grundsätzlich vom Marketer vorgegeben und selbst produziert werden können. Der Nachteil von Teleshopping und Dauerwerbesendungen ist jedoch, dass eine Einbindung etablierter TV-Inhalte kaum möglich ist bzw. diese häufig »hölzern« und künstlich wirkt. Weniger gut steuerbar für eine Marke sind hingegen Product Placements in TV-Produktionen, die nicht vom Marketer selbst entwickelt werden. Die rechtlichen Rahmenbedingungen ermöglichen Marken zwar von den Stories zu profitieren, eine Mitgestaltung der Inhalte ist jedoch unzulässig. Die Auswahl des passenden Produktionspartners ist deshalb essenziell. Kern des Erfolges sind ein gutes Briefing und dessen juristisch saubere Umsetzung innerhalb des Drehbuchs. Der Vorteil ist die direkte Verknüpfung der Marke mit einem für die Zielgruppe relevanten Content, der ein hohes Involvement besitzt und die Marke emotionalisiert. Bei Erfolgsformaten profitiert die Marke zudem von der weiteren Auswertung und Distribution. Bei der Kalkulation der Kosten sollten deshalb Aspekte wie Sichtbarkeit, Konzept, Integrationstiefe, Produktionskosten, Reichweite, Qualität und die Distribution der Produktion mit berücksichtigt werden. Außerdem sind die aktuell noch langen Vorlaufzeiten von qualitativ hochwertigen TV-Inhalten zu beachten, in denen Placements möglich sind. Auch die Eigeninteressen des Senders müssen berücksichtigt werden. Dieser kann die Platzierungen von TV-Formaten – zum Beispiel bedingt durch Gegenprogramme oder erzielte Reichweiten – ändern oder das Format ganz absetzen. Ausschlaggebend für den Erfolg eines Placements ist letztlich die Einbettung in eine Placement-Strategie bzw. in ein Gesamtkonzept. Die Verknüpfung mit der klassischen Werbekampagne, eine Unterstützung durch andere Medien oder die Auswertung von Inhalten im Rahmen von SEO-, SEM-, POS-, Social-Media- oder Testimonial-Maßnahmen sollten dabei mitbedacht werden. Zudem müssen Konzept und Strategie stringent aus den Zielen der Marke abgeleitet werden.

Best Case: Hasbro Nerf & Stromberg

Nerf Blaster funktionieren im Grunde wie Wasserspritzpistolen, nur mit dem Vorteil, dass man nicht nass wird.

Die bunten Spielzeugpistolen verschießen weiche Pfeile aus Schaumstoff. Mit *Nerf* werden die Kinder vom Fernseher weggelockt und zum gemeinsamen Spiel und Bewegung animiert – die moderne Version von »Räuber und Gendarm«. Die Marke steht für aktionsreichen und sicheren Spielspaß für drinnen und draußen. Kernzielgruppe sind Jungen von acht bis zwölf Jahren.

Hierbei muss man sich bewusst sein, dass im deutschsprachigen Raum auch Spielzeugpistolen ein sensibles Thema sind. Es liegt zwar in der Natur der Kinder, dass sie gerne mit- oder gegeneinander wetteifern, aber einige Mütter sind zunächst sehr reserviert und kaufen lieber vermeintlich »pädagogisch wertvolle« Spielsachen für den Nachwuchs.

Hasbro – Nerf

Neben der Verwenderzielgruppe der Jungs wurde noch eine weitere Zielgruppe identifiziert, junge und junggebliebene Männer, die sich durch zwei spannende Insights auszeichnen: Erstens, viele Männer sind im Herzen eigentlich noch Kinder und benehmen sich manchmal alles andere als erwachsen. Und zweitens, viele dieser Männer sitzen täglich stundenlang im Büro vor dem Computer und warten nur auf eine Gelegenheit, mal kurz »Dampf abzulassen«. Die *Nerf Blaster* sind hierfür das ideale Vehikel.

Aufgabe war es, in der Zielgruppenansprache neue Wege zu gehen, um die Bekanntheit, das Involvement und den Abverkauf zu steigern. Zwei Kommunikationsziele wurden definiert, um Marktanteile und Absatz im Action-Toys-Segment weiter auszubauen:
a) Größtmögliche Steigerung der Awareness bei effizientem Budgeteinsatz.
b) Die *Nerf Blaster* zum Gesprächsthema bei Müttern und Eltern (Entscheidern) machen.

Im Zentrum der kombinierten Kreativ- und Mediastrategie stand der Gedanke: »Office War – Büro ist Krieg«. Oder anders gesagt: Die *Nerf Blaster* stehen für fünf Minuten Action, bevor es zurück in den ernsthaften Arbeitsalltag mit Excel-Tabellen und Abteilungsmeetings geht.

»Büro ist Krieg« ist auch eines der bekanntesten Zitate von Bernd Stromberg, Abteilungsleiter der »Capitol«-Versicherung in der gleichnamigen Fernsehserie »Stromberg«. Die fünfte Staffel der Erfolgsserie war nach zwei Jahren Pause endlich in Produktion und die Vorfreude der Fans enorm. Für uns genau die richtige Plattform, um die Nerf Blaster via Branded Entertainment in die Serie zu integrieren. Ein wichtiger Erfolgsfaktor war dabei, die Blaster so organisch wie möglich in die Story der Serie einzuweben. Dies wurde durch eine Zusammenarbeit mit der BRAINPOOL Artist & Content Services GmbH, der Vermarktungstochter der STROMBERG-Produktionsfirma BRAINPOOL TV sichergestellt. Gerade Stromberg-Fans würden es sehr persönlich nehmen, wenn ihr Format an Authentizität verlieren würde. Die Reaktion, die wir provozieren wollten, war nicht »Oh nein, Product Placement«, sondern eher »Oh cool, Spielzeugknarren im Büro«. Die Stromberg-Fans konnten in der Serie sehen, wie Ulf mit den *Nerf Blastern* Ernie durchs ganze Büro jagt oder Bernd Stromberg die Blaster konfisziert, um sie dem Sohn seiner angebeteten Jennifer Schirrmann zu schenken. Die Integration gipfelte im Staffelfinale, bei dem sich die Abteilungen »Schaden 2« und »Privatkunden« der Capitol-Versicherung einen großen Office War lieferten, bei dem das halbe Büro zerstört wurde.

Das Product Placement war der Mittelpunkt einer stringenten 360-Grad-Strategie:

- TV: Durch den Sendeplatz in der Prime Time von ProSieben wurde mit jeder ausgestrahlten Folge die notwendige Reichweite generiert, um den Hype um und das Interesse für die *Nerf*-Produkte über den Kampagnenzeitraum hinweg auf einem hohen Level zu halten.
- Kino: Vor der Erstausstrahlung im TV wurde in ausgewählten Städten eine Preview-Tour gestartet, um besonders die leidenschaftlichen Anhänger der Serie anzusprechen.
- SEM (Search Engine Marketing): Während jeder Folge, in denen die *Nerf*-Produkte zu sehen waren, sowie am Folgetag wurden relevante Suchbegriffe in Google gebucht. Über die Keywords wurden potenzielle Interessenten sofort zu Online-Shops weitergeleitet. Diese Maßnahme hat vor allem im Weihnachtsgeschäft den Traffic zusätzlich erhöht. Zudem wurden die *Nerf*-Produkte ebenfalls im offiziellen Stromberg Online-Shop angeboten.
- Social Media/Facebook: Über die offizielle Stromberg-Fanseite wurde eine Mitteilung an die bis dato ca. 500.000 Fans platziert, in der sich Stromberg selbst zu Wort meldete und beklagte, dass er seine »Untertanen« nicht länger beim Spielen mit den Blastern ertragen könne und somit diese Produkte im Rahmen eines Gewinnspiels verlosen werde.
- DVD: Über 125.000 Exemplare der DVD zur 5. Staffel wurden verkauft und verlängerten somit die Wirkungsdauer des gesamten Branded Entertainments.

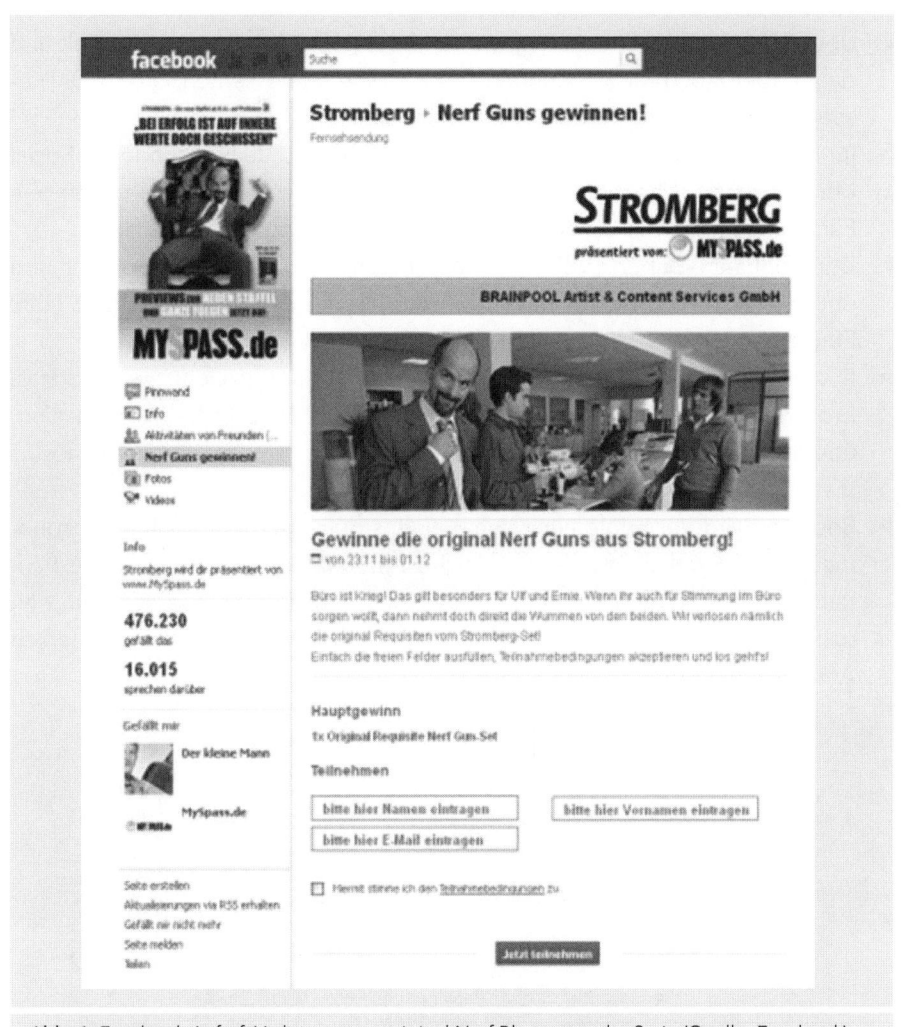

Abb. 1: Facebook Aufruf; Verlosung von original Nerf Blaster aus der Serie (Quelle: Facebook)

Die Ergebnisse
- Im TV erzielte der Staffelstart ca. 1,8 Millionen Kontakte bei den 14- bis 49-jährigen Zuschauern und damit einen Marktanteil von 16 Prozent. Bis zum Jahresende schauten insgesamt 4,6 Millionen Zuschauer in besagtem Alterssegment die neue Staffel. Im Durchschnitt hatte jeder zehnte in der Gruppe der 14- bis 49-jährigen TV-Zuschauer seinen Dienstagabend auf Stromberg »abonniert« (Quelle: GfK Quotenmeter).

- Über Suchmaschinenmarketing wurden über 250.000 Impressions erzielt und dabei über 4.000 Klicks generiert, also direkte Interessenten, die zu Onlineshops weitergeleitet wurden. (Quelle: Quisma)
- Im November und Dezember 2011 wurden über 13.500 Nennungen in Social Media gezählt. Über 90 Prozent der Beiträge waren neutral bis positiv, ein Fünftel äußerte sich besonders positiv zur Einbindung der *Nerf Blaster*.
- Darüber hinaus haben TV-Berichterstattungen vor und nach der Ausstrahlung über die Serie und den Dreh einen Media-Gegenwert in Höhe von 850.000 Euro erzeugt.
- Die Umsatzprognose von *Hasbro* wurde für 2011 übertroffen: Während *Hasbro* Anfang 2011 von einem Umsatzplus von 100 Prozent bei *Nerf* ausging, übertraf das Jahresergebnis durch einen extrem starken Dezemberabsatz diese Erwartungen deutlich.
- Bestätigt wird der Erfolg auch durch eigens durchgeführte Analysen (ökonometrische Modellierung): Im Vergleich zum Vorjahreszeitraum stieg die Käuferbasis überdurchschnittlich um 100 Prozent, die Absatzkurve stieg um beinahe das 2,5-fache. Hier zeigt sich, dass das Product Placement einen starken Anteil am gesamten Abverkaufserfolg hat.

Abb. 2: Integration von *Nerf* Blaster in die TV-Serie »Stromberg« (2011) (Quelle: Hasbro/BRAINPOOL Artist & Content Services)

Wie lässt sich TV- und digitaler Content verknüpfen?

Das Beispiel *Hasbro* zeigt, dass die Integration von Social Media und ein zeitlich gut ausgesteuertes SEM die Effizienz von TV-Kampagnen positiv beeinflusst. Andere Markenunternehmen gehen sogar noch einen Schritt weiter. Die »Onething«-Kampagne von *Volkswagen* ist hierfür ein Beispiel.

Diese drehte sich um die Fragen: Wenn du nur noch eine Sache essen/lesen/hören, nur noch einen Menschen küssen, nur noch einen Ort bereisen könntest, für welche eine Sache würdest du dich entscheiden? Erstmals wurde hierfür in Deutschland eine »Twoscreen«-Werbekampagne in Echtzeit realisiert. Durch eine vorgeschaltete Social Media Buzz-Analyse wurde mit der Castingshow »The Voice of Germany« (TVOG) eine besonders passende Sendung für die Marke *Volkswagen* identifiziert. Da im Kampagnenzeitraum »The Voice of Germany« nicht lief, wurde stattdessen im TVOG-Spin-off »Xavier & Friends: Sing um Dein Leben« ein Aufruf als Werbespot gestartet. Die Zuschauer sollten sagen, welches Stück sie wählen würden, wenn sie nur noch einen Song für den Rest des Lebens hören könnten. Die Umfrage wurde in Echtzeit mit Zwischenergebnissen aus Social-Media-Feedbackkanälen angereichert und das finale Abstimmungsergebnis (der Song »Music« von John Miles) im letzten Spot als Auflösung präsentiert. Aus einem Werbespot wurde so eine interaktive Branded-Content-Aktivierung im Social Web. Und aus Real Time Advertising (RTA) wurde Real Time Effectiveness (RTE): Während der TV-Ausstrahlung war ein deutlicher Zugriff auf die Kampagnen-Landingpage onething.de zu verzeichnen. Fast 35 Prozent der Websitezugriffe kamen im Aktivierungszeitraum via Second Screen und Mobile Devices.

Volkswagen – Onething-Kampagne

> Die Effektivität von Branded Content wird durch den vernetzten Einsatz von TV und Social Media deutlich gesteigert.

Die Beispiele zeigen, dass durch den vernetzten Einsatz von TV und Social Media die Marketingeffektivität von Branded Content deutlich gesteigert werden kann. Auch sollte der Content in Zukunft mehr auf Real Time Effectiveness ausgerichtet werden, da der Konsument immer stärker und selbstverständlicher Echtzeit-Dialogmedien wie Smartphones und Tablets nutzt. Zudem wird so die Markenglaubwürdigkeit nachhaltig unterstrichen.

Die Checkliste für Branded Entertainment

Basierend auf vielen kleinen und großen Content-Projekten haben wir eine Checkliste für Marketer erstellt. Diese ermöglicht es, Ideen im Vorfeld auf Relevanz, Machbarkeit und Markenfit zu überprüfen. Eine sorgfältige Abwägung ist notwendig, da Branded-Entertainment-Projekte im Vergleich zum traditionellen Werbespot immer noch Neuland und somit auch ein ökonomisches Risiko sind.

Der Content

Grundsätzlich gilt: *Only good content is king*. Wählen Sie also ein Format, das eine etablierte Fanbasis und ein hohes Buzz-Potenzial in der Zielgruppe hat. So stellen Sie sicher, dass der Content die notwendige Aufmerksamkeit und ein hohes Involvement erzielt. Um auch wirklich aufzufallen, ist zudem eine aufmerksamkeitsstarke Integration in das selektierte Format anzustreben. Dabei ist natürlich die Authentizität zu wahren, um den Zuschauer nicht zu »vergrätzen«. Beispiel: Ein Herd in einer Kochshow kann so normal wirken, dass der Zuschauer das Placement kaum bemerkt. *Volkswagen* hat hingegen mit dem »Beetle Shark Cage« eine sehr mutige und zugleich aufmerksamkeitsstarke Integration erreicht. Das Unternehmen präsentierte in drei Mini-TV-Episoden innerhalb der »Shark Week« des *Discovery Channels* den neuen *Beetle* als umgebauten Hai-Käfig. Selbstironisch stand auf den Außenspiegeln des *Beetle*, der schneller und stärker als sein Vorgänger ist: »Sharks in the mirror are closer than they appear«. Mit über 5 Millionen Views und 1,8 Millionen Facebook-Posts war die Maßnahme ausgesprochen erfolgreich.

Volkswagen – Shark Week

Die Partner

Laut Rundfunkstaatsvertrag gilt, dass die redaktionelle Unabhängigkeit der Produktion zu gewährleisten ist. Eine direkte Einflussnahme ist nicht gestattet. Deshalb ist ein permanenter Dialog zwischen allen Beteiligten für eine erfolgreiche Umsetzung hilfreich. Sinnvoll sind zum Beispiel »No-Go-Listen«, was aus Markensicht geht und was nicht. Idealerweise besteht ein direkter Kontakt zwischen der (Media-)Agentur und dem Produktionshaus, um gerade in den Anfängen der Branded-Content-Erstellung schnell zu einem juristisch korrekten und dennoch kreativ inspirierenden Ergebnis zu kommen. Die Schleife über den Vermarkter ist aus inhaltlicher Sicht nur notwendig, wenn es um rechtliche Fragen geht, zum Beispiel zur einwandfreien Einbindung gemäß Rundfunkstaatsvertrag. Auch hier gilt das Prinzip der möglichst wenigen Köche.

Die Verlängerung in diverse Kanäle

Je nach Umsetzung können begleitende werbliche Maßnahmen Sinn machen, zum Beispiel die Schaltung eines TV-Spots im Umfeld eines Product Placements, um eine Verstärkung des Werbeeindrucks zu erzeugen. Wie im Fall *Hasbro* kann aber auch bewusst darauf verzichtet werden, damit die außergewöhnliche Tonalität der Produkteinbindung nicht durch die werbliche Tonalität eines Werbespots verwässert wird. Auch über Social Media können Fans von Fernsehformaten, zum Beispiel über *Facebook* punktgenau erreicht werden. Möglich sind beispielsweise kurze Bewegtbildsequenzen als Reminder und begleitende Second-Screen-Angebote, durch die sich virale Effekte lostreten lassen, die zusätzliche Reichweite und eine starke Involvierung innerhalb der Zielgruppe schaffen. Durch die aufwandsarme Recherche direkt nach einer Sendung oder die vermehrte Second-Screen-Nutzung, also dem Einsatz von Laptops, Smartphones und Tablets während des TV-Konsums, ist auch begleitendes SEM (Search Engine Marketing) empfehlenswert. Denn somit kann durch den Branded Content erzeugtes Interesse direkt in einen Abverkauf (zum Beispiel via *Amazon* oder eigenem Merchandising-Shop) münden. Bei Nutzung eines Merchandising-Shops des Produktionspartners (zum Beispiel eines TV-Senders) empfiehlt sich auch der Einsatz von Bartering-Deals, um eine Win-Win-Situation und effektives Kostenmanagement zu erreichen.

Die Prüfung der Nutzungsrechte

Die Prüfung der Nutzungsrechte am Content bzw. an Darstellern ist essenziell (vgl. Kap. 5, S. 243). Es sollte stets geklärt werden, welche Rechte in welchem Umfang und Geltungsbereich erworben werden können – und zwar vor der finalen Vertragserstellung und Umsetzung. Denn je nach Rechten besteht die Möglichkeit, den Content über eigene Distributionskanäle (eigene Website, *YouTube* Channel, o.Ä.) zu verbreiten und somit die Reichweite und Zielgruppenaussteuerung zu optimieren. Ohne klare Rechtslage sind diese weiteren Kanäle hingegen nicht nutzbar. Das gilt auch für die Nutzung am POS bzw. »on pack«. Denn gerade am Point of Sale kann ein inhaltlicher Bezug zum Branded Content einen zusätzlichen Abverkaufsimpuls geben. Last but not least ist die Pressearbeit auf eine klare Rechtslage angewiesen. Ansonsten kann keine Zweitverwertung des Branded Contents erfolgen.

Messbarkeit und Benchmarking

Auch wenn Branded-Entertainment-Umsetzungen vor allem auf strategisches Storytelling und kreativen Mut setzen, stehen am Anfang klar definierte KPIs sowie am Ende die saubere Ableitung des Return on Investment (vgl. Kap. 5, S. 227). Die Analyse umfasst Pre- und Post-Test zur Awareness, Trackings (zum Beispiel Social-Media-Tracking, Sentiment-Analyse) und ökonometrische Modellings, die die Wirksamkeit von Product Placements im Vergleich zur klassischen Werbung berechnen und erklären können, welchen Anteil Branded Content am Abverkauf hat. Die verantwortliche Media-Agentur verfügt über das Portfolio aller genannten Maßnahmen und kann diese passgenau anwenden. Der Marketer muss umfassend einbriefen, rechtzeitig die Maßnahmen freigeben, ggfs. ein Forschungsbudget zur Verfügung stellen und sich mit den Ergebnissen (selbst-)kritisch auseinander setzen. Denn genau wie jede andere Werbekampagne kann auch Branded Content optimiert werden. Grundsätzlich gilt, dass unterschiedliche Placements hinsichtlich ihrer Wirkung nur schwer miteinander vergleichbar sind, da Umfeld, Tiefe und Länge der inhaltlichen Integration bei jedem Placement anders sind. Bei der Selektion von möglichen Placement-Optionen sollten deshalb neben quantitativen Kennzahlen (insbesondere Reichweite) vor allem auch qualitative Planungsparameter berücksichtigt werden (zum Beispiel der Fit zwischen Format, Marke und Zielgruppeninsight).

Branded Content wirkt schon heute und wird durch weitere Kanäle wie *YouTube* oder die Verbindung mit einem Second Screen in Zukunft noch wirkungsvoller. Marken, die sich in relevanten Content »einbringen« und Teil der Story werden, erfahren mehr Awareness, Glaubwürdigkeit und letztendlich auch Vertrauen durch den Verbraucher. Letzteres ist entscheidend. Denn: Trust triggers sales.

Vom Corporate Publishing zum Content Marketing

It's the content, stupid!

Rainer Burkhardt und Andreas Siefke[1]

> Längst beschäftigen sich Publisher nicht mehr nur mit Kunden- und Mitarbeiterzeitschriften, sondern setzen auf einen ganzheitlichen Content-Mix, der insbesondere auch die digitalen Kanäle einschließt. Andreas Siefke und Rainer Burkhardt beschreiben die Entwicklung des Corporate Publishing zu einem effektiven Content Marketing. Entscheidend in einer digitalen Welt, so die Autoren, ist ein integrierter Mix aus aggregiertem, kuratiertem und exklusivem Content. Print spielt dabei als Medium auch in Zukunft eine wichtige Rolle.

Versicherungen haben mit ihren Produkten ein Problem: Niemand sucht sie. Niemand setzt sich an seinen Computer und googelt »Pflegeversicherung PZT Best«. Oder tippt in seinen Smartphone-Browser »Pflegeversicherung Tarif 685« ein. Höchstens sucht mal einer nach »Pflegeversicherung«. Und der auch nur dann, wenn er oder sie selbst betroffen ist oder einen Pflegefall in der Familie hat. Denn wer weiß schon, dass zwei Drittel aller neunzigjährigen Frauen pflegebedürftig werden? Und dass sich der Pflegebedarf bis zum Jahr 2030 verdreifachen wird? Jeder kann irgendwann betroffen sein und muss sich früher oder später mit schwierigen Fragen auseinandersetzen: Müssen Kinder die Pflege ihrer Eltern zahlen? Wie groß ist die Wahrscheinlichkeit, dass ich Pflege brauche? Werde ich zu Hause auch gut versorgt sein? Was deckt die gesetzliche Pflegeversicherung ab? Und ab wann sollte ich vorsorgen? Nur wenige können diese Fragen auf Anhieb beantworten. Versicherungsvertreter können das. Die Vertreter der *Allianz*

---

1 Mitarbeit: Laura Kraus

zum Beispiel haben über viele Jahre ihren Kunden die Dringlichkeit dieser Fragen erklärt. Sie haben Lösungen gesucht und Produkte vorgestellt, die auf die jeweilige Lebenssituation der Kunden abgestimmt waren. Dafür waren sie stets ausgestattet mit einer Vielzahl an klassischen Produktbroschüren. Zum Demonstrieren und Vorrechnen. Doch die Zeiten haben sich geändert. Das Internet ermöglicht jedem, sich selbst zu informieren. Wer etwas wissen will, konsultiert Google. Im Falle von Versicherungen ist eine Google-Suche jedoch reichlich verwirrend. Man steht einer unüberschaubaren Masse an Information gegenüber. Unter hunderten Vergleichsportalen und Werbeseiten das passende Produkt zu finden, ist schier unmöglich. Also entscheiden sich viele doch für das direkte Beratungsgespräch. Denn Versicherungen basieren auf Vertrauen. Aufgrund dieser Tatsache hat die *Allianz* eine neue Kommunikationsstrategie entwickelt. Sie hat einen Informationsbedarf erkannt, der mit einem Informationsüberfluss einhergeht. Und dem man nicht mit simpler Produktwerbung begegnen kann, da man sonst Gefahr läuft, in der Masse der Werbeformate unterzugehen. Denn Kunden lassen sich nicht mehr so leicht von markigen Worten überreden.

Der vorliegende Beitrag greift die aktuelle Diskussion zum Thema Content Marketing auf. Konkret geht es um die Akzentverschiebung von Corporate Publishing (CP) hin zu einem stärkeren Marketingverständnis bei der Produktion inhaltsgetriebener Medien – für Marketeers hin zu Content, für Corporate Publisher hin zu Marketing. Das überwiegende Verständnis von Corporate Publishing war bisher, dass Inhalte hauptsächlich zur Kundenbindung eingesetzt werden. Content Marketing subsumiert dagegen die Möglichkeiten aller Plattformen von Print über Online bis Digital, die eine konkrete Performance-Messung von Inhalten erlauben. Das ist ein Aspekt, der im CP bislang so explizit nicht im Vordergrund stand.

Was ist überhaupt Content?

Das Internet hat das Kundenverhalten verändert. Menschen suchen aktiv nach Antworten, nach klarer, erhellender Sprache, nach unterhaltsamen Beiträgen und schlauen Infografiken. Sie suchen nach dem, was heute Content genannt wird. Man könnte auch sagen nach Expertise, die ihnen einen Nutzwert bietet, verpackt in Inhalten, die sie wirklich erreichen und überzeugen. So verstandener Content ist zu einem relevanten Marketing-Faktor geworden, mit dem man bei Kunden punkten kann. Denn Kunden suchen keine Produkte, sondern Lösungen.

Die *Allianz* hat aus ihrer Expertise also Content gemacht. Sie hat sich von ihren produktzentrierten Broschüren verabschiedet und eine Serie von Zeitungen gedruckt, die sich nicht mit Versicherungen, sondern mit Menschen auseinandersetzen.

Abb. 1: Die Themenwelten der *Allianz* (Quelle: Kircher Burkhardt)

Diese »Allianz Themenwelten«, zu denen neben »Pflege« unter anderem auch »Gesundheit« und »Wohnen« gehören, widmen sich realen Fragen aus Sicht realer Menschen. Nicht im Versicherungsjargon, sondern mit emotionalem Tiefgang. Journalistisch aufbereitet mit Reportagen, Infografiken und Interviews mit Persönlichkeiten wie dem Medizin-Comedian Dr. Eckart von Hirschhausen oder dem Schriftsteller Wladimir Kaminer. Lebensnahe Portraits von Menschen und ihren Schicksalen ermöglichen einen Blick auf die ungeschönte Realität der Gesellschaft. Grafiken informieren über die statistische Tragweite der Themen. Selbst wer sich nicht direkt betroffen fühlt, findet in den Journalen Anregungen, sich mit Versicherungen zu beschäftigen. Denn trotz des journalistischen Stils wird am Ende klar: Eine Versorgungslücke kann jedem drohen. So fügen sich die kurzen

Produktübersichten auf den letzten Seiten ideal in die Lesedynamik – ohne als schnöde Werbung daherzukommen. Nichts an dieser Herangehensweise erinnert an die produktzentrierten Broschüren, mit denen die *Allianz* früher ihre Leistungen anbot. Lediglich das *Allianz*-Logo auf dem Cover und dezent an jedem Seitenende platziert, erinnert an den Verfasser. Die Themenwelten sind Teil einer neuen Marketing-Strategie der *Allianz*, und die kann durchaus wegweisend genannt werden. Kein anderer Versicherer zuvor hat je gewagt, die Produkte völlig aus dem Fokus zu rücken und konsequent die Perspektive des Kunden einzunehmen. Das neue Material ist nicht mehr nur Informations- und Werbemittel, das den Vertretern bei ihren Verkaufsgesprächen helfen soll, sondern hat auch einen hohen erzählerischen Anspruch. In ergreifenden Geschichten berichten die Artikel von echten Menschen und schaffen so eine authentische Projektionsfläche, die Identifikation ermöglicht. Jeder erkennt sich als Teil eines gesellschaftlichen Problems und fühlt sich direkt angesprochen von den Leistungen, die die *Allianz* erbringt.

> Menschen suchen aktiv nach Antworten, nach klarer, erhellender Sprache, nach unterhaltsamen Beiträgen und schlauen Infografiken. Sie suchen nach dem, was heute Content genannt wird. Man könnte auch sagen nach Expertise, die ihnen einen Nutzwert bietet, verpackt in Inhalten, die sie wirklich erreichen und überzeugen.

Was ist dann Content Marketing?

Diese neue Strategie verdankt die *Allianz* einer Entwicklung, die aus den USA kommend, aktuell auch Deutschland erreicht. Als die *Allianz* im Jahr 2011 mit der Neugestaltung ihrer Publikationen begann, war die Content-Marketing-Revolution in den USA und in Großbritannien bereits in vollem Gange. Diverse Corporate Publishing Verbände haben sich jüngst umbenannt und den Begriff »Content Marketing« in ihren Namenszug integriert. In der englischsprachigen Welt hatten nahezu alle Kommunikatoren in Unternehmen, Agenturen und Verlagshäusern längst verstanden: »It's the content, stupid!« Kunden suchen frei verfügbare Texte in klarer Sprache, unterhaltende Videos, erhellende Infografiken, schlaue Podcasts oder Apps und Print-Magazine, die sich wie Lifestyle-Magazine lesen und nicht wie Produktkataloge. Mit Content Marketing werden aus traditionellen, eindimensionalen Werbemitteln also inhaltlich aufbereitete Publikationen, die den Kunden nicht nur als Konsumenten betrachten, sondern ihn zum Dialogpartner machen. »The real value of content marketing (...) lies in creating an honest and authentic relationship with the customers, using content to build trust and integrity, and then leading them, with openness and transparency, toward their purchasing decision«, so Louise Pearce, Editorial Director bei der Londoner Agentur Forward, die die Zeitenwende früh erkannt und sich von einer »contract publishing agency« zu einer »multi-channel content agency« umgerüstet hat (Bashford 2012). »Content Marketing is the opposite of advertising«, betont auch Keith Blanchard, Chief Content Officer der Agentur »Story Worldwide« aus New York. »It's about engaging consumers with the stuff they really want, in a way that serves your brand's purposes and ideals, rather than just trying to jam your logo into their periphery. It's reaching the exact consumers you want, instead of a vaguely defined demo.« Der Publishing-Coach Dan Blank von »We grow Media« erklärt es so: »Content Marketing is engaging with your community around an idea instead of a product. What it is is to try to serve the community first, and sharing information, ideas and experiences that benefit others without directly asking for anything in return.« (Cohen 2011)

Content Marketing ist folglich ein anderer Name für das strategische Verständnis für die Kraft der Inhalte und dafür, die Beziehung zum Kunden ganzheitlicher zu gestalten: ihm nicht nur ein Produkt verkaufen zu wollen, sondern ihm unabhängig von seiner Kaufentscheidung Inhalte anzubieten, die für ihn einen informativen oder unterhaltenden Nutzwert haben.

> Content Marketing erfordert ein strategisches Verständnis für die Kraft der Inhalte und dafür, die Beziehung zum Kunden ganzheitlicher zu gestalten.

Von Fugger bis Michelin

Vom Spätmittelalter bis heute – ein kurzer Abriss über die Pioniere des Content Marketing:

Ca. 1500: Schon Jakob Fugger (1459–1525) betrieb eine Frühform von Content Marketing für sein Augsburger Handelsunternehmen, handschriftlich auf etwa DIN A5 großen Depeschen. In diesen sogenannten »Fugger-Zeitungen« fasste er Berichte seiner

Handelskorrespondenten zusammen und ließ sie seinen Geschäftspartnern zukommen. Er informierte so über das internationale Wirtschaftsgeschehen, verstand es aber auch, das Unterhaltungsbedürfnis seiner Kunden zu befriedigen und unterrichtete über Hinrichtungen adliger Personen ebenso wie über religiöse Aufstände. Eine Sache kam in seinen Depeschen aber nicht vor: Neuigkeiten mit dem Potenzial, sein Geschäft negativ zu beeinflussen, ließ Fugger konsequent aus. (Kempter 1936)

1922: Warum heißen Seifenopern Seifenopern? Weil die ersten »Familienserien« von Seifenherstellern produziert wurden. *Procter & Gamble* begann mit einem Comic-Strip rund um die Familie Jollyco, mit dem die Seife »Ivory« in den Sonntagsausgaben großer Zeitungen beworben wurde. Der Comic erschien zunächst in New York und steigerte die Verkäufe von Ivory um 25 Prozent in den ersten sechs Monaten. Ende 1923 wurden die Geschichten rund um die Jollycos in den ganzen USA publiziert und entwickelten sich zum Leserliebling. Einige Fans beteiligten sich gar lebhaft an ihrem Werdegang und schlugen *Procter & Gamble* reihenweise neue Storylines vor (Allen 1985: 108). 1937 begann P&G, auch das Radio als Werbemedium zu nutzen. Ab 1952 startete die erfolgreiche TV-Seifenoper »Guiding Light« (dt. »Springfield Story«), die zur am längsten laufenden Fernsehserie der Welt wurde. Eingestellt wurde sie erst 2009.

1923: Was hat ein Reifenhersteller mit Gourmetküche zu tun? Nichts. Aber: Wer interessiert sich schon für Reifen? Der französischer Reifenhersteller *Michelin* hat das früh erkannt und sich bei der Entwicklung seines Kundenmagazins mit einer Frage beschäftigt, die seine Kunden viel eher interessiert: Wo kann man mit Reifen hinfahren? Seit 1923 gibt der *Guide Michelin* Autofahrern daher gastronomische Ausflugtipps. In den Jahren darauf begann die Vergabe der *Michelin*-Sterne für eine mindestens sehr gute Küche. Die gedruckte Auflage der Reihe lag 2010 weltweit bei über einer Million Exemplaren, die Zitate in der Presse weltweit sind wohl kaum zu zählen. So entstand ein Medium, das noch heute auf die Marke einzahlt (vgl. Kap. 3, S. 87).

Auch das *Guinness-Buch der Rekorde* zeigt seit 1955, wie weit schlaue Unternehmenskommunikation durch Inhalte reichen kann.

Ganz neu ist diese Strategie natürlich nicht. Vor allem nicht für die Corporate-Publishing-Branche. Früher beschränkte sich Corporate Publishing auf Kunden- und Mitarbeiterzeitschriften, ggf. noch auf Bewegtbild-Angebote, die Unternehmen auf Bildschirmen in Verkaufsräumen, auf Messeständen oder auf Kabelkanälen mit überschaubarer Reichweite ausspielten. Heute hat sich Corporate Publishing auf alle digitalen Medien erweitert. Unternehmen publizieren ihre Magazine im Internet, als Mobile- und Tablet-Apps. Denn die Digitalisierung hat der Vermarktung von Produkten über Inhalte eine neue Zündstufe ermöglicht. Zahlreiche neue Plattformen werden jetzt bespielt: Unternehmenswebseiten, Blogs, *YouTube*, *Facebook*, *Twitter* und *Pinterest* sind die Kanäle du jour. Der nächste, der schon bald unverzichtbar ist, wird vielleicht gerade in einer Garage in Kalifornien oder einem Hinterhof in Berlin aufgebaut. Eines ist diesen Kanälen allen gemein: Dort werden Kunden mit Inhalten direkt angesprochen, ihr Feedback wird unmittelbar herausgefordert. Und ihre Wirkung wird, da digital, messbar.

> Früher beschränkte sich Corporate Publishing auf Kunden- und Mitarbeiterzeitschriften. Heute hat sich Corporate Publishing auf alle digitalen Medien erweitert.

Dass Print heute dennoch ein wichtiges Medium im Content-Mix vieler Unternehmen ist, zeigt das aktuelle Beispiel von *Zalando*. Der Online-Modehändler ging im März 2011 mit einem Hybriden aus »InStyle« und Best-of des eigenen Shops an den Start. Zu Beginn mit einer Auflage von 500.000 Exemplaren. Die Nummer zehn geht im Mai 2013 bereits an 1,2 Millionen Kunden. Und dies aus gutem Grund. So zeigen Studien immer wieder, dass Corporate-Publishing-Printmedien aus Konsumentensicht die höchste Glaubwürdigkeit aus dem gesamtem Instrumentemix, der einem Unternehmen zu Verfügung steht, aufweisen. Nicht von ungefähr gibt es daher neben dem Damenmagazin mittlerweile die Magazine Men, Sport, Kids und Home – insgesamt verteilt Zalando heute 2,5 Millionen Zeitschriften über den europäischen Markt. Zum Vergleich: Die Auflage des *Neckermann*-Katalogs ist seit April 2012 null. Der wurde nämlich (auch) wegen Erfolglosigkeit biederer Produktinszenierung eingestellt. *Zalando* dagegen zeigt, dass Print noch lange nicht tot ist. Solange man alle digitalen Komponenten mitdenkt. Denn auch *Zalando* kommuniziert selbstverständlich über eine Kombination aus Print-Journal, Online, Blog, App, Video, TV-Werbung – für alle Endgeräte gibt es eine Lösung. Und alle kommen an.

Von Paid zu Owned zu Earned

Früher war Marketing einmal eine simple Angelegenheit: Es gab Paid Media, also Werbung, die man irgendwo einbuchte. Und es gab Owned Media, eigenproduzierte Medienangebote. Paid Media basierte auf einer eindimensionalen Idee von Kommunikation, wie sie Shannon-Weaver 1949 in seinem bekannten Sender-Empfänger-Modell festgehalten hat. Owned Media veränderte das Verhältnis zum Kunden: »from ›push‹ strategies (where messages are sent to the consumer) towards ›pull‹ strategies (where the consumer seeks out the content or the brand in question)« (Burcher 2012: 15). Earned Media sind daran anschließend vor allem Gespräche der Konsumenten über die Marken (vgl. Abb. 2). Seit aus Endverbrauchern Kunden geworden sind, sind aus Empfängern einer Botschaft selbst Botschafter geworden. Die Kunden wollen mitreden – im Guten (als Markenbotschafter) wie im Schlechten (als geschäftsschädigende Kritiker). Traditionell geschah solche Mundpropaganda offline. In der digitalen Welt haben sich das Liken und Sharen ebenso wie das Disliken und Shitstormen zu realen Wirtschaftsfaktoren entwickelt. Und noch etwas hat sich über die Jahre geändert: Paid Media hatte ursprünglich die Aufgabe, den Verkauf vorzubereiten. Sobald der Kunde gekauft hatte, war Owned Media für die Nachsorge zuständig, also dafür, dass der Kunden auch wiederkam. Heute gilt: Je digitaler Kundenkommunikation wird, desto stärker zahlen auch Owned und Earned Media auf die Vorbereitung des Verkaufs, auf die Akquise von Neukunden ein. Entsprechend konsequent müssen in Zeiten des aufgeklärten Verbrauchers die Angebote bei Owned Media ausgebaut werden. Je mehr selbstbetriebene digitale Angebote bestehen, desto mehr Content kann verteilt und kommentiert werden. Desto mehr potenzielle Interessenten können erreicht werden. Ohne guten, frei verfügbaren Content kein Buzz in sozialen Medien!

> Ohne guten, frei verfügbaren Content kein Buzz in sozialen Medien!

Wer gute Inhalte liefert, unternimmt nicht den Versuch, Aufmerksamkeit zu erzwingen. Er verdient sich Aufmerksamkeit und macht damit auch Kunden zu den gewünschten Botschaftern der Marke und der Produkte. *Schwarzkopf* macht vor, wie das geht (vgl. Kap. 3, S. 87). Das Haarpflege-Unternehmen gilt als Vorbote des Content Marketing in Deutschland. Die konsequente Ausrichtung seines Online-Auftritts auf Inhalte führt so weit, dass der Nutzer mindestens drei Klicks braucht, bis er überhaupt bei einem Produkt landet. Wer die Website der *Henkel-*

Kapitel 3: Medien & Instrumente

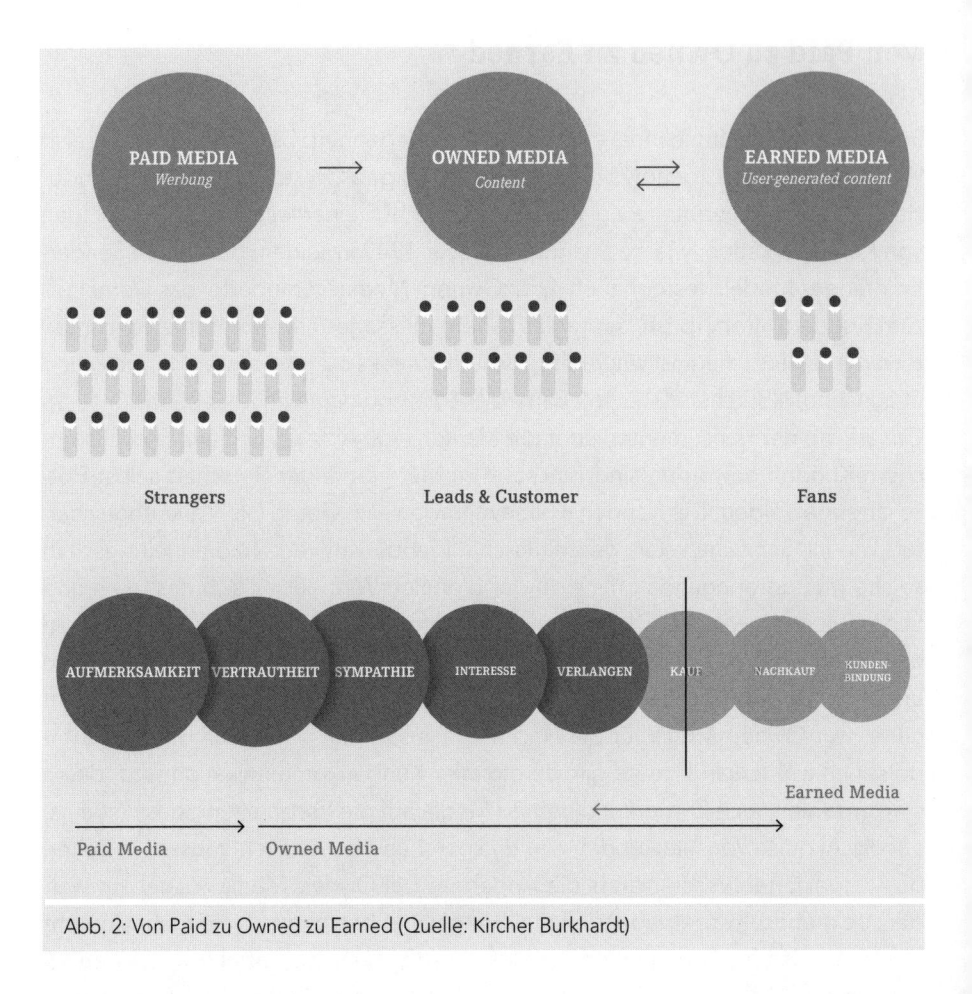

Abb. 2: Von Paid zu Owned zu Earned (Quelle: Kircher Burkhardt)

Marke ansteuert, findet keine Werbung für Shampoo oder Spliss-Kuren, sondern Antworten auf Fragen rund um die Haarpflege. Mit der redaktionellen Unterstützung von *Condé Nast*, dem Verlagshaus hinter »Vogue« und »GQ«, informiert *Schwarzkopf* über die neuesten Frisuren der Stars, gibt Tipps für das beste Styling und zeigt Tricks für den perfekten Look. Kurzum: Der Nutzer findet Inhalte mit Nutzwert. Zudem ist die Seite suchmaschinenoptimiert und dank der wertigen Inhalte so oft verlinkt, dass bei einer *Google*-Suche zu Haarthemen *Schwarzkopf* oft ganz oben in der Trefferliste auftaucht. Suchanfragen zu Tönung, aktuellen Kurzschnitten oder Haarausfall gibt es täglich millionenfach. Mit schlauem Content Marketing werden die Suchenden zum richtigen Ziel geführt. Ohne Beschallung. Über Inhalte.

> Wer gute Inhalte liefert, unternimmt nicht den Versuch, Aufmerksamkeit zu erzwingen. Er verdient sich Aufmerksamkeit und macht damit auch Kunden zu den gewünschten Botschaftern der Marke und der Produkte.

Auf den Unterhaltungsfaktor im Extrem setzt dagegen der internationale Content-Marketing-Vorreiter *Red Bull* (vgl. Kap. 2, S. 69). Das österreichische Unternehmen ist längst nicht mehr nur Getränkehersteller. Heute heißt es: »Red Bull is a publishing empire that also happens to sell a beverage« (O'Brien 2012). Dieser Dreh bringt es auf den Punkt: Aus einer Marke wurde ein Medium. Ein Energydrink wird zum Symbol für alles, was mit Energie und Action zu tun hat.

Zurück zur *Allianz* und ihren Themenwelten. Lange noch vor *Red Bulls* größtem Content-Marketing-Coup, der Inszenierung von Felix Baumgartners Sprung aus der Stratosphäre, entschied die *Allianz*, sich in neues kommunikatives Licht zu rücken. Mit all den historischen und zeitgenössischen Vorbildern im Kopf galt es, sich dem eigenen Unternehmen nicht von den Produkten, sondern vom Inhalt her zu nähern. Und zwar aus Sicht der Kunden. Für die Themenwelten wurden zehn bis zwölf Themenkomplexe erarbeitet und auf jeweils fünf zentrale Fragen fokussiert. Fragen, die sich den Kunden aus der Lebenswirklichkeit heraus stellen. Wie diese Fragen sind auch die zugehörigen Antworten Ergebnisse ausgiebiger journalistischer Recherche. Die über Interviews mit Kunden gewonnenen Geschichten wurden redaktionell ausgearbeitet und bebildert. Einem raschen Entwicklungsprozess folgte eine intensive Marktforschungs- und Pilotphase. Eine solch fundamentale Neuausrichtung eines so großen Unternehmens wird selbstredend nicht von heute auf morgen vollzogen. Doch muss man immer bedenken: Content Marketing ist eine Strategie, die ernst genommen werden will, um die gewünschten Erfolge zu erzielen. Sie verlangt einen hohen Aufwand, um sie ins Leben zu rufen und dauerhaft im Unternehmen zu verankern. Doch diesem Aufwand stehen erhebliche Chancen gegenüber. Denn wer Kunden gute Inhalte zur Verfügung stellt, macht wie *Schwarzkopf* oder *Red Bull* die eigenen Medien zur Informationsquelle für alle. So hat er gute Chancen, dass die Inhalte geteilt, empfohlen, positiv kommentiert, kurzum zu dem werden, was Earned Media heißt: »verdiente Kommunikation«.

> Content Marketing ist eine Strategie, die ernst genommen werden will, um die gewünschten Erfolge zu erzielen.

Die Content-Pyramide

Obwohl »Content« längst ein Buzzword ist, wird der Begriff von einigen Entscheidern nach wie vor verkürzt und als ein Tool der Suchmaschinenoptimierung verstanden. Doch ein gelungener Content-Mix leistet sehr viel mehr (vgl. Abb. 3). Es setzt die richtigen Inhalte an der richtigen Stelle in der richtigen Ansprache kosteneffizient ein.

Ein wirksamer Content-Mix umfasst drei Typen von Content: aggregierten, kuratierten und exklusiven Content. Mit aggregiertem Content meinen wir sämtliche automatisch aggregierten oder gar von Schreibrobotern erstellten Inhalte. Die Technologien zu »Automated Content« sind noch relativ jung, aber bei bestimmten Börsen- und Sport-Artikeln mit immer wiederkehrenden Textstrukturen und einheitlicher Sprache funktioniert das schon recht gut. Werden bereits existierende Inhalte neu aufbereitet bzw. zusammengestellt, so sprechen wir von kuratiertem Content. Durch gelungenes Kuratieren kann ein Unternehmen sein Themenprofil schärfen und sich von der Konkurrenz abheben. Vor allem, wenn man den Content sinnig sammelt und klug kommentiert. Kuratierter Content ist spezieller und deutlich stärker bearbeitet als aggregierter Content. Aggregierter und kuratierter Content sind wichtig, um sich ein Publikum aus Interessenten aufzubauen. Hierfür muss eine große Menge an Informationen kontinuierlich nach außen getragen werden: Links, Tipps, Tweets – die Masse an themenrelevanten Inhalten schafft Sichtbarkeit und ordnet das Unternehmen inhaltlich in ein Marktsegment ein. Eine dritte Möglichkeit ist die Erstellung exklusiver Inhalte, die eigens für eine Marke produziert werden, wie die *Allianz* Themenwelten. Und hier liegt auch der eigentliche Kern des Corporate Publishing und unseres heutigen Verständnisses von Content Marketing.

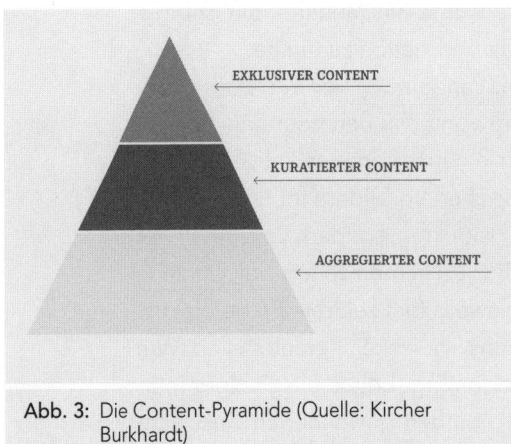

Abb. 3: Die Content-Pyramide (Quelle: Kircher Burkhardt)

> Content Marketing setzt die richtigen Inhalte an der richtigen Stelle in der richtigen Ansprache kosteneffizient ein.

Je mehr Kanäle Content-Marketers bespielen müssen, desto selbstverständlicher wird es, Inhalte kontextabhängig aus den unterschiedlichen Stufen der Content-

Pyramide zu mischen. Teure, für einen Kunden speziell erstellte Content-Angebote sind dabei das Sahnehäubchen. Aber bei einigen Standard-Geschichten werden Content-Agenturen zunehmend auf gepoolte Inhalte zurückgreifen und möglichst geschickt und kostengünstig adaptieren. Doch um einem Irrtum gleich zuvorzukommen: Content ist nicht gleich Content. Es lohnt sich nicht, nur in reine Masse zu investieren. Kunden wollen direkt angesprochen werden – mit Themen, die für sie echte Relevanz besitzen. Das erfordert eine präzise Zielgruppen-Analyse und hervorragende Themenrecherche. Wie eine Studie der Digital-Marketing-Agentur Optify zeigt, ist effektiver Content vor allem durch gutes Storytelling zu erreichen (vgl. Kap. 2, S. 31), gefolgt von Originalität und Kundenspezifik.

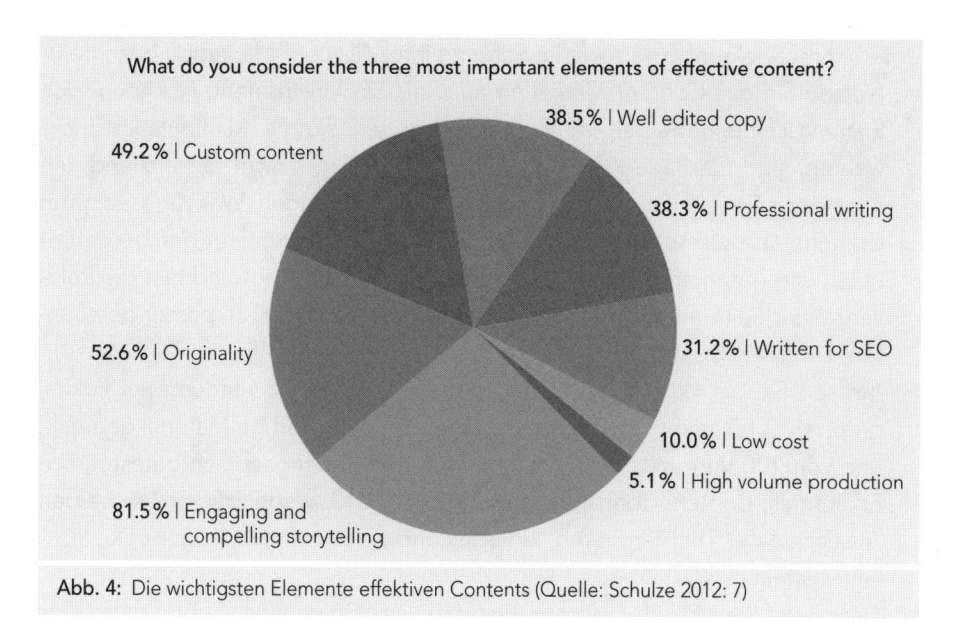

What do you consider the three most important elements of effective content?

- 38.5 % | Well edited copy
- 49.2 % | Custom content
- 38.3 % | Professional writing
- 52.6 % | Originality
- 31.2 % | Written for SEO
- 10.0 % | Low cost
- 5.1 % | High volume production
- 81.5 % | Engaging and compelling storytelling

Abb. 4: Die wichtigsten Elemente effektiven Contents (Quelle: Schulze 2012: 7)

Für die Arbeit der *Allianz*-Marketers hieß das, sich nicht nur auf Printprodukte zu konzentrieren, sondern alle digitalen Kommunikationskanäle mitzudenken. Die Inhalte der gedruckten Themenwelten gibt es daher auch auf der Website der *Allianz*, die spielerisch in das Thema einführt. So decken die Themenwelten alle Vertriebsoptionen ab. Daneben gibt es kleine Flyer, die auf Messen als Teaser verteilt werden. Und es gibt die gedruckten Zeitungen, die den Vertretern zur Akquise dienen und die besonders anschaulich machen, wie guter Content Bedarf wecken kann. Außerdem gibt zu jedem Heft ausführliche Produktsteckbriefe. Insbesondere die strategische Umsetzung der digitalen Komponenten befindet sich heute noch mitten im Prozess, hin zu einem gelungenen Content-Mix.

Der Faktor Marketing

Wie jeder BWL-Student im Grundstudium lernt, heißt gutes Marketing die konsequente Ausrichtung des Angebots an den Bedürfnissen des Marktes. Und da wir spätestens seit dem Cluetrain-Manifest (Levine et al. 1999) wissen, dass Märkte Gespräche sind und im digitalen Zeitalter sogar Massenmärkte zu Tante-Emma-Läden werden, ist die Schlussfolgerung des Content Marketing: Liefere Gesprächsstoff. Doch neben der Erstellung überzeugender Inhalte ist eine perfekte Planung, Realisierung und Messung des gesamten Prozesses ausschlaggebend. Zudem ist es Aufgabe des Content Marketing, daran zu arbeiten, dass die veröffentlichten Inhalte in großem Umfang geteilt werden. Damit dies gelingt, sollten Unternehmen folgende Aspekte im Rahmen ihres Content Marketing beachten:

▶ *Nutzen Sie das Content Marketing auch als SEO*-Instrument: Nachdem sich Suchmaschinenbetreiber immer stärker gegen simple Manipulationstricks wehren, sind On-Page-Keywords und Off-Page-Links nicht ausreichend, um die eigene Seite auf die ersten Ranking-Plätze zu bringen. Was zählt, ist guter Content. Google selbst fördert Content-Produzenten konkret durch Koeffizienten wie Authorship und Author Rank. Letztendlich steht und fällt die Relevanz einer Seite mit der Menge an Traffic, den sie erzielt. Je besser der Content verifiziert ist, desto höher die Chance auf hohen Traffic.

▶ *Messen Sie die Wirkung ihres Content*: Bei der *Allianz* wurden zwei Fokusgruppen mit Dummys ausgestattet, dann wurde das fertige Material gedruckt und von 100 Vertretern zwei Monate lang im Kundengespräch getestet. Die Erkenntnis: Content überzeugt. Seit Februar 2013 werden die ersten beiden Ausgaben der Themenwelten, »Pflege« und »Gesundheit«, in ganz Deutschland verteilt.

▶ *Definieren Sie KPIs und Metrics*: Ein effektives Content Marketing muss KPIs und Metrics implementieren, um Rückschlüsse auf die Relevanz der Inhalte ziehen zu können. Letztendlich ermöglicht dies die passgenaue Abstimmung der verteilten Inhalte auf die erreichten Nutzer. Audience Conversion und Big Data sind hier die Schlüsselworte.

Marketing-Leiter großer Unternehmen treibt zurzeit noch ein hohes Maß an Unsicherheit um. Das ist verständlich, denn natürlich ist die Lage in Zeiten kommunikativer Umbrüche unübersichtlich. Wer klassische Werbung zugunsten von Owned und Earned Media, stark reduziert, geht intern ein hohes Risiko ein. Das Neue muss schließlich erst unter Beweis stellen, dass es besser ist als das Alte. Die gute Nachricht lautet: Je multimedialer Inhalte werden, je integrierter die

Strategie aller Kanäle, desto besser lässt sich auch die Wirkung der Inhalte messen. Sie wird im Wortsinn berechenbar. Die Formel ist relativ einfach. Gute Inhalte, im richtigen Mix ausgespielt, führen nachweisbar zu vielen qualifizierten Leads. Mit denen kann der Verkauf etwas anfangen. Oder wie es ein Marketing-Vorstand im Briefing kürzlich auf den Punkt gebracht hat: »Was nützen mir zwei Prozent bessere Markensympathiewerte? Bitte arbeitet mit Hochdruck daran, dass wir zwei Prozent mehr qualifizierte Leads bekommen. Denn wenn wir mit Kunden direkt ins Gespräch kommen, dann verkaufen wir auch.«

Brand Games

Spielend werben!

Andreas Stecher und Tobias Piwek

> Brand Games binden Konsumenten länger und stärker an eine Marke als jedes andere Werbemittel. Davon sind die Game-Experten Andreas Stecher und Tobias Piwek überzeugt. Allerdings müssen Marketer einen wichtigen Grundsatz befolgen: Bei Brand Games steht nicht die Marke, sondern der Spielspaß an erster Stelle. Zudem ist der Gaming-Markt so hart umkämpft und schnelllebig, dass ein Spiel in 30 Sekunden überzeugen muss. Andreas Stecher und Tobias Piwek zeigen, wie dies gelingen kann.

Brand Games vollbringen das seltene Kunststück, ein Produkt spielerisch zu bewerben, ohne dabei lästig oder aufdringlich zu sein. Dies erlaubt es einer Marke, vom unliebsamen Push-Marketing zum favorisierten Pull-Marketing überzugehen. Dem Kunden wird nicht länger ein ungewolltes Werbemittel aufgezwungen, sondern die Möglichkeit gegeben, selbst zu entscheiden, ob und wenn ja, in welchem Maße er mit der Marke interagieren möchte. Dies geht sogar so weit, dass der Kunde für das ihm von der Marke gebotene Entertainment Kosten in Kauf nimmt, wie etwa den Download des Spiels aus dem App Store oder die Belegung von wertvollem Speicherplatz auf dem Device. Gerade der letztgenannte Punkt sollte nicht unterschätzt werden. Wenn ein User trotz hunderter Fotos, Videos, Spiele und Apps dazu bereit ist, ein mehrere hundert Megabyte umfassendes Brand Game über Wochen oder Monate hinweg auf seinem Smartphone oder Tablet installiert zu lassen, dann ist dies ein großer Liebesbeweis an die App und die dahinterstehende Marke.

> Brand Games vollbringen das seltene Kunststück, eine Marke spielerisch zu bewerben, ohne dabei lästig und aufdringlich zu sein.

Der nachfolgende Beitrag befasst sich mit dem großen Potenzial von Brand Games für die Marketing-Kommunikation sowie deren Erfolgsfaktoren und zeigt, was Marken bei der Game-Entwicklung von Anfang an berücksichtigen sollten.

Werbung kann auch Spaß machen – Über das Potenzial von Brand Games für Marken

Da die Auseinandersetzung mit einem Brand Game auf unterhaltsame, spielerische Art und Weise erfolgt, werden Brand Games vom User wiederholt gespielt. Dies setzt natürlich voraus, dass das Brand Game dem User gefällt. Der User verbringt so regelmäßig Zeit mit der Marke und wird zu einem eifrigen und überzeugten Botschafter für die Marke. Dies geschieht durch das Schreiben von positiven Reviews, das Vergeben von vier oder fünf Sternen im App Store oder durch das Empfehlen der App im Freundeskreis oder via Social Media. Es gibt kein anderes Werbemittel, das den Konsumenten derart stark involviert und aktiviert wie ein Brand Game. Genau darin liegt auch das Erfolgsgeheimnis dieses Mediums: Der Spaß am Spiel, den User haben, und das dadurch erzielte Engagement, bindet Konsumenten länger und stärker an eine Marke als ein Werbeclip oder eine Zeitungsanzeige, die für gewöhnlich nur flüchtig wahrgenommen werden. Brand Games wirken somit sehr viel nachhaltiger als klassische Werbemittel. Sie sind weit mehr als ein Marketing-Gimmick und bilden für immer mehr Marken eine tragende Säule der Kommunikation.

Das zeigt das Beispiel *Volkswagen Real Racing GTI*. Das Spiel wurde 2010 von der Berliner Agentur *AKQA* für den Wolfsburger Automobilkonzern *Volkswagen* zur Markteinführung des Golf GTI Mark VI in den USA umgesetzt. Volkswagen verzichtete bei der Markteinführung vollständig auf klassische Werbemittel und veröffentlichte stattdessen eine lizensierte und gebrandete Version des Rennspiel-Bestsellers *Real Racing* kostenlos im App Store. Zum damaligen Zeitpunkt befanden sich laut *Apple* weltweit etwa 50 Millionen iPhones und iPod touches in Benutzung, von denen viele User als GTI-Käufer in Frage kamen. Für Volkswagen war *Real Racing GTI* absolutes Marketing-Neuland. Nie zuvor hatte sich eine global agierende Marke für den Launch eines Produktes einzig und allein auf ein Werbespiel verlassen. Allein diese Tatsache bewirkte eine hohe Resonanz in der Presse und verschaffte Volkswagen eine bemerkenswerte Social-Media-Präsenz. *Volkswagen*

VW – Real Racing GTI

Real Racing GTI hat bis zum heutigen Zeitpunkt über 6 Millionen Downloads generieren und in 36 Ländern die Top-Position in der »Kostenlos«-Kategorie der App-Store-Charts erobern können. Darüber hinaus sind die Anfragen für Testfahrten und Preisanfragen über die App an die Händler nach dem Launch des Brand Games um 80 Prozent gestiegen. Letztlich konnten stolze 200 Käufe des neuen GTIs direkt auf registrierte Spieler zurückgeführt werden (vgl. AKQA, o.J.)

> Der Spaß am Spiel und das dadurch erreichte User-Engagement bindet Konsumenten länger und stärker an eine Marke als jedes andere Werbemittel.

Eine enge und anhaltende Kundenbindung ist nicht der einzige Vorteil, den ein Brand Game für eine Marke besitzt. Brand Games haben zudem den Vorteil, dass ihr Wirkungserfolg eindeutig messbar ist. Sie bieten völlig neue Möglichkeiten der Messung, die weit über das hinausgehen, was klassische Werbemittel zu leisten imstande sind. Wer beispielsweise eine Zeitungsanzeige oder einen TV-Spot schaltet, weiß zwar um deren Reichweite und Durchschnittskontakte, nicht jedoch wie viele Leser und Zuschauer diese tatsächlich zu Gesicht bekommen haben. Auch fehlt es an genauen Informationen zu den tatsächlich erreichten Personen. Bei einem Brand Game hingegen sind die Ergebnisse transparent bis ins kleinste Detail. Ein Spiel, wie die im App Store und auf Google Play veröffentlichte Racing-Simulation *Sports Car Challenge*, erlaubt es der dahinterstehenden Volkswagen Group China nicht nur nachzuverfolgen, wie oft der Titel heruntergeladen wird und in welchen Ländern dieser besonders erfolgreich ist. *Volkswagen* kann zudem einsehen, wie lange sich die Spieler mit dem Game beschäftigen, welche im Spiel verfügbaren Fahrzeuge besonders beliebt sind und wie viele Händlerniederlassungen direkt aus der App heraus per Telefon oder E-Mail kontaktiert werden.

VW – Sports Car Challenge

Selbst die von den Spielern am häufigsten gewählten Lackierungen und Fahrzeugfarben werden gespeichert und von der *Volkswagen Group China* ausgewertet. Auf Grundlage dieser Werte ist es dem Unternehmen möglich, genaue Rückschlüsse auf den Erfolg der Kampagne zu ziehen, beispielsweise ob die anvisierte Zielgruppe auch wirklich erreicht und die App im erhofften Umfang genutzt wurde. Natürlich können anhand der gewonnen Erkenntnisse auch verhältnismäßig kurzfristige Kurskorrekturen vorgenommen und Anpassungen an der App durchgeführt werden. Wenn sich zum Beispiel zeigt, dass eine Rennstrecke vom Großteil der Spieler überhaupt nicht gefahren wird oder die Spieler das Spiel alle ungefähr an der gleichen Stelle abbrechen, ist es leicht möglich, den entsprechenden Parcours durch ein Update anzugleichen und die scharfe Haarnadelkurve ein wenig einfacher passierbar zu machen. Während *Sports Car Challenge* zum Zeitpunkt seiner Erstveröffentlichung im November 2011 sechs verschiedene Sportwagen und eine Rennstrecke umfasste, ist das Repertoire im Zuge diverser kostenloser Content-Updates in der Zwischenzeit auf 13 Sportwagen und fünf Rennstrecken angewachsen. Ein Aufwand, der sich gelohnt hat: Bis heute hat *Sports Car Challenge* über 11 Millionen Downloads und mehr als 630 Millionen Minuten freiwilliges Brand-Engagement erzeugt. Allein in China wurden über 8,4 Millionen Screenshots auf den Pinnwänden der beliebtesten Social Networks veröffentlicht und mehr als 2,5 Millionen Website-Besuche und 56.000 Dealer-Calls direkt aus der App heraus generiert. Darüber hinaus hat *Sports Car Challenge* im Laufe des Jahres 2012 nicht weniger als vier angesehene Marketing-Awards auf drei unterschiedlichen Kontinenten gewonnen, darunter den Digital Communication Award in Deutschland, den Mobile Excellence Award in den USA und den Global Innovation Award in China.

Ausschlaggebend für diese Erfolge ist sicherlich die Tatsache, dass *Sports Car Challenge* von Anfang an als ein Titel konzipiert wurde, der bei Production Value und Spielspaß mit den besten kommerziellen Vertretern des Racing-Genres Schritt halten kann. Dank erstklassiger 3D-Grafik, realistischer Fahrphysik, fesselndem Gameplay sowie einem Fuhrpark bestehend aus 13 (teils exklusiven) Sportwagen von prestigeträchtigen Marken wie *Bentley*, *Bugatti* oder *Porsche* stellt *Sports Car Challenge* ein Werbespiel dar, dem man auf den ersten Blick gar nicht ansieht, dass es ein Werbespiel ist. Als Key-Learning ergibt sich somit, dass ein erfolgreiches Brand Game besser kein Schnellschuss sein sollte. Denn nur wer viel Liebe zum Detail an den Tag legt, den nötigen Aufwand nicht scheut und eine entsprechende Expertise in den Entwicklungsprozess mit einfließen lässt, wird sich gegen die starke Konkurrenz im App Store und auf Google Play durchsetzen können.

Gameplay ist die beste Werbung – Was muss eine Marke bei der Entwicklung eines Brand Games beachten?

Die Veröffentlichung eines erfolgreichen Brand Games ist kein Selbstläufer. Es gibt eine Vielzahl von Dingen, die sowohl von dem ausführenden Entwicklerstudio als auch von der beauftragenden Marke beachtet werden müssen. Zu allererst gilt: Nur wer Qualität liefert und seinen Fans ein spannendes Spielerlebnis bietet, wird sich auf dem hart umkämpften und enorm schnelllebigen Gaming-Markt durchsetzen können. Denn man darf nicht vergessen, dass durch den fortschreitenden Free-2-Play-Trend im Browser-Bereich oder auf mobilen Plattformen immer mehr Titel veröffentlicht werden, die den Spielern eine fantastische Grafik, fesselndes Gameplay und einen erstklassigen Production Value bieten, ohne dass sie dafür auch nur einen Euro bezahlen müssten. Denn der Zugang zu diesen Spielen ist erst einmal kostenlos. Mögliche Kosten entstehen dem User erst dann, wenn dieser mit fortlaufender Spielzeit durch so genannte In-Game-Käufe zusätzliche Spielvorteile gegen Echtgeld erwirbt. Viele Free-2-Play-Spiele sind inzwischen qualitativ auf einer Augenhöhe mit erfolgreichen Vollpreis-Titeln. Auch Brand Games, die im Normalfall ebenfalls kostenlos angeboten werden, müssen dieses Qualitätsniveau erreichen, um im Gaming-Wettbewerb zu bestehen. Ihr Vorteil: Häufig sind diese mit einem sechs- oder siebenstelligen Projektbudget ausgestattet, das kleine bis mittelgroße Studios nur schwerlich aufbringen können. Hinzu kommt, dass eine bekannte Marke über eine hohe Anzahl an Verwendern, Fans und User-Kontakten verfügt, die ein Entwicklerstudio, das sich erst noch einen Namen machen muss, nicht hat. Auch haben international agierende Marken den Vorteil, dass sie über die notwendige Marketing- und PR-Maschinerie verfügen. Über bestehende Social-Media-Kanäle und Newsletter können sie binnen von Minuten hunderttausende oder sogar Millionen von potenziellen Spielern über das neue Brand Game informieren. Die Marke kann somit dem Spiel einen entscheidenden Push verschaffen, der gerade zu Beginn der Kampagne wahre Wunder bewirkt und den Titel in den nationalen wie internationalen Charts und Bestenlisten weit nach oben katapultiert.

> Nur wer Qualität liefert und seinen Fans ein spannendes Spielerlebnis bietet, wird sich auf dem hart umkämpften und enorm schnelllebigen Gaming-Markt durchsetzen können.

Damit dies geschehen kann, muss zuallererst die Qualität stimmen. Gerade auf dem mobilen Markt sind die User in ihrem Urteil ebenso rigoros wie gnadenlos. Selbst ein anspruchsvolles 3D-Spiel kann binnen weniger Minuten auf ein Smartphone oder Tablet geladen werden. Zudem kommen jeden Tag dutzende neue Titel zum Download auf den Markt. Unter diesen Bedingungen muss der Spieler in den ersten 30 Sekunden nach dem Start der App von ihrer Qualität überzeugt sein. Gibt es in dieser kurzen Zeitspanne bereits ein erstes Hindernis, wie eine unattraktive Grafik, ein unübersichtliches User-Interface oder eine zu lange Ladezeit, wird der User dem Spiel keine zweite Chance mehr geben und es prompt wieder von seinem Device löschen. Für jedes Spiel gilt, egal ob es Geld kostet oder nicht: Es muss von Anfang an halten, was es verspricht, um sich am Markt nachhaltig durchsetzen zu können.

Weiterhin entscheidend für ein Brand Game ist, dass nicht die Marke an erster Stelle steht, sondern der Spielspaß. So wichtig die Markenbotschaft ist, die durch das Brand Game kommuniziert werden soll, sie darf niemals im Mittelpunkt der Überlegungen stehen und das Gameplay verwässern oder überschatten. Was zählt, ist ein gutes und fesselndes Spielerlebnis. Das oberste Gebot, das für eine Marke auf dem Spiele-Sektor gilt, ist somit Zurückhaltung. Hat der Spieler das Gefühl, dass er in einem interaktiven Werbeclip gelandet ist und während des Spielens im Minutentakt mit lästigen Werbebannern konfrontiert oder zum Kaufen von Produkten aufgefordert wird, macht sich Frustration breit. Die Marketing-Botschaft sollte also im Zweifelsfall etwas stärker in den Hintergrund rücken, um das Spielerlebnis und damit die Nutzungsintensität und Werbewirkung eines Brand Games zu erhöhen. Wenn die Auseinandersetzung mit dem Brand Game bei den Spielern positive Emotionen hervorruft, dann werden diese früher oder später ganz von alleine erfahren wollen, welche Marke dahinter steht. Dementsprechend ist es nicht einmal zwingend notwendig, dass das Markenlogo in der Spielwelt prominent platziert und jederzeit sichtbar ist. Im Zweifelsfall reicht bereits eine subtile Nennung des Markennamens in den Credits oder im Ladebildschirm zwischen den Levels aus, um den Spielern auf nachhaltige und angenehme Weise zu vermitteln, wem sie den Spielspaß verdanken.

> Das oberste Gebot, das für eine Marke im Spiele-Sektor gilt, heißt Zurückhaltung. Nicht die Marke steht an erster Stelle, sondern der Spielspaß.

Dennoch gibt es auch Beispiele für Brand Games, in denen Marke und Produkt im Zentrum der Interaktion stehen. Ein sehr erfolgreiches Beispiel hierfür ist das kurzweilige Arcade-Spiel *Oreo: Twist, Lick, Dunk* das von dem neuseeländischen Mobile-Games-Studio *PikPok* in Zusammenarbeit mit der Mobile-Agentur *Carnival Labs* für *Mondelez International* entwickelt wurde. In dem Spiel geht es um 25 verschiedene Kekssorten der beliebten *Oreo*-Marke, die von den Spielern durch das sogenannte »Twist, Lick and Dunk«-Ritual zweigeteilt, abgeleckt und in ein Milchglas getunkt werden müssen – eine Prozedur, für die Schnelligkeit, Timing und Geschick unabdinglich sind. Das Spiel ist im November 2012 im App Store und auf Google Play erschienen und hat bisher über 10.000 positive Kundenbewertungen mit durchschnittlich 4,5 Sternen sowie zahlreiche Features auf führenden Gaming-Websites wie Gamasutra.com oder Modojo.com erhalten. Eine Marke kann immer dann im Zentrum des Gameplay stehen, wenn sich diese durch eine besonders große und involvierte Fangemeinschaft auszeichnet oder deren Produktverwendung – wie im Fall von *Oreo* – besondere Rituale umfasst, die der Konsument liebt. Beispiele hierfür sind das Anstechen der goldenen Schutzfolie eines *Nutella*-Glases oder das Öffnen des Bügelverschlusses von *Flensburger Pils*. Derartige Rituale bieten vielfältige Ansatzpunkte für eine spielerische Auseinandersetzung mit der Marke.

Ein Brand Game ist das Ergebnis einer minutiösen Strategie und einer klaren Zielformulierung. Mögliche Ziele sind das Bewerben eines neuen Produktes, die Steigerung von Markenbekanntheit und -wissen, das Erhöhen der Markensichtbarkeit auf einer bestimmten Plattform (zum Beispiel *Mobile*, *Facebook*) oder die Positionierung einer Marke, beispielsweise durch das Veröffentlichen einer innovativen App. Auch können Brand Games detailliertes Produktwissen oder einen spezifischen USP vermitteln: Das 3D-Rennspiel *BMW xDrive Challenge 2012* des Münchener Start-Ups *game.punks* ist hierfür ein Beispiel und unterstreicht einmal mehr BMWs Position als besonders innovatives Unternehmen auf dem Brand-Game-Markt.

Auf Facebook und auf dem iPad können Rennsport-Fans mithilfe der App das Allrad-System *xDrive* des Münchener Automobilkonzerns spielerisch kennenlernen und dabei sowohl gegen ihre Freunde als auch gegen die Uhr fahren. Besonders der Cross-Plattform Multiplayer-Modus, der es den Spielern erlaubt, sowohl auf dem PC als auch auf dem iPad zusammen auf die Jagd nach Bestzeiten zu gehen, gilt als eines der zentralen Herausstellungsmerkmale dieses Titels, der speziell für den osteuropäischen Markt entwickelt worden ist und direkt über BMWs Facebook-Fanseiten in Bulgarien, Polen, Rumänien, Slowenien, Tschechien, Ungarn und der Slowakei gespielt werden kann. Je nachdem, welches Ziel ein Unternehmen mit einem Brand Game verfolgt, ändert sich die Rolle der Marke und ihre Einbindung in das Gameplay. Während es für einen Automobilhersteller in den meisten Fällen ausreicht, die eigenen Modelle im Fuhrpark einer Rennsport-Simulation unterzubringen, muss sich ein Nahrungsmittelhersteller oder Elektronikkonzern schon mehr Gedanken machen, in welchen spielerischen Kontext sich seine Markenbotschaft gewinnbringend und nachhaltig platzieren lässt. Natürlich ist es hierbei besonders ratsam, bereits in der Planungsphase eng mit dem Studio zusammen-

BMW – xDrive Challenge 2012

zuarbeiten, das den Titel später umsetzen soll. Denn so lässt sich bereits frühzeitig feststellen, ob die eigenen Wünsche auch in der Praxis umsetzbar sind und welche etwaigen Hürden es dabei zu nehmen gilt.

Wichtig ist zudem, dass das Entwicklerstudio zusammen mit der Marke im Vorfeld der Produktion genau plant, wie das fertige Spiel aussehen soll und über welche Spielmechanismen die Markenbotschaft im Spiel erlebbar ist. Besondere Bedeutung hat dabei das Genre. Dieses sollte frühzeitig im Prozess und passend zu Marke und Markt festgelegt werden. Beispielsweise eignen sich für einen Automobilhersteller Rennspiele, wohingegen für eine Menschenrechtsorganisation ein Ego-Shooter nicht unbedingt die beste Wahl wäre. Das Genre ist vor allem deshalb so wichtig, da es – im Zusammenspiel mit dem Art-Design und dem Game-Design – maßgeblichen Einfluss darauf hat, welche Zielgruppe angesprochen wird und in was für einem Umfeld sich die Marke präsentiert. Eine komplexe Wirtschaftssimulation wie der *BVB Fantasy Manager 2013*, die sowohl auf Facebook als auch auf iOS- und Android-Endgeräten verfügbar ist, dürfte beispielsweise in erster Linie für männliche Spieler jungen bis mittleren Alters von Interesse sein. Und ebendiese Zielgruppe ist es auch, die der *Ballspielverein Borussia 09 Dortmund e.V.* mit seinem Werbespiel abholen möchte. Neben den bereits genannten Rennspielen, Ego-Shootern und Wirtschaftssimulationen gibt es weitere wichtige Spielegenres: Jump'n'Run (*Rayman Origins*), Puzzlespiele (*Tetris*), Rollenspiele (*Skyrim*), Strategiespiele (*Civilization V*) und das Sportspiel (*FIFA 13*).

Weiterhin sind neben einer guten Planung eine hochwertige Umsetzung und fundierte Kenntnisse des Gaming-Marktes erforderlich. Denn nur wer das Terrain, auf dem er sich bewegt, bis ins kleinste Detail kennt und versteht, kann auch sichergehen, dass er dort zu jeder Zeit die richtige Entscheidung trifft und auf alle Eventualitäten vorbereitet ist. Zudem sollte ein Brand Game mit den anderen Kommunikations- und Marketinginstrumenten einer Marke verzahnt sein. Eingebunden in eine ganzheitliche Kampagne sind Brand Games besonders wirkungsvoll. Denn einzig und allein die Veröffentlichung eines erstklassigen Spiels ist noch kein Garant für den Erfolg. Vielmehr müssen sowohl die Marke als auch das Studio ihr Möglichstes tun, um dem Brand Game zusätzliche Sichtbarkeit und Attraktivität zu verleihen. Die Einbindung in eine globale Kampagne, wie es zum Beispiel bei *Barclaycards* Arcade-Racer *Rollercoaster Extreme* der Fall war, kann hier wahre Wunder bewirken. Zeitgleich mit dem Launch des iOS-Games hat *Barclaycard* anno 2010 auch einen erfolgreichen TV-Clip veröffentlicht und eine globale *Facebook*-Seite ins Leben gerufen, auf der die aktuellen Highscores des iOS-Spiels aufgelistet waren. Natürlich hat dies den Ehrgeiz der Fans geweckt, ebenfalls auf Rekordjagd zu gehen. Insgesamt sind auf diese Weise eindrucksvolle 17 Millionen Downloads generiert worden. *Rollercoaster Extreme* gilt als das zweiterfolgreichste Werbespiel in der Geschichte des App Stores – getoppt lediglich von dem ebenfalls von *Barclaycard* in Auftrag gegebenen *Waterslide Extreme* mit 28 Millionen Downloads.

Auch das Entwickler-Studio kann durch das Einbeziehen seiner Kontakte stärkere Sichtbarkeit schaffen und zusätzliche Downloads generieren. Viele Videospiele-Hersteller sind für gewöhnlich sehr gut mit den einschlägigen Journalisten und Bloggern vernetzt. Und diese wiederum sind es, die den Endkunden – also den Spieler – über das Brand Game informieren. Weniger aussichtsreich ist es, wenn dieser Kontakt zur Presse durch die Marke selbst erfolgt. Denn ein werbetreibendes Unternehmen kann für gewöhnlich nicht auf eine jahrelange Zusammenarbeit und Partnerschaft mit der Gaming-Fachwelt zurückgreifen.

30 Jahre Brand Games – Die wichtigsten Stationen und Entwicklungen im Überblick

Brand Games gibt es fast schon so lange wie Videospiele. Die ersten in Masse gefertigten Personal Computer und Konsolen eroberten Ende der 1970er-Jahre die Haushalte. Videospiele waren damit schlagartig kein Phänomen von Spielhallen und Arcade-Joints mehr. Einige Marken haben diese Entwicklung früh erkannt – zunächst mit mehr oder minder geschickten Placements. Mit *Pepsi Invaders* erschien 1983 das erste Brand Game. Dieses stammte nicht etwa von *Pepsi*, sondern vom Wettbewerber *Coca-Cola*. Auf Basis des Spielhallen-Hits *Space Invaders* hatte der Softdrink-Hersteller ein kurzweiliges Action-Game für die Atari 2600-Spielkonsole entwickelt. Die Challenge: Anstelle von herannahenden Aliens mussten User die Buchstaben »P«, »E«, »P«, »S« und »I« mit Dauerfeuer vom Himmel holen. Gelingt dies innerhalb von drei Minuten, wird der Slogan »Coke wins!« auf dem Bildschirm eingeblendet. Mit einer Stückzahl von gerade einmal 125 Kopien war das Spiel für *Coca-Cola* vergleichsweise unbedeutend – nicht jedoch für die Kommerzialisierung des Gaming-Marktes, die mit jeder technischen Entwicklung weiter voranschritt (vgl. Abb. 1): Mit dem Siegeszug des Internets Mitte der 1990er-Jahre haben Download-, Browser- oder Flash Games unzählige Spieler in ihren Bann gezogen, wie die in Deutschland enorm erfolgreiche *Moorhuhnjagd* der Whisky-Marke *Johnnie Walker*. Mit wenigen Klicks konnten die User direkt ins

Spielgeschehen einsteigen, ohne langwierige Software-Installation. Ein weiterer Meilenstein waren Konsolenspiele: 2006 ließ die Fast Food-Kette *Burger King* drei Actionspiele für die Xbox- und Xbox 360 entwickeln. Für einen Aufpreis von gerade einmal 3,99 US-$ konnten *Burger King*-Kunden in den Filialen das Action-Adventure *Sneak King*, das Rennspiel *PocketBike Racer* und das Arcade-Game *Big Bumpin'* zusätzlich zu ihrem Menü ordern. Mit überwältigendem Erfolg: Die sogenannten *King Games* haben nicht nur Doppel-Platin erzielt, sondern *Burger King* einen zusätzlichen Quartalsgewinn von 38 Millionen US-$ beschert. Heute sind es vor allem Smartphones und Tablets, die es aus Sicht der Gaming-Industrie zu erobern gilt. Mit einer weltweiten Install Base von weit mehr als einer Milliarde Devices bietet sich Entwicklern und Marketern ein gigantischer Markt. Dies gilt umso mehr, wenn man bedenkt, dass Games die mit Abstand beliebteste Kategorie im App Store darstellen. Beinahe die Hälfte aller Mobile-User nutzt ihr Smartphone oder Tablet als Gaming-Device. *Temple Run 2* wurde binnen weniger Wochen über 50 Millionen Mal heruntergeladen und Clash of Clans beschert seinen Entwicklern Supercell jeden Monat einen achtstelligen Gewinn. Dass dieser Markt auch für Brand Games immenses Potenzial besitzt, zeigen die von *Barclaycard* in Auftrag gegebenen Arcade-Titel *Waterslide Extreme* und *Rollercoaster Extreme*, die zusammen mehr als 45 Millionen Downloads generierten und damit zu einem zentralen Bestandteil von *Barclaycards* globaler Marketing-Kampagne wurden.

1980	1990	2000	2010
Pepsi Invaders (1983) by The Coca-Cola Company	**Yo! Noid** (1990) by Domino's Pizza	**The Original Moorhuhn** (2000) by Johnny Walker	**Real Racing GTI** (2010) by Volkswagen
The Ford Simulator (1987) by Ford Motor Company	**Coca-Cola Kid** (1994) by The Coca-Cola Company	**Sneak King/ Big Bumpin'/ PocketBike Racer** (2006) by Burger King	**BMW xDrive Challenge** (2011) by BMW
Teenage Mutant Ninja Turtles 2 (1989) by Pizza Hut	**Chex Quest** (1996) by Ralston Purina	**Waterslide Extreme** (2009) by Barclaycard	**Sports Car Challenge** (2011) by Volkswagen
			Oreo: Twist, Lick, Dunk (2012) by Oreo

Abb. 1: 30 Jahre Brand Games (Quelle: eigene Abbildung)

Es muss nicht gleich ein ganzes Spiel sein – In-Game-Ads als »Light«-Variante der Brand Games

Verfügt eine Marke nicht über das nötige Budget, um einen eigenen Titel zu entwickeln, bieten sich alternativ sogenannte In-Game-Ads an. Gegen eine entsprechende Gebühr kann eine Marke in einem bereits bestehenden Titel digitale Werbeflächen buchen und dort zum Beispiel das eigene Logo prominent platzieren. Weiterhin bieten viele Spiele die Möglichkeit, eine Marke noch direkter in das Spiel zu integrieren – beispielsweise als Ware, die User im Spiel erstehen können. Ein Beispiel hierfür sind Fußbälle und Sportschuhe von *Nike*, die in *FIFA 13* von den Spielern im Tausch gegen zuvor erspielte In-Game-Währung erworben werden können. Und auch die beliebte Computerspielreihe *The Sims* bietet derartige Placements. Im Jahr 2008 konnten Spieler ihre Spielfiguren mit Klamotten der aktuellen *H&M*-Kollektion einkleiden. Für eine Marke hat dies den Vorteil, dass sie in ein bereits etabliertes Game einsteigen kann. Somit vermindert sich ihr Risiko, da bereits im Vorfeld ersichtlich ist, welche Reichweite der Titel erzielt. Auf der Basis vielfältiger Media- und Planungsdaten kann eine Marke genau bestimmen, welches der zur Auswahl stehenden Spiele am besten geeignet ist, um die Zielgruppe zu erreichen und das eigene Unternehmen oder die eigenen Produkte thematisch passend und effektiv in Szene zu setzen.

Je nach Zielsetzung bieten sich einer Marke unterschiedliche Möglichkeiten. So können nicht nur Dauer und Frequenz der In-Game-Werbung vorher bestimmt, sondern in Rücksprache mit dem Studio auch genau festgelegt werden, wie die werbliche Botschaft dem Spieler präsentiert und in die Spielmechanik eingebunden wird. Eines der ersten Beispiele für eine derartige Einbindung findet sich in dem Rennspiel *Need For Speed: Carbon* von 2006. In diesem wurden Billboards mit SMS-Codes am Streckenrand platziert, mit denen die Spieler Zugang zu besonders attraktiven Angeboten von *T-Mobile* erhalten haben. Eine solche Zusammenarbeit hat nicht nur für Marken, sondern auch für die Entwicklerstudios einen entscheidenden Vorteil. Gerade wenn es sich um eine bekannte und beliebte Marke handelt, ist davon auszugehen, dass das Placement eine Vielzahl an zusätzlichen Downloads bewirkt. Dies hängt vor allem damit zusammen, dass viele Marken ihre Fans und Kunden durch Pressemeldungen, Newsletter oder Social-Media-Postings auf das Spiel aufmerksam machen und damit die Bekanntheit des Spiels erhöhen. Diese Synergieeffekte sind für beide Seiten von Vorteil.

Eine weit weniger elegante Variante von In-Game-Ads sind Pop-Up-Banner oder Video-Interstitials, für deren Anklicken oder Ansehen die Spieler mit Spielvorteilen wie In-Game-Credits belohnt werden. Natürlich schafft auch eine solche Platzierung zusätzliche Sichtbarkeit für eine Marke und ihre Produkte, jedoch ist die Wirkung nicht vergleichbar mit einem Brand Game oder einer organischen Integration ins Spielgeschehen. Die Auseinandersetzung mit der Marke ist in diesem Fall für den Spieler nur Mittel zum Zweck. Banner und Interstitial werden nicht aus Neugier oder Interesse angeklickt, sondern weil sich der User eine Belohnung erhofft, die ihn im Spiel voranbringen wird. Diese Art des Werbens ist eher mit traditionellen Werbeformen vergleichbar. Anders als bei einer Print-Anzeige oder einem TV-Spot haben Banner und Interstitials jedoch den Vorteil, dass deren Wirkung ebenso genau getrackt und vollständig ausgewertet werden kann wie bei einem Brand Game.

Let's Get It Done – Ein kurzer Leitfaden für die Entwicklung erfolgreicher Brand Games

Um ein erfolgreiches Brand Game auf den Markt zu bringen, müssen zahlreiche Faktoren im Entscheidungsprozess berücksichtigt werden:

1. *Zeitplan:* Für die Entwicklung eines Brand Games muss ein Entwicklungsprozess von vier bis zwölf Monaten eingeplant werden. Beginnen Sie mit der Planung Ihres Brand Games also in einer frühen Planungsphase Ihrer Kampagne und nicht erst am Ende.
2. *Einbindung eines Spezialisten:* Es ist ratsam, einen professionellen Spiele-Entwickler mit der Konzeption und der Erstellung des Brand Games zu betrauen. Da es keine Rankings gibt, die etwas über die Erfolgsgeschichte der Studios auf dem Brand-Games-Markt verraten, ist eigene Recherche unabdinglich. Nur so lässt sich ein Studio finden, das den notwendigen Track-Record und die Reputation besitzt, um ein Projekt erfolgreich durchzuführen.
3. *Zielgruppe:* Prüfen Sie, inwieweit Ihre Zielgruppe über Games zu erreichen ist, welche technischen Plattformen (App, Konsole, Browser) für die Ansprache und Interaktion geeignet sind und wählen Sie ein passendes Genre, das zu Marke, Markt und Verwender passt.
4. *Ziele:* Was soll durch das Spiel für eine Marke erreicht und inhaltlich vermittelt werden? Soll beispielsweise eine neue Zielgruppe durch das Game gewonnen, bestehende Kunden stärker an die Marke gebunden oder einfach nur die Sichtbarkeit der Marke erhöht werden?

5. *KPIs:* An welchen Kennzahlen messen Sie den Erfolg Ihres Brand Games? Mögliche KPIs sind die Anzahl der Downloads, Spielzeit, Awards oder Innovation (zum Beispiel durch das Einbeziehen neuer Technologien wie Touchpads, GPS oder Accelerometer).
6. *Plattform:* Welches ist die richtige technische Plattform, um die Zielgruppe zu erreichen? Web, iOS, Android, Facebook oder vielleicht doch Cross-Plattform? Diese Entscheidung muss von Fall zu Fall aufs Neue getroffen werden, es gibt hier keine pauschale »Richtig oder Falsch«-Antwort. Seitdem die Leistungsfähigkeit mobiler Endgeräte rapide zugenommen hat, gibt es keine technischen Limitationen mehr, aufgrund derer eine bestimmte Plattform für den Launch eines anspruchsvollen 3D-Spiels nicht in Frage kommt. Somit sind hier inzwischen andere Fragen entscheidend, zum Beispiel: Welche Endgeräte nutzt meine Zielgruppe? Welches Betriebssystem ist in meinem Zielmarkt besonders verbreitet?
7. *Ermittlung von Kundendaten:* Ein gut gemachtes Brand Game kann Ihnen sehr valide Kundendaten liefern. Daher sollten Sie frühzeitig festlegen, was Sie nach dem Launch über Ihre Spieler erfahren wollen.
8. *Reporting:* Lassen Sie sich stets von Ihrem Entwicklerstudio über die Performance Ihres Titels auf dem Laufenden halten.
9. *Entwicklungs-Budget:* Ein Flash-Game (Web und Facebook) lässt sich ab 50.000 Euro umsetzen. Für die Entwicklung eines Mobile-Games muss ein Budget ab 150.000 Euro eingeplant werden.
10. *Marketing/PR:* Selbst das beste Spiel wird nicht von alleine zum Erfolg. Daher sollten Sie ein entsprechendes Marketing-Budget einplanen und das gesamte Marketinginstrumentarium nutzen (Presseverteiler, Social-Media-Kanäle, Newsletter, Werbung, Sponsoring), um Ihre Fans und Kunden auf das Game aufmerksam zu machen.
11. *Weitreichende Präsenz:* Integrieren Sie das Spiel in alle Kommunikationswege (ATL/BTL).
12. *Zurückhaltung:* Nehmen Sie sich als Marke zurück! Im Vordergrund steht der Spielspaß für den User.

Kapitel 4:
Inhalte & Themen

Wie Live Communication Marken zum Thema macht

Content-Strategien am Beispiel Musik

Herbert Schmitz

> Marken laden zu Britpop im Steinbruch und Hardrock im Szene-Club ein. Denn Musik spricht Zielgruppen emotional an. Herbert Schmitz zeigt, wie Marken mit Live Communication Menschen begeistern und zur »Partyzipation« in den sozialen Medien bewegen. Dabei gilt: Alles was rockt, ist ratsam.

Berlin-Kreuzberg, ein ehemaliger Kornspeicher am Spreeufer. Hunderte drängen sich in der überfüllten Halle: Beautys in Minirock und Highheels, Halb-Prominenz im legeren Sakko, Partyvolk der Clubszene, vereinzelt auch Rockfans. Live-Musik steht auf dem Programm im »spindler & klatt«. Zwischen Liegewiesen und Backstein-Wänden gibt sich die Rockband *Wolfmother* die Ehre, in ihrer Heimat Australien umjubelt, in Europa eher ein Insidertipp. Weit nach Mitternacht kreischen auf der Bühne die Gitarren los, die Menge wogt, der Wodka fließt. Der Initiator des Konzerts ist *Absolut Vodka*, eher bekannt für sein Engagement in Sachen Kunst und Design. Die Spirituosenmarke bewirbt mit *Wolfmother's* Gastspiel die kurz zuvor lancierte Rockedition des Hochprozentigen, eine schwarz ummantelte Flasche in nietenbesetztem Leder.

Ein Paradebeispiel, wie sich Branded Content erzeugen lässt – leider in zweifacher Hinsicht. Zum einen veranschaulicht es den Charme, den Szenarien wie die Rocknacht in Kreuzberg auf Markenverantwortliche unterschiedlicher Branchen ausüben. Zum anderen zeigt sich: Auch Konzepte, die auf den ersten Blick gelungen wirken, gehen ins Leere, wenn sie wesentliche Prämissen außer Acht lassen.

Welchen Stellenwert hat Live Communication in der Beziehung zwischen Marken und Verbrauchern?

Der musikalische Ausschank am Spreeufer fällt unter das, was manche Eventmarketing, andere Erlebniskommunikation nennen. Live Communication trifft es womöglich genauer: »Die persönliche, direkte, interaktive Begegnung und das aktive Erlebnis der Zielgruppe mit einem Unternehmen und seiner Marke«, und zwar »in einem inszenierten und häufig emotional ansprechenden Umfeld«, definieren Kirchgeorg/Springer/Brühe (2009) den Begriff. Intention sei die »Erzeugung einzigartiger und nachhaltiger Erinnerungen« – an die Veranstaltung und gern auch an die Marke, die dahinter steht. Hier offenbart sich der besondere Stellenwert von Musik. Wer Musik hört, genießt zunächst (und bisweilen ausschließlich) die Stimmung, in die sie versetzt. Techno-Beats verbreiten schlicht Ausgelassenheit und gute Laune, genau wie Schlager oder Jazz-Sessions – zumindest unter denen, die das mögen. Selbst melancholische Pop-Balladen lösen seltener Depressionen aus als vielmehr dieses süße Gefühl der Wehmut, in dem sich schwelgen lässt. Kurzum: Musik spricht vorrangig den Bauch an, nicht den Verstand, und das macht sie zum idealen Angelpunkt jener kommunikativen Ansätze, die Marken emotional aufladen und verankern wollen. Die ganze Kraft dieses Vorzugs kommt in der Live Communication zum Tragen. Denn hier verwandelt sich das bloße Hör- in ein Ganzkörper-Erlebnis. Im Idealfall ergötzt sich das Publikum an der On-Stage-Erzeugung der Rhythmen ebenso wie an sich selbst und verbindet den Spaß, den es hat, bewusst oder unterschwellig mit der Marke, die das Ganze ermöglicht.

> Musik spricht vorrangig den Bauch an, nicht den Verstand, und das macht sie zum idealen Angelpunkt jener kommunikativen Ansätze, die Marken emotional aufladen und verankern wollen. Die ganze Kraft dieses Vorzugs kommt in der Live Communication zum Tragen.

Die kommunikativen Dimensionen der Live Communication erschöpfen sich darin freilich nicht. Veranstaltungen liefern Content. Sie sind Gegenstand journalistischer Berichterstattung, in Zeitungen und Zeitschriften, in Radio und TV, natürlich im Netz. Sie geben dem Absender Erwähnenswertes an die Hand, das sich über die unternehmenseigenen Kanäle streuen lässt, ob als Video auf YouTube, als Eintrag auf Facebook oder als Tagebuch im Corporate Blog. Und vor allem: Sie füttern Fans einer Band oder einer Musikrichtung mit Input, der aus purer Lust am

Selbsterlebtem die Runde macht, als Erzählung im Freundeskreis, als MMS via Smartphones, als Post in sozialen Netzwerken. All das lässt sich strategisch unterfüttern.

Vor diesem Hintergrund erscheint *Absolut Vodka's* Abstecher in Rockgefilde als vertane Chance. Der *Wolfmother*-Auftritt im »spindler & klatt« war bereits mit Blick auf die Örtlichkeit kein Glücksgriff: Rüder Gitarrenrock im Stil von Led Zeppelin verträgt sich nicht mit dem gediegenen Ambiente der Club-Society. Und schon gar nicht mit den gestylten Gästen selbst, die das Marketing eingeladen hatte. Im Senioren-Café um die Ecke wäre das Gegeneinander so kontrastreich ausgefallen, dass es schon wieder Laune (und Sinn) gemacht hätte. So aber entstand nur ein Gefühl des Deplatzierten. Publikum und Live-Act fremdelten, der Sound war miserabel, das Branding aufdringlich. Statt der Marke mithilfe der australischen Newcomer einen Einstieg in die Rockgemeinde zu verschaffen, boten die Macher ihrer Stammklientel eine Kuriositätenshow: Entlegenes aus dem Hinterland des Musikgeschmacks, den die Gäste sonst pflegen. *Absolut Vodka* wiederholte das in einer Handvoll Gigs und wandte sich dann anderen Dingen zu.

Wie Marken Musik-Content nutzen

Glaubwürdiges Engagement sieht anders aus. Wollen sich Marken in der Erlebniswelt Musik einen Namen machen, brauchen sie mehr Kondition – mindestens für drei Jahre. Andernfalls entsteht leicht der Eindruck, die Marke sei innerlich unbeteiligt am Geschehen, das sie initiiert: Heute hier, morgen da, Hauptsache, das Logo taucht irgendwo auf. Nachhaltige Unterstützung hingegen weist auf ernsthaftes Interesse hin. Das ist Voraussetzung für gewünschte Effekte. Imagegewinn und die Emotionalisierung der Marke haben 94 Prozent der befragten Sponsoren im Auge, so die Studie »Livemusik Sponsoring 2012«. Dreiviertel geben mittel- und langfristige Absatz- und Umsatzziele an, 56 Prozent kurzfristige sowie die Steigerung des Bekanntheitsgrads (vgl. Abb. 1).

Welche Musik zu einer Marke passt

Die Antwort liegt in der Schnittmenge aus Attributen, für die eine Marke steht, Merkmalen der anvisierten Zielgruppe und dem Genre, in dem sich beides wie-

Ziel	Prozent
Emotionalisierung der Marke	94
Imageziele/Imageverbesserung	94
Absatz- bzw. Umsatzziele (mittel- und langfristig)	75
Absatz- bzw. Umsatzziele (direkt, unmittelbar)	56
Bekanntheitsziele/Steigerung des Bekanntheitsgrades	56
Kontaktpflege zu Gesprächspartnern und potenziellen Partnern/Kunden (B-to-B)	44
Kundenverbindung bei Endverbrauchern (B-to-C)	44
Kontaktpflege bei Meinungsführern, Medienvertretern, etc.	38
Produkt- bzw. Preisinformation	19
Erschließung neuer Geschäftskontakte	13
Mitarbeitermotivation	13

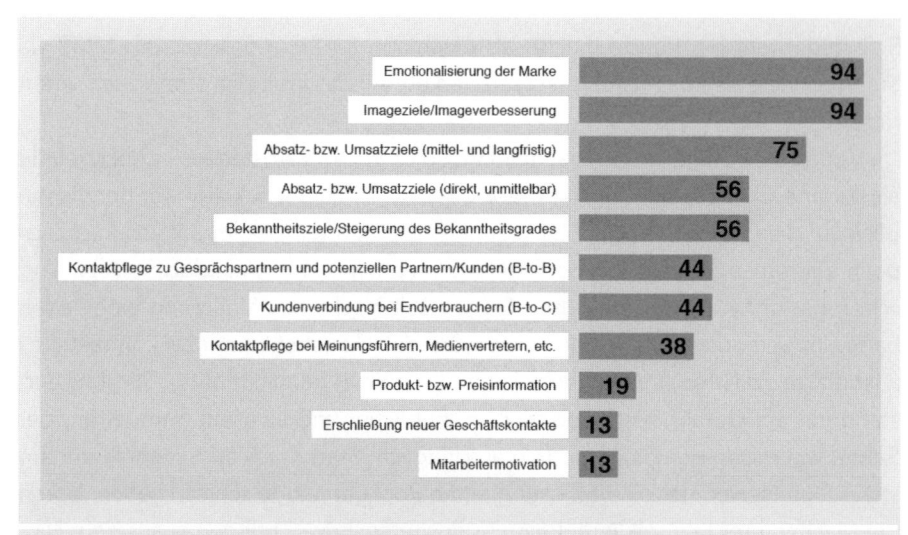

Abb. 1: Ziele eines Engagements im Musiksponsoring (Quelle: SPORT+MARKT AG & The Sponsor People GmbH)

derfindet. Rock, Pop & Co. eignen sich vor allem zur Ansprache jüngerer Zielgruppen. Laut »Livemusik Sponsoring« begeistern sich 92 Prozent der 14- bis 34-Jährigen dafür, mit deutlichem Vorsprung vor Themen wie »Soziales« (78 Prozent), »Sport« (67 Prozent) und »Mode & Lifestyle« (63 Prozent). Doch in ihren Vorlieben unterscheiden sich Teens, Twens und Thirtysomethings. Während unter den 14- bis 19-Jährigen Pop an erster Stelle steht, rangiert ab 20 Rock ganz oben. R&B à la Rihanna, unter Teenagern beliebt, rutscht unter 20- bis 34-Jährigen aus den Top Five; stattdessen gewinnen Musikrichtungen wie Indie, Metal und Punk an Bedeutung. Gut zu wissen, wenn etwa der gemeinsame musikalische Nenner für eine Zielgruppe aus Teens und Twens gesucht ist.

Ein Screening grenzt in Frage kommende Genres und Künstler ein. Schritt um Schritt (siehe Abb. 2) lässt sich so einkreisen, welche Musikrichtungen, welche Sänger oder Bands seelenverwandt mit einer Marke sind. Unnötiger Aufwand? Lieber aufs Bauchgefühl vertrauen? Lieber nicht. Denn Sponsorings, die im Widerspruch zum Markencredo stehen, irritieren bloß oder stranden bestenfalls im Nirgendwo. Im ungünstigsten Fall erscheint die Marke als unwillkommener Eindringling, als Störenfried, und verprellt die Fangemeinde, in der sie sich empfehlen wollte. Screenings helfen, solche Schnitzer zu vermeiden und fördern gelegentlich Unerwartetes zutage. Für das einst britische, heute französische Telekommunikationsunternehmen *Orange* beleuchteten die Marktforscher von

Entertainment Media Research, London, mögliche Kooperationspartner aus der Musikbranche. Ergebnis: Nicht Größen wie Bon Jovi oder David Bowie spiegeln und befördern *Oranges* Markenwerte am besten, sondern seinerzeit aufstrebende Rockformationen wie Snow Patrol und Razorlight, die als Vorgruppen von U2 und Rolling Stones auftreten.

Brand	Band	Content
Welche Haltung nimmt meine Marke in Bezug auf Musik ein?	Star/Mainstream oder unverbrauchter Newcomer/Musikstil (Popularität)?	Relevante Nutzungsrechte klären
Welche Musikrichtung passt zu meiner Marke bzw. Zielgruppe (Hentage, Werte)?	Massen oder Early Adopter (Fans)?	➤ Live-Performance
Passen Brand- und Brand-Character zueinander (Glaubwürdigkeit)?	Bestehen andere Markenbeziehungen?	➤ Bewegtbild
Ownership vs. Sponsoring?	Differenzierungsmerkmal	➤ Fotos
	Produktaffinität	➤ Interviews, Storys
	Ikonisierungspotenzial	➤ Shootings
		➤ Special Events

Abb. 2: Screening-Kriterien Musikengagement (Quelle: Schröder+Schömbs PR)

Starke Marken profitieren eher von Newcomern (und deren unverbrauchter Ausstrahlung), schwächere Marken mehr von etablierten Stars (und deren Glanz). Diese Mechanik verdeutlichen die Rivalen *Pepsi* und *Coke*. *Pepsi*, ewige Nummer Zwei, setzt traditionell auf Testimonials, die das internationale Musikgeschäft dominieren, sei es Michael Jackson, Madonna oder Beyoncé – ein Versuch, Augenhöhe zu demonstrieren mit dem Weltmarktführer. *Coca-Cola* hingegen zieht durchs Land mit Künstlern aus der zweiten Reihe, etwa mit den skandinavischen Gruppen Sunrise Avenue und Mando Diao im Rahmen der »Coke Sound Up«-Konzerte, die in mehreren deutschen Großstädten stattfanden. Die Idee: Teenagern eine Auszeit von Pubertätssorgen zu gönnen, mit Bands, die genauso am Anfang stehen wie das Publikum selbst. Der Ansatz zahlt sich offenbar aus. Als Musiksponsor ist *Coca-Cola* 66 Prozent der jungen Verbraucher geläufig, klar vor Akteuren wie O_2 (51 Prozent), *Jägermeister* und *Telekom* (jeweils 48 Prozent). *Pepsi* findet sich hierzulande nicht in den Top Ten (Sport+Markt & The Sponsor People 2013).

Welche Vorzüge selbstinitiierte Musikveranstaltungen haben

Ob sich Unternehmen für die Unterstützung einer bestehenden Veranstaltung entscheiden oder dafür, eine eigene Eventreihe ins Leben zu rufen, ist eine Frage des Budgets, vor allem aber der Ambitionen. Die Unterstützung bereits anberaumter Tourneen oder populärer Festivals bedeutet erheblich geringeren Steuerungsaufwand. Alles, was an Organisatorischem rund ums Bühnenprogramm zu bedenken ist, übernehmen andere. Doch es bedeutet auch: Die Marke ist nur Mitläufer. Die Möglichkeiten, das Engagement inhaltlich und medial zu verwerten, sind beschränkt und abhängig vom Spielraum, den Vertragsklauseln der Veranstalter lassen. Sponsoring hat eher den Charakter einer Promotionaktion. Anders verhält es sich mit einem Projekt in Eigenregie. Das nämlich produziert Content: Bildergalerien, Interviews mit Interpreten, Backstage-Reportagen – was immer Marketing und PR begehren. Darüber hinaus verknüpft sich in der öffentlichen Wahrnehmung das Musikereignis genuin mit der Marke, die es aus der Taufe hebt. »Sound Up« und *Coke*, »Rock:Liga« und *Jägermeister*, »Street Gigs« und *Telekom*: Das gehört zusammen. Und macht Marken in den Medien zum Thema. Sponsert Marke »Soundso« die Tour des Künstlers »Wer-auch-immer«, ist das vielleicht in Fachblättern der Marketingbranche eine Meldung wert. Steht indes ein »Street Gig« an oder eine »Rock:Liga«-Nacht, beschäftigt das die Musikszene und den Kulturteil von Tageszeitungen, und da wie dort beinhaltet die journalistische Sorgfalt, auch den Veranstalter zu erwähnen. Eine Facette, die nicht zu verachten ist.

Deutsche Telekom – Street Gig

Was Marken treiben, ist Redaktionen der Publikumspresse in der Regel gleichgültig, es sei denn, es ist für die Leser interessant. In Live Communication steckt diese Story, und erzählt wird sie von der Marke. Das schließt nicht aus, dass sie sich im Weitererzählen verändert, dass Journalisten und Blogger andere, eigene Sichtweisen in Umlauf bringen. Aber die Markenführung erschafft die Story erst. Sie hat es in der Hand, Erzähltes um Wendungen und Anekdoten anzureichern, neue Schauplätze, neue Handlungsstränge einzuführen. Und sie hat Gelegenheit, das aus verschiedenen Perspektiven zu schildern – als Schlaglicht aufs Musikgeschehen und Stoff für Band-Portraits, als Erlebnisbericht von Ticket-Gewinnern, News im Veranstaltungskalender und Tagesgespräch in der Region. Und egal aus welcher Perspektive die Geschichte aufgerollt wird: Stets bleibt Platz für die Marke, mal im Nebensatz, mal als Aufmacher.

> Was Marken treiben, ist Redaktionen der Publikumspresse in der Regel gleichgültig, es sei denn, es ist für die Leser interessant.

Das Timing spielt dabei eine entscheidende Rolle. Eine Band, die gerade ihr neues Album veröffentlicht hat und auf Tour geht, ist für Medien wie Fans hochattraktiv – aus medialer Sicht der ideale Zeitpunkt für eine Zusammenarbeit. Ist hingegen ein neues Album nicht in Sicht oder eine Tournee gerade abgeschlossen, pausiert das öffentliche Interesse in der Regel. Eine Marke, die dann mit der Musikgruppe renommieren will, erntet kaum mehr als ein Gähnen.

Die Aufmerksamkeit der Medien (und des Publikums) sichert sich Live Communication am leichtesten, wenn sie ungewöhnliche Wege beschreitet, etwas Eigenständiges, ruhig Eigenwilliges auf die Beine stellt. Beispiel *Telekom*: »Die besten Bands, wo sie keiner erwartet«, heißt die Devise der seit 2007 veranstalteten »Street Gigs«. Unter den »besten Bands« sind nicht die laut Verkaufszahlen oder Musikkritik besten Bands Deutschlands, Europas oder der Welt zu verstehen, sondern Namen wie Billy Talent, Phoenix und Clueso, Gruppen, die zumindest deren treue Anhänger für die besten halten (und manchmal nur sie), und ihre Gigs finden nicht etwa auf der Straße statt – wohl aber abseits üblicher Konzertbühnen: auf einer Autofähre, die über den Bodensee schippert (*Deichkind*), in einem Steinbruch bei Wuppertal (*Razorlight*), im einstigen DDR-Funkhaus in Ost-Berlin (*Fettes Brot*). Allein dieser Kniff erregt schon Aufsehen. Und stellt das »Street Gigs«-Team zugleich vor die Herausforderung, Jahr für Jahr mit frischen Ideen zu verblüffen, will man sein Versprechen immer wieder aufs Neue einlösen.

> Die Aufmerksamkeit der Medien (und des Publikums) sichert sich Live Communication am leichtesten, wenn sie ungewöhnliche Wege beschreitet, etwas Eigenständiges, ruhig Eigenwilliges auf die Beine stellt.

Passt ein Steinbruch zur *Telekom*? Oder eine Bodensee-Fähre? Als Ort für die Bilanzpressekonferenz wohl kaum. Aber als Location für erlebnishungriges Jungvolk: warum nicht. Erst recht, wenn es um eine Verabredung mit Live-Acts geht, die der Zuschauermenge so cool, fett oder porno erscheinen wie der Treffpunkt des Spektakels. Das Arrangement aus Zielgruppe, musikalischem Programm und Örtlichkeit wirkt stimmig (anders als beim Zusammenprall von *Wolfmother* und Clubszene im »spindler & klatt«) und steht im Einklang mit den Markenwerten, die der Bonner Konzern für seine Mobilfunksparte unter jungen Verbrauchern offensichtlich etablieren will: beweglich, für eine Überraschung gut, mit Sinn für das, was Laune macht. T-Mobile als Erlebnis-Buddy.

Wie sich Brands auf Veranstaltungen in Szene setzen, ist beileibe keine Nebensache. Den Verantwortlichen sollte bewusst sein: Das Publikum kommt nicht der Marke wegen, sondern um ein Konzert zu erleben. Verkaufsstände in der Party-Zone oder Marketingansprachen auf der Bühne wecken eher Argwohn als Konsumwünsche, weil sie nahelegen: Das Event ist lediglich Alibi für Kundenfang. Das kann die Stimmung empfindlich drücken. Fühlen sich Gäste getäuscht über Sinn und Zweck der Zusammenkunft, ist der Abend gelaufen. Das heißt nicht, dass Marken unscheinbar aufzutreten haben. Als Sponsor des Geschehens haben sie auch in den Augen des Publikums das gute Recht, sich sichtbar in Stellung zu bringen. Aber eben nicht so vehement, dass sie alles andere an den Rand drängen. Je mehr sich Marken in den Dienst der Sache stellen, je weniger sie sich als Selbstdarsteller aufführen, desto souveräner wirken sie und desto besser sind ihre Aussichten, Pluspunkte zu sammeln. Die Bühne etwa gehört dem Live-Act. Gegen geschickt platzierte Sponsoren-Logos spricht nichts, aber ein Branding-Overkill, der die Musiker zu Statisten degradiert, sorgt lediglich für Verdruss. Nicht nur unter Besuchern, auch unter den Künstlern. Und für lustlose Auftritte gilt: Sie rocken nicht, sie törnen ab.

> Wie sich Brands auf Veranstaltungen in Szene setzen, ist beileibe keine Nebensache.

Das Publikum hin- und mitzureißen, ist Voraussetzung für erfolgreiche Live Communication.

»Hauptsache, es tropft von der Decke!« war die Maxime der »Jägermeister Rock:Liga«, die wir in der Agentur Schröder+Schömbs über Jahre gestalteten. Das Ziel war, kurz und knapp: die Jugendkultur zu flashen. Die »Rock:Liga« (und mit ihr den Kräuterlikör aus Wolfenbüttel) zum Inbegriff zu machen für schweißtreibendes Party-Getümmel, in dem sich Männlein und Weiblein die Seele aus dem Leib tanzen. Und mittendrin die Bands. Keine Barrieren durch weiträumig abgesperrte Bühnenareale, kein Schunkeln auf den Rängen. Statt in Konzerthallen trugen die Gruppen ihre Begegnungen daher an Orten aus, die hautnahe Atmosphäre gewährleisten, ob im »Gruenspan« auf der Hamburger Reeperbahn oder in der Frankfurter »Batschkapp«. Das Prozedere: Drei Bands bestreiten einen Abend, und am Ende entscheidet das Publikum per Applausometer, welche Performance am besten gefiel. Für manchen Fan war der Ablauf durchaus gewöhnungsbedürftig – und für manche angefragte Band sogar inakzeptabel. Die

Gewinner aus bundesweit zwanzig Konzertterminen wetteifern im Finale um die Jägermeisterschaft. Ein Spiel, mehr nicht, ein roter Faden für die einzelnen Veranstaltungen der Event-Reihe. Der Sieger bekommt keinen hochdotierten Plattenvertrag. Die Band darf ihren Namen schlicht auf die »JägerMeisterschale« eingravieren.

Eine dramaturgische Doppelfunktion erfüllt das Applausometer, das den Schallpegel misst. Zum Abschluss des Abends bringt es die Menge über die Jubel-Konkurrenz noch einmal in Wallung und vertieft so das gemeinsame Erlebnis. Darüber hinaus rückt es das spielerische Moment in den Blickpunkt (vgl. Kap. 2, S. 42), das die »Rock:Liga« von Konzertveranstaltungen gängiger Machart abhebt, und erinnert damit ungezwungen an die Marke als Urheberin des Szenarios. Eine Art unterschwelliges Branding gewissermaßen. *Jägermeisters* bewusst zurückgenommener Part vertraut darauf, dass sich gewünschte Sympathie-Effekte von selbst einstellen, wenn Besucher des Events eine gute Zeit haben. Image lässt sich ohnehin nicht proklamieren. Keine Marke ist hip, nur weil sie das von sich sagt; sie hat den Beweis dafür anzutreten. Ihr Image ist das, was Verbraucher dann mit ihr assoziieren, ein Puzzle aus Zuschreibungen, die auf den direkten und mittelbaren Erfahrungen mit der Marke fußen. In der Live Communication lassen sich (jenseits herkömmlicher Absatzwege und Werbekanäle) neue Zusammenhänge herstellen, angelegt in Inszenierungen, deren Tonalität und Appeal aufs angestrebte Markenbild einzahlen. Und »Live« heißt: Es ist lebendig. Es fährt in die Beine und verschlägt einem den Atem, ist aufregend und sexy. Vorausgesetzt, die Verantwortlichen lassen das zu. Das Geschehen vor Ort entwickelt immer auch eine Eigendynamik. Die Gruppe *Deichkind* etwa, Sieger der »Rock:Liga«-Saison 2005/2006, erhielt von *Jägermeister* feierlich eine Gitarren-Sonderanfertigung überreicht, Limited Edition – und zertrümmerte sie kurzerhand auf der Bühne. Unschön aus Sicht des Marketing, das sein Geschenk nicht recht gewürdigt sah. Aber cool aus Sicht der johlenden Fans. Und deshalb durchaus nützlich für den Ruf der Tour in der Rockgemeinde.

> Image lässt sich ohnehin nicht proklamieren. Keine Marke ist hip, nur weil sie das von sich sagt; sie hat den Beweis dafür anzutreten. Ihr Image ist das, was Verbraucher dann mit ihr assoziieren, ein Puzzle aus Zuschreibungen, die auf den direkten und mittelbaren Erfahrungen mit der Marke fußen.

Was Live Communication innerhalb der Content-Strategie leistet

Episoden wie diese sind der Stoff, den weiterträgt, wer dabei war. Ob das Tausende oder nur ein paar Hundert waren, ist zweitrangig. Von Belang ist, dass die Anwesenden (und dazu zählen auch die Bands) über ihre Erlebnisse berichten, dass es regelrecht aus ihnen heraussprudelt, weil sie überzeugt sind: Davon muss der Rest der Welt erfahren. Oder doch wenigstens der Freundes- und Bekanntenkreis. Die Besucher der »Rock:Liga«, mehr als 40.000 auf hundert Konzerten, brachten gefühlt tonnenweise Bewegtbild unter die Leute, kurze Mitschnitte, die sie mit dem Smartphone aufnahmen und ins Internet stellten. Auf *YouTube* finden sich heute noch zahllose Clips, meist verwackelt und unscharf und von grottiger Tonqualität, aber gerade darum entwaffnend authentisch, ehrliches Zeugnis unverstellter Begeisterung. »Scheiß quali...«, kommentiert etwa *YouTube*-Nutzer sinadepp ein Video des »Rock:Liga«-Finales 2006. »Ich stand mitte erste reihe... das hat geROCKt!!!!!!« Nicht zu vergessen die Tweets und Posts der beteiligten Bands: Ihre Wortmeldungen saugt die Fangemeinde oft gierig auf, und wenn die Sängerin oder der Bassist schweißgebadet aus der Garderobe twittert, geht das wie ein Lauffeuer durch die Community.

Die Mundpropaganda via Social Media macht Marken-Veranstaltungen weithin bekannt und, wenn's rund läuft, zum Ereignis, das den Hauch des Legendären atmet.

> Zugute kommt Live Communication, dass der Bedarf an Mitteilenswertem in Zeiten von Facebook, Twitter & Co. steigt. Wer im Social Web unterwegs ist, will kommunizieren. Und braucht dafür Anlässe. Live Communication versorgt ihn damit.

User Generated Content (vgl. Kap. 2, S. 57) ist ein wichtiger, aber nur ein Baustein der kommunikativen Kulisse von Live Communication. Nicht minder bedeutsam ist die Medienarbeit.

> Brand-Events initiieren Berichterstattung – im Vorfeld, währenddessen und danach.

Sie statten Redaktionen und Blogger mit Sujets aus, die unabhängig vom Absender Nachrichtenwert haben, und verlängern den Zeitraum über die reine Ankündigung eines Konzerts hinaus, indem sie unterschiedlichen Empfängern genau die Stories unterbreiten, die dem journalistischen Fokus entsprechen. »Alles was rockt«, lautete die Überschrift einer sechsseitigen Strecke im Männermagazin »Maxim«, die sich der »Rock:Liga«-Band *Bloodlights* widmete. Auf acht Seiten stellte der »Musikexpress« die Gruppe *Shitdisco* vor: »Auf ihrer Tour im Rahmen der *Jägermeister* Rock:Liga haben wir Shitdisco in Erfurt einen Tag lang begleitet.« Nicht zu reden von Artikeln in Szeneblättern wie »U-mag«, »Sleaze«, »Zoo Magazine« und Titeln wie »Musikmarkt« und »Intro«. Alles in allem mehr als 900 Millionen PR-Kontakte.

Abb. 3: Telekom Street Gigs »Die besten Bands, wo sie keiner erwartet!« Medina, Stadtbücherei Münster · Deichkind, Autofähre Bodensee · Linkin Park, Admiralspalast Berlin (Quelle: Deutsche Telekom & Kruger Media)

Das ist der Resonanzboden, auf dem Saat in Owned-Media-Kanälen gedeiht. Unter Telekom-streetgigs.de etwa unterhält die *Telekom* eine Tour-eigene Anlaufstation im Netz. Die Plattform begrüßt Ankömmlinge mit einem Ausblick auf den nächsten Street Gig (»Gewinne jetzt Deine Tickets!«) und rührt schon auf der Startseite die Werbetrommel für Leistungen des Unternehmens: »Flat-Tarif inkl. Music-Flat. 26,95 € mtl.« Details per Klick. Steigen Surfer tiefer ein, finden sie zudem Informationen über die zurückliegenden Gigs vor. Fotogalerien und Clips lassen Vergangenes Revue passieren, ergänzt um das, was Teilnehmer festhielten

(»Eure Fotos«, »Eure Videos«). Verzahnt ist das digitale Zuhause der Veranstaltungsreihe mit einem eigenen Facebook-Auftritt, der die Community auf dem Laufenden hält und anfixt: »So geil war das gestern, Max Herre@Telekom Street Gig.« Ein User bestätigt: »war hammer...« Ein anderer nutzt das als Forum, seinem Ärger übers »Entertain«-Paket der Telekom Luft zu machen: »SAUEREI!!! Kündigung steht!!! mfg.« Kann passieren. Auch die Events selbst rufen gewöhnlich Nörgler auf den Plan. Zu laut, zu leise, zu wild, zu gesittet: Was dem einen gefällt, geht dem anderen gegen den Strich. Das gilt es auszuhalten. Mitunter lassen sich aus schlechtgelaunten Rückmeldungen sehr wohl Anregungen ziehen. Die stetige Überprüfung des Konzepts ist ohnedies fortwährende Aufgabe der Live Communication, nicht zuletzt im Austausch mit Kennern des Musikbusiness. Nur wer offen bleibt für Kritik, wahrt die Chance, Abläufe zu verbessern – und damit die Idee der Veranstaltung voranzubringen.

Abb. 4: Jägermeister Rock:Liga – Live Communication generiert Brand Content (Quelle: Schröder+Schömbs, Jägermeister)

Live Communication in der Musikszene: Welche Expertise sie braucht – und welche Perspektiven sie hat

Marken via Live Communication zum Thema zu machen, ist, wie sich zeigt, keine banale Angelegenheit. Es braucht das Zusammenspiel von Markenführung, Eventmanagement und Unternehmenskommunikation, damit eine Erlebniseinheit entsteht, die den Anliegen des Marketing ebenso Rechnung trägt wie den Erwartungen des Publikums. Wagt sich Live Communication zudem in die Musikszene vor, ist es ratsam, einen »Musical Native« ins Projektteam zu berufen, einen Mitarbeiter, der das Geschehen auf Festivals, in Konzerthallen und Clubs nicht nur vom Hörensagen kennt. Er weiß aus erster Hand zu beurteilen, ob sich Vorstellungen der Entscheider mit den Realitäten vor Ort decken – und ob sie sich überhaupt in Übereinstimmung bringen lassen. Im Umgang mit den Künstlern ist zudem ein Mindestmaß an Einfühlungsvermögen hilfreich. Inhalte und Leistungen einer Zusammenarbeit gehören partnerschaftlich geregelt. Kein Musiker, der auf sich hält, lässt sich Bedingungen diktieren. Und wenn doch, ist er mit hoher Wahrscheinlichkeit die falsche Wahl.

Geht die Content-Strategie auf, entfalten Szenarien wie die hier beschriebenen einige (manchmal sogar gehörige) Wirkkraft. Das gewählte Genre und das Auftreten seiner Protagonisten, der Zuschnitt der Veranstaltung, das Flair des Schauplatzes aktivieren neue oder schärfen vorhandene Imagedimensionen der Marke. Die emotionale Teilhabe des Publikums am Konzertabend strahlt ab auf das Gefühl für die Marke (als Choreografin im Hintergrund) und gibt den Anstoß zu Erlebnisberichten – am Arbeitsplatz, in der Mensa, auf dem Schulhof, vor allem aber in den sozialen Netzwerken. Live Communication lädt ein zur Partyzipation, online wie offline. Und die Einladung erstreckt sich ebenso auf die Medien. Besonders aufgeschlossen: die junge Presse. Stadtmagazine und Titel der Musikszene sehen in Marken nicht allein kommerzielle Erscheinungen; sie verstehen sie vielmehr als integralen Bestandteil der (Jugend-) Kultur. Das ebnet den Weg zu Kooperationen (und über die Kooperationen geradewegs den Weg zur Zielgruppe). Deutlich schwieriger gestalten sich Versuche, das Feuilleton für sich einzunehmen. In den Sphären der Hochkultur stehen Markenaktivitäten, gleich welcher Art, gemeinhin im Ruch des Vulgären. Egal. Denn das Naserümpfen des Feuilletons bremst Live Communication nicht aus.

> Die wachsende Verbreitung digitaler Medien und ihre technische Weiterentwicklung eröffnen der Live Communication hinreichend Spielräume.

Live-Übertragungen im Web etwa werden schon bald zum Standardrepertoire zählen. *Telekom* macht's vor. Auf der »Street Gigs«-Seite gehen die Konzerte in Live-Streams auf Sendung. Posts auf der zugehörigen Facebook-Präsenz streuen das zeitnah: »Wir sind ready, seid ihr es auch? Checkt www.telekom-streetgigs.de für den Live Stream.« Der wird mit breitflächigem Einzug des Smart-TV an Bedeutung gewinnen: Internetfähige Fernsehgeräte verlagern die Online-Nutzung ins Wohnzimmer; was dort über den Bildschirm flimmert, lässt sich, anders als am PC, im bequemen Lean-back verfolgen. Zugleich gestatten steigende Datenübertragungsraten im Mobilfunk (Stichwort LTE), verstärkt Tablets und Smartphones als Zugang zum Publikum einzubeziehen. Die (kostenlose) »Electronic Beats Video«-App der *Telekom* etwa bringt »Street Gigs« aufs iPad. Oder aufs iPhone. Ein komplettes Konzert auf dem Handy-Display zu schauen, dürfte zwar ein anstrengendes Vergnügen darstellen; doch kurze Einspieler haben auch auf einem Bild mit 3- oder 4-Zoll-Diagonale einen gewissen Reiz, seien es Interviews mit den Gruppen oder Backstage-Zugaben nach dem Auftritt. Das lässt sich weiterdrehen: Echtzeit-Kommentare, wie sie bereits Live-Ticker von Sportereignissen im Netz bieten, stellen einen direkten Draht her zwischen den Zuschauern und dem Geschehen vor Ort. Daraus könnte ein Ping-Pong entstehen: Fans votieren für den Song, den die Band als Zugabe gibt. Ziellinie: das interaktive Brand-Event.

Live Communication bringt Marken ins Gespräch. Mehr noch: Sie liefert den Stoff, nach dem es Publikum und Medien gelüstet. Und die Gelüste, die Marken heute stillen, sind morgen schon wieder übermächtig. Keine ungünstige Prognose für Brand Content.

Authentizität im Content-Marketing

Wie echt müssen Marken sein?

Christoph Bornschein

> In Zeiten von Youtube, Twitter, Facebook und Reality-TV ist Authentizität ein Mega-Thema – für Marken und Medien. Christoph Bornschein zeigt, wie Marken in der heutigen Medienwelt nicht nur authentisch wirken, sondern dies wirklich sind. Sie müssen sich hierfür auf ihre eigene Geschichte besinnen, zu relevanten Themen Stellung beziehen, glaubwürdige Köpfe involvieren und ihren Content konsistent und schnell kommunizieren, so der Social Media-Experte.

Authentizität ist heute ein wichtiger Erfolgsfaktor und Wert für Marken. Dies gilt insbesondere für die Entwicklung eigener Entertainment- und Informationsangebote. Die Gründe hierfür sind vielfältig: Authentizität ist wichtig, weil der Konsument die Möglichkeit und Macht hat, in den Foren und sozialen Netzwerken des Internets alles, was ihm von Unternehmen angeboten wird, auf dessen Wahrheitsgehalt zu hinterfragen. Zudem können Verbraucher ihre negative Kritik über Netzwerke wie Twitter und Facebook lautstark äußern. Gerade in den sozialen Netzwerken besteht eine Skepsis gegenüber kommerziell beeinflussten Botschaften, die Markenkommunikation erschwert und von Marken mehr Authentizität verlangt. Authentizität ist auch deshalb elementar, weil viele Produkte und Services von Unternehmen austauschbar sind. Der so ohnehin begrenzte Positionierungsspielraum wird obendrein vielfach von Marken besetzt, deren Identität aus den exakt gleichen Werten besteht. Dieses Phänomen lässt sich beispielsweise am Automobilmarkt beobachten: Die Eigenschaften »Innovation«, »Sportlichkeit«, »Exklusivität« und »Sicherheit« bilden die Eckpfeiler, um die sich die meisten Automobilhersteller laut einer Studie des Instituts für Automobilwirtschaft positionieren (Diez 2006: 186f.). Eine Differenzierung wird somit immer schwieriger. Joseph Pine und James Gilmore (2007: 23) stellen fest, dass bei zunehmender Gleichartigkeit von Marken und Produkten nicht unbedingt die Qualität des Produkts die Kaufentscheidung des Konsumenten beeinflusst, sondern vermehrt die Authentizität der Marke. Erfolgsentscheidend ist in Zukunft demnach neben der Einzigartigkeit der Markenpositionierung die Glaubwürdigkeit einer Marke. Diese ist Voraussetzung für das Vertrauen des Konsumenten in das Markenversprechen. Um glaubwürdig zu sein, reicht es jedoch nicht, einen Marken- und Produkt(mehr)wert rein zu behaupten. Vielmehr muss dieser für den Konsumenten glaubwürdig fühl- und erlebbar sein.

> In den sozialen Netzwerken des Internets besteht eine Skepsis gegenüber kommerziell beeinflussten Botschaften. Markenkommunikation steht unter Generalverdacht.

Authentizität ist für Marken heute auch deshalb so wichtig, weil immer mehr Menschen von den Scheinwelten der Werbung und Medien entzaubert sind. Der Medienphilosoph Norbert Bolz (2010) sagt: »Heute sind fast alle Menschen in der westlichen Welt mit allen Wassern der neuen Medien gewaschen und sie wissen genau, wie Wirklichkeit in den Medien konstruiert wird. Aber gerade deshalb gibt es natürlich immer auch diese Sehnsucht nach dem Authentischen, nach dem unbezweifelbar Echten, nach gewissermaßen der wirklichen Wirklichkeit hinter dem Bildschirm. Und deshalb gewinnen immer mehr Formate an Faszinationskraft, die genau das zu versprechen scheinen. Also hier kommt kein Schauspieler, hier kommt kein Profi, sondern hier kommt ein Mensch wie du und ich (...).« Ähnlich formulieren es Gilmore und Pine in ihrem Buch »Authenticity« (2007): »People increasingly see the world in terms of real and fake, and want to buy something real from someone genuine, not a fake from some phony.« Viele Konsumenten reagieren auf das Überangebot von Werbemaßnahmen zudem mit einer ablehnenden Haltung. Sie fühlen sich in ihrer Konsumfreiheit beschnitten und weisen zu stark empfundene Beeinflussungsversuche pauschal zurück. Die sogenannte »Banner-Blindness«, im Internet schon fast sprichwörtlich, setzt sich in allen anderen Medien fort und wird zunehmend zum Problem von Kommunikationseffizienz und Kundenansprache.

Die Herausbildung der eigenen Authentizität stellt viele Marken vor große Herausforderungen. Bislang gibt in der Marketingwissenschaft keine einheitliche Meinung darüber, was es für eine Marke heißt, authentisch zu sein (vgl. Burmann/Schallehn 2010: 9ff.). Im allgemeinen Sprachgebrauch meint *Authentizität* so viel wie Echtheit, Natürlichkeit, Originalität, Ursprünglichkeit, Wahrhaftigkeit und Glaubwürdigkeit (vgl. Schultz 2003: 12), wobei unser genaues Verständnis von

Authentizität abhängig ist von unseren kulturellen Werten. Authentizität ist zudem ein dynamisches Konzept, das sich im Laufe der Zeit weiterentwickelt und von einer Marke immer wieder überprüft und justiert werden muss. Im angloamerikanischen Sprachgebrauch wird der Authentizitätsbegriff noch umfassender verwendet und das Adjektiv »authentisch« als realitätskonform/traditionsgemäß bzw. als Gegenteil von Scheinheiligkeit definiert (Burmann/Schallehn 2010: 13). Authentizität steht damit im Gegensatz zur Inszenierung. Und eine solche ist die klassische Werbung. Ihre Bilder und das daraus resultierende Lebensgefühl und Markenimage sind letztlich Illusionen.

> Markenkommunikation wirkt authentisch, wenn ihre Botschaften mit dem Bild übereinstimmen, das sich Konsumenten bisher über die Marke gebildet haben.

Die Frage, wie eine Marke authentischen Content generieren kann, ist nicht pauschal für alle Marken zu beantworten, dennoch gibt es einige Grundregeln für die Entwicklung einer Markenauthentizität, an denen sich das Markenmanagement orientieren kann.

Authentizität durch eigenen Content

Für Marken wird es zunehmend wichtiger, neue Medienformen wie Social Networks zu nutzen, um ihre Zielgruppe zu erreichen. Darüber hinaus müssen sie dort eigene Kanäle und Content-Formate etablieren. Branded Content hat den Vorteil, dass eine Marke die Aufmerksamkeit der Konsumenten nicht mit anderen, ähnlichen Marken teilen muss. Zudem besteht die Chance, dass der Kunde die Content-Angebote einer Marke abonniert, sofern der Content für die Zielgruppe einen Mehrwert besitzt. Dabei gilt: Je weniger sich eine Kommunikationsmaßnahme für den Kunden nach Werbung anfühlt, umso besser.

Branded Content wird dann zu einer sehr nachhaltigen Form der Markenkommunikation, die keine weiteren Kommunikationsfilter auf dem Weg zum Konsumenten überwinden muss. Der Aufbau von eigenen Content-Angeboten ist damit ein wichtiger Bestandteil einer authentischen Markenstrategie.

Mit der eigenen Geschichte arbeiten

Sobald Marken anfangen, eigene Entertainment- und Informationsangebote für ihre Kunden zu entwickeln, stellt sich eine wichtige Frage: Welche Themen sind glaubwürdig für die Marke? Und welche dieser Themen unterstützen die Markenziele? Einigen Marken fällt die Themenfindung leicht, da sich um das Produkt herum eine ganze Reihe von Geschichten erzählen lässt. Bei abstrakten Produkten und Geschäftsmodellen ist die Entwicklung einer authentischen Story schwieriger. Kann es überhaupt authentisch sein, wenn ein Ölkonzern ein Umweltmagazin herausbringt oder wirkt es in jedem Fall wie Greenwashing? Muss ein Modekonzern wirklich das hundertste Modemagazin herausbringen oder bieten sich auch andere Themen an, die in der gleichen Lebenswelt stattfinden? Und wie kann es eine Marke schaffen, interessante Publikationsangebote zu entwickeln, die nicht wie eine einzige Dauerwerbesendung wirken? Der schmale Grat zwischen gelungenem Content-Marketing und irrelevanten PR-Nachrichten wird durch die authentische Haltung einer Marke verbreitert.

Vor allem Traditionsmarken haben die Möglichkeit, mit der eigenen Geschichte zu arbeiten. Marken wie *Nivea* oder *Persil* nehmen immer wieder auf die eigene Geschichte Bezug. Sie stärken so das Vertrauen des Konsumenten in die Marke und festigen den eigenen Ruf als Markenurgestein. Die eigene Geschichte zu erzählen, ist ein guter Einstieg zu mehr Authentizität. Denn im Gegensatz zu vielen austauschbaren Produkten ist jede Unternehmensgeschichte einzigartig und kann das Markenversprechen authentifizieren.

> Der schmale Grat zwischen gelungenem Content-Marketing und irrelevanten PR-Nachrichten wird durch die authentische Haltung einer Marke verbreitert.

Einheitliche Kommunikation über alle Kanäle etablieren

Immer noch wird in den meisten Unternehmen Kommunikation getrennt nach Disziplinen geplant: Die PR-Abteilung wendet sich an PR-Agenturen und Journalisten, das Marketing-Team entwickelt Werbekampagnen für Print und TV, daneben kümmert sich das Social-Media-Team um die Kommunikation in Social Networks. Digitalkampagnen und Content-Formate werden dabei meist als

Verlängerung der Klassik-Kampagne entwickelt, um eine Art von Einheitlichkeit herzustellen. Meist entwickelt jede Abteilung ihre eigene Kommunikationsstrategie, manchmal gibt es einen roten Faden in der Gesamtkommunikation nach außen – meistens nicht. Da die einzelnen Maßnahmen nicht aus einer Hand stammen, passen sie nicht immer zusammen. Manchmal widersprechen sich die einzelnen Aussagen und Kanäle sogar. Eine authentische Markenkommunikation beginnt also nicht erst mit der Entwicklung einer authentischen Content-Strategie, sondern setzt einen Schritt früher an: Nur wenn eine Marke über alle Kanäle authentisch, einheitlich und nachhaltig mit redaktionellen, nicht kampagnen- und erregungsgetriebenen Mustern kommuniziert, ist diese in den Augen des Konsumenten glaubwürdig. Der beste Marken-Content bleibt letztlich wirkungslos, wenn dessen Inhalt nichts mit den anderen Kommunikationsinhalten der Marke zu tun hat oder diesen sogar grundlegend widerspricht.

Mut zur Meinung

Es gibt einen entscheidenden Unterschied zwischen einer journalistischen Publikation, einem Blog und Brand Content: Journalistische Artikel und Blogs vertreten häufig eine eigene Meinung, während Brand Content meist so neutral wirkt wie die Schweiz. Unternehmen versuchen in ihrer professionellen Kommunikation häufig niemandem zu nahe zu treten. Sie entwickeln Content, der keinen Gegenwind verursacht und so im Ergebnis glatt und nicht selten beliebig wirkt. Es ist diese Schutzhaltung, die Brand Content vielfach wahnsinnig uninteressant macht und weder einen Informations- noch Unterhaltungswert für den Konsumenten bietet. Marken brauchen eine Meinung. Sie müssen sich klar positionieren – für bestimmte Werte und im Zweifelsfall auch gegen andere Positionen. Nur über eine starke und authentische Haltung schafft eine Marke Orientierung und Identifikation für den Konsumenten und wird zum Meinungsführer.

> Brand Content ist meist so neutral wie die Schweiz. Diese Schutzhaltung führt dazu, dass Content wahnsinnig uninteressant ist und weder Informations- noch Unterhaltungswert für den Konsumenten bietet.

Schluss mit der Markenbibel

Ein Feind innovativer und authentischer Content-Formate ist das Handbuch der Markenheiligkeit. Gemeint ist der Style Guide einer Marke, der auf durchschnittlich 50 Seiten erklärt, was alles erlaubt ist, in welchen Kombinationen das Logo stehen darf und welche Schriftarten verboten sind. Je größer die Marke, desto umfangreicher die CI-Richtlinien. Um wirklich authentischen Content entwickeln zu können, muss eine Marke den Tempel der künstlichen Markeninszenierung verlassen und neues Terrain betreten. Vergessen Sie also beruhigt die Markenbibel, bevor sie versuchen, der Zielgruppe auf Augenhöhe zu begegnen.

Mehr Authentizität erreicht eine Marke allein dadurch, dass sie ihr Logo nicht größer, sondern kleiner macht und die gewohnte Werbetonalität aufgibt. Die Marke gewinnt so insgesamt an Größe, der Content an Glaubwürdigkeit und das Medienformat an Autorität.

Die Zielgruppe als Urheber engagieren

Markenkommunikation wird meist von Menschen konzipiert, die von der Zielgruppe und deren Content-Vorlieben weit entfernt sind und sich nur schwer in die Lebensrealität des Kunden hinein fühlen können. Hierin liegt einer der Erfolgsfaktoren von Blogs, die in den letzten Jahren auf geradezu erstaunliche Art und Weise erfolgreiche Content-Angebote und Marken aufgebaut haben. Vorteil dieser Blogs: Die Autorinnen und Autoren sind meist selbst Teil der Zielgruppe, für die sie schreiben. Sie behandeln ein Thema auf eine Art und Weise, die den Nerv der Zielgruppe wie keine andere Publikation im Markt trifft. Ein Beispiel hierfür ist das Mode-Blog *LesMads*, das Jessica Weiß 2007 gemeinsam mit Julia Knolle gründete. Kurze Zeit später wurde der *Burda*-Verlag auf *LesMads* aufmerksam. Durch die Zusammenarbeit wurde die Website professioneller und der Maßstab für Mode-Blogs in Deutschland neu definiert. Die inhaltliche Leitung blieb bei den Mode-Bloggerinnen. Nachdem diese *LesMads* zum erfolgreichsten Mode-Blog in Deutschland aufgebaut hatten, widmeten sich Weiß und Knolle neuen Projekten. Im Juli 2010 wechselte Julia Knolle zu *Condé Nast*. Jessica Weiß verließ LesMads 2011, um das *Interview Magazin* auf den deutschen Markt zu bringen. Nach dem Weggang der beiden Gründerinnen konnte *LesMads* trotz Weiterführung durch das engagierte Team nicht mehr an die bisherigen Erfolge anknüpfen. Seit 2012 ist Jessica Weiß mit ihrem neuen Blog-Magazin *Journelles* erneut sehr erfolgreich. »Auf meinem Blog gilt: Authentizität, Transparenz und Vertrauen. Der Leser muss das Gefühl haben, die, die da schreibt, das könnte auch meine beste Freundin sein«, erläutert Weiß (Friese 2013). Seit 2013 hat die Bloggerin zudem ihre eigene TV-Show »It's Fashion« auf dem *ARD*-Sender Eins-Plus. Das Beispiel zeigt, dass nicht allein der Content für den Erfolg einer Online-Publikation verantwortlich ist, sondern vor allem die Köpfe dahinter, die sich wie Jessica Weiß selbst zu einer Markenpersönlichkeit entwickeln können. Es kann deswegen für eine Marke durchaus hilfreich sein, bereits etablierte Markenbotschafter zu finden, die ein hohes Maß an Authentizität mitbringen und dem Kanal somit Glaubwürdigkeit verleihen.

Das Tempo im Netz beachten

Marken müssen sich an das Tempo gewöhnen, mit dem Trends an ihnen vorbeirauschen, um im Internet authentischen Content aufzubauen. Die üblichen Planungszeiten und Freigabeschleifen lassen sich hier oftmals nicht aufrechterhalten. Bis alle Abteilungen zugestimmt haben, ist das Thema schon erledigt, und das Interesse der Zielgruppe ist längst verflogen. Für die Etablierung eines Marken-Kanals müssen Unternehmen also umdenken und sich den neuen Regeln anpassen, die in der Lebenswelt ihrer Kunden gelten. Ein höheres Tempo und eine kürzere Reaktionszeit gehören dazu.

Netzwerke bilden und Potenziale gemeinsam nutzen

Eine einfache Möglichkeit für Marken authentischen Content aufzubauen, besteht darin, sich mit anderen Marken zusammenzuschließen. Marken, die kooperieren und ihre Kernkompetenzen zu etwas Neuem vereinen, entwickeln automatisch authentische Inhalte. Der Fokus ihrer Kommunikation verschiebt sich: Es geht weniger um Selbstdarstellung, sondern um die Sache. Neue Kombinationsformate könnten zum Beispiel so aussehen, dass sich eine Fluggesellschaft mit einem Outdoor-Ausrüster zusammenschließt, um ein neues Reise-Magazin über abgelegene Orte herauszubringen, das von Reisebloggern wie den *Travelettes* unterstützt wird.

Eine Kooperation zwischen einer Automobilmarke und einer Modemarke könnte ein ganz neues Lifestyle-Magazin hervorbringen. Generell sind im Lifestyle-Bereich viele Kombinationen denkbar, in denen alle beteiligten Marken durch den Zusammenschluss zu einem Netzwerk profitieren können.

Kritische Situationen richtig nutzen

Gerade in kritischen Situationen kann eine authentische Reaktion die Lage beruhigen und darüber hinaus das Vertrauen in die Marke stärken. Die Angst vor dem Shitstorm, die viele Unternehmen umtreibt, ist oftmals unbegründet. Einerseits sind die wenigsten Situationen wirklich kritisch und haben somit keine Auswirkung auf die Markenreputation. Andererseits lassen sich auch kritische Situationen oftmals erstaunlich einfach als Kommunikationsplattform nutzen. Ein gutes Beispiel für eine authentische Krisenreaktion war der offene Brief von *Apple*-CEO Tim Cook als Reaktion auf den verunglückten Launch von Apple Maps. Nach massiven Protesten der Nutzer entschuldigte sich Tim Cook eine Woche nach dem Start mit folgenden Worten: »At Apple, we strive to make world-class products that deliver the best experience possible to our customers. With the launch of our new Maps last week, we fell short on this commitment. We are extremely sorry for the frustration this has caused our customers and we are doing everything we can to make Maps better.« Neben der Entschuldigung für das eigene Produkt, das weder den Erwartungen der Nutzer noch den eigenen Ansprüchen von Apple gerecht wurde, ging Cook sogar noch weiter: »While we're improving Maps, you can try alternatives by downloading map apps from the App Store like Bing, MapQuest and Waze, or use Google or Nokia maps by going to their websites and creating an icon on your home screen to their web app. Everything we do at Apple is aimed at making our products the best in the world. We know that you expect that from us, and we will keep working non-stop until Maps lives up to the same incredibly high standard.« Besonders durch den Verweis auf die Konkurrenz macht Tim Cook glaubhaft, dass für Apple einzig die User Experience im Vordergrund steht. Obwohl Apple Maps bisher immer noch nicht so gut ist wie zum Beispiel *Google* Maps, konnte Tim Cook durch diese authentische Reaktion dafür sorgen, dass die Marke *Apple* in einer kritischen Situation nicht beschädigt wurde, sondern gestärkt daraus hervorging. Das Beispiel *Apple* zeigt: Jede Krise bietet die Chance, mit den Kunden authentisch in einen Dialog zu treten und am Ende sogar davon zu profitieren.

Microsoft – Authentizität durch Selbstironie

Auch Selbstironie kann ein wirksames Stilmittel sein, um die Authentizität einer Marke zu unterstreichen. Ein Beispiel ist die Kampagne von *Microsoft* für den Internet Explorer 9.

Die Kampagne startete im März 2012 mit dem Titel »The Browser you loved to hate« und generierte innerhalb eines Jahres unter anderem mehr als 25 Millionen Klicks auf *YouTube*. *Microsoft* baute dafür einen eigenen Tumblr-Blog unter browseryoulovedtohate.com auf und nutzte verschiedene eigene Content-Kanäle, um mit der Zielgruppe in Kontakt zu treten. Ein Video der Kampagne beginnt mit der Frage »Did you ever tell your parents they had to stop using Internet Explorer? You aren't alone.« In der ersten Szene sitzt ein junger Nerd vor einer Therapeutin, die ihn fragt, ob er in letzter Zeit das zwanghafte Bedürfnis hatte, den Internet Explorer von den Computern von Freunden und Bekannten zu deinstallieren. In einem manischen Rückblick sieht man den Nerd, wie er an fremden Computern den Browser ändert und dabei »The only thing it's good for – is to install other Browsers!« ruft. Mittlerweile hat sich dieses Gefühl aber gelegt, und die Therapie kann sich endlich auf sein merkwürdiges Verhältnis zu seiner Katze konzentrieren. Das Video schließt mit der Botschaft »Better browser + cute cat = time to reconsider« und schafft damit noch eine humorvolle Anspielung auf die umfassende Vorliebe für Katzen-Content im Netz. In einem weiteren Video der Kampagne zeigt Microsoft einen Nutzer, der auf allen Social-Media-Kanälen gegen den Internet Explorer wettert und versucht, einen Shitstorm zu beginnen, bis er von einer neuen Karaoke-Anwendung des neuen Internet Explorer erfährt. Als glühender Karaoke-Fan muss er schließlich zugeben: »Internet Explorer sucks... less.« Die »Browser you loved to hate«-Kampagne ist durch und durch authentisch: *Microsoft* gibt zu, dass der Internet Explorer früher wirklich viele Macken hatte und als Produkt fehlerhaft war. Deswegen wurde der Internet Explorer ab Version 9 auch nicht mehr überarbeitet, sondern von den Entwicklern als komplett neuer Browser entwickelt. Darüber hinaus erkennt die Marke an, dass sie bei vielen Konsumenten mit einer Vehemenz gehasst wird, die sich nicht durch eine einzige lustige Kampagne abbauen lässt. Stattdessen bittet *Microsoft* die Nutzer um eine zweite Chance. *Microsoft*

Microsoft – Internet Explorer

> hat mit dieser Kampagne vor allem Authentizität bewiesen und in zahlreichen Tech-Blogs positive Rezensionen für seinen neuen, tatsächlich besseren Internet Explorer erhalten. Ein Jahr nach Start der Kampagne schreibt Rebecca Wolf, Internet Explorer Marketing Manager bei *Microsoft*, auf dem offiziellen *Microsoft*-Blog: »So, if you are someone who hasn't been happy with IE in the past or someone who simply hasn't used IE in a while, we hope the Browser You Loved to Hate has been fun and gotten you to take a second look at IE. And so on this one year anniversary, we wanted to say thanks to our supporters. And for all of you who are still on the fence about IE, we invite you to take a look at the new Internet Explorer.« Das Beispiel von *Microsoft* zeigt, dass Marken selbst aus den schwierigsten Situationen mit authentischer Kommunikation herausfinden können.

> Eine konstruierte Authentizität als reines (Stil-)Mittel zum Zweck kann das Markenimage nicht nachhaltig stärken. Ist der Content hingegen wirklich echt und authentisch, kann ein negatives Image sogar zum Positiven gedreht werden.

Authentizität ist eine wichtige Charaktereigenschaft von Marken beim Aufbau eigener Content-Formate. Zwar gibt es keine Patentrezepte, die für alle Marken gelten. Letztlich jedoch kann jede Marke authentischen und dadurch auch einzigartigen Content im Netz aufbauen, der sich von den Kommunikationsmaßnahmen der Wettbewerber fundamental unterscheidet. Der sicherste Weg zu mehr Authentizität ist, dass die Inhalte wirklich echt, glaubwürdig und vor allem wahr sind. Eine konstruierte Authentizität als reines (Stil-)Mittel zum Zweck kann das Markenimage nicht nachhaltig stärken. Ist der Content hingegen wirklich echt und authentisch, kann ein negatives Image sogar zum Positiven gedreht werden.

Brand Content und Sport

Emotionalisierung als Instrument erfolgreicher Markenkommunikation

Peter Lauterbach und Nicole Bongartz

> Die Nutzung von Sport als Inhalt und Thema von Brand Content drängt sich nahezu auf. Die Fülle an Emotionen, das hohe Erlebnispotenzial und die Möglichkeit, unendlich viele Geschichten erzählen zu können, machen Sport und Sportler für Brand Content so attraktiv. Peter Lauterbach und Nicole Bongartz beantworten die Fragen, wie sich das Thema Sport auf innovative Weise für Marken nutzen und vermarkten lässt und Marken die geeignete Sportart für sich finden und besetzen können.

»Man muss wissen, dass Sport ein Geschäft ist, dass Spaß ein Geschäft ist – und dass die Mischung aus Spaß und Sport eines der besten Geschäfte ist«, so ein viel zitierter Satz von Nikolaus Brender (2008: 27). Sport hat den Stellenwert einer Weltreligion. Fans bejubeln Top-Athleten, Vereine und sportliche Höchstleistungen – sie finden darin Erfüllung und das Gefühl großer Zugehörigkeit. Die Emotionen, die im Sport sowohl bei den Athleten als auch auf der Seite der Anhänger entstehen, sind einzigartig und in diesem Ausmaß höchstens noch bei großen Musikereignissen oder der Wahl eines neuen Papstes zu finden. Diese Fülle von Emotionen hilft Unternehmen, ein entscheidendes Problem zu lösen: Vor allem in der deutschen Markenkommunikation war es lange üblich, den Konsumenten durch rationale Argumentation zum Kauf eines Produktes zu bewegen. Doch eine Kaufentscheidung ist schon längst kein rein vernunftgesteuerter Vorgang mehr. Vernunft ist nicht mal mehr ausschlaggebend, wenn sich der Käufer für ein Produkt entscheidet. Ein Großteil von Kaufentscheidungen fällt jedoch aufgrund emotionaler Kriterien. Der Konsument will sich mit »seiner« Marke identifizieren. Unternehmen sind daher stärker als je zuvor aufgerufen, den Kunden emotional anzusprechen. Dabei spielt es nur eine untergeordnete Rolle, ob das eigentliche Produkt selbst ein Gefühl beim Kunden hervorruft – Emotionalisierung ist für Versicherungen ebenso möglich und erstrebenswert wie für Hersteller von Unterhaltungselektronik und sollte oberstes Ziel guter Markenkommunikation sein.

> Eine der wirksamsten Methoden, um Markenbotschaften nachhaltig beim Konsumenten zu verankern und ihn emotional zu binden, ist das Erzählen von Geschichten.

Eine der wirksamsten Methoden, um Markenbotschaften nachhaltig beim Konsumenten zu verankern und ihn emotional zu binden, ist das Erzählen von Geschichten (vgl. Kap. 2, S. 31). Ein guter Motor, um eine Geschichte zu transportieren und gleichzeitig ein eigenständiges und zielgruppenübergreifendes Markenbild aufzubauen, ist der Einsatz von Protagonisten. Genau an dieser Stelle kann Sport anknüpfen. Ausgestattet mit unzähligen Themenbereichen und Protagonisten ist Sport die ideale Kommunikationsplattform. Kaum ein anderes Themenfeld weckt so viele Emotionen, hat ein so hohes Erlebnispotenzial und bietet die Möglichkeit, unendlich viele Geschichten zu erzählen. Beim Verfolgen von Sportereignissen entstehenden Emotionen, die die Aufnahmebereitschaft des Konsumenten positiv stimulieren.

Sport begeistert Menschen über alle Alters- und sozialen Klassen hinweg. Denn »es gibt eine große Anzahl von Sportarten, die sich in unterschiedlichem Maße durch Tradition oder Trendorientierung, Professionalität und Organisiertheit, lokale oder international-globale Ausrichtung auszeichnen, sowohl bei Sportveranstaltungen als auch bei medialen Sportübertragungen.« (Kiendl 2007: 6). Bei sorgfältiger Auswahl der richtigen Sportart kann eine Marke somit jede gewünschte Zielgruppe erreichen. Der hohe Stellenwert, den Sport in den Medien hat, verstärkt dies zusätzlich.

> Die positiven Erlebnisse verschiedenster Sportarten und die Begeisterung für den Sport und seine Protagonisten sind die ideale Plattform für die Markenkommunikation.

Drei Fragen sollen im Weiteren beantwortet werden:
▶ Wie lässt sich das Thema Sport auf innovative Weise für Marken nutzen und erfolgreich vermarkten?
▶ Wie kann eine Marke die geeignete Sportart für sich finden und besetzen?
▶ An welchen Best Cases können sich Marken in welchen Kanälen orientieren?

Wie lässt sich das Thema Sport auf innovative Weise für Marken nutzen und erfolgreich vermarkten?

We Care About The Game!

Alle erfolgreichen Engagements im Sport verbindet Glaubwürdigkeit, Authentizität und wahre Begeisterung. Ein Unternehmen, das sich im Sport engagiert, muss dies glaubhaft und mit absolutem Einsatz tun. Die Konsumenten merken sofort, wenn ein Konzern nicht ernsthaft hinter seinem Engagement steht, sondern eigentlich nur auf Kundenfang ist. Glaubwürdigkeit erreicht ein Unternehmen, indem das Engagement einen echten Mehrwert für den ausgesuchten Sport hat. Hierfür muss das Unternehmen ein unverzichtbarer Teil eines Sport-Erlebnisses werden, das ohne die geleistete Unterstützung in dieser Form nicht stattfinden würde. Das lässt sich zum Beispiel effektiv in der Nachwuchsarbeit oder in Sportarten realisieren, die zwar hohen Unterhaltungswert haben, aber eher unbekannt sind und noch keine breite mediale Aufmerksamkeit erreichen. Bei derartigen Engagements werden zumeist junge Zielgruppen erreicht, die langfristig an eine Marke gebunden werden können.

Die Allianz in der Beko Basketball Bundesliga

Ein erfolgreiches Beispiel für professionelle Nachwuchsarbeit bietet die *Allianz*, die sich seit Januar 2013 in der Beko Basketball Bundesliga (BBL) mit dem Projekt »We Care About The Game« engagiert. Sie ist damit offizieller Nachwuchs- und Versicherungspartner der Beko BBL. Ziel des gemeinsamen Projekts ist die nachhaltige Begleitung und Unterstützung hoffnungsvoller deutscher Basketballtalente auf ihrem Weg in eine erfolgreiche Zukunft. Das Engagement verknüpft klassisches Sportsponsoring in Form von Trikotbranding mit Social-Media-Aktivitäten. Hierfür wurde auf Facebook eine eigene Social-Media-Präsenz unter dem Namen »We Care About The Game« aufgebaut. Mit einem Mix aus Bewegtbild-Portraits, Trendscouting und Fan-Aktionen erreichte der Auftritt bereits in den ersten drei Monaten über 1.500 Fans – was im Nachwuchsbereich durchaus beachtenswert ist. Wichtige Erfolgsfaktoren des Projektes sind:
▶ Eine ehrliche Begeisterung für die Nachwuchsförderung und den Sport, die bereits im Projekttitel deutlich wird.

> - Logo und Corporate Design der *Allianz* rücken in den Hintergrund und werden nur äußerst sparsam eingesetzt.
> - Durch die Fokussierung auf die Nachwuchsarbeit wird die Allianz zu einem wichtigen Partner für den Sport und initiiert ein Projekt, das ohne die Unterstützung der *Allianz* nicht möglich wäre.
> - Die begleitenden Social-Media- und Online-Angebote der *Allianz* bieten nicht nur Aktuelles aus der Beko BBL, sondern liefern interessante Geschichten rund um basketballaffine Trends aus Musik, Mode und Lifestyle, die über bewegte Bilder abwechslungsreich und vielfältig inszeniert werden. Hintergrundgeschichten über Nachwuchsspieler haben dabei ebenso Platz wie Diskussionen über einen angesagten Turnschuh.
> - Passend dazu wird die Aussage »Keine erfolgreiche Zukunft ohne eine erfolgreiche Nachwuchsarbeit« kommuniziert und damit die Verbindung zur *Allianz* als glaubwürdigen und engagierten Versicherungspartner hergestellt.

It's the story that makes you hit the share button!

Eine weitere Möglichkeit für ein innovatives Sport-Engagement ist der Aufbau einer Sportart, die zwar spektakulär, aber bis dato noch weitgehend unbekannt ist. Möglich ist es auch, eine komplett neue Sportart zu erfinden. *Red Bull* hat diese beiden Strategien in zahlreichen Projekten wie zum Beispiel dem *Red Bull Cliff Diving*, X-Games, Air Race oder Crashed Ice perfektioniert. Das Konzept, das den Zuschauer geradezu magisch anzieht, besteht aus der Kombination einzigartiger Locations und der atemberaubenden Leistung möglichst waghalsiger Athleten. Kein Unternehmen versteht es so gut, seine Geschichten dermaßen stringent über Jahre hinweg zu erzählen. Dies mag auch daran liegen, dass der österreichische Getränkehersteller längst weiß, dass es schwierig werden könnte, mit den immer gleichen Dosen in Zukunft noch mehr Geld zu verdienen. Gerade deshalb investiert das Unternehmen etwa ein Drittel des Gesamtumsatzes in die Marke, um diese mit vielen atemberaubenden Geschichten zu profilieren. Die Kombination aus nahezu unbegrenzten Marketing- und PR-Budgets und synergetischer bzw. »liquider« Verknüpfung ist unschlagbar. Bei seinen Events übernimmt Red Bull die Funktion des Namensgebers, Hauptsponsors und Vermarkters in einem – dadurch ist es dem Konzern gelungen, neben einem Dosen- auch ein

Medienimperium aufzubauen. Zudem spielt auch hier die Integration von Social Media und die Interaktion mit den Fans eine ganz wesentliche Rolle: Der *Red-Bull*-Youtube-Kanal überzeugt mit knapp zwei Millionen Abonnenten sowie über einer halben Milliarde Videoaufrufen und aktiviert mit einzigartigen Extremsport-Clips junge, hippe, coole Zielgruppen. Fotos und Videos von *Red-Bull*-Content werden auf Facebook regelmäßig mehrere tausend Male geteilt und verbreiten sich dadurch rasant im World Wide Web. Laut einer viel zitierten Prognose des Cisco® Visual Networking Index (2012a) werden Bewegtbilder bis 2016 circa 86 Prozent des globalen Internet-Traffics ausmachen. Gerade daher ist es wichtig, Social-Media-Aktivitäten bereits jetzt dahingehend anzupassen und möglichst viele Bewegtbilder einfließen zu lassen.

Fazit & Tipps

- Schaffen Sie Erlebnisse, die den Konsumenten durch Emotionen an Ihre Marke binden – zum Beispiel durch Errichtung einer Social-Media-Präsenz, die Raum für Storytelling und Interaktion bietet, denn: »It's the story that makes you hit the share button«.
- Greifen Sie möglichst viele Facetten rund um den Sport auf, die Raum für Geschichten bieten und erzählen Sie diese Facetten in bewegten Bildern.
- Rücken Sie Ihr eigentliches Produkt dezent in den Hintergrund – dies gilt insbesondere dann, wenn Ihr Produkt nicht direkt mit Sport in Verbindung gebracht wird.
- Setzen Sie Ihre Marke als Enabler ein: Der Konsument sollte den Eindruck bekommen, dass das Projekt durch Ihre Firma ermöglicht oder essenziell bereichert wird. Dies funktioniert besonders gut in der Nachwuchsförderung oder bei Sportarten, die trotz Entertainment-Potenzial noch unbekannt sind und keine breite mediale Aufmerksamkeit bekommen.

Wie kann eine Marke den geeigneten Sport für sich finden und besetzen?

Bei der Auswahl der geeigneten Sportart muss vor allem die Zielgruppe beachtet werden, die durch die Kommunikation angesprochen werden soll. Zudem müssen sich die Werte der gewählten Sportart auf das eigene Unternehmen übertragen lassen. Die Passgenauigkeit bzw. Eignung einer Sportart leitet sich weiterhin von den erwünschten Zielen des Engagements ab. Da ein Sport-Engagement, beispielsweise in Form eines Sponsorings, stets ein Instrument der Marketing-Kommunikation ist, sollten immer die Marketing- und Kommunikationsziele eines Unternehmens bzw. einer Produktmarke die jeweilige Maßgabe sein. In der Praxis sind es vor allem Image- und Bekanntheitsziele, die im Zentrum der Marketing-Kommunikation stehen. Geht es einer Marke primär um die Steigerung von Bekanntheit, sind die Determinanten einer passenden Sportart überschaubar und leicht zu bewerten. Diese sind:

▶ Reichweite und Bekanntheit der Sportart, der Veranstaltung, des Teams oder des Sportlers (TV-/Social-Media-Reichweite, Besucherzahlen, Zahl aktiver Sportler/Fans)
▶ Möglichkeit zur Intensivierung bzw. Erweiterung des Engagements (Rechte und Lizenzen, Haupt- oder Nebensponsoring, Möglichkeit zur Einbindung in die eigene Kommunikation)
▶ Auftreten von Mitbewerbern
▶ Eigenes Budget und Kosten des Engagements

Steht hingegen die Profilierung des eigenen Marken-Images durch einen Imagetransfer im Fokus des Sport-Engagements, ist es weitaus schwieriger, die passende Sportart zu identifizieren. Der Imagefit, also die Passgenauigkeit zwischen dem Image der Marke und der Sportart, ist hierbei der entscheidende Faktor. Nur wenn die Images von Marke und Sportart zueinander passen, ist das Engagement in den Augen der Zielgruppe glaubwürdig; ein Misfit kann sich hingegen negativ auf die eigene Marke auswirken, da es vom Rezipienten als nicht authentisch empfunden wird. Das Problem ist, dass die Entscheidung, ob eine Sportart zum Unternehmen passt, oft eher in Vermutungen von Unternehmen begründet liegt. Diese müssen aber nicht zwangsläufig mit der tatsächlichen Wahrnehmung der Konsumten übereinstimmen – sowohl was das Image der Sportart als auch das der Marke anbelangt. Daher sollten Unternehmen, die sich im Sport engagieren möchten, im Vorfeld eine umfassende Analyse in Betracht ziehen. Eine Möglichkeit ist die Befragung der Zielgruppe, um Klarheit über die Außenwirkung des

Unternehmens und den Imagefit zu einer bestimmten Sportart zu gewinnen. Hierbei können zum Beispiel Attribute wie Traditionsbewusstsein, Trendorientierung, lokale bzw. international-globale Ausrichtung (vgl. Kiendl 2007) bewertet werden, aber auch Eigenschaften wie Risikofreudigkeit oder Zuverlässigkeit. Erst wenn verschiedene Sportarten identifiziert wurden, die eine hohe Passgenauigkeit mit dem eigenen Unternehmensimage und den im Vorfeld definierten Imagezielen aufweisen, kommen die oben beschriebenen und in Abbildung 1 noch einmal zusammengefassten Determinanten zum Tragen, die es ermöglichen, die passende Plattform auszuwählen.

```
                        Marke // Unternehmen
          ┌──────────────────────┬──────────────────────┐
          │        Ziel:         │         Ziel:        │
          │ Bekanntheitssteigerung│    Imageprofilierung │
          └──────────────────────┴──────────────────────┘
```

Ziel: Bekanntheitssteigerung

Determinanten:
- Reichweite und Bekanntheit der Sportart, der Veranstaltung, des Teams oder des Sportlers
  - TV-Reichweite
  - Vor-Ort Besucher
  - Social Media Reichweite
  - Mitglieder
  - Etc.
- Übereinstimmung der Zielgruppen
- Intensität der Integration als Sponsor:
  - Haupt- oder Nebensponsoring
  - Verwendbare Rechte / Lizenzen
  - Möglichkeit zur Einbindung in die eigene Kommunikation
- Auftreten von Mitbewerbern
- Eigenes Budget und Kosten des Engagements

Ziel: Imageprofilierung

Identifikation von Sportarten, die eine hohe Passgenauigkeit in Bezug auf das Image des Unternehmens bzw. der Marke aufweisen

Determinanten:
- Übereinstimmung der Zielgruppen
- Intensität der Integration als Sponsor
- Auftreten von Mitbewerbern
- Eigenes Budget und Kosten des Engagements
- Ggf. Reichweite und Bekanntheit der Sportart, der Veranstaltung, des Teams oder des Sportlers

Geeignete Sportart(en)

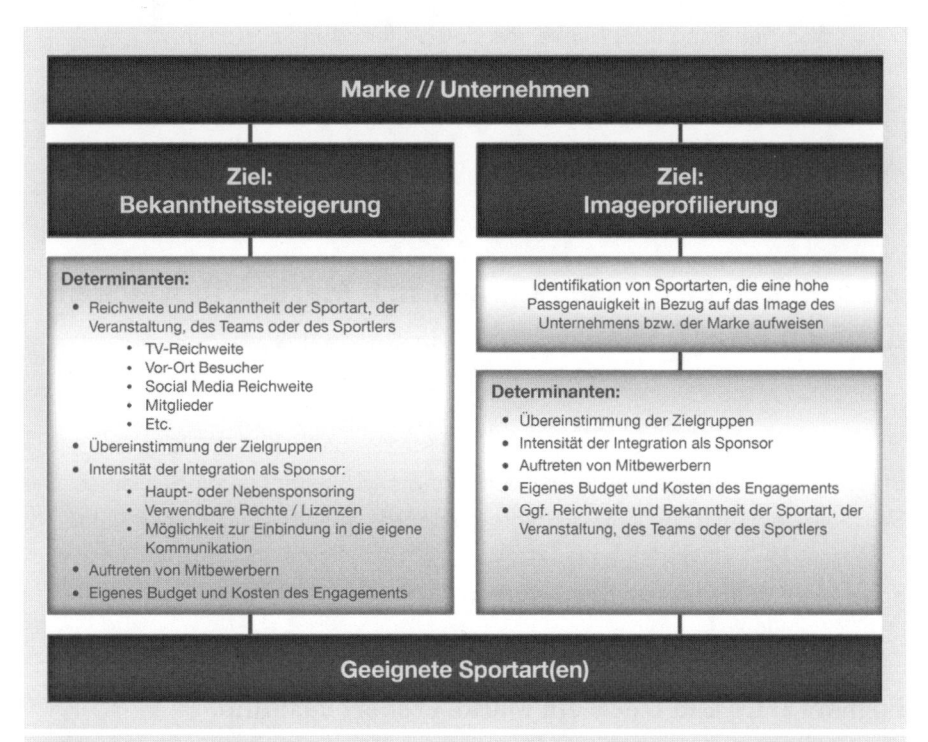

Abb. 1: Determinanten zur Wahl einer geeigneten Sportart zum Brand Content Marketing (Quelle: _wige MEDIA AG)

> **Fazit & Tipps**
>
> ▶ Machen Sie sich bewusst, welches primäre Ziel Sie mit Ihrem Engagement erreichen wollen: Bekanntheitssteigerung oder Image-Profilierung.
> ▶ Ziehen Sie Sportarten in Betracht, die nicht nur die bestehende Kunden Ihrer Marke ansprechen, sondern auch neue Zielgruppen erschließen.
> ▶ Bestimmen Sie den Imagefit zwischen Ihrer Marke und der gewählten Sportart: Versichern Sie sich bei der Zielgruppe über die tatsächliche Wahrnehmung Ihrer Marke und den präferierten Sportarten.
> ▶ Entscheiden Sie sich dann final für die passendste Sportart anhand der vorgestellten Determinanten.

An welchen Best Cases können sich Marken in welchen Kanälen orientieren?

Nachfolgend stellen wir aus verschiedenen Medienbereichen drei herausragende Beispiele vor, die zeigen, wie sich Sport und Brand Content verbinden lassen. Die Beispiele zeigen zudem, dass Brand Content keine Idee der letzten Jahre ist: Bereits in den 1980er-Jahren gab es Vorreiter für erfolgreichen Brand Content im Sportsektor, wie das erste Beispiel zeigt.

Bogners »Fire and Ice« – ein Marke erobert das Kino

Als Urvater des sportbezogenen Brand Content kann der Spielfilm »Fire and Ice« unter der Regie von Willy Bogner gesehen werden, der 1986 in die Kinos kam. Die Mischung aus Romanze und Sportfilm begründete ein neues Filmgenre und verstand es für die damalige Zeit visionär, die Zuschauer mit spektakulären Ski-Szenen in die Kinos zu locken. Neben den Hauptdarstellern wurden dafür zahlreiche Nachwuchstalente der Freestyle-Ski-Szene gecastet, was dem Konzept einen frischen, innovativen Anstrich gab. Der Film beflügelte eine ganze Freestyle-Szene. Auch Bogners Plan, stärker als Lifestyle-Marke wahrgenommen zu werden und die Marke von der Skipiste in der Stadt zur bringen, ging gänzlich auf. Die Handlung des Streifens war dabei eher dünn. Zwar gab es eine Story, doch trat diese anhand der brillant gefilmten Ski-Szenen und mitreißendem Elektronik-Sound stark in den Hintergrund. Der Akzeptanz dieser geschickten Verwebung von Sport und Marke tat dies keinen Abbruch – im Gegenteil: Der Film begeisterte Millionen Zuschauer, erhielt einen Bambi und den Bayrischen Filmpreis. 1989 schuf Bogner unter dem Namen »Fire and Ice« sogar ein Label für die junge Boarder-Kultur.

Bogner – Fire and Ice

In der 1990 erschienenen Fortsetzung »Feuer, Eis und Dynamit« wurde nicht nur *Bogners* Kollektion, sondern auch Product Placements zahlreicher weitere Sponsoren wie *Volkswagen*, *Adidas* und *Milka* integriert. Auch wenn *Bogners* Art der Markenintegration noch etwas hölzern und verkitscht ausfiel, ist »Fire and Ice« ein herausragendes Beispiel für ein Brand-Content-Movie, das auch über 25 Jahre später Vorlage für Filme ähnlicher Machart ist, wie beispielsweise Red Bulls »The Art of Flight« (2011). Im Zuge der Weiterentwicklung des Genres werden Brand Movies mittlerweile aber seltener als Fiction, sondern eher als Dokumentation angelegt. Das Rezept aus Marke, cooler Musik und atemberaubenden Aufnahmen schmeckt dem Konsumenten jedoch immer noch genauso gut wie in den 1980er-Jahren.

GoPro Camera – 4.500 000 Facebook Fans können nicht irren

Für den Film »The Art of Flight« wurden Kamerasysteme von *GoPro* eingesetzt. Dieser Hersteller von kleinen, wasserdichten und äußerst robusten Videokameras versteht es darüber hinaus aber auch, völlig autark unterhaltsamen Brand Content zu produzieren und nutzt dabei die Möglichkeiten neuer Medien perfekt. Mit sensationellen Clips aus den unterschiedlichen Trendsport-Bereichen überzeugt GoPro mittlerweile 4.5 Millionen Fans auf *Facebook*, 500.000 Follower auf Twitter und 400.000 Follower auf der angesagten Foto-Plattform Instagram. Seit der Entwicklung des *GoPro*-Prototypen im Jahre 2002 ist es die Philosophie der Marke, Amateuren eine Technik zu bieten, die die Dramatik von professionellen Sport-Aufnahmen ermöglicht (GoPro = »werde professionell«). Dadurch, dass sich *GoPro* in erster Linie an ambitionierte Amateure und nicht an Profi-Sportler richtet, erreicht die Marke eine extrem hohe Nähe und Glaubwürdigkeit und begeistert vor allen eine junge, freestyle-sportaffine Zielgruppe. Zudem nutzt *GoPro* den Vorteil, dass sich das Produkt in fast jede Sportart einfügen lässt, egal ob Surfen, Motor- und Radsport oder jede Wintersportart.

Die extrem nahe Installation der Kamera am Sportgerät gibt den Videos stets eine höchst authentische »Live-mit-dabei«-Ästhetik und macht *GoPro* mit seinen Social-Media-Auftritten und spektakulären Videos zum Star einer trendsportaffinen Generation.

GoPro – Trendsport Clips

Red Bull Stratos – ein TV-Spektakel zur Prime Time

Das spektakuläre Projekt »*Red Bull* Stratos« beweist einmal mehr das Gespür, das Red Bull so nachhaltig erfolgreich macht. Nachdem der erste Versuch fünf Tage zuvor aufgrund unberechenbarer Wetterbedingungen abgesagt werden musste, schaffte der österreichische Extremsportler Felix Baumgartner am 14. Oktober 2012 den Fallschirmsprung aus der Stratosphäre, der gleich mehrere aeronautische Weltrekorde brach. Das Spektakel wurde für den europäischen Konsumenten sicherlich nicht rein zufällig zur Prime Time um 20:15 Uhr angesetzt. Der Nachrichtensender n-tv kam so auf einen unglaublichen Marktanteil von 8,8 Prozent. Auch auf mobilen Endgeräten konnte der Sensationssprung via *YouTube* und *bild.de* verfolgt werden, so dass alle medialen Kanäle perfekt abgedeckt wurden. Der Sprung wurde möglichst dramatisch aufgezogen: Die Startzeit musste auch beim zweiten Versuch immer wieder wegen ungünstiger Winde verschoben werden, Animationen zum extra angefertigten Raumanzug wurden wieder und wieder eingespielt. Vater und Mutter Baumgartner wurden persönlich befragt, und Raumfahrt-Experte Professor Walter von der TU München wurde nicht müde, den gewichtigen wissenschaftlichen Aspekt des Gesamt-Pakets hervorzuheben. Eine gute Prise Improvisation in der medialen Berichterstattung machte das Ganze noch authentischer. »Stratos« hat *Red Bull* 50 Millionen Euro gekostet. Bei einem internationalen Werbewert von mehreren Milliarden Euro und Erwähnung in jeder Haupt-Nachrichtensendung der Welt war die Aktion jeden Cent wert.

Wer Sport erfolgreich für seine Marke nutzen möchte, sollte glaubwürdig und authentisch wirken. Hierfür muss sich ein Unternehmen zunächst bewusst machen, was es mit dem Engagement erreichen möchte und wie die Marke und die präferierte Sportart vom Konsumenten wahrgenommen werden. Erst dann sollten Entscheidungsprozesse über Reichweite, Intensität des Engagements und Budgets stattfinden, um letztendlich die passendste Sportart oder den passenden Sportler zu finden. Auch wer keine exorbitanten Summen zur Verfügung hat, kann durch Innovationskraft und das Erzählen einer guten Geschichte, zum Beispiel durch ein Engagement in der Nachwuchsförderung oder einer bis dato eher unbekannten Sportart, viel erreichen. Eine wesentliche Basis für das Engagement sollte in der heutigen »Zettabyte Era« (Cisco Systems Inc., 2012b) ein gut geplanter Social-Media-Auftritt sein. Da der Anteil des Internet-Traffics für Video-Inhalte in den nächsten drei Jahren auf fast 90 Prozent steigen wird, sollten zur idealen Emotionalisierung der Botschaft auf diesen Plattformen ein hohes Maß an bewegten Bildern in Form von kurzen, unterhaltsamen und spektakulären Webclips in die Aktivitäten eingebunden werden.

Unsere abschließende Empfehlung: Voranschreiten und mutig sein! Denn der wichtigste Erfolgsfaktor ist, etwas Unverwechselbares zu tun und mit wahrer Begeisterung, Teil eines Sportevents zu werden.

Kapitel 5:
Planung & Prozess

Content- und Formatentwicklung

Wie Marken den Zuschauer mit bewegten Bildern fesseln können

Björn Hoven

> Produzent Björn Hoven beschäftigt sich mit der Content- und Formatentwicklung von Brand Content und befragt hierzu drei international ausgewiesene Agentur-, Medien- und Unternehmensmanager, die in kurzen Interviews ihre jeweiligen Blickwinkel auf das Thema erläutern. So entsteht ein umfängliches Bild, das neben der eigentlichen Content- und Formatentwicklung auch Aspekte der Projektplanung, Prozesssteuerung, Zusammenarbeit und Vermarktung beleuchtet.

Eines gleich vorweg: Die Entwicklung von Unterhaltungsformaten für Marken in bewegten Bildern ist komplex. Doch wer sich einmal damit auseinander gesetzt hat, wird feststellen, dass keine Form des Marketing so großartige Möglichkeiten bietet, Zuschauer zu Markenbotschaftern zu machen, langfristig auf die Marke einzuzahlen und durch intelligente Verzahnungen auch kurzfristig Vertriebserfolge zu erzielen. Nicht ohne Grund boomt der Bewegtbildmarkt in der heutigen digitalen Infrastruktur und ermöglicht Marken und Menschen, sich über das Geschichtenerzählen nachhaltig miteinander zu verbinden (vgl. Kap. 2, S. 31). Ganz neu ist das Thema sicher nicht, aber es war nie aktueller. Schon in den 1950er-Jahren hat *Procter & Gamble* die Seifenoper entwickelt, um dazwischen für die eigenen Waschmittel zu werben. Mit der Kurzfilmreihe »The Hire« hat *BMW* in den 1990er-Jahren einen weltweiten Meilenstein der Bewegtbildunterhaltung gesetzt. Die Filme wurden bis heute weit über 100 Millionen Mal angesehen. In den letzten Jahren hat vor allem *Red Bull* mit spektakulären Projekten auf sich aufmerksam gemacht. Keine andere Marke nutzt Content so konsequent, zuletzt im Juni 2013 mit dem ersten Base Jump des russischen Extremsportlers Valery Rozov von der Nordflanke des Mount Everests. Ein weiteres sehr erfolgreiches

Jaguar – Desire

Beispiel ist der Kurzfilm »Desire« für die Promotion des *Jaguar* F-Type, bei dem die von Tony und Ridley Scott gegründete Produktionsfirma *RSA Films* Damian Lewis in Szene setzt.

Egal ob WebTV-Serie, Spielfilm, TV-Show, Kurzfilm, Event-Trailer, Reality- oder Red-Carpet-Show oder Dokumentarfilm: Immer mehr Unternehmen investieren in Brand Content bzw. stocken ihre Budgets auf. Laut dem Branded Entertainment Forecast 2010 bis 2014 von *PQ Media* sind die Ausgaben in den USA und insbesondere in China in den letzten Jahren deutlich gestiegen und sollen auch in Zukunft weiter steigen: »Global branded entertainment spending will continue to grow at accelerating rates in the forecast period, as brands pursue marketing strategies that engage consumers more effectively than traditional media. Spending on global branded entertainment is projected to post a 9.1percent CAGR from 2009 to 2014, with consumer events remaining the largest segment and paid product placement the fastest growing. The U.S. will remain the largest branded entertainment market in the world through 2014 with 45.2 percent of total spending, but China will be the fastest growing with a 19.1 percent CAGR.« Doug Scott, President von Ogilvy Entertainment, hat hierfür eine einfache Erklärung: »Every brand has a story to tell« (PQ Media 2013).

Der Unsichtbare Dritte oder die Frage nach den Erfolgsfaktoren

Auf die Frage, was einen guten Film ausmacht, antwortete Alfred Hitchcock: »Erstens ein gutes Drehbuch. Zweitens ein gutes Drehbuch. Und drittens ein gutes Drehbuch.« Es wäre schön, wenn es so einfach wäre. In Wirklichkeit müssen natürlich mehr Erfolgsfaktoren zusammenspielen, damit bei »X Factor« in Großbritannien 20 Millionen Zuschauer einschalten oder ein Millionenpublikum in Till Schweigers neue Kinokomödie geht. Entscheidende Erfolgsfaktoren sind die Story, Schauspieler, Dramaturgie, Bilder, Ausstattung, Musik, Sendeplätze und die Vermarktung. Und vor allem braucht es einen Filmproduzenten, dem die Balance zwischen wirtschaftlichem und künstlerischem Erfolg gelingt und der zwischen den Beteiligten als Dolmetscher agiert. Er muss ein Publikum finden und Menschen dazu bewegen, dem Format über viele Jahre die Treue zu halten. Während für TV-Sender und Filmstudios das Hauptziel im Erreichen hoher Quoten bzw. Besucherzahlen liegt, verfolgt Brand Content zusätzliche Image- und Verkaufsziele. Denn hinter jedem Brand Content steht selbstverständlich der Wunsch, mehr Brause, mehr Lippenstifte oder Autos zu verkaufen. Und das ist auch richtig so, ansonsten macht der Aufwand keinen Sinn. Entscheidend ist dabei der Markenfit, d. h. die Passung zwischen Formatinhalten und Markenwerten. Nur wenn diese Passung in der Wahrnehmung des Konsumenten besteht und der Content zugleich so attraktiv ist, dass der Zuschauer einschaltet und vielleicht sogar Freunden empfiehlt, kann man von einem vollen Erfolg sprechen. Die Gestaltung von Brand Content ist damit sehr viel komplexer als die Entwicklung von reinen Unterhaltungsformaten. Dies gilt für alle, die in die Umsetzung involviert sind. Ein gutes Markenbriefing ist deshalb unabdingbar für den Erfolg eines Brand-Content-Projekts. Doug Scott meint hierzu: »… our approach to Branded Content at Ogilvy Entertainment is very much bespoke. For every brand, we believe that there is an original piece of content…an original story to be told. It starts with a brief and a true understanding of that brief, including who we are trying to reach and what we are trying to say. It is also important to consider the best distribution channels to reach the desired audience – all of these elements get factored into the creative development of an idea for a brand.« (Branded Entertainment Online 2013).

> Während für TV-Sender und Filmstudios das Hauptziel im Erreichen hoher Quoten bzw. Besucherzahlen liegt, verfolgt Brand Content zusätzliche Image- und Verkaufsziele. Denn hinter jedem Brand Content steht selbstverständlich der Wunsch, mehr Brause, mehr Lippenstifte oder Autos zu verkaufen.

Brand Content aus Agentursicht

Interview mit Doug Scott, President von Ogilvy Entertainment, USA

Wie entwickelt man erfolgreichen Brand Content?

Wir bei *Ogilvy Entertainment* glauben, dass erfolgreicher Branded Content in der Schnittmenge zwischen einer Marke und relevanten kulturellen Wahrheiten entsteht. Unser Job ist es, die Brand Story zu identifizieren und diese als Content-Ökosystem zu aktivieren, statt als isolierte Geschichte mit einem definierten Endpunkt. Damit ein Branded Content-

Programm erfolgreich ist, genügt es nicht, einfach nur ein bereits existierendes Konzept oder Brand Asset zu übernehmen. Das Programm muss passgenau auf das einzigartige Werteset einer Marke zugeschnitten sein. Hierfür braucht es eine zentrale Kommunikationsplattform, die um einzelne Kanäle erweitert werden kann. Wir unterscheiden zwischen Rundfunk, Digital, Events und Brand Assets. Ein wirklich effektives Programm verschmilzt mit seinem Umfeld und ermöglicht es einer Marke, den Content wirklich dauerhaft zu besitzen, statt diesen nur kurzfristig zu entleihen.

Was macht Brand Content-Projekte so komplex und wie begegnen Sie dieser Herausforderung?

Durch den rasanten technologischen Fortschritt und den damit verbundenen Wandel von Mediennutzungsmustern erfährt Branded Content enormes Wachstum und Begeisterung in der Industrie. Um in der fragmentierten Medienlandschaft dauerhaft Erfolg zu haben, ist ein flexibles Storytelling wichtig, das Konsumenten auf unterschiedlichen Ebenen anspricht, mal unterhaltend, mal informativ. Durch die »always-on«-Mentalität des Konsumenten müssen Marken zudem eine Vielzahl an Touch Points bespielen: z. B. Videos, bei denen sich Kunden zurücklehnen und entspannen können, Social Media-Anwendungen, um Diskussionen anzuregen und mobile Apps, um ein weiteres Markenengagement sowie die Möglichkeit zum Spielen zu fördern. Letztendlich sollten Brand Content-Projekte echten Unterhaltungs- und Nutzwert liefern, um herauszustechen.

Was sollte man bei der Umsetzung von Brand Content besonders beachten?

Obwohl Mobile häufig als »second screen« bezeichnet wird, bin ich überzeugt, dass Mobile der »first screen« ist. Mobile ist häufig der erste Kontaktpunkt zu einer Marke und immer zur Hand. Content-Programme sollten deshalb besonders für Mobile Devices eine Vielzahl von Triggern haben, die alle die gleiche Story erzählen. Zusätzlich braucht es eine überzeugende Distributionsstrategie (vgl. Kap. 5, S. 213), die es Kunden leicht macht, auf Brand Content zuzugreifen – überall, jederzeit und ohne Zugangsbarrieren. Schlussendlich sollte Storytelling, aufgrund seines nicht-linearen Charakters, immer transmedial sein, ohne dabei die Markenbotschaft zu verwässern.

Die Heldenreise: Vom Briefing zum Unterhaltungsformat

Ausgangspunkt der Content-Entwicklung ist – neben klar definierten Zielen und Zielgruppen – die DNA einer Marke. Jede Marke hat ihre Geschichte. Und jede Marke hat etwas Spannendes zu erzählen. Über sich. Über ihr Produkt. Über ihre Vision. Ein gut gemachter Portraitfilm über den *Nike*-Gründer Phil Knight in der richtigen Bildsprache und mit guter Musik hat beispielsweise das Potenzial, viele Millionen Zuschauer auf *YouTube* zu erreichen. Gleichzeitig könnte der Film über einen QR-Code auch im Rahmen von klassischen Kampagnen kommuniziert werden, die nicht zwingend in Verbindung mit dem Film stehen müssen. Die Integration des Films via QR-Code wertet die Anzeigen auf und lädt den Leser ein, sich den Film auf der Markenwebsite anzuschauen. Dort angekommen, interessiert sich der User vielleicht zunächst nur für den Film. Fasziniert von der Geschichte Phil Knights surft er durch die Produktwelt und landet im Online-Shop oder abonniert den Newsletter. Im besten Fall teilt er den Film mit seinen Freunden. Darüber hinaus könnte der Film im Rahmen exklusiver Screenings im Kino – zum Beispiel in Kombination mit einem aktuellen Kinofilm – gezeigt werden und als DVD mit weiterem Bonusmaterial im Handel verkauft werden.

Entscheidend für die Frage, welche Geschichte eine Marke erzählen soll, sind die Interessen der Zielgruppe. Dabei lohnt auch ein Blick auf die bestehenden Marken-Assets. Im Fall von *Nike* sind das vor allem die Sportler mit ihren großartigen Siegen und tragischen Niederlagen, die die Menschen seit Jahrzehnten faszinieren. Daraus hat *Nike* in der Vergangenheit bereits legendäre Commercials produziert, zum Beispiel über die Rivalität zwischen Andre Agassi und Pete Sampras oder die Philosophie von Michael Jordan: »The key to success is failure«. In einer digitalen Welt schaffen Partnerschaften zwischen Marken und Sportlern großartige Voraussetzungen, um einzigartigen Brand Content zu kreieren (vgl. Kap. 4, S. 183). Wie wäre es zum Beispiel mit einer Dokumentation über die größten Sportler des *Nike*-Universums – ausgestrahlt beim Public Viewing, im Fitness-Studio, im Kino, im TV, im digitalen Out-of-Home, auf DVD und natürlich im Internet? Über Brand Content lassen sich viele relevante Marken-Assets aktivieren. Ein gutes Beispiel ist das Thema Musik und das Engagement vieler Marken im Rahmen von Musikfestivals (vgl. Kap. 4, S. 159). In der Vergangenheit beschränkte sich die Präsenz vieler Marken auf das Festival vor Ort (Logointegrationen) und die damit verbundene Presseberichterstattung in Verbund mit Gewinnspielen und lokalen Promotions. Musikfestivals eignen sich auch deshalb gut für Brand Content, weil sie viele persönliche Geschichten und vor allem auch Musikstars zum Anfassen bieten. Leicht lässt sich aus dem Engagement vor Ort ein Format entwickeln, das allen Daheimgebliebenen exklusive Einblicke bietet und die Erinnerung an das Festival mit der Marke verbindet. Mitunter kommt eine Marke so in die komfortable Situation, dass auch andere Medienkanäle diesen Brand Content aufgrund seiner Exklusivität und Attraktivität ausstrahlen.

Brand Content aus Mediensicht

Interview mit Erin McPherson, Vice President & Head of Video von Yahoo!

Wie entwickelt man erfolgreichen und interessanten Brand Content?

Erfolgreicher Branded Content lebt von guten Inhalten, und damit meine ich Content, der das Zielpublikum der Marke wirklich anspricht. Starten Sie also immer mit dem Publikum – und kehren Sie immer wieder zu diesem zurück. Lernen Sie so viel wie möglich über diese Menschen, was sie lesen, schauen und online teilen. Marken entwickeln Online Content häufig mit einer »inside out«-Methode. Das heißt, sie starten mit der Markenbotschaft und leiten aus dieser dann ein Content-Format ab. Der so erzeugte Content wirkt erzwungen und wenig authentisch. Authentizität ist jedoch ein wesentliches Element erfolgreichen Brand Contents (vgl. Kap. 4, S. 173). Die Herausforderung für Marken im Netz ist es, echte, authentische Information und Unterhaltung zu bieten, die auf die Marke einzahlen, ohne das Unterhaltungserleben der Menschen zu stören. Viele der erfolgreichsten Brand Content-Projekte, die wir bei *Yahoo!* produziert haben, enthalten ein sehr subtiles Branding und wenig Placements.

Wir nutzen all unsere Technologien und Tools, um zu gewährleisten, dass der Content die Zielgruppe auch wirklich erreicht. Eine kontextabhängige Programmierung des Contents ist hierfür wichtig; das bedeutet, dass es für eine Marke einfacher ist, ihre Zielgruppe an Orten zu erreichen, an denen diese bereits unterwegs ist, als zu versuchen, die Zielgruppe zu speziellen Mikrosites oder Markenwebsites zu bewegen. Zwei Beispiele erfolgreicher Brand Videos, die auf *Yahoo!* schon lange laufen, sind »The Thread« von *Procter & Gamble* und »Ram Country« von *Chrysler*. »The Thread« zeigt Mode- und Beautytrends. Dabei sind die Marken von *P&G* sehr sporadisch und organisch in den Content integriert. »Ram Country« ist ein Country Musik-Programm, das Auftritte von Top- Musikern zeigt und dabei Ram Trucks in die Performance integriert – z. B. performen die

Künstler auf der Rückbank der Trucks. Beide Shows zielen auf ein sehr spezielles Publikum ab (junge modebewusste Frauen und Liebhaber von Country Musik). Sie gehen sehr behutsam mit dem Branding um und betreiben kein »Hard Selling«. Außerdem bieten beide Shows nicht nur relevante, kontextabhängige Informationen und Unterhaltung für *Yahoo!*-User, sie sind beide auch kontextabhängig platziert: »The Thread« ist auf unserer Lifestyle-Website (*Yahoo! Shine*) verankert und »Ram Country« auf *Yahoo! Music*, so dass wir die Zielgruppe direkt beim Thema abholen.

Was macht Brand Content-Projekte so komplex und wie begegnen Sie dieser Herausforderung?

Branded Content im Internet ist noch im Entstehen. Viele Projekte erscheinen deshalb zunächst komplex. Eine Herausforderung ist es, die richtige Balance zu finden. Einerseits braucht es Markenpräsenz, andererseits sollen die Kunden nicht mit Werbebotschaften überschüttet werden. Eine weitere Herausforderung ist es, den richtigen Kontext für den Content zu definieren und einen originellen Blickwinkel auf das Thema zu richten, so dass es Menschen auch wirklich interessiert. Auch der Umgang mit Künstlern stellt eine Herausforderung dar, seitdem viele Schauspieler und Musiker zögerlich sind, für Produkt zu werben. Bei *Yahoo!* haben wir einen Weg gefunden, mit diesen Herausforderungen umzugehen. Produktion und Redaktionsteams, Vertrieb und Markenverantwortliche stimmen sich untereinander eng ab. Zudem gibt es die Flexibilität und Offenheit, um das Konzept kontinuierlich zu verbessern. Mit der weiteren Entwicklung des Mediums wird der Erfahrungsschatz steigen. Zudem wird es immer mehr Best Practices geben, so dass Prozesse und Projekte insgesamt an Routine gewinnen. Außerdem ist es wichtig, Branded Content immer im Kontext der übergreifenden Markenkampagne zu sehen. Branded Content ist ein extrem wirkungsvoller Weg, Aufmerksamkeit und Bekanntheit auf Marken oder Produkte zu lenken – aber es ist natürlich nicht der einzige Weg zur Zielgruppe und sollte es auch nicht sein. Wir bieten Marken zahlreiche Lösungen an – von kundenspezifischen Content bis hin zu unterschiedlichen Formen von Display Werbung, über SEM bis hin zu Response-Kampagnen. Brand Content ist am erfolgreichsten, wenn er sich organisch in die Kampagne einfügt und nicht versucht, alle Aspekte einer Markenkampagne gleichzeitig zu lösen.

> **Was sollte man bei der Umsetzung von Brand Content besonders beachten?**
>
> Lernen Sie so viel wie möglich über Ihre Zielgruppe – auch was sie an Content im Internet liebt! Wir haben die Technologie und Daten, um genaue Aussagen über das Verhalten und die Gewohnheiten von Menschen machen zu können. Bei *Yahoo!* nutzen wir all unsere Insights, um die Bedürfnisse von Menschen wirklich zu befriedigen und ihr tägliches Handeln zu unterstützen.
>
> Starten Sie mit der richtigen Content-Idee! Arbeiten Sie am besten mit einem Online-Experten zusammen (das kann ein Provider wie *Yahoo!*, eine Agentur oder Spezialisten innerhalb der eigenen Firma sein), um die beste Methode zu ermitteln, Ihre Zielgruppe online zu erreichen. Eine großartige Brand Content-Kampagne umfasst sowohl Video-, Text- und Social Media-Elemente. Sorgen Sie dafür, dass der Zielgruppe der Content nicht nur gefällt, sondern sich aktiv damit beschäftigt – ihn teilt, twittert, kopiert etc.
>
> Fail fast forward, heißt mein letzter Rat. Das Internet ist ein dynamisches und experimentelles Medium, das sich ständig weiterentwickelt. Nehmen Sie sich die Freiheit, um Neues auszuprobieren und machen Sie einen Plan, um die Dinge nachzujustieren, sobald sie verstanden haben, wie sich die Zielgruppe mit ihrem Content beschäftigt.

Ein weiterer möglicher Ansatzpunkt für die Entwicklung von Brand Content ist das Medium. Aus der Idee, ein exklusives Bewegtbildmagazin für das Kinovorprogramm zu entwickeln, ist das Format »The Cinema Diaries – inspired by L'Oréal Paris« entstanden. Das langjährige Engagement von *L'Oréal Paris* bei den Internationalen Filmfestspielen von Berlin konnte so hervorragend aktiviert werden.

The Cinema Diaries – inspired by L'Oréal Paris

Aus der Vermarktungsidee, ein Kinomagazin für *L'Oréal Paris* zu entwickeln, entstand in Zusammenarbeit von *FremantleMedia*, *WerbeWeischer* und *United Internet Media* eine zweistufige Branded-Entertainment-Kampagne.

Die Umsetzung

Movies, Stars und Style – das waren die Themen des exklusiven, vierwöchigen Branded-Entertainment-Specials von *L'Oréal Paris* Deutschland, das am 5. April 2012 seine Premiere auf der Kino-Leinwand und dem Online-Screen hatte. Im Mittelpunkt des Bewegtbild-Formats standen *L'Oréal*-Testimonial und Hollywoodstar Andie MacDowell sowie die Filmstars der Filme »Russendisko«, »Die Tribute von Panem« und »Einmal ist keinmal«. Darüber hinaus war in jeder der dreiminütigen Episoden *L'Oréal*-Make-up-Artist Miriam Jacks zu sehen, die die Brücke zwischen der glamourösen Filmwelt und *L'Oréal Paris* schlug. In allen fünfzehn Episoden wurde die Marke vielschichtig und hochwertig präsentiert, über Placements (Locations, Testimonials, Plakate, Logo), Themensettings (*Berlinale*, Stars, Styling), Acoustic Placements (O-Töne von Miriam Jacks und Andie MacDowell) und ein klassisches Presenting. Darüber hinaus wurde das Format zur Markenaktivierung auf der *Berlinale* genutzt, auf der sich *L'Oréal Paris* seit vielen Jahren als Sponsor engagiert. Im Rahmen eines Web-TV Programms wurde während der *Berlinale* 2012 täglich eine neue Episode produziert. Darin stellten Hollywoodstars wie Salma Hayek, Diane Kruger, Juliette Binoche, Angelina Jolie, Robert Pattinson, Antonio Banderas und Clive Owen ihre neuen Filme vor. Meryl Streep sprach über das *Oscar*-prämierte Make-up von »Die eiserne Lady« und vertraute der Redaktion ihren schönsten Kinomoment an. Das Programm wurde auf den Internetseiten von *United Internet Media*, auf diversen Kinoseiten sowie zusätzlich im *YouTube* Kanal von *L'Oréal Paris* und auf *gala.de* ausgestrahlt.

Die Ergebnisse

Knapp 650.000 Zuschauer haben das Format im Kino gesehen. Zusätzlich generierten die Episoden im Rahmen der Medienkooperation mit *United Internet Media* (*Web.de*, *GMX*) ca. fünf Millionen Views, die mittels

Targeting (Zielgruppe Frauen im Alter von 20 bis 49 Jahren) ausgesteuert wurden. Die Kampagne wurde von einer Werbewirkungsstudie von *WerbeWeischer* und *United Internet Media* begleitet. Das Ergebnis: Die Kampagne konnte sowohl die ungestützte Bekanntheit als auch die ungestützte Werbeerinnerung der Marke *L'Oréal* sichtbar ausbauen. So stieg die ungestützte Bekanntheit der Marke um 34 Prozent und die ungestützte Werbeerinnerung um 23 Prozent an. Gleichzeitig nahmen knapp zwei Drittel der Befragten das Bewegtbild-Special als Kinobericht und nicht vorrangig als Werbung wahr.

Die Verknüpfung von einzigartigem Content mit einer exklusiven und reichweitenstarken Mediaplatzierung eröffnete *L'Oréal* neue Wege in der Zielgruppenansprache – auch über die Medien Kino und Online hinweg. »The Cinema Diaries« zeigt, wie vielfältig und charmant eine Marke im Bewegtbild inszeniert werden kann und vom Zuschauer als Entertainment wahrgenommen wird.

Abb. 1: Cocobello – das Make-Up Studio auf dem Potsdamer Platz von L'Oréal Paris zur Berlinale 2012 (Quelle: L'Oréal Deutschland GmbH)

Brand Content aus Sicht des Mediaentscheiders

Interview mit Andreas Neef von L'Oréal Paris, Media Direktor D/A/CH

Wie entwickelt man erfolgreichen Brand Content? Was macht die Projekte so komplex?

Im Zuge der sehr schnellen Digitalisierung und der damit verbundenen Co-Kreation von Marken durch den Konsumenten wächst die Bedeutung von Brand-Content-Strategien. Deren Umsetzung ist für Marketingverantwortliche jedoch komplex, gilt es doch nicht nur den TV-Spot, sondern die gesamte Kommunikation mit dem Kunden permanent und gekonnt zu inszenieren. Brand Content bindet den Kunden emotional an die Marke, wenn dessen Inhalte vor allem eines erfüllen: Sie müssen vom Konsumenten aus gedacht sein. Zusätzlich fallen die Barrieren zwischen den Disziplinen: Kreativ- und Mediaagenturen und die Medien selbst müssen eng zusammenarbeiten und ihre Ideen gekonnt orchestrieren. Idealerweise ist die unternehmenseigene Marktforschung integriert, um die Insights des Konsumenten zu priorisieren.

Was sollte man auf jeden Fall beachten, wenn man ein Brand-Content-Projekt angeht?

Erfolgreicher Brand Content lässt sich nicht nach Rezept oder auf Knopfdruck realisieren, zumal der Konsument über dessen Erfolg am Markt entscheidet. Die erfolgreiche Orchestrierung der beteiligten Disziplinen sowie die kompromisslose Orientierung am Konsumenten sind jedoch wichtige Grundregeln für die Inszenierung von Markeninhalten. *L'Oréal Paris* hat sowohl mit den »Cinema Diaries« im deutschen Kino als auch mit der »Beauty Minute« im TV Maßstäbe gesetzt. Alle Inhalte wie beispielsweise die Make-up-Looks wurden aus den meistgesuchten Stylingtipps der Konsumentinnen online abgeleitet. Das erklärt die hohe Relevanz der Videos, die ein wichtiger Treiber für Erstkauf und Markenbindung sind.

Jedes Unterhaltungsformat braucht ein gewisses Etwas, um den Zuschauer zu begeistern und bei der Stange zu halten. Je attraktiver der Content, umso länger bleiben die Zuschauer dabei, teilen diesen mit Freunden und werden so selbst zu Markenbotschaftern. Es ist deshalb wichtig, neben den Markenwerten weitere

Inhaltsstoffe hinzuzugeben, die den Content für den Zuschauer attraktiv machen. Testimonials oder Partnerschaften mit exklusiven Events eignen sich dafür besonders. Auch große TV-Marken wie »Germany's Next Top Model«, »DSDS« oder serielle Formate wie »Gute, Zeiten, Schlechte Zeiten« sind geeignet. In enger Zusammenarbeit zwischen Sender, Marke, Agentur und Produktionsfirma lassen sich hier wirkungsvolle Konzepte entwickeln, beispielsweise als Spin-off zum eigentlichen Format, das dann digital auf der Website des Werbepartners ausgestrahlt werden kann.

Für das Erfolgsformat »X Factor« in England haben wir bei *FremantleMedia* bereits früh damit begonnen, sogenannte Verticals für die Sponsoren des Formats zu produzieren, also mehrere Themen-Channels innerhalb der Website, die unter einem gemeinsamen Dach vermarktet werden und so eine höhere Reichweite erzielen. Dabei entstanden abhängig vom Geschäftsfeld des Werbepartners Videospecials mit verschiedenen Themenschwerpunkten. In der letzten Staffel 2012 waren dies Videodiaries für *Samsung*, Backstage Reports des langjährigen Partners *TalkTalk*, Make-up Tipps von *Rimmel* und der »X Factor Hair Salon« von *TRESemme*. Ähnliche Konzepte wurden auch für »X Factor« in Frankreich und den Niederlanden umgesetzt. In der USA, wo häufig das Zehn- oder Zwanzigfache an Budgets für die Projektumsetzung zur Verfügung steht, gab es unter anderem die »Pepsi PreShow Live«, das »Meet the X Team« von *Verizon* und den »All Access Pass« von *Best Buy*. Ein Aufhänger für Brand Content kann auch ein Product Placement in einem Kinofilm sein. Die Placements von *BMW* in »Mission Impossible 4« und *Heineken* in James Bonds letztem Abenteuer »Skyfall« bildeten den Startpunkt für umfangreiche Kampagnen. Natürlich bietet ein solches Placement auch zusätzlichen Content für das digitale Marketing, beispielsweise in Form von Produktionstagebüchern am Set und Livestreams von internationalen Filmpremieren (zum Beispiel auf dem Rücksitz eines BMWs gefilmt), die über unterschiedliche Markenkanäle ausgestrahlt werden.

So vielschichtig wie die Entwicklung der Idee ist auch die Umsetzung. Dabei möchte ich ein beliebtes Vorurteil aufgreifen: Ja, die Produktion von bewegten Bildern ist aufwendig! Das heißt aber nicht, dass diese zwingend auch teuer sein muss. Die technische Produktion eines WebTV-Magazins kann relativ kostengünstig, aber aufgrund der Exklusivität der Inhalte und Interviews dennoch ein Millionenhit auf *YouTube* sein. Eine Produktion für das Internet ist dabei nicht zwingend billiger als eine Fernsehproduktion, zumal vor dem Hintergrund des Verschmelzens von TV-Geräten und Internet (Smart TV) eine Produktion in HD der Standard sein sollte. Dieses Zusammenwachsen der technischen Plattformen ist eine große Chance für Brand Content, zusätzliche Zuschauer zu erreichen.

Jedes Projekt ist anders. Deswegen ist auch jede Kalkulation anders. Entscheidender Kostenfaktor ist u. a. der Erwerb der Rechte für Testimonials und Musik, die maßgeblich für den Erfolg oder Misserfolg eines Projekts sind (vgl. Kap. 5, S. 243). Um die rechtlichen Voraussetzungen in aller Ruhe klären zu können, sollte vorab genügend Zeit dafür einkalkuliert werden. Wer unter Druck steht, hat in der Regel weniger Verhandlungsspielraum. Häufig sind diese Rechte sogar ohne zusätzliches Budget zu bekommen, gerade wenn man diese von Beginn an in die Sponsoring-Verhandlungen einbezieht. Und auch ohne Sponsoring ist vieles möglich, sofern die involvierten Parteien und Rechtegeber über den Content eigene Marketingeffekte erzielen können.

Wichtig ist, im Vorfeld der Produktion und nach Konzeptfreigabe eine so konkrete Vorstellung wie möglich über das Endprodukt zu entwickeln: Wie genau soll der Look des Formats sein? Wie viel Sichtbarkeit bekommt die Marke? Im Idealfall sollte es ein Storyboard oder einen Moodfilm geben. Dabei sollte auf jeden Fall mit konkreten Beispielen als Referenz gearbeitet werden. Da naturgemäß nicht alle beteiligten Partner in der Produktion von Bewegtbildern gleich geschult sind, ist dieser Austausch zwingend notwendig, um später ein böses Erwachen im Schneideraum auszuschließen. Es sollte hierfür mindestens ein Pre-Production Meeting mit allen Partnern geben. Grundsätzlich gilt: Je mehr Partner involviert sind, umso mehr Zeit sollte für Abstimmungs- und Abnahmeprozess eingeplant werden. Während die Abläufe einer klassischen Werbefilmproduktion gelernt sind, müssen diese bei Brand-Content-Projekten in der Regel noch definiert bzw. Erfahrungswerte gesammelt werden. Insbesondere bei Projekten, in denen Teilleistungen gebartert, also durch Tauchgeschäfte realisiert werden und dadurch weitere Partner ein Mitspracherecht erhalten, muss mit zusätzlichen Freigabeschleifen gerechnet werden. Auf Unternehmensseite kann es außerdem sinnvoll sein, möglichst frühzeitig andere Fachabteilungen zu involvieren, um eine ganzheitliche Vernetzung aller Kommunikationsmaßnahmen zu erzielen. Denn wie bereits erwähnt, kann Brand Content auch für klassische Kampagnen genutzt werden.

Wie viel Marke braucht der Content? Und wie viel verträgt er?

Eine wesentliche Frage in der Content-Entwicklung ist, wie sichtbar eine Marke sein sollte. Es gibt viele Möglichkeiten, eine Marke in den Content zu integrieren: als Presenting (am Anfang und Ende des Formats), über Testimonials, Locations, Produkte, Logos, Sounds, Werte oder Themen. Es ist nicht immer ganz einfach, den Kreativen der Unterhaltungsindustrie bewusst zu machen, dass der Brand Content nicht nur dem Zuschauer, sondern insbesondere auch der Markenbotschaft verpflichtet ist. Ebenso muss der Markenmanager verstehen, dass weniger Marke im Bild häufig wirkungsvoller ist, weil so Reaktanzen beim Zuschauer vermieden werden. Dieses Verständnis ist mit Sicherheit eine der größten Herausforderungen bei Brand-Content-Projekten, die viel Zeit für Diskussionen auf Augenhöhe zwischen den Machern erfordern. Damiano Vukotic, Head of Sales & Digital Strategy bei RSA Films, nennt deswegen »great storytelling« und »close collaboration between the brand and the creative« als wichtigste Faktoren für erfolgreichen Brand Content und begründet die Herausforderungen in der Kreation folgendermaßen: »They're complex because the creative outcome is usually a compromise between a brand and a creative also if it's useful too, like an app or service.« Meine Erfahrung zeigt auch, dass es häufiger geschickter und wirkungsvoller ist, über Brand Content Interesse für eine Marke zu wecken und den Konsumenten zu weiteren Markenkontakten einzuladen, statt diesen mit Produktbotschaften zu überfallen. Dies kann zum Beispiel die Einladung zu einer Probefahrt oder aber ein Tutorial mit besonderen Schminktipps und Produkt-Links sein.

Content is King. Media is Queen.

Gut gemachter Content kann eine Reichweite und Kontaktqualität (Sehdauer, Involvement, Aufmerksamkeit) erzielen, die mit Paid Media niemals zu finanzieren wäre. Dennoch ist es unbedingt erforderlich, den Content crossmedial zu inszenieren und zu vermarkten. Brand Content braucht die Unterstützung von Paid und Earned Media. Diese machen den Konsumenten auf den Content aufmerksam und bilden die Startrampe, die den Content zum Fliegen bringt. Mit anderen Worten: Content is King. Aber Media ist definitiv Queen. Deswegen ist eine Vernetzung der einzelnen Fachabteilungen und Agenturen besonders wichtig, um bestmögliche Resultate zu erzielen und um zeitliche Verzögerungen zu meistern.

In Hollywood wird für das Bewerben von Blockbustern etwa der Faktor 0,5 bis 1,0 des Produktionsbudgets ausgegeben. Der globale Box Office-König »Avatar« von James Cameron, mit einem weltweiten Kinoeinspielergebnis von 2,78 Milliarden Dollar, hat 300 Millionen Dollar an Produktionskosten verschlungen und war damit zu diesem Zeitpunkt der teuerste Film, den *Fox Filmed Entertainment* jemals hergestellt hat. Um sicher zu stellen, dass dieses Investment auch den gewünschten Kassenerfolg erzielt, wurden zusätzlich nochmals geschätzte 150 Millionen Dollar in das Marketing (P&A = Print & Advertising) gesteckt, also unter anderem in Anzeigen- und TV-Kampagnen, die Erstellung von Trailern, digitales Marketing und Filmkopien. Diese Marketingausgaben erscheinen umso gewaltiger, wenn man berücksichtigt, dass in diesen Filmen die Power vieler bekannter Hollywoodstars steckt, die ein wichtiger Publikumsmagnet sind. Spannend ist, wie insbesondere die Trailer-Produktion in den letzten Jahren explodiert ist. Nachdem Trailer früher von den Studios häufig selbst produziert wurden, hat sich mittlerweile ein eigener Industriezweig entwickelt, in dem Firmen wie »m ocean« in Los Angeles Millionen erwirtschaften. Was für Hollywood-Filme gilt, gilt auch für die Vermarktung von Brand Content. Wahrscheinlicher ist sogar ein Verhältnis von eins (Budget Content) zu fünf (Media). Schließlich hat nicht jedes Projekt eine Stardichte wie ein Hollywood-Film und einen preisgekrönten Regisseur mit eigener Fangemeinde.

> Brand Content braucht die Unterstützung von Paid und Earned Media. Diese machen den Konsumenten auf den Content aufmerksam und bilden die Startrampe, die den Content zum Fliegen bringt. Mit anderen Worten: Content is King. Aber Media ist definitiv Queen.

Eine Handvoll Dollar – die Finanzierung von Brand Content

Für die Hauptrolle des Films »Für eine Handvoll Dollar« aus dem Jahr 1964 waren zunächst Henry Fonda, Charles Bronson, James Coburn oder Steve Reeves vorgesehen, die jedoch zu teuer waren. Clint Eastwood sah in dem Film eine willkommene Gelegenheit, Italien und Spanien kennenzulernen, und so sagte er für 15.000 Dollar zu. So zumindest die Legende. Natürlich sind Brand-Content-Projekte nicht für eine Handvoll Dollar zu realisieren. Jedoch: Schon für 15.000 Euro lässt sich ein Produktionsteam beauftragen, um beispielsweise im Rahmen eines Eventtags entsprechende Interviews mit Testimonials oder exklusiven Gästen zu produzieren. Aus diesem Material kann dann ein Eventtrailer geschnitten werden, der sich über digitale Kanäle (*YouTube*, *Facebook*, *Website*) verbreiten lässt. Gleichzeitig ist dieses Material als Ausgangslage für ein Special geeignet, wie im Fallbeispiel der »The Cinema Diaries«, das sich auch mit anderen Inhalten kombinieren lässt, beispielsweise aus einem Hollywood-Blockbuster. Während Brand-Content-Projekte in der Vergangenheit häufig aus Sondertöpfen finanziert wurden, verschieben sich immer mehr klassische Budgets in diesen Bereich. Ausgezeichnete und millionenschwere Projekte wie »Move on« oder der Red Bull Stratosphärensprung beweisen dies eindrucksvoll. Schlussendlich ist das Budget immer vom jeweiligen Projekt abhängig. Es lassen sich auch mit einem kleineren Budget sensationelle Projekte auf die Beine stellen. Wichtig ist, dass neben der reinen Content-Produktion genug Budget übrig bleibt, um das Projekt zum Fliegen zu bringen. Gemäß dem Motto: Content is King, but Package is God. Last but not least: Mit Brand-Content-Projekten ist es so wie mit fast allen Dingen: Je häufiger man sie macht, umso leichter werden sie. Also, legen Sie los!

Distribution von Brand Content

Herausforderungen und strategische Optionen

Georg Ramme

> Neben der Content- und Formatentwicklung ist die Distribution von Brand Content der zweite Meilenstein im Planungsprozess. Diese erfordert ebenso viel Kreativität und Aufmerksamkeit, so der Medienmanager Georg Ramme. Ramme zeigt wie Brand Content den Zuschauer über vielfältige Distributionsoptionen im Bewegtbild erreicht und welche Herausforderungen und Spannungen im Prozess lauern.

Über wenige andere Themen wird in der Medienwelt aktuell mehr gesprochen als über Brand Content, Content Marketing und Branded Entertainment. Es scheinen weitaus mehr Begriffe zu existieren als konkrete Anwendungsbeispiele. Echte Erfolgsgeschichten, wie sie in anderen Märkten durchaus existieren, sind hierzulande selten. Denn die Produktion und Distribution von Brand Content findet in einer komplexen medialen Umwelt, einem dynamischen Spannungsfeld, dominiert von gewichtigen Akteuren aus Kunden, Mediaagenturen, Sendern und deren Vermarktern statt.

Es gibt viele Ideen für Brand Content, und viele Unternehmen würden gerne Brand Content einsetzen. Kritischer Erfolgsfaktor ist jedoch die Distribution. Die Produktion von Brand Content macht keinen Sinn, wenn die Inhalte nicht einer breiten und relevanten Zuschauerschaft bereitgestellt werden können. Die zentrale Frage ist immer: Wie und wo können die Inhalte publiziert werden, so dass eine maximale Zahl an Zuschauern mit den Inhalten erreicht wird? Der nachfolgende Artikel beschäftigt sich mit den Distributionsmöglichkeiten von audiovisuellem Content. Es geht nicht um klassische Product Placements, sondern um Inhalte, die von einem Markenhersteller finanziert oder mitfinanziert werden und deren werblicher Charakter eher im Hintergrund steht. Theoretischer Ausgangspunkt ist, dass die Idee zur Produktion von audiovisuellem Content bereits existiert, die unterschiedlichen Distributionsmöglichkeiten aber noch erschlossen werden müssen. Im Folgenden soll deshalb dargestellt werden, welche Akteure und Zielsetzungen in die Produktion von Brand Content einbezogen werden müssen, welche strategischen Optionen es bei der Distribution gibt und wie diese gegenwärtig und in Zukunft zu bewerten sind.

Distribution von Brand Content im Spannungsfeld der marktrelevanten Akteure

Der Erfolg von Brand Content ist nicht nur von seinem Inhalt, sondern vor allem auch von seiner Distribution abhängig. Egal wie mitreißend und einzigartig Marke und Brand Content sind, es muss von Anfang an sichergestellt sein, dass der Content die Konsumenten(-zahlen) erreicht, für die er produziert wird. Die Distribution von Brand Content befindet sich dabei in einem Spannungsfeld von verschiedenen Marktakteuren mit teilweise divergierenden Zielsetzungen, die eine erfolgreiche Umsetzung oft erschweren. Konkret heißt das, dass jeder dieser Akteure seine eigene Zielsetzung hat, die häufig der Zielsetzung eines anderen Marktakteurs entgegensteht. Da bei der Distribution von Brand Content aber alle Beteiligten ein gemeinsames Ziel verfolgen müssen, scheitern viele Brand-Content-Konzepte.

> Der Erfolg von Brand Content ist nicht nur von seinem Inhalt, sondern vor allem auch von seiner Distribution abhängig.

Zum besseren Verständnis des Spannungsfelds und der Motivationen der einzelnen Akteure werden diese nun im Einzelnen kurz erläutert, ihre Funktionen beschrieben und potenzielle Interessenkonflikte bei der Distribution von Brand Content aufgezeigt.

Abb. 1: Spannungsfeld der Distribution von Brand Content (eigene Darstellung)

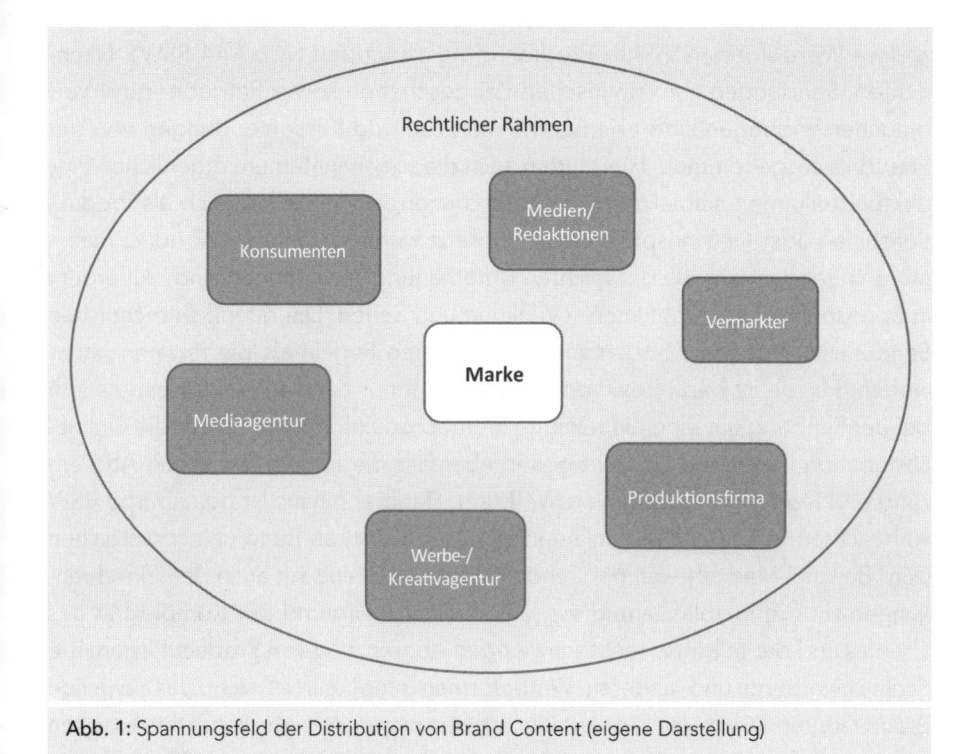

Rechtlicher Rahmen

Die Distribution von Brand Content ist maßgeblich vom aktuellen rechtlichen Rahmen abhängig (vgl. Kap. 5.4). Unabhängig von den Interessen der einzelnen Akteure bildet dieser rechtliche Rahmen die rechtliche Grundlage der Distribution und soll deshalb vorab kurz in den wichtigsten Punkten umrissen werden. Mit dem 13. Rundfunkänderungsstaatsvertrag wurde im Jahr 2010 das bis dato bestehende Verbot von Product Placement und ähnlichen integrierten Werbeformen weitestgehend aufgehoben. Die Novelle setzt eine Richtlinie der EU um, die die Verbesserung der Wettbewerbsfähigkeit europäischer Medien zum Ziel hat und die teilweise stark voneinander abweichenden nationalen Gesetzgebungen einander angleichen will. Als Faustregel gilt nach wie vor: Werbung und redaktionelle Programminhalte müssen weiterhin klar voneinander abgegrenzt und Werbung als solche kenntlich gemacht werden (vgl. §7ff. RStV). Grundsätzlich ist es aber sowohl öffentlich-rechtlichen Rundfunkanbietern als auch privaten Sendern erlaubt, unter Einhaltung von bestimmten Richtlinien Product Placements und andere Werbeformen in ihre Programme einzubinden (vgl. § 44 RStV). Nachrichten, Sendungen zum politischen Zeitgeschehen sowie Ratgeber- und Verbrauchersendungen sind ebenso wie religiöse und Kindersendungen von der Erlaubnis ausgenommen. Hier dürfen auch die sogenannten unentgeltlichen Produktbeistellungen selbst dann nicht geschehen, wenn sie lediglich als Produktionshilfen oder Gewinnspielpreise eingesetzt werden. Erlaubt ist Product Placement in Sendungen, die der leichten Unterhaltung zuzurechnen sind, außerdem in Sportsendungen, Kinofilmen, TV-Filmen und Serien. Die öffentlich-rechtlichen Sender sind laut § 15 RStV außerdem strengeren Regeln als die Privaten unterworfen: Für sie ist bezahltes Product Placement nur dann zulässig, wenn es sich bei der Sendung um eine eingekaufte Fremdproduktion handelt. Für die Online-Distribution von Brand Content gelten ebenfalls die Regeln der klaren Abgrenzung und Kenntlichmachung von Werbung. Darüber hinaus ist gemäß § 58 RStV zu beachten, dass je näher Online-Inhalte in ihrer Art an Rundfunk heranreichen (zum Beispiel Mediatheken der Sender), desto eher sind sie auch den Einschränkungen zur Produktplatzierung etc. unterworfen. Aufgrund der Komplexität des Themas und der teilweise recht schwierigen Abgrenzung von Product Placement, Schleichwerbung und anderen Werbeformen empfiehlt es sich, das jeweilige Brand-Content-Konzept von Anfang an zusammen mit Medienrechtsexperten eingehend darauf zu prüfen, ob es den Richtlinien des jeweiligen Distributionsmediums gerecht wird oder gegebenenfalls andere Kanäle oder Formate gewählt werden müssen.

Marke

Im Zentrum aller Akteure steht die Marke bzw. das Marketing als Initiator und Geldgeber. Durch Ziele und Budgetvorgaben werden die Weichen für den späteren Erfolg oder Misserfolg eines Projekts maßgeblich gestellt. Es sind vor allem klassische Marketingziele, die durch Brand Content verfolgt werden (zum Beispiel Image-Aufbau und/oder Steigerung des Bekanntheitsgrads). Hier stellt sich das Problem, dass – anders als bei klassischen Werbespots – Brand Content bzw. das vermittelte Image nicht mehr vollständig kontrolliert werden können (Beispiel: Sender-Image passt nicht zur Marke). Auch lässt sich der direkte Erfolg von Brand Content im Vergleich zu TV-Spots schwer messen (vgl. Kap. 5, S. 227). Hinzu kommt, dass die von der Marke favorisierten Distributionsplattformen, wie zum Beispiel die erfolgreiche Samstag-Abend-Show im TV, nicht oder nur mit erheblichen Kompromissen verfügbar sind. Kostengünstigeren oder weniger erschlossenen Distributionswegen stehen viele Marken hingegen noch skeptisch gegenüber. Parallel zur o.g. Zielsetzung besteht oft auch ein Interesse an der Monetarisierung des Brand Contents, sei es um den ROI des Projekts zu maximieren oder sogar gänzlich neue Geschäftsfelder für die Marke zu erschließen, beispielsweise eigenständige Film- oder Serienproduktionen etc.

Medien/Redaktionen

Potenzielle Medienpartner und Redaktionen werden durch die geltenden rechtlichen Bestimmungen (vgl. Kap. 5, S. 243) in ihrer inhaltlichen Handlungs- und Entscheidungsfreiheit beschränkt. Zudem haben Redaktionen aus ihrem Selbstverständnis heraus ein starkes Interesse an qualitativ hochwertigen Inhalten. Sie wollen unabhängig von den kommerziellen Interessen anderer Akteure sein. Gleichzeitig messen auch sie ihren Erfolg an Quoten (Auflagen, Page Impressions etc.), und sie haben eine eigene Zielgruppe, die sie mit ihren eigenen Formaten und (Medien-)Marken erreichen und erweitern wollen. Auf keinen Fall wollen sie diese durch ›schlechten‹ Brand Content, mangelnde Qualität oder durch einen zu starken Werbecharakter vertreiben. Im schlimmsten Fall sind die Interessen von Marketing und Redaktion diametral verschieden. Die Integration der Marke in bestehende Formate erfordert somit Kompromisse von beiden Seiten. Idealerweise lässt sich eine Marke aufgrund des Produkts und Images nahtlos in bestehende Formate integrieren oder wird von Anfang an in die Entwicklung neuer Formate einbezogen, um die gewünschten Synergieeffekte für beide Seiten zu erzeugen.

Vermarkter

Die Vermarkter sind ein nicht zu unterschätzender Gatekeeper bei der Distribution vor allem crossmedialer Markeninhalte. Manche Vermarkter sind aufgeschlossen, was die Integration von Brand Content in ihre eigenen Kanäle betrifft, andere sind eher zurückhaltend wie beispielsweise die Mediengruppe RTL Deutschland. Diese stark vereinfachte Darstellung bedeutet für die Verbreitung von Brand Content in der Praxis, dass eine inhaltliche synchronisierte Kooperation mit unterschiedlichen oder konkurrierenden Medienhäusern unter Umständen von vornherein unmöglich ist oder nur mit vielen Kompromissen realisiert werden kann. Gleichzeitig bieten breit aufgestellte Medienhäuser aber die Möglichkeit, sämtliche Kanäle ihres Portfolios umfassend in die crossmediale Distribution einzubinden. Den Vermarktern ist allerdings wenig daran gelegen, wenn unter Brand Content ihr »Bestseller« – die klassische TV-Werbung – leidet, weil bestehende Budgets umgeschichtet werden. Dies liegt daran, dass Brand-Content-Projekte für den Sender wesentlich komplexer und arbeitsintensiver sind. Es muss also ähnlich wie bei Mediaagenturen mit Zurückhaltung gerechnet werden.

Mediaagentur

Um die Position der Mediaagenturen verstehen zu können, hilft ein Blick auf die Konkurrenzsituation in Deutschland. Den Markt teilen sich im Wesentlichen fünf große Player auf, die untereinander einen harten Kampf um Kunden, Preise und Rabatte auf Buchungsvolumen ausfechten. Kerngeschäft ist nach wie vor der klassische 30-Sekünder in entsprechend breiter Streuung auf den für die Agenturen einträglichsten Kanälen. Brand Content ist jedoch in der Regel weitaus komplexer, cross-medialer und schwieriger zu planen als klassische Werbeschaltungen und wird deshalb noch viel zu selten aktiv von Mediaagenturen angeboten. Vor allem den Marktführern ist ähnlich wie den Vermarktern wenig daran gelegen, bestehende Etats von margenträchtigen 30-Sekündern zu den aufwändigen und eher kleinteiligen Brand-Content-Projekten zu verschieben. Denn nur wenn die Mediaagentur diese 30-Sekünder weiterhin in großen Mengen bei den TV-Vermarktern einkauft, kann sie sich die entsprechenden Rabatte auf Buchungsvolumen sichern, die ihr die entscheidenden Vorteile im Wettbewerb um neue und bestehende Kundenetats verschaffen.

Werbeagentur

Die Werbeagentur betreut häufig die gesamte Kommunikation einer Marke und ist damit ein weiterer wichtiger Gatekeeper bei der Umsetzung von Brand-Content-Konzepten. Da Werbung und Content nach anderen Mechanismen funktionieren und auf unterschiedliche kommunikationspolitische Ziele einer Marke einzahlen, entstehen bei der Konzeption und Umsetzung Zielkonflikte zwischen Redaktion und Agentur. Daneben hat auch die Agentur ein eher zurückhaltendes Interesse daran, Brand-Content-Konzepte aus bestehenden Etats umzusetzen. Zum einen verdient die Agentur mit klassischen Werbeformen häufig mehr, zum anderen reduziert sich durch das notwendige Outsourcing bei Brand-Content-Projekten die Agentur-Marge.

Produktionsfirma

Da Produktionsfirmen in der Regel keine ausgewiesenen Marketing-Experten sind und zudem als externe Dienstleister das veranschlagte Agenturbudget schmälern, gestaltet sich die direkte Zusammenarbeit zwischen Kreativagentur und Produktionsfirma mitunter schwierig. Abhängig davon, zu welchem Zeitpunkt eine Produktionsfirma für TV/Online in ein Projekt involviert wird und welche Aufgabenbereiche sie übernimmt, kann diese nicht nur ein reiner Dienstleister, sondern auch ein wertvoller Kooperationspartner und Ideengeber sein. Produktionsfirmen haben das notwendige kreative und technische Know-how sowie entsprechende Branchen-Kontakte für die Produktion und Distribution von Brand Content. Es ist deshalb sinnvoll, diese frühzeitig in die Kreation und Planung mit einzubeziehen. Natürlich haben auch Produktionsfirmen Interessen, die sie an den Verhandlungstisch mitbringen. Dies können Präferenzen für einen bestimmten Distributionskanal sein oder der Wunsch, eigene Formate umzusetzen. Zudem haben auch Produktionsfirmen gegebenenfalls ein gesteigertes Interesse an Distributionsmodellen mit Erfolgsbeteiligung, wenn es um eine Monetarisierung des Brand Contents geht. Hierin ist aber weniger ein Hindernis als vielmehr eine Möglichkeit zur gleichberechtigten und erfolgreichen Kooperation zu sehen, deren Synergieeffekte dem Brand Content zum Erfolg verhelfen.

Anforderungen an Brand Content und seine Produktion

Für eine erfolgreiche Distribution von Brand Content sollten folgende Aspekte in der Zusammenarbeit zwischen Marke, Redaktion, Vermarkter, Agentur und Produktionsfirma beachtet werden, die durchaus als Appell an die jeweiligen Akteure zu verstehen sind:
▶ *Inhalte*: Sorgen Sie dafür, dass Inhalte zwischen Marke, Redaktionen und Agentur (und ggf. Produktionsfirma) abgestimmt und optimiert werden. Die frühzeitige Einbindung von strategisch wichtigen Partnern macht die Herstellung und Distribution von Brand Content zwar scheinbar komplexer, hilft aber, Hindernisse im weiteren Projektverlauf rechtzeitig zu erkennen und zu beseitigen.

▶ *Geschäftsmodell*: Bringen Sie die Interessen (und Budgets) von Mediaagentur, Kreativagentur und Vermarktern in Einklang. Es lohnt sich ausnahmslos, bei der Auswahl von Dienstleistern und Kooperationspartnern auf mögliche Synergien zu achten und gemeinsame Ziele nicht nur zu identifizieren, sondern auch aktiv zu verfolgen. Größere Reichweiten, reibungslose Prozesse, mehr Konsumenten-Involvement und ein höherer ROI sind nur einige der Synergieeffekte, die sich daraus ergeben können.
▶ *Rechtliche Bestimmungen*: Beachten Sie die rechtlichen Vorgaben und Einschränkungen für Inhalte und Distributionsformate.

Strategische Optionen zur Distribution von Brand Content

Es gibt unzählige mögliche Distributionsoptionen für Brand Content. Diese umfassen die Wahl der medialen Plattform sowie des Geschäftsmodells. Mit *medialer Plattform* ist der mediale Einstiegs- oder Hauptdistributionsweg gemeint, also TV, Online, Mobil und sonstige Plattformen. Selbstverständlich sind auch Kombinationen möglich. Mögliche Geschäftsmodelle sind *Paid*, *Free* und *Licence*. *Paid* bezeichnet die Distributionswege, bei denen die Marke den Medienpartner dafür vergütet, dass dieser den Content publiziert und eine Reichweite zur Verfügung stellt. Dies kann entweder eine direkte Zahlung sein oder in Form von eingekauften Media-Leistungen. Diese Media-Leistungen können dann genutzt werden, um den Content bekannt zu machen. *Free* bezeichnet die Distributionswege, bei denen eine Marke nichts für die Distribution und den Zugang zur Reichweite an den Medienpartner bezahlt. Der Medienpartner greift den Content vielmehr auf, publiziert ihn und vermarktet ihn wiederum. Gelegentlich zahlt der Medienpartner an den Content-Inhaber aus medienrechtlichen Gründen eine symbolische Lizenzgebühr. Bei der Option *Licence* zahlt der Medienpartner an den Content-Inhaber eine relevante Lizenzgebühr, damit er den Content ausstrahlen darf. Es handelt sich hierbei um eine Sonderform der Distribution von Brand Content, die nur bei extrem hochwertigem, nahezu werbefreiem Content möglich ist. Abbildung 2 gibt einen Überblick über die unterschiedlichen Optionen, die nachfolgend in ihren Grundzügen erläutert werden.

Distribution von Brand Content
Herausforderungen und strategische Optionen | 221

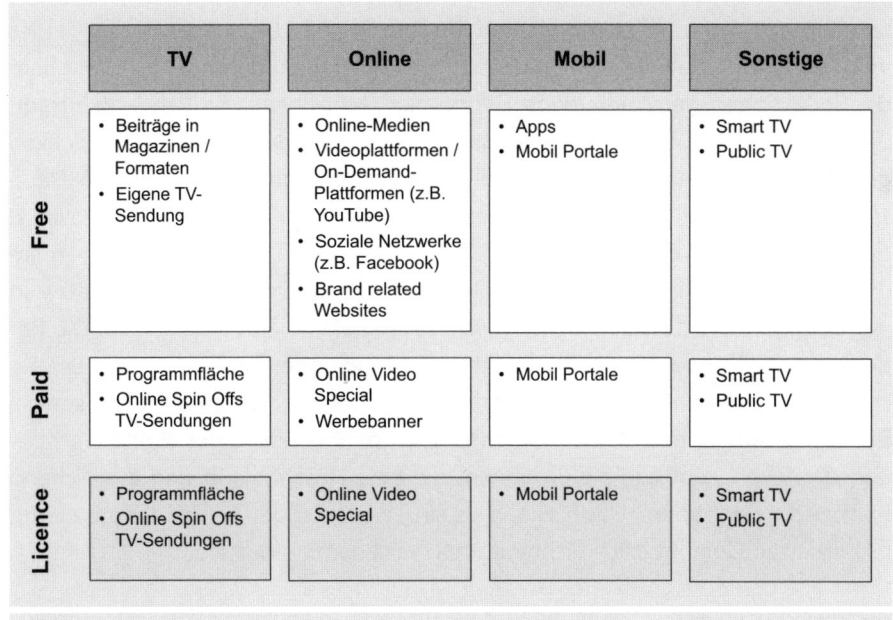

	TV	Online	Mobil	Sonstige
Free	• Beiträge in Magazinen / Formaten • Eigene TV-Sendung	• Online-Medien • Videoplattformen / On-Demand-Plattformen (z.B. YouTube) • Soziale Netzwerke (z.B. Facebook) • Brand related Websites	• Apps • Mobil Portale	• Smart TV • Public TV
Paid	• Programmfläche • Online Spin Offs TV-Sendungen	• Online Video Special • Werbebanner	• Mobil Portale	• Smart TV • Public TV
Licence	• Programmfläche • Online Spin Offs TV-Sendungen	• Online Video Special	• Mobil Portale	• Smart TV • Public TV

Abb. 2: Distributionsoptionen für Brand Content (eigene Darstellung)

TV

TV ist nach wie vor für die meisten Produzenten von Brand Content die wichtigste Distributionsplattform. Hauptgrund ist die hohe Reichweite und auch der symbolische bzw. psychologische Nutzwert für die Marke, da das Fernsehen dem Content etwas Großes und Schillerndes gibt, obwohl die Reichweite bei einigen Nischensendern kleiner ist als bei bestimmten Onlineanbietern. Nachteile sind die Komplexität der Umsetzung aufgrund des hohen Abstimmungsbedarfes mit dem TV-Sender sowie die hohen Kosten bei bezahlter Distribution.

TV-Beiträge in Magazinen/Formaten – Ist der Content werbeunabhängig und hat er hohen redaktionellen Mehrwert, kann eine Marke versuchen, den Beitrag in einem TV-Magazin oder einem anderen TV-Format zu platzieren. Eine Garantie der Ausstrahlung ist nicht möglich, da Werbetreibende nicht in die redaktionelle Freiheit der Redaktionen eingreifen dürfen.

Eigene TV-Sendung – Eine eigene TV-Sendung auf einem relevanten TV-Sender ist natürlich für die meisten Content-Inhaber die begehrteste Option. Jedoch ist eine Umsetzung eher die Ausnahme. Nur bei sehr überzeugendem redaktionellem Konzept und sehr starken Marken wie zum Beispiel *Lego* oder *Disney* ist dies möglich. Neben den vielen medienrechtlichen Herausforderungen sind die Sender-Redaktionen der limitierende Faktor. Nur wenn ihnen die Sendung zusagt, die Quote vielversprechend erscheint und es keine medienrechtlichen Bedenken gibt, ist eine Umsetzung möglich. Ein Beispiel ist der Film »Move On« der *Deutschen Telekom* (vgl. Kap. 2, S. 57). Dem Crowdsourcing-basierten Roadmovie ist der Sprung ins TV gelungen. Am 30.12.2012 hat der TV-Sender ProSieben um 0:30 Uhr den einhundertminütigen Film ausgestrahlt. Der späte Sendeplatz und -tag zeigt jedoch, dass es schwierig war, das Projekt im TV zu platzieren. Die Bedeutung des Kunden Deutsche Telekom für den Sender ProSieben und zusätzliche Medialeistungen werden hier mit entscheidend gewesen sein. Da sowohl Beiträge in Magazinen als auch eigene TV-Sendungen keine gesicherte Distribution darstellen, gibt es Paid-Optionen, die eine Ausstrahlung und ausreichend Reichweite garantieren. Das Risiko, dass ein TV-Sender den vielleicht schon fertig produzierten Content doch nicht aufgreift, wird damit reduziert.

TV – Programmfläche – Insbesondere bei kleineren TV-Sendern oder Nischensendern können ganze Werbe- oder Programmflächen gekauft werden. Die medienrechtlichen Gegebenheiten des Rundfunkstaatsvertrages müssen auch bei dieser Option eingehalten werden. Bei einer starken werblichen Ausrichtung ist eine Kennzeichnung als Dauerwerbesendung erforderlich. Bei den großen TV-Sendern und Vollprogrammen existiert diese Option faktisch nicht. Hauptgrund ist die hohe Bedeutung des Rundfunkstaatsvertrages sowie die Orientierung des Programms an TV-Quoten. Auch wenn der Rundfunkstaatsvertrag bei allen Sendern gilt, zeigt die Praxis, dass kleinere Sender die Vorschriften des Rundfunkstaatsvertrages etwas freier auslegen.

TV-Online Spin-offs von TV-Sendungen – Als eine Sonderform für den TV-Bereich soll hier der Online Spin-off von TV-Sendungen genannt werden. Die meisten relevanten TV-Formate haben mittlerweile eigene Online-Präsenzen, auf denen Zusatzinformationen zur TV-Sendung sowie weitere Rubriken zu finden sind. Möglich ist hier zum Beispiel, dass eine neue Rubrik durch Brand Content im TV beworben wird, der eigentliche Content aber im Netz zu sehen ist. Ein Beispiel ist die Kampagne »Elton läuft«. Grundidee der Aktion war, dass der Moderator Elton einen Marathon in New York läuft und dies von unterhaltsamen Content begleitet wird. Unterstützt wurde die Aktion von dem Sportartikel-Unternehmen *Nike*. Die gesamte Kampagne wurde im TV in der Sendung »TV total« beworben, Mittelpunkt war jedoch eine eigene Onlinepräsenz (http://www.elton-laeuft.de), die auch mit der Website von »TV total« verknüpft war. Das Interessante an dieser Distributionsoption ist, dass die Vorteile des Mediums TV genutzt, die strengen medienrechtlichen und redaktionellen Herausforderungen für Brand Content im TV jedoch umgangen werden können. Ein Hindernis ist natürlich, dass die Zuschauer mit einem gewissen Aufwand und dem Risiko des Reichweitenverlusts vom TV auf die Online-Präsenz gebracht werden müssen.

Online

Mit der wachsenden Bedeutung von Online im Mediamix gewinnt auch dieser Distributionskanal für Brand Content an Relevanz. Dennoch ist es nach wie vor schwierig, eine relevante Reichweite online zu erzielen. Dies ist nur durch Medienpartnerschaften möglich oder mit einem Media-Budget zur Bewerbung des Contents. Die häufig kolportierte Meinung, dass bei Online-Medien andere Werberichtlinien gelten als im TV, ist jedoch nicht richtig (vgl. Kap. 5, S. 243). Im Internet gelten die Regelungen des Telemediengesetzes, die ebenfalls durch den Rundfunkstaatsvertrag übernommen wurden. Je dichter Online-Angebote in Format und Inhalt dabei an den klassischen Rundfunk heranreichen, desto eher sind ihre Inhalte auch den Einschränkungen des Rundfunkstaatsvertrages unterworfen. Werbung muss dabei als solche klar erkennbar und vom übrigen Inhalt der Angebote eindeutig getrennt sein. In der Werbung dürfen keine unterschwelligen Techniken eingesetzt werden. Auch wenn diese Regeln in der Praxis meist weniger restriktiv gehandhabt werden, existieren sie und müssen beachtet werden.

Online-Medien – Klassische Online-Medien sind die reichweitenstarke Distributionsoption für Brand Content. Entweder sind dies die Online-Ableger von großen Offline-Medien wie zum Beispiel *Bild.de* oder große Online-Portale wie *T-Online*. Eine Distribution über die großen Marktteilnehmer ist jedoch nicht ohne Weiteres möglich. Neben den zu berücksichtigenden Verordnungen des Rundfunkstaatsvertrages haben auch Online-Redaktionen ein Interesse daran, Inhalte und Werbung zu trennen. Denn sie sind wie die TV-Sender an der Quote, also an maximalen Klickzahlen interessiert. Ein Beispiel ist die Webserie »Dear Lucy« aus dem Jahr 2009, die vom Versandhaus *Otto* finanziert wurde.

Otto – Dear Lucy

Die fiktionale Serie über eine junge Musikerin auf ihrem Weg zum Erfolg wurde auf *Bild.de* im redaktionellen Kontext gezeigt. Zweimal wöchentlich wurde dabei eine neue Folge hochgeladen.

Videoplattformen/Soziale Netzwerke – Eine naheliegende Distributionsoption im Netz sind Videoplattformen wie *YouTube* oder soziale Netzwerke wie *Facebook*. Bei derartigen Plattformen gibt es keine Redaktion, die eine Ausstrahlung verhindert, und jeder Nutzer kann seine Inhalte nach Belieben hochladen. Das größte Problem ist jedoch, die gewünschte Reichweite für Inhalte und Channels zu bekommen und dass Brand Content in der Vielzahl der Inhalte häufig untergeht. Möglichkeiten zur Steigerung der Reichweite sind zusätzliche Budgets für Media-Leistungen, um die Inhalte durch Werbeschaltungen bekannt zu machen oder die Kooperation mit sogenannten Channel-Netzwerken, die über Crosspromotions auf die eigenen Inhalte aufmerksam machen.

Brand Related Websites – Die Distribution über Brand Related Websites ist die einfachste Option, Content zu verbreiten, jedoch auch die mit den geringsten Chancen auf Reichweite und Erfolg. Zum einen ist die Reichweite bei einer Stand-Alone-Website ohne Medienkooperation meist sehr gering, zum anderen wird der Content nicht als unabhängiger Content wahrgenommen und vom Nutzer deshalb gegebenenfalls abgelehnt.

Online Video Special/Werbebanner – Um das Bottleneck der Redaktionen zu umgehen und maximale Reichweite zu erzielen, kann die Distribution durch monetäre Zahlung des Content-Inhabers an den Medienpartner optimiert werden. Beispielsweise kann durch zusätzliches Mediabudget der Content auf der Website des Medienpartners als Special gefeatured werden. Eine weitere Möglichkeit ist, dass der (Bewegtbild-)Content in einen Banner eingebunden wird.

Mobile

Auch wenn die Nutzung von mobilen internetfähigen Geräten kontinuierlich steigt, ist die Reichweite von reinen Mobile-Formaten eher gering. Die überwiegende Nutzung im Bereich Mobile (vgl. Kap. 3, S. 101) liegt im mobilen Zugriff auf die herkömmlichen Medien, so dass die Distributionsoption Mobile eng verknüpft ist mit den Distributionsoptionen Online und TV. Auch ist die Mechanik zur Erlangung von Reichweite vergleichbar mit Online.

Sonstige

Smart TV/Hybrid Broadcast Broadband TV (HbbTV) – Die Verknüpfung des klassischen Fernsehgeräts mit Breitband-Internet erzeugt einen vielseitigen Medienhybrid, bei dem die Benutzer mühelos per Knopfdruck ohne Qualitätsverluste oder Zeitverzögerungen zwischen den laufenden Übertragungen der Sender, ihren Online-Mediatheken und zusätzlichen Web-Angeboten, unabhängigen Video-On-Demand-Plattformen, Internetshops etc. hin- und herwechseln können. Smart TV ist noch am Anfang, und die Hoffnungen der Medienindustrie in das neue Produkt sind groß. Man kann noch nicht abschätzen, wie schnell und breit sich Smart TV etablieren wird, jedoch kann es unter Umständen große Implikationen auf das Mediennutzungsverhalten haben. Grundsätzlich steigen mit Smart TV die Möglichkeiten für die Content-Distribution. Noch sind diese vergleichbar mit den Möglichkeiten, die Online- und Mobilportale bieten. Und auch hier gilt: Maximal Reichweite kann nur mit einem starken Medienpartner oder zusätzlichem Mediabudget erzielt werden.

Public TV – Unter Public TV sollen hier Bildschirme auf Flughäfen, Bahnhöfen etc. verstanden werden. Auch wenn deren Reichweite begrenzt ist, stellt Public TV für Produzenten und Inhaber von Brand Content eine durchaus relevante Distributionsoption dar. Dies hängt vor allem damit zusammen, dass mittels Public TV eine kontextabhängige Zielgruppenansprache möglich ist.

> Die Distribution erfordert ein ebensolches Investment wie die eigentlichen Inhalte und mindestens genau so viel Aufmerksamkeit und Kreativität.

Brand Content als Produkt

In unseren bisherigen Ausführungen haben wir Brand Content als Kommunikationsinstrument einer Marke verstanden. Der Content hat damit eine überwiegend werbliche Funktion und ist eine Alternative oder Ergänzung zu klassischen Kommunikationsinstrumenten. Ziel ist es, den Content in die Distributionskanäle zu »pushen«. Content kann aber auch ein Teil der Produktpolitik sein. Dieser Content wird dann nicht mehr über Kooperationen oder Geldleistungen in die Medien gedrückt, sondern aufgrund seiner Relevanz von den Medien und Konsumenten aktiv nachgefragt. Das heißt, der Content wird zu einem eigenständigen

Hasbro – Transformers

Produkt, das nicht nur auf die Kommunikationsziele der Marke einzahlt, sondern zusätzlich monetarisiert werden kann. Nicht die werbliche Darstellung des Produktes steht somit im Vordergrund, sondern die Lebens- und Erlebniswelt der Marke. Dies ist natürlich vor allem mit sehr lifestyleorientiertem und publizistisch relevantem Content möglich. Beispielsweise versteht sich das Unternehmen *Hasbro* nicht mehr nur als Spielzeughersteller, sondern auch als Medienunternehmen (vgl. Kap. 3, S. 117). Neben der Entwicklung, Lizensierung und der Herstellung von Spielzeugen übernimmt Hasbro seit 2009 auch die Herstellung von TV- bzw. Kinoinhalten durch die Tochter-Produktionsfirma *Hasbro Studios*.

Für die einzelnen Spielzeugmarken wird Content produziert und an Medienunternehmen distribuiert. Beispielsweise hat Hasbro in Deutschland eine umfangreiche Kooperation mit SuperRTL geschlossen. In den USA betreibt das Unternehmen in einem Joint Venture mit Discovery Communications den TV-Sender »The Hub«. Für Hasbro geht es nicht mehr nur um die attraktive Platzierung eines Produkts in einen medialen Kontext. Vielmehr wird die Marke zum Produzenten, der multimediale Themen erschafft und selbst gewinnbringend distribuiert. Der als Werbemittel eingeführte Brand Content wird bei Hasbro zum rentablen Produkt. Brand Content wird zu einem eigenen Wirtschaftsgut, das seinen Produzenten neue Geschäftsmodelle und Umsatzmöglichkeiten eröffnen kann (vgl. Kap. 6, S. 275). Eine Monetarisierung kann dabei auf zwei Wegen erfolgen: durch Lizenzen oder Werbung.

> Eine Monetarisierung von Brand Content kann auf zwei Wegen erfolgen: durch Lizenzen oder Werbung.

Abschließend ist zu sagen, dass die Distribution einer der wichtigsten Erfolgsfaktoren von Brand Content ist. Diese erfordert deshalb ein ebensolches Investment wie die eigentlichen Inhalte und mindestens genau so viel Aufmerksamkeit und Kreativität.

Content Marketing ROI

Marketing-Erfolg ist messbar – auch in den Social Media

Jesko Perrey und Thomas Bauer

> Wie lässt sich der Return on Investment von Marketingausgaben und damit auch von Content Marketing messen? Mit dieser wichtigen Frage im Planungsprozess beschäftigen sich Jesko Perrey und Thomas Bauer. Sie stellen mit der analytischen Annäherung (»Heuristik«) und dem statistischen Verfahren (»Ökonometrik«) zwei mögliche Methoden vor. Eine besonders wichtige Kennzahl für Brand Content ist zudem der Social Media GRP, mit dem sich die Umsatz- und Ergebniseffekte von Earned, Owned, und Paid Media ermitteln lassen.

Wie lässt sich der Return on Investment von Marketingausgaben und damit auch von Content Marketing messen? Die Antwort auf diese Frage ist noch immer so etwas wie der »heilige Gral« der Marketingkommunikation. Tatsächlich gibt es bis heute kein allgemein akzeptiertes und etabliertes Verfahren, um diese anspruchsvolle Aufgabe zu lösen. Mehr noch, gleich drei Entwicklungen haben die Erfolgskontrolle in den vergangenen Jahren noch schwieriger gemacht: die explosionsartige Vermehrung der Kommunikationskanäle bei klassischen Medien (zum Beispiel Fernsehsender) und vor allem durch das Internet (Online-Handel, soziale Netzwerke, Blogs, Foren etc.), immer vielfältigere Produkt- und Dienstleistungsangebote sowie drittens die zunehmend differenzierte Betrachtung der Kundenbedürfnisse bis hin zur individualisierten Ansprache auf Grund von Einstellungen und Kaufverhalten im Direktmarketing. Damit haben zugleich die Anzahl der zu messenden Investitionen und die Komplexität sowohl der Messungen als auch der Entscheidungen zur Budgetallokation stark zugenommen. Der viel zitierte Satz »Die Hälfte der Marketingausgaben sind verschwendet, wenn ich nur wüsste, welche Hälfte«, stimmt zwar heute so nicht mehr, doch in den meisten Branchen und Regionen gibt es, wie die Beratungspraxis zeigt, bei den Werbeausgaben noch immer ein Optimierungspotenzial von etwa 15 bis 20 Prozent – was bei weltweiten Werbeinvestitionen von jährlich rund einer Billion Dollar, oder ein Prozent der globalen Wertschöpfung, einer enormen Summe entspricht.

Zuletzt hat das Internet mit seinen ungeahnten Möglichkeiten, das Nutzer- bzw. Kundenverhalten zu verfolgen, bei vielen die Hoffnung auf einen Durchbruch in der ROI-Messung genährt. Ein solcher Durchbruch ist jedoch vorerst schon deshalb nicht zu erwarten, weil das Online-Marketing bei den meisten Unternehmen noch den kleineren Anteil am Budget ausmacht – und der Kunde vor dem Web-Einkauf meist auch herkömmliche, also schwer messbare Kontaktpunkte nutzt (klassische Medien, Filiale). Hinzu kommt, dass die Online-ROI-Messung selbst weit komplexer ist, als häufig angenommen. Denn auch hier gilt es, den gesamten Kaufentscheidungsprozess zu betrachten, von der ersten Kauferwägung über die weitere Information und Auswahl bis hin zum Kauf und dem wiederholten Kauf. Dabei sind zudem nicht nur Klicks auf Online-Werbung zu berücksichtigen, sondern auch »Impressions«, also das bloße Wahrnehmen von Displays. Die Werbewirkung beruht schließlich nicht allein auf der Werbung, die zuletzt geklickt wurde und zum Kauf führte (»last cookie wins«), sondern auf der gesamten »Customer Decision Journey«. Gerade die Genauigkeit der Messung von Klick- und Konversionsraten kann also durchaus zu verzerrten Allokationsentscheidungen führen.

Vor diesem Hintergrund kann es kaum überraschen, dass die Auswahl der Marketinginstrumente und die Entscheidung über deren Mix in vielen Unternehmen noch immer eher unsystematisch erfolgen. Entsprechend ist wohl auch die Entscheidung über den Einsatz von Content Marketing in der Regel faktisch nicht abgesichert. Sie ist vielmehr zumeist das Ergebnis einer Gemengelage aus Vertrauen in die Agenturempfehlungen, subjektiver Einschätzung und Erfahrung (»Bauchgefühl«) sowie den wenigen Daten, die bei punktuellen Wirkungskontrollen von Kampagnen gewonnen wurden. Eine solche Herangehensweise ist angesichts stetig steigender Marketingbudgets unangemessen und kaum zielführend.

> Die Entscheidung über den Einsatz von Content Marketing ist in der Regel faktisch nicht abgesichert. Sie ist vielmehr zumeist das Ergebnis einer Gemengelage aus Vertrauen in die Agenturempfehlungen, subjektiver Einschätzung und Erfahrung (»Bauchgefühl«) sowie den wenigen Daten, die bei punktuellen Wirkungskontrollen von Kampagnen gewonnen wurden.

Marketingmanager, die einen stärkeren Faktenbezug und mehr Professionalisierung anstreben, wählen in aller Regel eine von zwei Herangehensweisen: die analytische Annäherung (»Heuristik«) oder das statistische Verfahren (»Ökonometrik«). Abbildung 1 fasst die wesentlichen Elemente beider Methoden im Überblick zusammen.

Heuristische Methode	Ökonometrische Methode
• Systematische Erfassung von Kennzahlen • Vergleichbarkeit zwischen Instrumenten • Transparenz von Daten und Annahmen • Z.B. Reach-Cost-Quality-Ansatz	• Modellierung der Umsatzentwicklung • Berechnung des absoluten und Grenz-ROI verschiedener Instrumente • Optimierung von Marketingmix und -budget

Abb. 1: Methoden zur ROI-Messung und -Optimierung (Quelle: McKinsey)

Neben diesen beiden Ansätzen wird in jüngster Zeit auch zunehmend an Simulationsmodellen geforscht. Sie sind von einer breiteren Anwendung in der Praxis jedoch noch weit entfernt. Grundsätzlich kommt es weniger darauf an, welche Methode ein Unternehmen einsetzt, als vielmehr darauf, überhaupt methodisch vorzugehen – sprich planvoll, analytisch und schrittweise.

> Bei der ROI-Messung kommt es weniger darauf an, welche Methode ein Unternehmen einsetzt, als vielmehr darauf, überhaupt methodisch vorzugehen – sprich planvoll, analytisch und schrittweise.

Die heuristische Methode: Effekte auf einen gemeinsamen Nenner bringen

Das heuristische Vorgehen zielt im Kern darauf ab, einen Maßstab festzulegen, an dem sich Effizienz und Effektivität aller Marketinginstrumente messen und vergleichen lassen, um so Empfehlungen für den Marketingmix abzuleiten. Denn die

Schwierigkeit besteht darin, dass sich für die einzelnen Instrumente sehr unterschiedliche Kennzahlen zur ROI-Messung etabliert haben, so etwa Gross Rating Points für TV-Werbung, Klicks und Impressions bei Online-Werbung, Öffnungs- und Antwortraten im Direktmarketing, Besucherzahlen und -»leads« bei Veranstaltungen oder Erwähnungen in Presseberichten. Diese Vielfalt steht der Vergleichbarkeit und damit einer faktenbasierten Priorisierung der Instrumente im Weg.

> Ziel der heuristischen Methode ist es, einen Maßstab festzulegen, an dem sich Effizienz und Effektivität aller Marketinginstrumente messen und vergleichen lassen, um so Empfehlungen für den Marketingmix abzuleiten.

Zur Definition eines solchen übergreifenden Maßstabs bietet sich der Reach-Cost-Quality-Ansatz an, den deutsche Mediaverantwortliche laut einer Umfrage als wichtigste Kennziffer zur Erfolgsmessung einstufen (Campillo-Lundbeck 2009). Dieser Ansatz macht sämtliche Instrumente anhand von drei Kriterien vergleichbar:

- die Reichweite in der Zielgruppe (Reach)
- die Höhe der Gesamtkosten (Cost)
- die Qualität der Kontakte mit Blick auf das Erreichen der Marketingziele (Quality).

Letztlich können Unternehmen mit dem RCQ-Verfahren entweder die qualifizierte Reichweite bei gleichem finanziellen Aufwand steigern (Erhöhung der Effektivität) oder ihre Kosten bei gleicher Werbewirkung senken (Erhöhung der Effizienz). Die Daten zur Ermittlung der Kosten pro Reichweite sind meist problemlos verfügbar oder durch Annahmen recht genau zu bestimmen, während die Messung der Qualität schwieriger ist.

Kosten

Zur Ermittlung des Return on Investment muss zunächst gewährleistet sein, dass wirklich sämtliche Kostenpositionen bei der Nutzung eines Marketinginstruments vollständig erfasst werden. Schafft das Unternehmen auf diese Weise Transparenz hinsichtlich der tatsächlichen Kosten, führt dies häufig zu einem Aha-Erlebnis. So wird beispielsweise die oft gehörte These widerlegt, dass »E-Mails nichts kos-

ten«. An drei exemplarischen Instrumenten lässt sich aufzeigen, welche relevanten Kosten leicht übersehen werden.
- ▶ TV-Werbung: Neben den Kosten für die Ausstrahlung des Werbespots gilt es hier, auch die Agentur- und Produktionskosten für den Spot zu berücksichtigen.
- ▶ Point of Sale: Jenseits der Design- und Produktions-/Beschaffungskosten für POS-Material sind Kosten für die Lieferung zum POS, Instandhaltungskosten und Zahlungen an den Handelspartner für die Nutzung der Fläche einzukalkulieren.
- ▶ Virales Online-Marketing: Hierzu gehören unter anderem Agenturkosten, Adserving-Kosten, Produktionskosten und Gebühren für grafisches Material.

Reichweite

Bei der Reichweitenmessung geht es darum, die tatsächlich erreichten Personen in den relevanten Zielgruppen zu erfassen. Ziel ist es, die für die Kampagne interessanten Konsumentengruppen möglichst exakt zu ermitteln und Streuverluste aufzudecken, die gerade bei TV- und Radiowerbung sowie lokalen Marketingmaßnahmen erheblich sein können. Zumeist müssen die Daten zur Reichweitenmessung aus mehreren Quellen zusammengetragen werden (zum Beispiel Daten von Mediaagenturen zu klassischen Werbemaßnahmen oder hauseigene Erhebungen zu Direktmarketingaktionen). Die Ermittlung der Reichweite im Zielsegment erfolgt dann in drei Schritten.

1. Zunächst wird die Nettoreichweite im Zielsegment bestimmt. Ausgangspunkt dafür ist in der Regel die Bruttoreichweite in der Bevölkerung, von der nur die Kontakte in der spezifischen Zielgruppe berücksichtigt werden. Hilfreich sind Marktforschungen zum Medienverhalten der relevanten Zielgruppe, die Mediaagenturen oder In-house-Abteilungen bereitstellen können. Eine Segmentierung der Zielgruppe ist nur dann zielführend, wenn für die entsprechende Aufteilung der Reichweite nach Zielsegmenten auch Daten in ausreichender Qualität vorliegen. Bei einer soziodemographischen Segmentierung ist dies oftmals der Fall, bei einer einstellungs- und/oder nutzungsbasierten Segmentierung meist nicht.
2. Im zweiten Schritt ist zu ermitteln, wie viele Personen erreicht wurden und wie viele Kontakte Mehrfachansprachen waren. Dazu wird die Bruttoreichweite um die durchschnittliche Kontakthäufigkeit bereinigt. Liegt die durchschnittliche Anzahl der Kontakte je Person zum Beispiel bei fünf, ist entsprechend die

Bruttoreichweite durch fünf zu teilen, um die tatsächliche Anzahl der erreichten Personen zu ermitteln.
3. Im letzten Schritt wird die Frage beantwortet, ob diese Kontakte zur Wahrnehmung bzw. Erinnerung (Recall) der Werbung geführt haben. Denn die Nettoreichweite gibt oft lediglich Aufschluss über den »theoretischen« Kontakt, sie ist also unabhängig davon, ob die Zielperson die Werbung auch tatsächlich gesehen hat. So können Internetnutzer etwa Online-Displays oft nicht wahrnehmen, weil sie im nicht sichtbaren Bereich erscheinen, dennoch werden sie als »Impressions« erfasst. Andere Beispiele sind das Verlassen des Raums in der TV-Werbepause oder die falsche Blickrichtung beim Vorbeigehen an einem Werbeplakat. Solcherart Nicht-Wahrnehmung (»Tune-out«) schwankt stark von Instrument zu Instrument und bedarf daher einer Anpassung der Reichweite. Die Anzahl der tatsächlich erreichten Personen hängt also vom Tune-out-Faktor des Instruments ab und von der Anzahl der Kontakte je Person, also der Frequenz. Während dieser Tune-out-Faktor etwa bei Kinowerbung sehr niedrig ist, ist er bei Außenwerbung so hoch, dass die Werbeerinnerung selbst bei wiederholten Kontakten noch sehr schwach ist.

Führt man die Informationen zu Kosten und Reichweite zusammen, so ergeben sich die tatsächlichen Kosten pro Reichweite, die wesentlich aufschlussreicher sind als die Kosten auf Basis von Tausend-Kontakt-Preisen. Die Reichweitenanalyse lässt sich ebenfalls an den drei exemplarischen Instrumenten veranschaulichen:
▸ *TV-Werbung:* Hinsichtlich seiner Reichweite zählt das Fernsehen zu den Medien mit dem größten Anpassungsbedarf. Hier sind außer der Nettoreichweite in der entsprechenden Zielgruppe (korrigiert um die Zahl der tatsächlich erreichten Personen) auch die lokalen Einzugsgebiete zu berücksichtigen. Für Lebensmitteleinzelhändler beispielsweise ist es wichtig, Umfang und Grenzen ihres Einzugsgebiets genau zu kennen: Wie weit laufen oder fahren die Kunden zum Supermarkt? Gibt es in der Nähe Wettbewerber, die den Besuch von Kunden aus bestimmten Vierteln eher unwahrscheinlich machen?
▸ *Point of Sale:* Hier ist es meist schwierig, Daten zur Reichweite zu bekommen. Es gibt kaum Agenturen, die das Kundenaufkommen nach Einzelhandelsformaten untersuchen, ganz zu schweigen von Einkaufshäufigkeit oder Zielgruppenanalysen. Darum bleibt meist nur, Beobachtungen in ausgewählten Filialen zu machen und die Ergebnisse hochzurechnen, um einen groben Näherungswert für die Reichweite zu erhalten.

▶ *Virales Online-Marketing:* Bei Online-Medien ist die Messung der Bruttoreichweite (= Kontakte) relativ einfach, während die Ermittlung der Nettoreichweite schwieriger ist. Hilfreich können hier Response-Elemente sein (zum Beispiel »einem Freund weiterempfehlen«); sie lassen sich zur Identifizierung von Unique Visitors sowie zur Generierung von E-Mail-Adressen nutzen. Außerdem setzen sich zunehmend Trackingmethoden durch, die sowohl die Auslieferungsquote im sichtbaren Bereich ermitteln als auch Informationen über die Zielgruppe beisteuern.

Qualität

Die Kontaktqualität erfasst die Wirkung einer Werbemaßnahme auf den Konsumenten. Während also die Kosten pro Reichweite eher die Effizienz messen, geht es bei der Qualität der Instrumente um deren Effektivität. Für die Messung bewährt hat sich eine Differenzierung nach Stufen im Kaufprozess. Die Frage ist, inwieweit es einem Instrument gelingt, einen (potenziellen) Kunden auf diesen Stufen zu beeinflussen und ihn weiter in Richtung Kauf oder Wiederkauf zu führen. Die Messung selbst erfolgt etwa anhand sogenannter Attributionsmodelle, die insbesondere in der Effektivitätsbewertung von Online-Marketing zunehmend an Bedeutung gewinnen. Diese Modelle ermitteln für jedes Instrument annäherungsweise den Beitrag zur Konversion auf die nächste Stufe des Kaufprozesses.

Die größte Schwierigkeit bei der Qualitätsmessung sind zumeist fehlende oder lückenhafte Daten. In solchen Fällen empfiehlt sich ein mehrstufiges Vorgehen. Zunächst sollte ein Konsens über die relative Effektivität verschiedener Instrumente auf der jeweiligen Stufe des Kaufprozesses in der eigenen Marketingabteilung bzw. unter den beteiligten Spezialisten erzielt werden – zum Beispiel mithilfe von intersubjektiven Verfahren wie Expertenumfragen und anschließenden Workshops zur Diskussion der Ergebnisse. Im nächsten Schritt gilt es, Messpunkte einzubeziehen, die diese Einschätzungen punktuell objektivieren können. So lassen sich etwa Konversionsraten von Direkt- oder Online-Medien heranziehen, um zu verifizieren, ob beispielsweise im Direktmarketing Anrufe tatsächlich effektiver sind als Briefe. Auch für Online-Instrumente sind diese Daten verfügbar, so dass man hier nicht allein auf Experteneinschätzungen vertrauen muss.

Ein weiterer Ansatzpunkt sind Konsumentenbefragungen, in denen gleichzeitig die Position der Teilnehmer im Kaufprozess und ihre Wahrnehmung bestimmter Instrumente erhoben werden. Auf diese Weise lässt sich die Bedeutung der einzelnen Instrumente für die Konversion auf die nächste Stufe berechnen. Diese Ableitung der Effektivität ist wichtig, weil Konsumenten bei direkter Befragung meist nicht einschätzen können, welche Instrumente sie tatsächlich beeinflusst haben bzw. diesen Einfluss von Werbung nicht zugeben wollen. Solche Umfragen können zum Beispiel ergeben, dass TV-Spots primär durch emotionale Aufladung der Marke die Kauferwägung stimulieren, während Printanzeigen vor allem rationale Kaufargumente für die Bewertung im Auswahlprozess liefern und Online-Instrumente mit direktem Link zum Webshop den Absatz steigern (Stufe Kaufentscheidung). Letztlich entscheidet das Kommunikationsziel darüber, wie die verschiedenen qualitativen Wirkungsweisen gewichtet und in die Entscheidung über den Mix einbezogen werden.

Am Ende der Reichweiten-, Kosten- und Qualitätsermittlung können Marketer für jedes Marketinginstrument die Messgröße »Kosten pro qualifizierte Reichweite« bestimmen, den sogenannten RCQ-Score. Dieser Score ist eben jener einheitliche Maßstab, mit dem Unternehmen die Effektivität und Effizienz verschiedener Marketinginstrumente vergleichen – und ihre Budgets entsprechend gewichten können. Erfahrungsgemäß steigern sie auf diese Weise die Effizienz und Effektivität ihrer Marketingmaßnahmen um bis zu 30 Prozent. Die heuristische Methode und der RCQ-Ansatz bilden somit eine gute Ausgangsbasis, um die Renditen von Marketinginvestitionen spürbar und nachhaltig zu verbessern.

> Der RCQ-Score ist ein medienübergreifender Maßstab, mit dem Unternehmen die Effektivität und Effizienz ihrer Marketinginstrumente vergleichen und signifikant steigern können. Auch das Budget für Content Marketing lässt sich so entsprechend gewichten.

Fünf Vorteile des RCQ-Verfahrens

1. Medienübergreifender Ansatz: Einheitliches Vorgehen unter Berücksichtigung aller Marketinginstrumente, von TV- und Printkampagnen über Direktmarketing und Events bis hin zu Content Marketing, Online- und PR-Aktivitäten
2. Verknüpfung von qualitativen und quantitativen Faktoren: Einbeziehung und Gewichtung sämtlicher Datenquellen, von der Webtracking-Auswertung bis hin zu Experteneinschätzungen

3. Zielgruppenfokus: Differenzierung nach relevanten Konsumentengruppen
4. Bezug zu den Marketingzielen: Berücksichtigung unterschiedlicher Werbeabsichten, von der kurzfristigen Absatzsteigerung bis hin zum dauerhaften Markenaufbau (Betrachtung zum Beispiel eines Kaufkanals oder der Customer Decision Journey)
5. Vermeidung von Blackbox-Effekten: Volle Datentransparenz zu Reichweiten, Kosten, Qualität und damit Nachvollziehbarkeit der Entscheidungen zur Wahl von Marketinginstrumenten und zum Marketingmix insgesamt

Die ökonometrische Methode: Effekte in ein statistisches Modell bringen

Der Reach-Cost-Quality-Ansatz bietet zwar eine pragmatische Möglichkeit, die relative Leistung verschiedener Instrumente zu ermitteln, er beantwortet aber eine zentrale Frage nicht: Welchen Umsatz- oder Ergebnisbeitrag leisten die Marketingausgaben? Die Beantwortung dieser Frage ist schwierig, weil Umsatz und Ergebnis von zahlreichen Faktoren gleichzeitig beeinflusst werden und sich der Beitrag der Marketingkommunikation – und erst recht einzelner Marketinginstrumente wie das Content Marketing – nicht mit einfacher Arithmetik isolieren lässt. Hier setzt die ökonometrische Methode an, die auch als Mediamix-Modellierung (MMM) bekannt ist: Sie ermittelt den ROI einzelner Instrumente mithilfe statistischer Modellierung und ermöglicht somit die Berechnung des optimalen Mix und der optimalen Budgethöhe. Auf Basis detaillierter Daten zu den verschiedenen Kauffaktoren kann die Umsatzwirkung der einzelnen Instrumente und Maßnahmen mit regressionsanalytischen Verfahren errechnet werden – und zwar auch dann, wenn diese (wie üblich) im Markt gleichzeitig wirken.

> Mediamix-Modellierung (MMM) ermittelt den ROI einzelner Instrumente mithilfe statistischer Modellierung und ermöglicht somit die Berechnung des optimalen Mix und der optimalen Budgethöhe.

Kapitel 5: Planung & Prozess

Wie MMM genau funktioniert, veranschaulicht das Beispiel eines Konsumgüterherstellers, der Umsatz und Gewinn seines wichtigsten Produkts steigern konnte, nachdem er für seine Marketinginvestitionen den passenden Umfang und die optimale Aufteilung definierte. Abbildung 2 zeigt den wöchentlichen Umsatz dieses Produkts über drei Jahre hinweg.

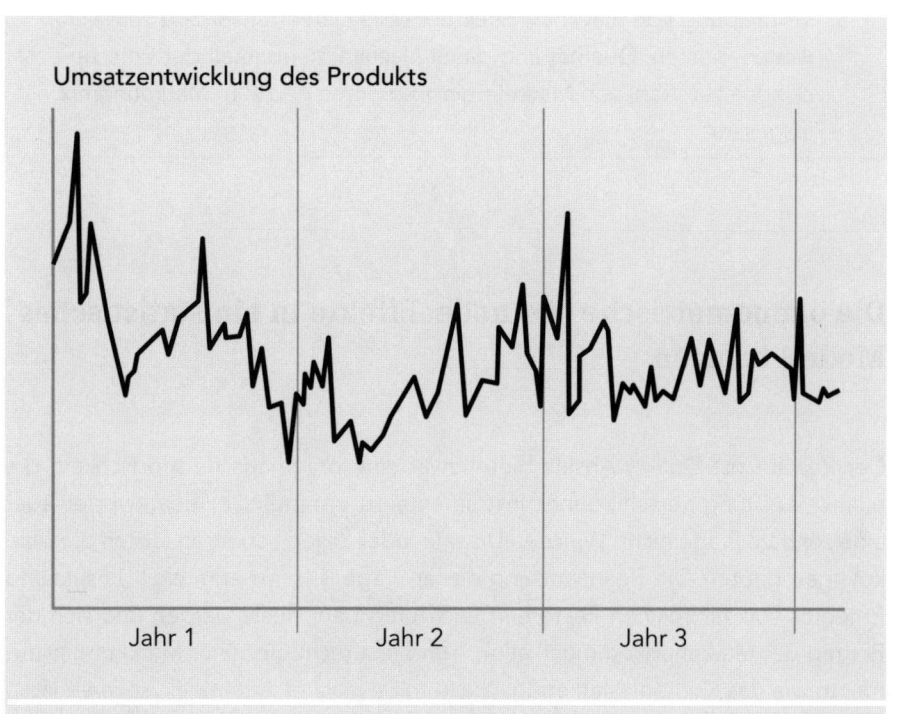

Abb. 2: Mediamix-Modellierung der Effekte einzelner Marketinginstrumente (1/3) (Quelle: McKinsey)

Um den Umsatzverlauf zu erklären, wurde ein ökonometrisches Mix-Modell entwickelt, das die relevanten Ergebnisfaktoren aus drei Bereichen enthält:
- Marketingaktivitäten – also Preisgestaltung, Promotions und Werbung, zum Beispiel TV- und Printwerbung, Suchmaschinen- und Bannerwerbung sowie Affiliate-Marketing (eigene Daten)
- Wettbewerberaktivitäten – Preise, Promotions und Werbeausgaben der wichtigsten Wettbewerber (erhältlich bei Datendienstleistern)
- Externe Faktoren – unter anderem saisonale Einflüsse, Feiertage und Konjunkturentwicklung (öffentlich verfügbare Daten).

Wie präzise das statistische Modell die tatsächliche Umsatzentwicklung erklären kann, illustriert Abbildung 3.

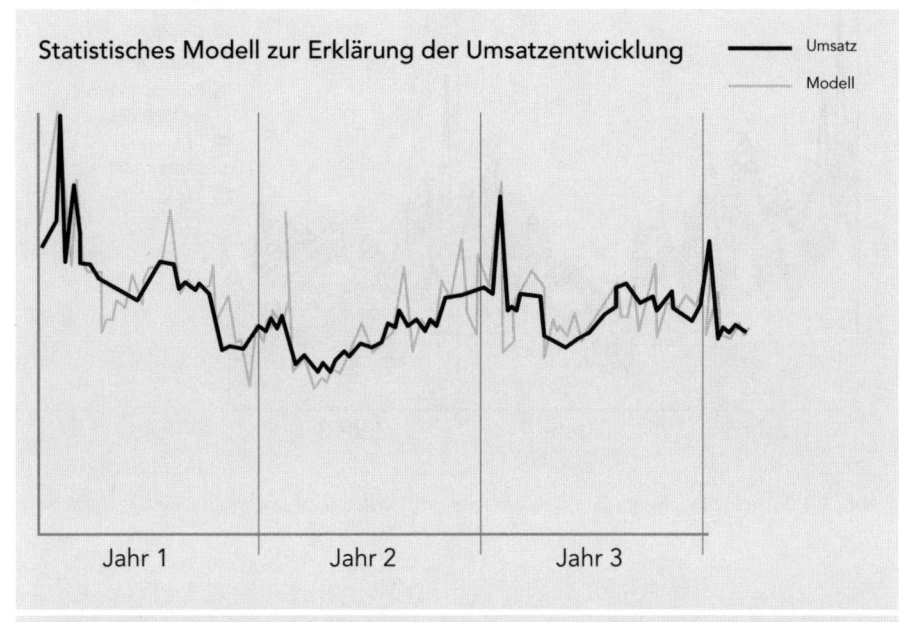

Abb. 3: Mediamix-Modellierung der Effekte einzelner Marketinginstrumente (2/3) (Quelle: McKinsey)

Entscheidend ist aber die Frage, wie viel die einzelnen Marketingaktivitäten zum Umsatz beigetragen haben. Darüber gibt Abbildung 4 Auskunft: Der weiß markierte Bereich erfasst alle sonstigen Effekte, die auf den Verkauf eingewirkt haben und veranschaulicht somit, wo der Umsatz für das Produkt ohne Marketingmaßnahmen läge.

Die MMM-Methode dient jedoch nicht nur der Bestandsaufnahme. Mit ihr können Marketer auch abschätzen, wie unterschiedliche Investitionen in einzelne Marketingaktivitäten den Umsatz in Zukunft verändern werden. Anhand sogenannter Response-Kurven lässt sich für jedes Instrument der durchschnittliche ROI und der Grenz-ROI berechnen. Ersterer gibt an, wie viel Bruttogewinn jeder Marketing-Euro im Schnitt generiert; der Grenz-ROI zeigt auf, wie viel zusätzlicher Gewinn mit jedem weiteren investierten Euro zu erzielen ist. Damit liefert der Grenz-ROI die wichtigste Information: nämlich ob in eine Marketingaktivität mehr oder weniger investiert werden sollte. So brachte unserem Beispielunternehmen der Einsatz von Bannerwerbung pro investiertem Euro im Durchschnitt 3,40 Euro

Beitrag der einzelnen Instrumente zum Umsatz

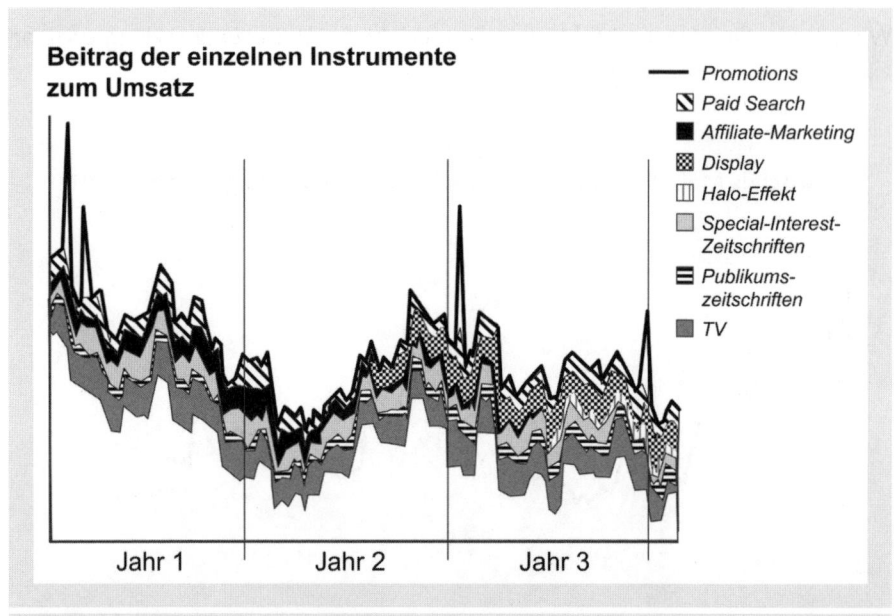

Legende:
— Promotions
▨ Paid Search
■ Affiliate-Marketing
▩ Display
▥ Halo-Effekt
☐ Special-Interest-Zeitschriften
☰ Publikums-zeitschriften
■ TV

Jahr 1 | Jahr 2 | Jahr 3

Abb. 4: Mediamix-Modellierung der Effekte einzelner Marketinginstrumente (3/3) (Quelle: McKinsey)

Bruttogewinn – die Response-Kurve mit dem Grenz-ROI signalisiert jedoch, dass das Investitionsniveau bereits seine Rentabilitätsgrenze erreicht hat und jeder zusätzlich investierte Euro nur noch 0,40 Euro Bruttogewinn beisteuern würde.

Unterm Strich hat diese Modellierung ergeben, dass eine bessere Aufteilung des bisherigen Marketingbudgets den Bruttogewinn um 8,4 Prozent steigern kann – was freilich drastische Umschichtungen erfordert. Zugleich ließ sich mithilfe der Response-Kurven zuverlässig ermitteln, dass das optimale Marketingbudget bei 56 (statt 45) Mio. Euro läge. Denn da der Wert aller Grenz-ROIs bei 1,3 liegt, erhöht jeder zusätzlich investierte Euro den Bruttogewinn um 1,30 Euro. Somit könnte das Unternehmen den Bruttogewinn des Produkts insgesamt um 15 Prozent steigern.

Die Stärken und Vorzüge der MMM-Methode kommen allerdings längst nicht allen Unternehmen zugute. Das hat vor allem drei Gründe.

▶ *Produktausrichtung:* MMM eignet sich insbesondere für Produkte und Dienstleistungen, bei denen die Zeitspanne zwischen Werbeanstoß und Kauf nicht zu groß ist. In schnelllebigen Branchen wie dem Einzelhandel oder der Konsumgüterindustrie sind die Effekte unmittelbar messbar und ist daher auch die Akzeptanz des Verfahrens sehr hoch. Bei der Anwendung auf langlebige Kon-

sumgüter wie etwa Autos gilt es hingegen zumeist, nicht den Verkauf, sondern zeitlich unmittelbarere Aktionen wie die Besucherfrequenz in den Autohäusern oder auf der Website zu betrachten.
▶ *Datenverfügbarkeit:* MMM erfordert viel Datenmaterial, um valide Ergebnisse zu liefern. So werden Daten zu den Marketingaktivitäten mindestens auf wöchentlicher Ebene und für mindestens zwei Jahre benötigt. Außerdem müssen die Aktivitäten variieren – ändern sie sich nicht von Woche zu Woche, lassen sich auch keine Effekte ermitteln.
▶ *Entscheidungskultur:* MMM gilt vielen als »Blackbox«, denn die statistischen Kennzahlen sind nicht leicht zu interpretieren und das Zustandekommen der Ergebnisse ist für mathematisch Ungeschulte kaum nachvollziehbar. Häufig sind Manager nicht bereit, auf einer solchen Basis Entscheidungen zu treffen.

Falls sich diese Hindernisse nicht stellen bzw. ausräumen lassen, empfiehlt sich die Anwendung der ökonometrischen Modellierung, um die Vorteile eines messbaren ROI zu nutzen.

Fünf Vorteile der Mediamix-Modellierung

1. Ermittlung der tatsächlichen ROI-Kennzahlen: MMM liefert nicht nur relative Kennzahlen, sondern den Euro-für-Euro-ROI.
2. Faktenbasierte Ableitung des optimalen Mix: Mittels MMM und des Grenz-ROI lässt sich die Ausgabenhöhe für jedes Instrument – auch des Content Marketing – berechnen
3. Berechnung der idealen Budgethöhe: MMM ermöglicht damit auch die Ermittlung des optimalen Gesamtbudgets.
4. Möglichkeit zur Prognose: Mit MMM können zudem künftige Szenarien berechnet werden.
5. Integration von Paid, Earned und Owned Media: Auch Instrumente wie soziale Medien lassen sich auswerten (siehe folgenden Absatz).

Anwendung im Content Marketing: der Social Media ROI

Heute greifen Methoden zur Erfolgsmessung und Mix-Optimierung zu kurz, wenn sie sich nur auf konventionelle (»paid«) Marketinginstrumente anwenden lassen. Denn ebenso wichtig sind inzwischen eigene (»owned«) Medien wie Website oder Kundenzeitschrift und vor allem »Earned Media« wie die sozialen Netzwerke. So zeigte eine unserer Studien, dass negativer »Buzz« in den Social Media – selbst weit unterhalb eines »Shitstorms« – verheerende Auswirkungen auf das Ergebnis haben kann und die positiven Umsatzeffekte von »Paid Media«, etwa einer TV-Werbekampagne, zunichte machen kann (Böringer et.al. 2012). Daher führt auch und gerade im Content Marketing an den sozialen Netzwerken und Foren kein Weg vorbei. Ja, nirgendwo lässt sich der Erfolg oder Misserfolg von Content Marketing so deutlich ablesen wie in diesen Netzwerken. Für die Wirkungsmessung bieten sie zudem eine Chance, Reichweiten zu ermitteln sowie Themen und Stimmungen zu erkennen und zu steuern – um letztlich die Auswirkung auf Leistungskennziffern wie Umsatz oder Kundengewinnung zu optimieren.

Inzwischen gibt es eine Methode, mit der Unternehmen ihre Präsenz und Akzeptanz in sozialen Netzwerken ermitteln können (Böringer et.al. 2012). Grundlage dieses neuen Verfahrens ist eine einheitliche Messgröße, die gemeinsame »Währung«, die alle relevanten Social-Media-Kennzahlen auf einen Nenner bringt und vergleichbar macht: der Social Media GRP (analog zu den Gross Rating Points, mit denen sich die Wirkung klassischer Kampagnen messen lässt). GRPs sind das Ergebnis aus Reichweite mal Frequenz: Es wird der Zielgruppenanteil berechnet, der mit einer Kampagne erreicht wurde, und mit der Anzahl der Kampagnenkontakten innerhalb dieser Zielgruppe multipliziert. Entsprechend wird beim Social Media GRP für jede Plattform die Zahl der unternehmensbezogenen Postings ebenso ermittelt wie deren Reichweite, also die Zahl der Nutzer, die den jeweiligen User-Beitrag lesen. Dazu stehen verschiedene Instrumente zur Verfügung, angefangen mit dem Social-Media-Monitoring über Panel-Daten bis hin zu plattformspezifischen Tools wie Facebook Insights. Schließlich werden die Einzelresultate zu einer übergreifenden Kennzahl zusammengeführt.

> Der Social Media GRP ist eine einheitliche Messgröße, die gemeinsame »Währung«, die alle relevanten Social-Media-Kennzahlen auf einen Nenner bringt und die Messung von Umsatz- und Ergebniseffekten von Earned, Owned, und Paid Media ermöglicht.

Gegenüber GRP-Erhebungen zum Offline-Marketing besitzt der Social Media GRP allerdings ein zentrales zusätzliches Element: die »Sentiment-Analyse«. Denn anders als die stets positiven Werbebotschaften in Anzeigen oder Fernsehspots können nutzergenerierte Nachrichten durchaus auch negative Vorzeichen haben. Deshalb kommt es bei der Analyse darauf an, die Botschaften im Netz auch qualitativ einzuordnen. Welche Erkenntnisse sich daraus ergeben, illustriert das Beispiel eines Telekommunikationsanbieters, der seine Gross Rating Points in sozialen Netzwerken über 15 Monate hinweg wöchentlich maß. Im Schnitt kam das Unternehmen auf rund 4 GRP pro Woche, wobei der negative Buzz (der sich meist auf den Kundenservice bezog) alle positiven und größtenteils auch die neutralen Kommentare um ein Vielfaches überstieg. Da sich der Social Media GRP mit immerhin 50 GRP pro Quartal schon im Bereich einer kleineren Werbekampagne bewegte, drängte sich die Frage auf, wie sich der negative Buzz insbesondere auf die Neukundengewinnung auswirken würde.

Die Antwort fand das Unternehmen mithilfe eines Marketingmix-Modells. Denn der Social Media GRP kann nicht nur Auskunft über die Performance eines Unternehmens geben, sondern liefert auch eine wichtige Messgröße für die Bedeutung sozialer Netzwerke im Marketingmix: Die in »Paid Media« erprobte MMM-Methode ermöglicht eine differenzierte Bewertung auch für soziale Netzwerke, in denen sich Konsumenten aus eigenem Antrieb zu Unternehmen äußern, deren Produkte kommentieren oder Serviceleistungen diskutieren. Beim erwähnten Telekommunikationsanbieter brachte die Kennzahl ans Licht, dass der positive wie auch der neutrale Social Media GRP keinerlei Einfluss auf den Geschäftserfolg des Unternehmens hatten, der negative dafür aber umso mehr: Ohne den negativen Buzz hätten acht Prozent mehr Neukunden gewonnen werden können. Diese wichtige Einsicht wäre dem Unternehmen entgangen, wenn es nur das reine Buzz-Volumen ermittelt hätte – tatsächlich war es die Kombination mit der Reichweite und damit der Social Media GRP, der hier den entscheidenden Erkenntnisgewinn brachte.

Fünf Vorteile des Social Media ROI

1. Von Buzz zu Reach: Der Social Media GRP berechnet die Reichweiten in der Zielgruppe.
2. Sentiment-Analyse: Das Verfahren unterscheidet zwischen neutraler, negativer und positiver Reichweite.
3. Themen-Analyse: Es können jene Themen in den sozialen Medien identifiziert werden, die für das Unternehmen wirklich relevant sind.

> 4. ROI-Perspektive: Der Social Media GRP lässt sich für Mix-Modelle nutzen und ermöglicht so die Messung von Umsatz- und Ergebniseffekten.
> 5. Vergleichbarkeit der Medien: Earned, Owned, und Paid Media können verglichen und gemeinsam optimiert werden.

Auch wenn der heilige Gral der Marketingkommunikation noch nicht gefunden ist, so gibt es inzwischen doch eine Reihe von Möglichkeiten, die ROI-Messung und damit die Steuerung der Werbekommunikation zu professionalisieren. Für manche Unternehmen werden Verfahren der heuristischen Analyse auf absehbare Zeit die besten Erkenntnisse liefern. Immer mehr Firmen vertrauen jedoch auf Mediamix-Modelle. Während sich grundsätzlich beide Methoden auf das Content Marketing anwenden lassen, bietet die Mediamix-Modellierung insbesondere bei Earned Media wie sozialen Netzwerken eine Möglichkeit, die Auswirkungen von Maßnahmen zu quantifizieren.

Brand Content als rechtliche Herausforderung

Pietro Graf Fringuelli und Michael Kamps

> Rechtliche Bestimmungen spielen in allen Phasen der Planung und Realisierung von Brand Content eine entscheidende Rolle. Die Rechtsanwälte Pietro Graf Fringuelli und Michael Kamps liefern einen Überblick zu den wichtigsten Rechtsfragen. Sie befassen sich mit der Erkennbarkeit und Kennzeichnungspflicht von Werbung in Rundfunk, Presse und Telemedien, der (Eigen-)Verantwortlichkeit von Unternehmen sowie den besonderen Nutzungsrechten von Brand Content – illustriert an zahlreichen Beispielen.

Der wohl älteste deutsche Brand-Content-Protagonist hatte bislang keinen Ärger mit der Justiz: Seit Veröffentlichung von »Lurchis Abenteuer, das lustige Salamanderbuch« (mutmaßlich im Jahre 1937) bot der stets beschuhte Feuersalamander keinen Anlass für juristische Interventionen. Dies mag überraschen, weil in den Kindergeschichten stets mehr oder weniger subtile Werbebotschaften auftauchen, die die Qualität der *Salamander*-Schuhe preisen und diese bisweilen zur hervorgehobenen Requisite in der Fabelhandlung machen. Spätestens seit Lurchi-Hefte und -Bücher nicht mehr lediglich in den *Salamander*-Läden als Dreingabe beim Kinderschuhkauf genutzt, sondern über den regulären Buchhandel vertrieben werden, mag man an der rechtlich erheblichen Erkennbarkeit des Werbecharakters zweifeln. Dass Lurchis Abenteuer auch in Ermangelung einer ausdrücklichen Kennzeichnung rechtlich nicht angegriffen wurden, mag mit der langen Tradition zu tun haben. Denn – so ließe sich argumentieren – der werbliche Unterton bedarf keiner besonderen Hervorhebung, weil er ohnehin bekannt ist.

Einen derartigen »Traditionsschutz« dürften indes nur wenige Brand-Content-Konzepte für sich in Anspruch nehmen können. Deshalb sollten Unternehmen gerade bei der Planung und Einführung neuer Content-Strategien möglichst früh einen Blick auf die rechtlichen Rahmenbedingungen werfen. Hier bestehen vor allem drei wesentliche Herausforderungen für die Umsetzung einer Content-Strategie durch Unternehmen:

Zum einen gilt die grundsätzliche rechtliche Maßgabe, dass der Werbecharakter von geschäftlichen Handlungen nicht verschleiert werden darf. Unzulässig ist es deshalb, Werbung nicht – ggf. in der medienspezifisch vorgeschriebenen Form – als solche kenntlich zu machen. Gerade dieser rechtliche Zwang zur Transparenz kann ein wesentliches Motiv für die Nutzung von qualitativ hochwertigen Inhalten zu Werbezwecken – das Profitieren von erhöhter Aufmerksamkeit des Kunden – konterkarieren.

Zum anderen werden Unternehmen durch die Umsetzung einer Content-Strategie unter Umgehung von Werbemittlern noch unmittelbarer als bislang in die operativen und rechtlichen Details der Content-Erstellung eingebunden. Die zweite wesentliche Herausforderung ergibt sich aus der möglichen neuen Rolle werbender Unternehmen: Denn anders als bei der herkömmlichen Werbung erfolgt die Veröffentlichung im Rahmen einer eigenen Content-Strategie nicht mehr notwendig über Dritte, sondern ein Unternehmen selbst wird zum Verlag oder TV-Sender und bewegt sich deshalb in einem neuen, möglicherweise ungewohnten regulatorischen Umfeld.

Und schließlich: Unternehmen müssen bei ihrer Content-Strategie stärker als bisher sicherstellen, dass sie über die erforderlichen urheber- oder leistungsschutzrechtlichen Zustimmungen von Produzenten, Darstellern, Mitwirkenden oder – im Falle von User Generated Content – ihrer Kunden verfügen. Die Beachtung dieser Anforderung wird durch die anhaltend dynamische Entwicklung neuer Werbeformen und Verbreitungswege erschwert. Darüber hinaus gelten die herkömmlichen Anforderungen an die rechtskonforme Gestaltung von Werbung auch für Brand Content. Denn dem denkbar weiten (wettbewerbs-)rechtlichen Werbebegriff unterliegen auch solche Innovationen. Aus rechtlicher Sicht kommt es insoweit weniger auf die konkrete Erscheinungsform als vielmehr auf den intendierten Zweck an: Dieser liegt aber bei der herkömmlichen Werbung ebenso wie bei Brand Content in der mindestens mittelbaren Absatzförderung. Der vorliegende Beitrag befasst sich vor diesem Hintergrund mit den wesentlichsten rechtlichen Herausforderungen bei der Erstellung von Brand Content und dessen »Auslieferung« an den Kunden (vgl. Abb. 1).

> Aus rechtlicher Sicht kommt es weniger auf die konkrete Erscheinungsform als vielmehr auf den intendierten Zweck an: Dieser liegt aber bei der herkömmlichen Werbung ebenso wie bei Brand Content in der mindestens mittelbaren Absatzförderung.

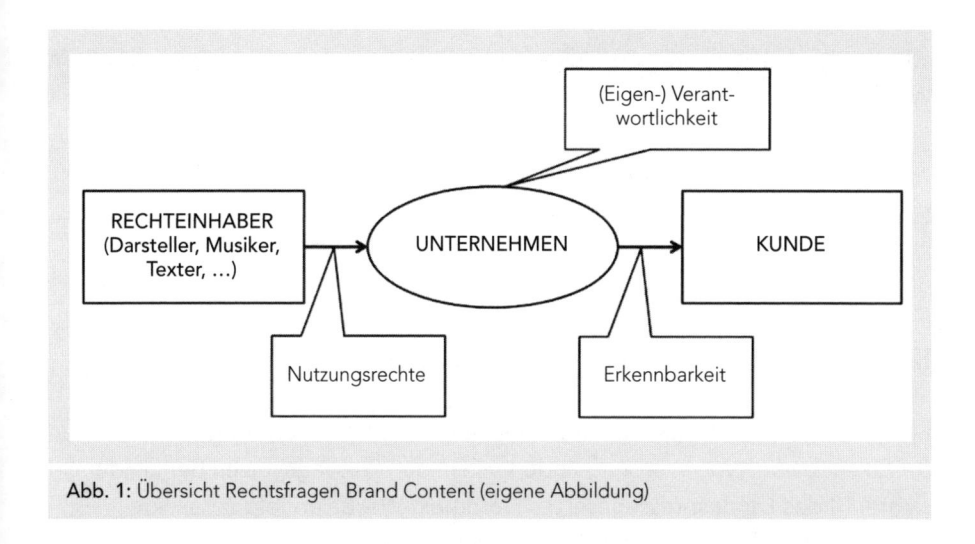

Abb. 1: Übersicht Rechtsfragen Brand Content (eigene Abbildung)

Mit offenem Visier – Die Erkennbarkeit von Werbung

Aussagen zur Werbewirkung sind keine Aufgabe für Juristen – jedenfalls nicht immer. Im Jahre 1995 stellt der Bundesgerichtshof (BGH) allerdings ausdrücklich fest, dass der »*Verkehr der Information eines am Wettbewerb nicht unmittelbar beteiligten Dritten regelmäßig höhere Bedeutung und Beachtung beimisst als entsprechenden, ohne weiteres als Werbung erkennbaren Angaben des Werbenden selbst.*«

Dieser Satz findet sich in der BGH-Entscheidung »Feuer, Eis & Dynamit I« (BGH GRUR 1995, 744, 747); Anlass war der namensgleiche Film von Willy Bogner, der eine vergleichsweise dünne, klamaukhafte Handlung vor allem zur offensiven Präsentation einer großen Anzahl von Sponsoren (unter ihnen *Volkswagen*, *Adidas*, *Milka*, *Bayer*, *Chiquita*, *Mistral*, *Club Med*, *Paulaner* und *Agfa*) bzw. ihrer Produkte nutzte (vgl. Kap. 4, S. 183). Die Ausführungen der obersten Bundesrichter illustrieren die allgemeine Begründung für das Verbot getarnter Werbung, das im Bereich der Printmedien und des Rundfunks auch unter der Bezeichnung »Trennungsgebot« (Gebot der Trennung von Werbung und redaktionellem Inhalt) bekannt ist. Hintergrund aller gesetzlichen Vorschriften zur Erkennbarkeit von Werbung ist damit eine Transparenzanforderung. Diese soll zum einen den Adressaten vor einer Täuschung über den wahren, nämlich kommerziellen Hintergrund einer geschäftlichen Handlung schützen und in gleicher Weise auch das Interesse von Wettbewerbern und der Allgemeinheit an einem insoweit unverfälschten Wettbewerb.

> Hintergrund aller gesetzlichen Vorschriften zur Erkennbarkeit von Werbung ist eine Transparenzanforderung.

Kennzeichnungspflichten im Pressebereich

Die historisch ältesten (und deshalb gewissermaßen prototypischen) Vorschriften zur Erkennbarkeit von Werbung finden sich in den Pressegesetzen der Länder. So sieht § 10 des Landespressegesetzes Nordrhein-Westfalen folgendes vor:

»Hat der Verleger oder der Verantwortliche eines periodischen Druckwerks für eine Veröffentlichung ein Entgelt erhalten, gefordert oder sich versprechen lassen, so muss diese Veröffentlichung, soweit sie nicht schon durch Anordnung und Gestaltung allgemein als Anzeige zu erkennen ist, deutlich mit dem Wort ›Anzeige‹ gekennzeichnet werden.«

Die Pressegesetze der übrigen Bundesländer enthalten identische oder ganz ähnliche Vorschriften. Deren Zielrichtung ist klar definiert: Werbung muss eindeutig als solche erkennbar sein, und zwar entweder durch »Anordnung oder Gestaltung« oder durch die deutliche Kennzeichnung mit dem Wort »Anzeige«. Anders als die Vorschriften für den Rundfunk oder für Telemedien knüpfen die Pressegesetze vordergründig nicht an den Begriff der »Werbung« an, sondern stellen auf die Entgeltlichkeit einer Veröffentlichung ab. Diese Formulierungsnuance bleibt in der Praxis jedoch regelmäßig ohne größere Auswirkungen. Denn die Rechtsprechung zum presserechtlichen Trennungsgebot verlangt in vielen Fällen den praktisch nur schwer zu erbringenden Nachweis, dass für eine werbliche Veröffentlichung tatsächlich Geld oder ein geldwerter Vorteil gewährt, gefordert oder versprochen wurde. Weiterhin kann sich der werbliche Charakter auch aus der »werbetypischen« Aufmachung einer Veröffentlichung ergeben. Enthält beispielsweise ein vermeintlich redaktioneller Produkt- oder Unternehmensbericht werbliche Übertreibungen, setzt er sich nicht ansatzweise kritisch und eigenständig mit dem Gegenstand der Berichterstattung auseinander oder werden gar Formulierungen aus Presse- oder Werbemitteilungen eines Unternehmens übernommen, kann sich bereits aus solchen Indizien die Vermutung der Entgeltlichkeit ergeben. Eine rechtlich relevante »Wettbewerbsförderungsabsicht« zugunsten eines Unternehmens setzt zudem nicht lediglich eine konkrete »Entgeltvereinbarung« voraus;

es kann bereits genügen, dass ein Verleger als »Zugabe« zu einem bereits erteilten Anzeigenauftrag auch eine freundliche redaktionelle Berichterstattung anbietet oder dies in der Hoffnung auf zukünftige Anzeigenaufträge umsetzt.

Neben der gänzlich fehlenden Erkennbarkeit spielt in der presserechtlichen Rechtsprechung vor allem die Form des vorgeschriebenen Hinweises eine Rolle. Zum einen versuchen Verlage gelegentlich, die Kennzeichnung als »Anzeige« durch Größe und Positionierung aus dem Fokus des Lesers zu rücken. Derartige Versuche sind häufig zum Scheitern verurteilt, denn die Gerichte stellen zur Beurteilung der Erkennbarkeit eines Anzeigenhinweises auf den »durchschnittlich informierten, situationsadäquat aufmerksamen und verständigen Durchschnittsleser« ab und fordern auf dieser Grundlage regelmäßig, dass der Anzeigencharakter einer Veröffentlichung auf den ersten Blick erkennbar sein muss. Diese Anforderung lässt je nach betroffenem Medium Gestaltungsspielräume zu: So wird ein Anzeigenhinweis in einer durch »unruhiges« Layout gekennzeichneten Boulevardzeitung eher überlesen als in einer gesetzter gestalteten überregionalen Tageszeitung. Auch ein weiterer Umgehungsversuch ist vor den Gerichten auf wenig Gegenliebe gestoßen – die Verwendung anderer Begriffe als dem der »Anzeige« ist angesichts des klaren Gesetzeswortlautes unzulässig. »PR-Mitteilung«, »Sonderveröffentlichung«, »Wirtschaftsanzeige«, »Geschäftliche Informationen«, »Promotion« oder »Advertisment« werden dem vorerwähnten Durchschnittsleser auf den ersten Blick gerade keine Klarheit über den Werbecharakter einer Veröffentlichung verschaffen. Die zwingende Kennzeichnung als »Anzeige« steht allerdings gerade auf dem europarechtlichen Prüfstand – der EuGH könnte diese als zu strikt verwerfen.

Kennzeichnungspflichten für den Rundfunk

Umfangreichere Regelungen zur Werberegulierung gelten für Hörfunk und Fernsehen. Der Rundfunkstaatsvertrag (RStV) enthält zum einen den Pressegesetzen vergleichbare, aber detailliertere Regelungen zur Kennzeichnungspflicht. Nach § 7 Abs. 3 RStV müssen Werbung und Teleshopping

> *»als solche leicht erkennbar und vom redaktionellen Inhalt unterscheidbar sein. In der Werbung und im Teleshopping dürfen keine Techniken der unterschwelligen Beeinflussung eingesetzt werden. Auch bei Einsatz neuer Werbetechniken müssen Werbung und Teleshopping dem Medium angemessen durch optische oder akustische Mittel oder räumlich eindeutig von anderen Sendungsteilen abgesetzt sein.«*

Ausdrückliche Kennzeichnungspflichten sieht das Rundfunkrecht zudem für die Split-Screen-Werbung (§ 7 Abs. 4 RStV), Dauerwerbesendungen (§ 7 Abs. 5 RStV), die Einfügung virtueller Werbung in Sendungen (§ 7 Abs. 6 RStV) und die – seit einigen Jahren ausnahmsweise zugelassene – Produktplatzierung (§ 7 Abs. 7 RStV) vor.

Anders als die presserechtlichen Vorschriften enthalten die rundfunkspezifischen Regelungen eine ausdrückliche Definition von Werbung. Diese ist nach § 2 Abs. 2 Nr. 7 RStV

»jede Äußerung bei der Ausübung eines Handels, Gewerbes, Handwerks oder freien Berufs, die im Rundfunk von einem öffentlich-rechtlichen oder einem privaten Veranstalter oder einer natürlichen Person entweder gegen Entgelt oder eine ähnliche Gegenleistung oder als Eigenwerbung gesendet wird, mit dem Ziel, den Absatz von Waren oder die Erbringung von Dienstleistungen, einschließlich unbeweglicher Sachen, Rechte und Verpflichtungen, gegen Entgelt zu fördern.«

Die Bestimmung lehnt sich an die zunächst von der wettbewerbsrechtlichen Rechtsprechung entwickelte Definition an und wird in der Praxis denkbar weit ausgelegt: Werbung umfasst nicht lediglich den direkten Kaufappell, sondern jede, auch mittelbare auf Absatzförderung angelegte Handlung. Dies schließt insbesondere Maßnahmen zur Verbesserung des Unternehmens- oder Produktimage ein, so zum Beispiel die vom Unternehmen durchgeführte Kundenzufriedenheitsbefragung. Denn auch solche Maßnahmen dienen jedenfalls mittelbar der Absatzförderung. Für eine Brand-Content-Strategie bedeutet dieser weite, medienübergreifend angewandte Werbebegriff, dass im Zweifel jede Äußerung eines Unternehmens zugleich als Werbung eingeordnet und entsprechend rechtlich bewertet wird.

Neben den reinen Kennzeichnungspflichten enthalten die rundfunkrechtlichen Vorschriften zudem weitere werbebezogene Verpflichtungen für Rundfunkveranstalter (§§ 7 Abs. 1, 8 RStV, § 16 RStV und §§ 43 ff. RStV).

Kennzeichnungspflichten für Telemedien

Bereichsspezifische Regelungen gelten auch für diejenigen elektronischen Informations- und Kommunikationsdienste, die weder dem Rundfunk noch der Telekommunikation zuzurechnen sind, die sogenannten Telemedien (vor allem die meisten Internetangebote). Diese Regelungen wurden in Anlehnung an die allgemeinen wettbewerbsrechtlichen Maßgaben im Hinblick auf die Kennzeichnung sogenannter »kommerzieller Kommunikation« entwickelt. Diese ist in § 2 Ziff. 5 des Telemediengesetzes (TMG) – wiederum denkbar breit – definiert als

»*jede Form der Kommunikation, die der unmittelbaren oder mittelbaren Förderung des Absatzes von Waren, Dienstleistungen oder des Erscheinungsbilds eines Unternehmens, einer sonstigen Organisation oder einer natürlichen Person dient, die eine Tätigkeit im Handel, Gewerbe oder Handwerk oder einen freien Beruf ausübt.*«

Für diese kommerzielle Kommunikation sieht § 6 Abs. 1 Nr. 1 TMG kurz und bündig vor, dass sie »*klar als solche zu erkennen sein*« muss. Anders als im Pressebereich ist eine konkrete Form der Kennzeichnung (etwa als »Anzeige«) nicht ausdrücklich vorgesehen. Insoweit könnte zum Beispiel die von *Facebook* verwendete Kennzeichnung werblicher Beiträge als »Gesponsert« bzw. »Empfohlener Beitrag« zunächst rechtlich zulässig sein. Der Verzicht auf eine ausdrückliche Kennzeichnungsvorgabe eröffnet angesichts des Kriteriums der »klaren Erkennbarkeit« allerdings Raum für (Fehl-)Interpretationen. Namentlich presseähnliche Onlineangebote wenden deshalb die presserechtliche Kennzeichnung als »Anzeige« auch im Online-Bereich an. Rechtlich zwingend ist dies nicht, dient aber der Reduzierung juristischer Risiken durch den Rückgriff auf eine dem Durchschnittsnutzer bekannte und deshalb mutmaßlich verlässliche Kennzeichnung. Ob und in welchem Umfang die Rechtsprechung den Entscheidungsspielraum von Telemedien-Anbietern durch ergänzende Vorgaben konkretisiert, bleibt abzuwarten.

Allgemeine Kennzeichnungspflicht

Die allgemeinste Maßgabe zur Erkennbarkeit von Werbung ergibt sich aus dem Gesetz gegen den unlauteren Wettbewerb (UWG), das keine Regulierungsvorgabe für spezifische Medien, sondern allgemeine Anforderungen an jedwede geschäftliche Handlung vorsieht. Auch insoweit gilt eine denkbar breite Definition geschäftlicher Handlungen; diese umfassen nach § 2 Abs. 1 Nr. 1 UWG

»*jedes Verhalten einer Person zugunsten des eigenen oder eines fremden Unternehmens bei oder nach einem Geschäftsabschluss, das mit der Förderung des Absatzes oder des Bezugs von Waren oder Dienstleistungen oder mit dem Abschluss oder der Durchführung eines Vertrags über Waren oder Dienstleistungen objektiv zusammenhängt.*«

Nach § 4 Nr. 3 UWG handelt unlauter und damit unzulässig wer,

»*den Werbecharakter von geschäftlichen Handlungen verschleiert.*«

Ausdrückliche Vorgaben für die Kennzeichnung enthält diese allgemeine Vorschrift nicht, was namentlich ihrem denkbar weiten Anwendungsbereich für sämtliche »geschäftliche Handlungen« geschuldet ist. Allerdings gilt auch hier, dass eine geschäftliche Handlung dann unzulässig ist, wenn der bereits erwähnte »durchschnittlich informierte, situationsadäquat aufmerksame und verständige Verbraucher« den werblichen Charakter einer geschäftlichen Handlung nicht alsbald (in der Regel auf den ersten Blick) erkennt.

Brand Content in der Grauzone?

Aufgrund der medienspezifischen und allgemeinen Pflicht, die Erkennbarkeit von Werbung sicherzustellen, bewegen sich sämtliche Werbekonzepte in einer rechtlichen Grauzone, die versuchen, erhöhte Aufmerksamkeit dadurch zu generieren, dass sie sich an redaktionelle oder soziale Kommunikation anlehnen. Dies gilt für die aus rechtlicher Sicht umfangreich thematisierten »Klassiker« wie die Printwerbung im redaktionellen Gewand in gleicher Weise wie für innovative Werbekonzepte wie das »virale Marketing«. Dessen konzeptionelle Eigenart liegt vielfach gerade darin, den Verbraucher über Inhalte zu erreichen, die jenseits ihrer werblichen Botschaft (produkt- oder imagebezogen) so attraktiv gestaltet sind, dass der Verbraucher sie aus eigenem Antrieb selbst weiter verbreitet. Da das initiale »Seeding« derartiger Inhalte zweifelsfrei vom werbenden Unternehmen veranlasst ist und die weitere Verbreitung durch die Nutzer gerade beabsichtigt ist, ist das werbende Unternehmen auch im rechtlichen Sinne für Inhalt und Verbreitung von Viralmarketing-Inhalten verantwortlich. Dass vergleichsweise wenige Viralmarketing-Kampagnen Gegenstand rechtlicher Auseinandersetzungen sind, mag weniger den rechtlichen Bedenken gegen die fehlende Erkennbarkeit als Werbung geschuldet sein. Jedenfalls bei von den Verbrauchern geschätzten Viralinhalten dürfte bei Wettbewerbern die Furcht bestehen, in der öffentlichen Wahrnehmung als »Spielverderber« dazustehen, wenn die Einhaltung der rechtlichen Vorgaben durchgesetzt wird.

Für eine Brand-Content-Strategie müssen sich die gesetzlichen Pflichten zur Erkennbarkeit von Werbung allerdings nicht notwendig als Hindernis erweisen: In vielen Fällen ist die Erkennbarkeit des hinter dem jeweiligen Brand Content stehenden Unternehmens gerade beabsichtigt. Das auch im vorliegenden Buch an unterschiedlicher Stelle thematisierte Beispiel *Red Bull* zeigt anschaulich, dass an einer rechtlich relevanten Verschleierung des Werbecharakters nicht zwingend Interesse besteht. Hinzu kommt ein weiterer Umstand: Je mehr sich ein Brand-

Content-Konzept darauf verlegt, einen zwar auf das Unternehmen zurückzuführenden (und zum Beispiel mit dem Logo versehenen), aber vom konkreten Produkt losgelösten Inhalt zu verbreiten, desto geringer kann die Gefahr einer rechtlich relevanten Nicht-Erkennbarkeit sein. *Red Bull* hat auch insoweit gezeigt, dass Brand Content ein inhaltliches »Eigenleben« jenseits konkret produktbezogener Werbung entwickeln kann.

In diesem Zusammenhang mag ein Blick auf die rechtliche Einordung des Corporate Publishing helfen (vgl. Kap. 3, S. 130): Für die klassische Kundenzeitschrift ist in der Rechtsprechung anerkannt, dass sich deren Erkennbarkeit aus der Gesamtgestaltung ergeben kann. Sofern etwa bereits auf dem Titel der Charakter als Kundenzeitschrift klar gestellt wird und sich auch aus der Art und Weise der Verbreitung (ausschließlich am Point of Sale) der grundsätzlich werbliche Charakter ergibt, ist die Veröffentlichung aus rechtlicher Sicht unkritisch; eine gesonderte Kennzeichnung jedes Artikels ist nicht erforderlich.

Es verbleibt allerdings die notwendige Prüfung, ob das im Rahmen einer Brand-Content-Strategie beabsichtigte Werbemittel für den jeweiligen Adressaten als werbliche Maßnahme erkennbar ist. Relevant für die Risikoabwägung sind die möglichen Rechtsfolgen: Im Falle eines Verstoßes gegen die (wettbewerbsrechtlichen) Vorschriften zur Erkennbarkeit von Werbung stehen mögliche Ansprüche auf Unterlassung, Auskunft und Schadensersatz im Raum; die spezialgesetzlichen Regelungen enthalten zudem Bußgeldvorschriften (zum Beispiel § 49 Abs. 1 Nr. 2 – 12 RStV; Bußgeld bis zu 500.000 Euro). Vordringliches Ziel auch im Bereich Brand Content wird es deshalb sein, die Erkennbarkeit aus dem Gesamtkontext abzuleiten, so dass auf eine gesonderte Kennzeichnung verzichtet werden kann. Der eingangs erwähnte Salamander Lurchi scheint mit einer solchen Strategie jedenfalls bislang, erfolgreich gewesen zu sein – denn der Zusatz »Anzeige« oder »Werbung für Salamander-Schuhe« findet sich bislang auf keinem der Hefte, Bücher oder Hörspiele.

Rollenwechsel – Die »Content Company« in ungewohntem Umfeld

Eine Brand-Content-Strategie wird in aller Regel auf unterschiedliche Verbreitungswege abstellen (vgl. Kap. 5, S. 213). Sofern das werbende Unternehmen hierbei – anders als bei der klassischen Werbung – auf die herkömmlichen Werbemittler verzichtet, übernimmt es deren Funktion selbst: Das Unternehmen wird zum Zeitungs-/Zeitschriftenverlag oder zum Veranstalter audiovisueller Medien. Gerade letzteres ist im Hinblick auf eigene Internetangebote nichts Neues. Aus regulatorischer Sicht ist die Etablierung eigener Internetangebote ebenso unkritisch wie das Verlegen von Zeitungen oder Zeitschriften: Denn sowohl die Tätigkeit als Verlag als auch die eines Telemedienanbieters ist zulassungsfrei. Besondere Aufmerksamkeit verdient in diesem Zusammenhang allerdings der regulierte Bereich des Rundfunks, wo eine Zulassung der zuständigen Landesmedienanstalt erforderlich ist, § 20 RStV: Im Zeitalter der Medienkonvergenz bereitet dabei die Abgrenzung zwischen zulassungsfreien Telemedien und dem zulassungspflichtigen Rundfunk (definiert in § 2 Abs. 1 RStV) gewisse Schwierigkeiten. Telemedien sind dann nicht dem Rundfunk zuzuordnen, wenn sie

- jedenfalls weniger als 500 potenziellen Nutzern zum zeitgleichen Empfang angeboten werden,
- zur unmittelbaren Wiedergabe aus Speichern von Empfangsgeräten bestimmt sind,
- ausschließlich persönlichen oder familiären Zwecken dienen,
- nicht journalistisch-redaktionell gestaltet sind, oder
- aus Sendungen bestehen, die jeweils gegen Einzelentgelt freigeschaltet werden.

Für die Veranstaltung von redaktionell gestalteten Internetangeboten gelten insoweit folgende Maßgaben: Sofern ein Unternehmen ein redaktionell gestaltetes Internet-Radio-Programm anbietet, ist keine Zulassung erforderlich. Allerdings müssen Streaming-Angebote mit mehr als 500 möglichen Nutzern zur gleichen Zeit bei der zuständigen Behörde angezeigt werden; ausgenommen sind deshalb reine Abrufdienste. Eine Einzelfallprüfung ist für Internet-TV-Angebot erforderlich. Die Landesmedienanstalten bieten hierzu die Möglichkeit einer »rundfunkrechtlichen Unbedenklichkeitsbescheinigung«, mit der die Behörde nach Prüfung eine verbindliche Aussage zur Qualifizierung eines Angebots als Telemedium oder Rundfunk und der ggf. bestehenden Zulassungspflicht trifft. Auf diese Weise kann das für die ungenehmigte Rundfunkveranstaltung vorgesehene Bußgeld von bis zu 500.000 Euro vermieden werden.

Für sonstige Rundfunkangebote besteht die Zulassungspflicht unbeschränkt. Ein dezidiertes Brand-Content-Rundfunkangebot für die Öffentlichkeit ist in Deutschland bislang nicht bekannt – in Österreich hat das bereits erwähnte Unternehmen *Red Bull* im Jahre 2004 erfolgreich eine Sendelizenz für das Fernsehprogramm »Servus TV« bei der zuständigen Behörde *KommAustria* beantragt und verbreitet seither auch das Programmfenster »Red Bull TV« über diesen eigenen Sender. Es bleibt abzuwarten, ob auch deutsche Unternehmen dezidierte Voll- oder Spartenprogramme im Rahmen einer Brand-Content-Strategie veranstalten werden und hierfür die durchaus umfangreichen Zulassungsverfahren nach dem Rundfunkstaatsvertrag durchlaufen.

Copyright Compliance – Urheberrecht im digitalen Umfeld

Beschränken sich die Verwertungsmöglichkeiten von Medieninhalten noch vor einigen Jahren auf die klassischen Medien, wie zum Beispiel TV und Print, begründet das Internet aufgrund der nunmehr zur Verfügung stehenden Bandbreiten und Endgeräte zahlreiche weitere Auswertungsmöglichkeiten. Mit diesen neuen digitalen Verwertungsmöglichkeiten verbunden ist aber immer die Frage: Welche Rechte brauche ich überhaupt für diese neue Form der Verwertung? Ist diese neue Auswertungsform überhaupt eine neue Auswertungsform im rechtlichen Sinne oder bereits von bestehenden Rechten umfasst? Mit anderen Worten, die Digitalisierung führt zu der ständigen Auseinandersetzung mit den Themen des Rechteerwerbs und der Rechtevergabe. Geprägt ist dieser Umstand nicht zuletzt aufgrund des Interesses des Rechteinhabers »ein und dieselbe Schokolade« so oft wie möglich zu verkaufen.

Die in der Praxis derzeit verwendeten Rechteklauseln zeichnen sich dadurch aus, dass eine unbegrenzte Reihe von Terminologien Eingang gefunden hat, die weder konkret definiert oder aus sich selbst heraus verständlich sind noch durch den Gesetzgeber definiert sind. So finden sich Begriffe, wie zum Beispiel Internet-Rechte, IP-TV-Rechte, WEB-TV-Rechte, Online-Rechte, Datenbank-Rechte, Multimedia-Rechte, VOD (Video-on-Demand)-Rechte, Streaming-Rechte und andere. Diese Terminologien werden mittlerweile so häufig verwendet, dass zunehmend auch Juristen an die Existenz solcher Rechte glauben. Dabei ist vielmehr die entscheidende Frage, ob es sich tatsächlich um ein Bündel neuer Rechte handelt, oder ob es sich um altbekannte Verwertungen in nur einem neuen technischen Gewand handelt. Dabei kann die Frage, welche Rechte für welche Verwertungsmöglichkeiten in den digitalen Medien bzw. im Internet überhaupt erforderlich sind, nur anhand der sich durch das Internet eröffneten Funktionsmöglichkeiten für den Endnutzer beantwortet werden. Grundsätzlich eröffnet das Internet zwei Möglichkeiten, Inhalte gegenüber Endnutzern auszuwerten (vgl. Abb. 2).

Kapitel 5: Planung & Prozess

> Welche Rechte für welche Verwertungsmöglichkeiten in den digitalen Medien bzw. im Internet erforderlich sind, kann nur anhand der sich durch das Internet eröffneten Funktionsmöglichkeiten für den Endnutzer beantwortet werden.

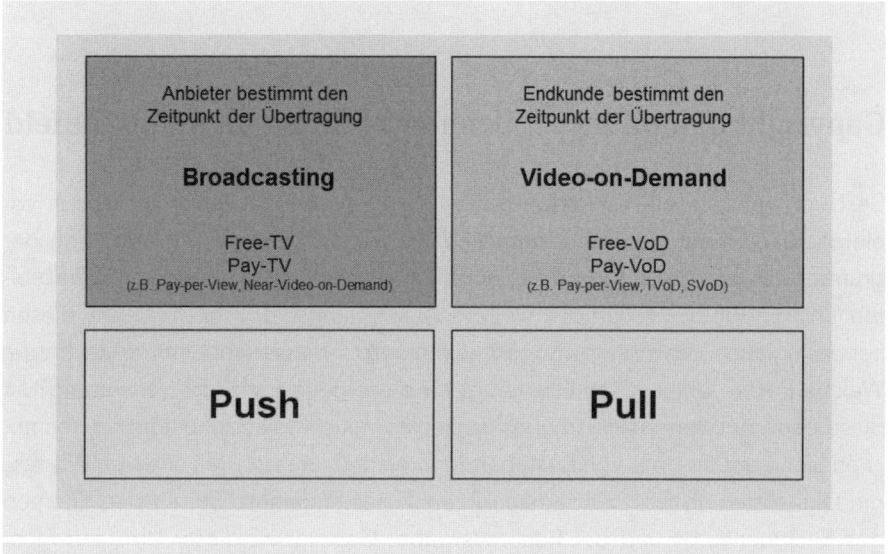

Anbieter bestimmt den Zeitpunkt der Übertragung	Endkunde bestimmt den Zeitpunkt der Übertragung
Broadcasting	**Video-on-Demand**
Free-TV Pay-TV (z.B. Pay-per-View, Near-Video-on-Demand)	Free-VoD Pay-VoD (z.B. Pay-per-View, TVoD, SVoD)
Push	**Pull**

Abb. 2: Verwertungsmöglichkeiten von Brand Content im Internet (eigene Abbildung)

Inhalte können einerseits »gepusht« werden, das heißt in Form einer sogenannten Sendung übertragen werden. Sendung bedeutet hierbei, dass der Endnutzer den Zeitpunkt der Übertragung nicht bestimmen kann. Vielmehr wird der Zeitpunkt der Übertragung des Inhalts vom Anbieter der Inhalte bestimmt. Mit anderen Worten: Der Endnutzer kann sich lediglich in eine laufende Sendung »hineinschalten«. Oft wird diese Form der Auswertung von Inhalten im Internet als sogenanntes »Streaming« bezeichnet. Auf der anderen Seite können Inhalte im Internet »gepullt« werden, das heißt der Nutzer kann den Zeitpunkt der Übertragung bestimmen bzw. er kann bestimmen, wann die jeweilige Sendung beginnen soll. Erst mit seinem Abruf startet der jeweilige Inhalt. Umgangssprachlich wird dies als »Video-on-Demand« oder »Abrufdienst« bezeichnet. Im Ergebnis eröffnet das Internet somit zwei Funktionalitäten zur Übertragung von Inhalten: (1) das Senden (»push«) und (2) das Abrufen (»pull«). Die beiden Funktionalitäten des Push und Pull werden aufgrund einer Richtlinie der Europäischen Kommission aus dem Jahre 2001 auch als sogenannte lineare (für push) und nicht-lineare (für pull) Auswertungen bezeichnet.

Nutzungsart

Um Inhalte in einer bestimmten Form verwerten zu können, werden üblicherweise in einem Vertrag über die Einräumung von Nutzungsrechten die konkreten Arten der Nutzung bezeichnet. Mit der Entwicklung neuer Nutzungsmöglichkeiten stellt sich sodann die Frage, ob die neue Nutzungsmöglichkeit (zum Beispiel mobile Nutzung über das iPad oder die Auswertung von Inhalten über Apps statt über eine Website) von den im Vertrag bezeichneten Nutzungsarten umfasst ist – ohne ausdrücklich bezeichnet worden zu sein – oder eine »neue« Nutzungsart ist. Von der Rechtsprechung wurde der Begriff der Nutzungsart als »jede konkrete technische und wirtschaftlich eigenständige Verwendungsform eines Werkes« definiert (BGH vom 05.06.1985, GRUR 1986, 62, 65 – GEMA –Vermutung 1). Eine allgemeingültige Definition findet sich jedoch nicht. Eine Analyse der zum Begriff der Nutzungsart vorhandenen Rechtsprechung verdeutlicht, dass eine »technische und wirtschaftliche Eigenständigkeit« immer dann anzunehmen ist, wenn sich für den Endnutzer bzw. Werknutzer neue Funktionsmöglichkeiten bzw. Verwendungsmöglichkeiten ergeben. Dies ergibt sich insbesondere aus der sogenannten »Klimbim Entscheidung« des BGH (BGH vom 07.04.1996, BGHZ 133, 281 ff. – Klimbim). Die Rechtsnachfolger der Produzenten der Serie »Klimbim« klagten gegen den *WDR* mit der Begründung, dass der *WDR* nicht Inhaber der erforderlichen Senderechte sei. Die Senderechte seien unter anderem nur für die terrestrische Ausstrahlung erteilt worden, nicht jedoch für die Ausstrahlung im Jahre 1992 über Kabel oder Satellit. Die Ausstrahlung über Kabel oder Satellit stelle eine neu geschaffene Nutzungsart dar. Vertraglich hatten die Produzenten dem *WDR* »alle bekannten Arten der Verwertung für Fernsehzwecke« übertragen. Der BGH stellte in diesem Verfahren fest, dass sich aus der Sicht der Endnutzer diese neue Ausstrahlungsform über Kabel oder Satellit in ihrem Wesen als keine Veränderung darstelle. Beim herkömmlichen Empfang vor dem Fernsehgerät sei es für den Endnutzer regelmäßig nicht erkennbar, auf welchem Weg – terrestrisch oder über Satellit bzw. Kabel – ihn das Programm erreiche. Eine neue Nutzungsart würde daher nicht vorliegen, wenn eine schon bisher übliche Nutzungsmöglichkeit durch den technischen Fortschritt erweitert und verstärkt werde, ohne sich dadurch aus der Sicht der Endnutzer in ihrem Wesen entscheidend zu verändern. Für die Beurteilung einer technischen und wirtschaftlichen Eigenständigkeit ist somit nach ständiger Rechtsprechung nicht die konkrete technologische Ausgestaltung einer neuen Technologie entscheidend, sondern die aufgrund der Technologie begründeten neuen Funktionalitäten für den Endnutzer. Insofern ist für die rechtliche Beurteilung unbeachtlich, ob zum Beispiel

Inhalte digital statt bisher analog oder statt über terrestrischen Funk über Satellit übertragen werden.

Zusammenfassend ist somit festzustellen, dass eine technische Abgrenzbarkeit dann angenommen werden kann, wenn sich für den Endnutzer durch diese Form der Verwertung von Inhalten neue Funktionsmöglichkeiten bzw. Verwendungsmöglichkeiten im Vergleich zu den bisherigen Nutzungsformen ergeben. Mit anderen Worten: Kann der Endnutzer den Inhalt auf eine Art nutzen, die es vorher nicht gab (ungeachtet der zugrundeliegenden Technologien)? Bei der Bejahung dieser Frage ist in der Regel von einer neuen Nutzungsart auszugehen. Dies führt zu dem Ergebnis, dass es keine sogenannten Internet- oder auch Online-Rechte gibt (gleiches gilt auch für ähnliche pauschale Terminologien, wie zum Beispiel Mobile-Rechte oder Social-Media-Rechte). All diesen Begriffen gemein ist, dass es sich hierbei um Oberbegriffe handelt, die keine konkrete Funktionalität (»wie der Inhalt genutzt wird«) beschreiben. Diese Oberbegriffe bezeichnen eine Vielfalt von Diensten, die lediglich dasselbe Kommunikationsprotokoll TCP/IP verwenden.

IP-TV/Internet-TV/Web-TV

Gleiches gilt für die Verwendung von Terminologien wie zum Beispiel IPTV-, Internet-TV-, Web-TV- und DSL-TV-Rechten in Verträgen. Internet-TV, also die lineare IP-basierte Auswertung von Inhalten, zeichnet sich im Gegensatz zum klassischen Fernsehen lediglich dadurch aus, dass die Bild- und Tondaten digital statt analog und neben breitbandigen Netzen, wie das TV-Kabel, Funk oder Satellit auch über schmalbandige Netze, wie das Telefonkupferkabel, an den Endnutzer übermittelt werden. Die Verwendung digitaler Bild- und Tondaten anstelle der analogen begründet jedoch per se keine neue eigenständige Nutzungsart, wie die Ausführungen ergeben haben, denn die Digitalisierung also solche eröffnet für den Werknutzer keine neuen Verwendungsmöglichkeiten. Selbst wenn eine entsprechende getrennte Lizenzvergabe bezüglich analog-digital Fernsehen in der Praxis vorzufinden wäre, würde dies nicht zur Begründung einer neuen Nutzungsart ausreichen.

Vor diesem Hintergrund geht nunmehr die herrschende Meinung in der juristischen Literatur davon aus, dass die lineare Übertragung von Inhalten im Internet dem Senderecht nach § 20 UrhG unterfällt (vgl. Wandtke/Bullinger/Erhardt, Urheberrecht, 3. Auflage 2008, § 20-§ 20 b UrhG, RN 11). Dies bedeutet im Ergebnis, dass es grundsätzlich keine sogenannten IPTV, WebTV,Internet-TV oder DSL-TV Rechte per se gibt. Wenn ein Lizenznehmer das Recht erworben hat, die Inhalte zu senden (das heißt das Senderecht nach § 20 UrhG), hat er in der Regel auch die Befugnis erworben, die Inhalte über das Internet linear zu übertragen, also IP-basiert zu senden. Dessen ungeachtet bleibt es dem Lizenzgeber unbenommen, das Senderecht auf bestimmte Übertragungswege und/oder Übertragungsformen zu beschränken. Insoweit könnte der Lizenzgeber dem Lizenznehmer lediglich das Senderecht für das klassische TV-Kabel, Satellit und terrestrischen Funk einräumen, nicht jedoch für eine IP basierte Übertragung über das »offene« Internet oder geschlossene Telekommunikationsnetze. Von dieser Möglichkeit hatte die Deutsche Fußball Liga bei der Ausschreibung der medialen Verwertungsrechte an den Spielen der ersten und zweiten Bundesliga Gebrauch gemacht. Bei der Rechtevergabe wurde über entsprechende Rechtedefinitionen danach differenziert, ob die Fernsehsignale in einem geschlossenen Telekommunikationsnetz übertragen wurden, in welchem eine feste Datenrate garantiert werden konnte (IPTV), oder ob die Fernsehsignale im sogenannten offenen Internet (WebTV) übertragen wurden.

Mobile-TV

Weder in der Rechtsprechung noch in der Literatur ist die Frage erörtert worden, ob die lineare »Auswertung von Inhalten auf mobilen Endgeräten« eine eigenständige Nutzungsart darstellt bzw. neue Verwendungsmöglichkeiten für den Endnutzer begründet. Mobile-TV zeichnet sich im Gegensatz zum klassischen Fernsehen durch zwei Elemente aus: Mobile-TV nutzt eine geringere Bandbreite im Verhältnis zu einer analogen bzw. digitalen Übertagung über DVB-T, und neben dem überwiegend stationär eingesetzten Empfangsgerät des Fernsehers wird der Empfang nur über entsprechende Endgeräte mobil ermöglicht.

Mobilität ist nach unserer Auffassung jedoch ebenfalls kein Kriterium zur Begründung einer neuen Verwendungsmöglichkeit. Ansonsten müsste dies konsequenterweise auch für DVB-T gelten, das zum Beispiel in Fahrzeugen, Zügen oder mittels kleiner tragbarer Fernsehempfänger genutzt werden kann. Auch die Übertragungssignale der bisherigen analogen terrestrischen Funkübertragung waren überall empfangbar. Mobilität war daher bereits der analogen terrestrischen Funksendung immanent. Insoweit ist vom Senderecht nach § 20 UrhG auch die Sendung auf mobile Endgeräte (Mobiltelefon oder Tablet) mitumfasst. Dessen ungeachtet bleibt es auch hier dem Lizenzgeber unbenommen, das Senderecht gegebenenfalls individualvertraglich mit seinem Lizenznehmer auf bestimmte Empfangsgeräte zu beschränken.

Video-on-Demand

Die nicht-lineare Verwertung von Inhalten unterfällt nicht dem Senderecht nach §20 UrhG, sondern dem Recht der öffentlichen Wiedergabe nach §19a UrhG. Man spricht hier von einer asynchronen Übertragung, bei der der Endnutzer den Zeitpunkt des Abrufes von Inhalten selbst bestimmt. Synchron hingegen bezeichnet die Form der Übertragung, bei der die Inhalte vom Endnutzer »unmittelbar« konsumiert werden müssen (wie zum Beispiel derzeit das klassische Fernsehen), es sei denn, die Daten werden mittels entsprechender Zusatzsoftware vom Endnutzer aufgezeichnet (kopiert), um eine wiederholbare Wahrnehmbarmachung zu ermöglichen (vergleichbar mit dem Videorekorder im Bereich des klassischen Fernsehens). Kennzeichnend für diese Rechte der öffentlichen Wiedergabe ist, dass diese nur eine flüchtige Form der Werknutzung ermöglichen. Die Werke werden dem Endnutzer nicht in einer Form zur Verfügung gestellt, die ihm eine wiederholte Wahrnehmbarmachung des Werkes ermöglichen. Vor diesem Hintergrund erfasst das Recht der öffentlichen Wiedergabe nach §19a UrhG nicht per se die Befugnis, diese Inhalte auch asynchron, also zum Beispiel in Form eines Downloads an den Endnutzer zu übertragen. Hierfür ist es erforderlich, dass sich der Anbieter neben den »Abrufrechten« auch die entsprechenden Vervielfältigungsrechte nach §16 UrhG sichert. Der Anbieter kann dabei die Rechte an einer entgeltlichen (PayTV) und/oder unentgeltlichen (FreeTV) zur Verfügung Stellung an den Endnutzer erwerben.

Soweit der jeweilige Vertrag keine Differenzierung nach der jeweiligen Vertriebsform vornimmt, kommt §31 Abs. 5 UrhG zur Anwendung. Hiernach bestimmt sich der Umfang des Nutzungsrechts nach dem mit dem Vertrag verfolgten Zweck. Insofern muss derjenige, der sich auf die Einräumung des entsprechenden Nutzungsrechts beruft, beweisen, dass die Rechtseinräumung vom Vertrag gedeckt ist. Hieraus ergibt sich für die Parteien die Pflicht zur Spezifizierung des konkreten Vertragszwecks. Als Auslegungsregel hieraus ergibt sich, dass im Zweifel die Rechte so weit wie möglich beim Urheber/Rechteinhaber verbleiben. Die Ermittlung, was Vertragszweck war, richtet sich entsprechend der §§ 133, 157 BGB danach, was üblicherweise nach Treu und Glauben sowie die Verkehrssitte zum Zweck derartiger Verträge gemacht wird bzw. wurde, was also branchenüblich war.

Unbeachtlich hingegen ist, in welchem Rahmen und/oder auf welchen Plattformen die Inhalte auf Abruf bereitgestellt werden. Hat also ein Lizenznehmer das unbeschränkte Recht erworben, die Inhalte auf Abruf auf sämtlichen Plattformen bereitzustellen, so umfasst das sowohl das Recht, die Inhalte auf *YouTube* einzustellen, als auch auf Facebook. Insoweit werden durch die Art der Plattform (einerseits »User Generated Content«-Plattform, anderseits »Social Media«-Plattform) keine gesonderten Rechte begründet, so dass mit dem Erwerb der Rechte nach §19 a UrhG die Inhalte auf sämtlichen Plattformen ausgewertet werden können.

Verwertungen auf YouTube & Co.

Das Einstellen von Inhalten auf Plattformen Dritter, wie zum Beispiel YouTube und Facebook, erfolgt nachdem die jeweils dort niedergelegten Nutzungsbedingungen akzeptiert wurden. In diesen lassen sich die jeweiligen Plattformbetreiber Nutzungsrechte an den Inhalten einräumen. YouTube verwendet hierfür unter anderem folgende Regelung:

»*Das Nutzungsrecht umfasst daher insbesondere das Recht, die Inhalte technisch zu vervielfältigen. Weiterhin räumen Sie Google das Recht der öffentlichen Zugänglichmachung Ihrer Inhalte ausschließlich für den Fall ein, dass Sie wegen der Natur des jeweiligen Dienstes eine öffentliche Zugänglichmachung beabsichtigen oder Sie ausdrücklich eine öffentliche Zugänglichmachung bestimmt haben. Das Recht der öffentlichen Zugänglichmachung endet mit dem Zeitpunkt, in dem Sie einen eingestellten Inhalt aus einem bestimmten Dienst entfernen oder die Bestimmung der öffentlichen Zugänglichmachung aufheben. Bestimmte Dienste können zusätzlichen Bedingungen unterliegen, welche die Einräumung weiterer Rechte vorsehen.*«

Hiernach lässt sich *YouTube* nicht nur das Recht der öffentlichen Zugänglichmachung einräumen, sondern auch die für eine asynchrone Auswertung erforderlichen Vervielfältigungsrechte. Ungeachtet dessen, dass der Endnutzer nicht nur *YouTube*, sondern auch sämtlichen zur Google Gruppe gehörenden Unternehmen sowie deren Vertragspartnern diese Rechte zur weltweiten Nutzung einräumt, verweist diese Rechteklausel auch auf das Erfordernis von der Einräumung weiterer Rechte für weitere Dienste, die nicht genauer bestimmt sind. Unabhängig davon, ob solch eine unbestimmte Rechtseinräumung in diesen Nutzungsbedingungen rechtswirksam ist, verdeutlich diese Klausel, welche Punkte beim Rechteerwerb zu beachten sind.

> *Praxistipp:* Ist eine Auswertung von Branded Entertainment Inhalten auf konkreten Plattformen, wie zum Beispiel *YouTube* oder *Facebook* geplant, so empfiehlt es sich, die dortigen Regelungen hinsichtlich der einzuräumenden Rechte zu prüfen, um diese Rechte spiegelbildlich in die eigenen Verträge aufzunehmen. Im Vertrag könnte auch auf die dort niedergelegten Nutzungsbedingungen verwiesen werden.
> Es reicht also nicht aus, dass vom Vertragspartner nur das »Abrufrecht« (Recht der öffentlichen Zugänglichmachung) erworben wurde – ggfs. unter dem Hinweis auf eine Auswertung auf *YouTube*. Vielmehr müsste – allein auf der Grundlage der Nutzungsbedingungen von YouTube – in diesem Fall auch das Vervielfältigungsrecht erworben werden. Ferner müsste das Recht der öffentlichen Zugänglichmachung das Recht umfassen, die Inhalte unentgeltlich und mit Werbung (Pre- und/Mid-Roll) auszuwerten.

Der Verwertung von Inhalten im Internet immanent ist, dass – soweit keine entsprechende technische Beschränkung erfolgt – die Inhalte »auf einen Schlag« weltweit verfügbar sind. Dies führt im Ergebnis dazu, dass ein Lizenznehmer, der lediglich die Rechte für das Gebiet der Bundesrepublik Deutschland erworben hat, die Rechte Dritter verletzt, wenn diese auch außerhalb des Lizenzgebietes abrufbar sind. Ist also der weltweite Erwerb von Nutzungsrechten vom Lizenzgeber nicht möglich, muss der Lizenznehmer durch entsprechende technische Verfahren sicherstellen, dass ein Abruf der Inhalte außerhalb des Lizenzgebietes nicht möglich ist (zum Beispiel durch sogenannte IP Geo Location).

Ergebnis

Im Ergebnis ist daher festzuhalten, dass eine Auswertung von Inhalten im Internet grundsätzlich zwei Funktionalitäten begründet:
- das Senden (»push«) von Inhalten, was dem Senderecht nach §20 UrhG unterfällt und
- das Abrufen (»pull«) von Inhalten, das dem Recht der öffentlichen Zugänglichmachung nach §19 a UrhG unterfällt.
- Ferner ist beim Rechteerwerb und auch bei der Rechtevergabe zu untersuchen, ob ein voll umfänglicher Rechteerwerb bzw. eine Rechtevergabe beabsichtigt ist oder eine Beschränkung auf bestimmte Funktionalitäten und/oder Businessmodelle erfolgen soll.

Prüfungsschema für den Erwerb von Nutzungsrechten im digitalen Bereich

1. **Inhaltliche Beschränkungen von Rechten**
   Bestehen hinsichtlich der Form und der Art der Sendung und des Abrufes Beschränkungen oder darf in jedweder Form gesendet bzw. abgerufen werden?
2. **Übertragungswege (klassisch, online, mobil)**
   Sind bestimmte Übertragungswege, die technisch in der Lage wären, die Daten zu übertragen, von der Auswertung ausgenommen (Kabel, Satellit, Funk, Telefonkupferkabel, GPRS, UMTS, DVB-H etc.)?
3. **Übertragungsform**
   Liegen Beschränkungen im Falle einer digitalen Auswertung vor, die es dem Lizenznehmer vorgeben, dass die Daten mit zum Beispiel bestimmten Verschlüsselungssystemen oder Kopierschutzsystemen zu versehen sind (analog, digital, TCP-IP, verschlüsselt, DRM, etc.)? Dürfen die Daten dem Endnutzer in einer Form zur Verfügung gestellt bzw. gesendet werden, die automatisch zu einem Vervielfältigungsexemplar auf dem Endgerät führen? Darf der Endnutzer auf dieses Vervielfältigungsexemplar unbeschränkt zugreifen oder nur innerhalb eines bestimmten zeitlichen Fensters und wie oft?
4. **Endgeräte**
   Sind bestimmte Empfangsgeräte, die technisch in der Lage wären, die Daten sichtbar zu machen, von der Auswertung ausgenommen (stationär, mobil etc.)?
5. **Endnutzerverhältnis (Pay/Free)**
   Aufgrund welchen Businessmodells dürfen die Inhalte dem Endnutzer zur Verfügung gestellt werden (vollständig unentgeltlich und/oder werbefinanziert oder entgeltlich)?

Kapitel 6:
Ausblick

»Content is King, packaging is God«

Lars Lehne und Conrad Fritzsch

> Wohin entwickelt sich das Content Marketing in einer digitalen Welt? Die Medienmanager Lars Lehne und Conrad Fritzsch glauben an die Notwendigkeit einer neuen Sendelogik, bei der Inhalte und User-Bedürfnisse perfekt übereinstimmen. Es geht darum – ganz im Sinne von Larry Page –, Fragen zu beantworten, bevor sie gestellt werden und Unterhaltungs- und Interaktionsbedürfnisse zu befriedigen, bevor diese virulent sind.

Nicht, dass Sie mich angesichts des Titels jetzt für übergeschnappt oder gar größenwahnsinnig halten. Ich bediene mich hier der Worte eines Anderen, schmücke mich mit fremden Federn. Der Titel ist ein Zitat von einer Podiumsdiskussion vor einigen Monaten. Zugegeben, das Zitat hat mich damals so nachdenklich gemacht, dass ich einige Minuten abwesend war. Als ich gebeten wurde, dieses Kapitel zu schreiben, fiel mir augenblicklich das Zitat wieder ein, und so bat ich dessen eigentlichen Verfasser als Co-Autor und Inspirator mitzuschreiben: Conrad Fritzsch, Gründer und Hauptgeschäftsführer von *TapeTV*, der Onlineantwort auf *MTV*. Oder, wie er sagen würde: der »Kurator für Musikcontent im Internet«.

Setting the Scene

Schon in den neunziger Jahren begann man in der Kommunikations- und Werbebranche von Reizüberflutung und »Information overflow« zu sprechen. Ein Werbeplakat der Marke *Lucky Strike* aus dieser Zeit steht hierfür beispielhaft (vgl. Abb. 1).

> Täglich sind Sie mehr als 1213 Werbebotschaften ausgesetzt. Für heute haben Sie Ihr Soll erfüllt.
>
> 1997*
>
> *Diese historische Lucky Strike-Werbung zeigt nicht den heute gültigen Packungswarnhinweis.
>
> Rauchen kann tödlich sein. Der Rauch einer Zigarette dieser Marke enthält 10 mg Teer, 0,8 mg Nikotin und 10 mg Kohlenmonoxid (Durchschnittswerte nach ISO).

Abb. 1: Werbeplakat von *Lucky Strike* (Copyright: British American Tobacco (Germany) GmbH*

Dabei war damals doch alles so viel einfacher als heute. Das Internet war noch in den Kinderschuhen und Kommunikation beschränkte sich hauptsächlich auf Push- und Massenkommunikation. Die Nische, mit Brand Content Aufmerksamkeit zu schaffen, gab es zwar, wurde aber kaum öffentlich wahrgenommen oder diskutiert. Ausnahmen bestätigen auch hier die Regel: Schon in den 1950er-Jahren hat der US-Konsumgüterriese *Procter & Gamble* auf das immer stärker werdende Fernsehen gesetzt und die Soap Opera erfunden, also Fernsehserien, die im wahrsten Sinne des Wortes geschaffen wurden, um Seifenprodukte zu verkaufen. *P&G* hat damit sein eigenes Fernsehprogramm um die Produkte und Kernbotschaften herum entwickelt.

Heute ist die Situation eine andere: Wir haben in den vergangenen zehn Jahren eine wahrhafte Revolution und Demokratisierung von Kommunikation und Content erlebt. Früher waren es einige wenige Medienmacher und Meinungsführer, die quasi exklusiv und häufig nicht ohne eigene Agenda kommuniziert und Content vertrieben haben. Heute hingegen leben wir in einer Gesellschaft, in der

---

* Diese historische Lucky-Strike-Werbung zeigt nicht den heute gültigen Packungswarnhinweis: Rauchen kann tödlich sein. Der Rauch einer Zigarette dieser Marke enthält 10 mg Teer, 0,8 mg Nikotin und 10 mg Kohlenmonoxid (Durchschnittswerte nach ISO).

faktisch jeder zum Editor wird. Das Recht auf freie Meinungsäußerung hat so eine vollkommen neue Bedeutung bekommen. Heute drehen 14-Jährige mit der Laptopkamera oder einer GoPro Schminkserien und erreichen damit ein Millionenpublikum. Nicht mehr die Produktkosten sind der limitierende Faktor, sondern die Aufmerksamkeit des Publikums, die auf natürliche Weise begrenzt ist.

> Nicht mehr die Produktkosten sind der limitierende Faktor, sondern die Aufmerksamkeit des Publikums, die auf natürliche Weise begrenzt ist.

Abb. 2: Kurz nach der Papstwahl 2005 (oben) und 2013 (unten) auf dem Peterplatz in Rom (Quelle: Luca Bruno/Michael Sohn; dpa Picture-Alliance)

Das Angebot an verfügbarem Content hingegen steigt unablässig: Informationen und Content sind heute in Sekundenschnelle online und damit global verfügbar. Und jede noch so sinnlos anmutende Äußerung auf Twitter oder Facebook findet ihr Publikum und löst eine Reaktion und/oder Gegenreaktion aus. Dabei bedient sich der homo connecticus zunehmend mehrerer und vor allem mobiler Endgeräte. Zwei Fotos unterstreichen diese Entwicklung eindrucksvoll (vgl. Abb. 2). Acht Jahre liegen zwischen ihnen. Beide entstanden zur Papstwahl auf dem Petersplatz (vgl. Kap. 2, S. 69).

Marken und Konsumenten befinden sich in einem immerwährenden Informationsfluss, der sekündlich iteriert, sich verändert und nie vergisst. Zwei Beispiele:

- YouTube erreicht monatlich eine Milliarde Unique Views und ist damit die globale Plattform für Video Content im Internet. Jede Minute werden auf YouTube 80 Stunden *neuer* Content hochgeladen.
- Twitter verzeichnet mehr als 9.100 Tweets pro Sekunde, und 57 Prozent aller Menschen kommunizieren Online mehr als sie es im realen Leben tun (Quelle: ZMOT/Google).

Die Zahlen sind beeindruckend, stimmen aber auch nachdenklich, wenn man bedenkt, wie sehr sich Content heute verflüchtigt.

Die Last mit dem Content

Content kann heute auf jede erdenkliche Weise entstehen: gepushed, unfreiwillig, initiiert oder gar ungewollt. Für Werbungtreibende und Markenartikler heißt das, jederzeit zu sehen, zu lesen und zu hören was über die Marke geschrieben, geposted oder getwittert wird. Schön war es, als sich das Marketing in seinen Elfenbeinturm einschließen konnte und der einzige Kontakt zu den Käufern der Marktforschung vorbehalten war. Heute kommt der Konsument dem faustschen Geist nah, den das Marketing rief und nun nicht mehr los wird. Permanent und ungefragt äußern sich Konsumenten, tauschen sich aus und fordern die Marke auf, zu klären, schlichten oder mehr zu geben. »Unterhalte mich! Befriedige meine Bedürfnisse!«, lautet die implizite Aufforderung des Konsumenten an die Marke, die ein ständiger Begleiter und Freund sein soll, jemand auf den man sich verlassen kann.

> Heute kommt der Konsument dem faustschen Geist nah, den das Marketing rief und nun nicht mehr los wird. Permanent und ungefragt äußern sich Konsumenten, tauschen sich aus und fordern die Marke auf, zu klären, schlichten oder mehr zu geben.

Nie war das Marketing näher am Kunden und Marktforschung derart authentisch und direkt. Alles kann in Realtime und ohne große Versuchsanordnung erfasst werden. Anpassungen im laufenden Prozess und ständige Optimierungen sind jederzeit möglich. Doch diese Nähe zum Kunden verlangt gleichzeitig Mut, Geduld und ein dickes Fell. Denn längst nicht jede Wortmeldung des Kunden ist ein Kompliment. Immerhin ist die Meinung weniger nicht gleich Grund zu Panik, und zehn Meckerer machen noch keinen »Shitstorm«. Um ehrlich zu sein, sind die meisten Marketers und Marken mit dieser neuen Situation maßlos überfordert.

Der permanente Austausch zwischen Unternehmen und Usern ist keine kurzfristige Erscheinung, sondern ist »gekommen, um zu bleiben«. Er befriedigt Grundbedürfnisse wie Neugierde, Voyeurismus, Selbstdarstellung und Schadenfreude. Gelegentliche Fernsehzuschauer kennen diese Motive. Darum funktionieren »DSDS«, »Bauer sucht Frau«, »Goodbye Deutschland« und »Die Geissens«. Die Schmerzgrenze der Peinlichkeit und des Fremdschämens wird dabei nicht selten erreicht. Hauptsache, es funktioniert und der Mensch bleibt hypnotisiert vor der Mattscheibe kleben. Doch anders als im Fernsehen sind die Inhalte im Netz weniger entrückt, emotionaler und vor allem für den Einzelnen gestaltbar. Zudem bietet das Internet einen Rückkanal, ist dank mobilen Endgeräten omnipräsent und ermöglicht eine asynchrone Nutzung. Niemand schreibt dem User vor, was er wann und wie aufruft oder anschaut. Damit verändert sich die Landschaft des Entstehens, Sendens und Konsumierens von Content signifikant – weg von einigen wenigen linearen Sendern hin zu unendlich vielen, jederzeit verfügbaren Angeboten. Dass sich damit in Zukunft auch größere Zielgruppen ansprechen lassen, zeigen Angebote wie *Google+*, *Hangouts* und *YouTube*. Durch live Broadcasting lassen sich unbegrenzt viele Zuschauer erreichen, wie man es bislang nur vom Fernsehen kannte. Ein live Hangout mit Kanzlerin Merkel brachte es auf über 100.000 Zuschauer. Der freie Fall aus dem All von Felix Baumgartner wurde sogar von über acht Millionen Zuschauern online im Live Stream verfolgt. Knapp eine Sekunde vor der Landung veränderte sich dann auch der Wikipedia Status von Felix Baumgartner auf »erster Mensch, der einen Sprung aus 39 Kilometern überlebte«. Ein gutes Beispiel für die Rasanz, mit der sich Content im Internet verbreitet und aktualisiert.

Mit Content meinen wir nicht nur Filme, Musikvideos, Bücher oder Reportagen. Auch Werbung ist Content. Sie sollte deshalb so gestaltet sein – zumindest im Internet – dass Menschen sie lieben und gerne sehen. Warum? Weil Menschen sonst wegschalten, ausmachen oder aufs nächste Device ausweichen. Sehr eindrucksvoll lässt sich dies an Werbeformaten wie *True View* auf *YouTube* beobachten, bei denen der Nutzer die Möglichkeit hat, die Werbebotschaft einfach zu überspringen. Ein Bruchteil einer Sekunde genügt und etwas völlig anderes zieht den User in seinen Bann. Und oft lauert nur einen Millimeter von ihrer Botschaft, ihrem Content entfernt die nächstbeste Ablenkung und Attraktion. Es braucht deshalb attraktiven Content, der dem User im richtigen Moment zur Verfügung gestellt wird, um dann millionenfach verbreitet, geteilt und kommentiert zu werden. Das Anklicken und Anschauen von werblichen Inhalten wird damit zu einer bewussten Entscheidung und ist folglich wesentlich wirkungsvoller. Manche prognostizieren deshalb bereits das Ende des linearen Contents. So weit wollen wir nicht gehen. Denn lineare Kommunikation und linearer Content sind auch ein Regulativ und fester Bestandteil des Tagesablaufes. So kommt jeden Tag Punkt 20 Uhr die Tagesschau und der Spielfilm fängt um 20.15 Uhr an. Diese regulierende Wirkung von TV wird sicherlich nie ganz verschwinden. So verrückt das klingt, sie gibt uns Halt, Stabilität und macht den Tag planbar, zumindest für diejenigen, die damit aufgewachsen sind. Andere hingegen sind bereits abgewandert. Es ist faszinierend zu beobachten, wie Kinder Content konsumieren und mit welchem Unverständnis sie auf Werbepausen reagieren oder auf Content, der sich nicht anhalten oder wiederholen lässt.

> Oft lauert nur einen Millimeter von Ihrer Botschaft, Ihrem Content entfernt die nächstbeste Ablenkung und Attraktion. Es braucht deshalb attraktiven Content, der dem User im richtigen Moment zur Verfügung gestellt wird, um dann millionenfach verbreitet, geteilt und kommentiert zu werden.

Jeder Content lebt von einer guten Geschichte (vgl. Kap. 2, S. 31). Wie heißt es so schön: »Nothing sells better than a good told story.« Zwar ist auch diese Erkenntnis ein alter Hut. Aber wo sind diese Geschichten geblieben? Wir denken hier beispielsweise an die preisgekrönte Kampagne der Marke *Old Spice* mit ihrem Helden Isaiah Mustafa, der perfekt zur Marke passt und den Zuschauer via Rückkanal in den gesamten Plot der Geschichte einbezieht. Alle anderen Konsumenten, die nicht aktiv an der Geschichte und Interaktion mit der Marke teilnehmen, also ungefähr 97 Prozent, erleben, wie gefühlt Massen – allen voran Opinion

Leader und Peers – Teil der Marke und Geschichte werden und diese aktiv mitgestalten. Am Ende fühlen sich alle verstanden und mitgenommen. Warum? Weil theoretisch jeder eine Stimme hat und diese auch einsetzen könnte. Es geht um das Gefühl der Selbstbestimmtheit – in der Werbung, im Entertainment und im richtigen Leben. Zwar freuen sich die meisten von uns über eine gute Empfehlung oder wenn sie sich nur zwischen Tor 1, 2 oder 3 entscheiden brauchen (und alle drei ohne »Zonk« sind). Wichtig ist nur, dass der Konsument und User das Gefühl hat, dass er theoretisch auch anders hätte entscheiden können, dass er zu jeder Zeit die Wahl hatte.

Old-Spice-Kampagne

Angesichts der Vielzahl an Content-Angeboten und Channels im Netz stehen Marketer vor einer besonderen Herausforderung: Es fehlt – anders als im Fernsehen – eine Programmübersicht. Schlimmer noch: Viele Konsumenten wissen noch nicht einmal, was sie eigentlich suchen. Larry Page, der Gründer von Google, hat einmal gesagt, er möchte Fragen beantworten, bevor sie gestellt werden. So »spooky« das auf den ersten Blick klingen mag, er hat Recht, und viele User lieben es – oder nutzen Sie etwa nicht die »Suggest«-Funktionen von *Amazon* oder *iTunes*, um endlich zu finden, was Sie nicht explizit gesucht haben?

> Es geht darum, Fragen zu beantworten, bevor sie gestellt werden und Unterhaltungs- und Interaktionsbedürfnisse zu befriedigen, bevor sich der User diesen bewusst ist.

Package is God

Damit meinen wir, dass wir natürlich nur guten Content sehen wollen: Spannendes, Aufwühlendes, Neues, Mitreißendes. Es geht nicht mehr um Suchen. Die Zukunft des Publishings besteht aus Content, der den User findet – und nicht umgekehrt. Das perfekte Entertainment-Package muss deshalb so geschnürt sein, das es dem User automatisch in jeder Situation das perfekte Angebot macht. Ich bekomme genau das, was ich will, ohne zu wissen, was ich eigentlich wollte.

> Das perfekte Entertainment-Package muss so geschnürt sein, das es dem User automatisch in jeder Situation das perfekte Angebot macht.

Menschen wollen Entertainment. Sie wollen ein Lagerfeuer entzünden, das ihnen ein wohliges Gefühl von Gemeinschaft gibt. Bis heute ist dies die Stärke von TV oder den großen Live Events. Groß, laut, raumfüllend – zumindest so lange, wie die Online-Übertragung nicht ohne großes Stöpseln und Umbauen ebenfalls auf dem Flatscreen im Wohnzimmer läuft. Denn immer mehr Menschen wollen selbst entscheiden, welches Programm bzw. welcher Content über den Bildschirm flackert und sich dabei gerne auf eine gute Empfehlung verlassen. Diese kann von Freunden oder Fachleuten kommen oder das Resultat des eigenen Footprints sein (*Amazon*, *iTunes*, *Sky* etc.). Die großen Onlinemacher dieser Welt werden sich auf dieses Bedürfnis einstellen müssen. Sie müssen lernen, zu antizipieren, was die Menschen wirklich wollen. Denn das Motto vieler Konsumenten ist: »Überrasch mich, aber mach mich nicht nass!«. Oder anders gesagt: »Ich will mich nicht damit beschäftigen müssen, was ich will, sondern einfach immer das bekommen, was mich hier und jetzt gut unterhält.« Hier schließt sich der Kreis zur Aussage von Larry Page, nämlich Fragen zu beantworten, bevor sie gestellt werden bzw. Bedürfnisse zu befriedigen, denen sich Menschen nicht bewusst sind. Das ist Entertainment von morgen! Und genau das ist auch die Idee unserer anfänglichen These: Content is king, packaging is god. Mit anderen Worten: Was zählt und über den Erfolg von Content entscheidet, ist eine intelligente *Sendelogik*, also Content, der den Konsumenten automatisch im richtigen Moment »pusht«.

> Was zählt und über den Erfolg von Content entscheidet, ist eine intelligente Sendelogik, also Content, der den Konsumenten automatisch im richtigen Moment »pusht«.

Ganz nebenbei: Damit erfinden wir das Rad immer noch nicht neu, sondern übertragen nur das Beste aus der analogen Welt in die Online-Welt. Wir nehmen den Krämerladen, das Lieblingslokal und die Stammkneipe um die Ecke und lassen sie digital werden. Dass, was wir hier erleben, nennen wir im Offline-Leben guten Service. Und dessen Prinzip funktioniert überall auf der Welt seit Jahrhunderten. In allen Bereichen: Beim Italiener, der einem jeden Wunsch von den Lippen abließt, statt uns 234 Seiten seiner Speisekarte lesen lässt, bis wir völlig überfordert sind und in der variantenreichen Vielfalt von Nudelspezialitäten in Sahnesoße ertrinken. Im besten Fall hat er gar keine Speisekarte mehr, kennt seinen Gast und schlägt ihm vor, was heute aus der Küche am besten für ihn passt. In der Ehe und bei Freundschaften funktioniert das ebenfalls. Zu fragen, was der Andere als große Überraschung zum Geburtstag will, war noch nie eine gute Idee. Aber das

Falsche zu schenken, ist eine noch schlechtere. Was machen wir also? Wir denken mit. Wir »taggen« das Verhalten, die Wünsche, die Sehnsüchte, machen uns Notizen, setzen also bei unseren Freunden und Partnern permanent Cookies. Finden unsere Freunde und Partner das schlecht? Nein, im Gegenteil. Sie finden es sogar wunderbar. Wir machen uns zu den liebevollsten und einfühlsamsten Menschen und großartigsten Vätern. Und im Netz? Nun, da sind die finanziellen Interessen stets im Vordergrund (heißt es), und deshalb gilt ein entsprechendes Verhalten als bösartig. Das Vertrauen fehlt, es menschelt nicht. Erst müssen einige gar nicht so kleine Hausaufgaben erledigt sein, damit dieser »neuartige« und doch so alte Servicegedanke vom User akzeptiert und uneingeschränkt genossen wird. Ein einfacher Lösungsweg besteht darin, dem Service ein Gesicht zu geben. Der Nutzer bekommt so jederzeit die Sicherheit, dass das Wissen um seine Vorlieben von einer Marke niemals missbraucht wird – Freunde tun das auch nicht, meistens jedenfalls. Deshalb haben soziale Netzwerke, die uns vertraute Gesichter aus dem realen Leben in die digitale Welt geholt haben, so viel Erfolg und sind für die nächste Internetgeneration so wichtig. Es geht um Vertrauen und Relevanz. Keine einfache Herausforderung für viele Unternehmen, aber sicherlich eine, die in absehbarer Zeit zu lösen ist. Denn schon heute ist zu erkennen, dass sich User und Unternehmen aufeinander zu bewegen, teilweise sogar schneller, als es manchen lieb ist – zum Glück meist aus eigenem Antrieb. Fest steht: Unternehmen stehen spannende Zeiten bevor, die von allen Neugier und Experimentierfreude verlangen.

> Das Motto vieler Konsumenten lautet: »Überrasch mich, aber mach mich nicht nass!«. Oder anders gesagt: »Ich will mich nicht damit beschäftigen müssen, was ich will, sondern einfach immer das bekommen, was mich hier und jetzt gut unterhält.«

Im Idealfall kann diese neue Sendelogik dem User helfen, den Alltag zu entschleunigen. Immerhin muss der User so nicht mehr permanent das Gefühl haben, etwas zu verpassen. Denn er bekommt zu jeder Zeit genau das, was ihm gerade gefällt. Alle relevanten Dinge finden zum User. So kann dieser getrost auch einmal off sein. Sein »Sender« weiß, was in der Zwischenzeit für ihn Wichtiges passiert, spielt es ihm zu, wenn es gerade in den Tag passt oder unterbricht ihn in seinem Handeln, wenn es wirklich wichtig ist. Für Unternehmen und Content Provider bedeutet dies: Limitiere die Auswahl, ohne zu beschränken. Vielleicht lässt sich so auch das Problem ständiger Verfügbarkeit ein Stück weit lösen. Zumindest verkleinert es das Gefühl des Users, von immer mehr Daten überfordert zu sein und bewahrt ihn vor einem möglichen »Social Media Content Burnout«. Noch versuchen die User dieser latenten Überforderung durch gesteigertes Multitasking zu begegnen, was – offen gesagt – totaler Quatsch ist. Das menschliche Hirn kann nur bedingt mehrere Dinge gleichzeitig verarbeiten. Und wenn wir eine Sache wirklich wissen, dann ist es die, dass es immer schon richtig war, eine Sache wirklich gut zu machen, zu fokussieren und seine Ressourcen zu bündeln.

Wir fassen zusammen: Damit gutes Content Marketing gelingt, müssen Menschen lernen, zu vertrauen. Und noch wichtiger: Die Anbieter von Content müssen sich dieses Vertrauen durch Qualität und Zuverlässigkeit langsam verdienen. Dann profitieren beide Seiten: Der User bekommt wertvolle Inhalte, die er ansonsten niemals gefunden hätte, und das Unternehmen aufmerksame und begeisterte Kunden.

Learnings:
- Alles ist Content – auch Werbung.
- In der Informationsflut des Internets sucht der Verbraucher nach persönlichen Empfehlungen, die ihm Orientierung geben und denen er vertrauen kann.
- Das Netz wird von Menschen für Menschen gemacht. Wir brauchen mehr Gesichter, die Vertrauen schaffen.
- Nicht allein der Inhalt entscheidet über die Qualität des Content, sondern dessen passgenaue Integration in den Tagesverlauf des Nutzers und dessen Medienverwendung (Sendelogik).
- Eine intelligente Sendelogik filtert unser Entertainment und wird unser tägliches Verhalten im Umgang mit Informationen normalisieren und entschleunigen.
- Die großen Onlinemacher dieser Welt müssen lernen, zu antizipieren, was die Menschen wirklich wollen.

Vom Markenmedium zur Medienmarke

Die Zukunft des Brand Content Managements

Jörg Tropp und Andreas Baetzgen

> Immer mehr Content-Angebote von Markenartiklern entwickeln sich zu etablierten Medienmarken. Jörg Tropp und Andreas Baetzgen diskutieren abschließend die besonderen Herausforderungen im Management von Medienmarken. Worin unterscheidet sich eine Medienmarke von einer Produktmarke? Was sind die Erlösmodelle im digitalen Medienmarkt? Durch das Zusammenwachsen von Content und Commerce, so ein wichtiges Ergebnis der Autoren, wird Owned Media zu Sold Media.

Erfolgreiche Medienformate wie *Laviva*, *ADAC Motorwelt* oder der *Guide Michelin* haben den Sprung vom Markenmedium zur *Medienmarke* geschafft. Sie sind im Medienmarkt bekannte Größen und stehen als Marke für sich. Von einer Medienmarke sprechen wir, wenn ein gebrandetes Kommunikationsangebot primär die Funktion eines Informations-, Interaktions- oder Unterhaltungsmediums hat und – nicht (mehr) wie ein Markenmedium – in erster Linie ein Kommunikationsmittel für eine Produkt- oder Dienstleistungsmarke ist. Das Medium dient mit anderen Worten nicht dem Zweck der Vermarktung einer anderen Marke, sondern wird von einem Unternehmen abseits des angestammten Kerngeschäfts zu einer eigenen Marke aufgebaut und als neues Geschäftsfeld betrieben. Auch wenn der Übergang vom Markenmedium zur Medienmarke fließend ist, zeichnen sich Medienmarken in der Regel durch eine höhere Reichweite, signifikante Werbe- und/oder Verwertungserlöse sowie eine stärkere redaktionelle Unabhängigkeit aus. Die Entwicklung, die der Handelskonzern *REWE* mit seinem IVW-zertifizierten Print-Titel *Laviva* nimmt (vgl. Kap. 1, S. 3), ist ein Beispiel. Auch das Magazin »Servus in Stadt und Land«, das fernab der Red Bull-Markenwelt als »modernes Heimatmagazin« für die Werte »Natürlichkeit und Bodenständigkeit, Echtheit und Regionalität« (Red Bull Media House 2013) steht, deutet an, dass eine Diversifikationsstrategie in Richtung Medienmarkt für Markenartikler bzw. Nicht-Medienorganisationen möglich ist. Damit stellt sich für sie die Frage, welche Besonderheiten im Management von Medienmarken zu beachten sind und welche Erfolgsfaktoren und möglichen Erlösmodelle den Medienmarkt der Zukunft bestimmen.

> Einige Content-Angebote von Markenartiklern haben den Sprung zu etablierten Medienmarken erfolgreich geschafft. Damit verbunden sind neue Herausforderungen für das Management.

Kennzeichen von Medienmarken

Das Management einer Medienmarke unterscheidet sich in wichtigen Punkten vom Management einer Konsum- oder Dienstleistungsmarke. Im Lexikon der Kommunikations- und Medienwissenschaft werden Medienmarken definiert als »Sammelbezeichnung für Medienorganisationen und/oder -produkte bzw. -angebote (Programme, Sendungen, Titel etc.), die explizit oder implizit nach Markengrundsätzen geführt werden« (Siegert 2013: 215). Der zentralen Funktion von Marken, das markierte Leistungsangebot über seinen funktionalen Nutzen hinaus mit einem symbolischen Zusatznutzen auszustatten, kommt bei Medienmarken besondere Bedeutung zu. Denn Mediennutzer haben nur sehr eingeschränkte Möglichkeiten, die Qualität von Medienangeboten zu beurteilen. Medienmarken sollen diesen Nachteil kompensieren. Sie schaffen die Voraussetzung, damit Zuschauer und Leser der Qualität der Angebote vertrauen können und ihnen die Unsicherheit genommen wird. Diese für den Mediennutzer wichtige Funktion der Medienmarke wird jedoch von einigen medienmarkentypischen Charakteristika konterkariert (vgl. im folgenden Altmeppen 1996; Baumgarth 2004; Berkler 2008; Sjurts 2005).

Medienmarken bieten weniger Profilierungsmöglichkeiten

Als immaterielle Güter sind Medienprodukte leicht *imitierbar* und weniger gut als Markierungsobjekte geeignet. Hierdurch wird es der Medienmarke erschwert, eine unverkennbare und differenzierende Position im Markt innezuhaben.

> Als immaterielle Güter sind Medienprodukte leicht imitierbar. Hierdurch wird eine unverkennbare differenzierende Position im Markt erschwert.

Dies gilt vor allem für digitale Inhalte, die im Zuge unbegrenzter Kopier- und Vervielfältigungsmöglichkeiten im Netz frei zirkulieren. Damit einher geht ein Verlust des »Quellenmonopols«. Das heißt, der Inhalteanbieter ist als Urheber eines Textes oder Beitrags für den Mediennutzer häufig nicht mehr zu erkennen (vgl. Beauftragte der Bundesregierung für Kultur und Medien 2008: 6). Zudem haben viele Medien eine *hohe Inhaltsbreite*. Diese resultiert entweder aus einem öffentlichen Auftrag (z. B. öffentlich-rechtliche TV-/Radio-Sender) oder auch aus der Notwendigkeit, die hohen Fixkosten der Content-Produktion (first copy costs) zu decken. Folglich muss eine genügend große Menge an Mediennutzern mit divergenten inhaltlichen Bedürfnissen und Interessen erreicht werden. Beides erschwert, eine unverkennbare und differenzierende Position im Markt einzunehmen. Dadurch, dass Medieninhalte zudem *Unikate* sind, folgt ein Mangel an Wahrnehmungskontinuität, der jedoch für Marken unerlässlich ist. Auch dies ist ein besonderes Kennzeichen von Medienmarken. Damit verbunden ist das Managementproblem, die für Marken notwendige konstante Qualität zu sichern.

> Medienmarken brauchen mehr als alle anderen Marken Kontinuität und damit ein Management konstanter Qualität.

Diese muss glaubhaft und stetig bewiesen werden – durch ein überzeugendes und innovatives Konzept, originelle Themen und exklusive Inhalte. Während gleichbleibende Qualität für einen Markenartikler »lediglich« die fortwährende *Reproduktion* einer fest definierten Produktrezeptur bedeutet, ist dies im Medienmarkt weitaus schwieriger. Denn hier müssen unter dem Mantel einer Marke die Inhaltsstoffe ständig neu definiert und zusammengestellt werden: Was ist der Aufmacher des Tages? Die Meldung der Stunde? Welche Story hat der Wettbewerb? Was wäre ein außergewöhnliches Themen-Special? Und was ist die richtige Echtzeitreaktion auf eine Leseranfrage? Für Markenartikler ist ein derart dynamisches Marken- und Produktverständnis ungewohnt und erfordert ein Umdenken.

Erschwert wird die Profilierung einer Medienmarke auch dadurch, dass Inhalte im Medienmarkt meist mit mehreren Marken in Verbindung stehen. Beispielsweise konkurrieren im Fernsehmarkt nicht nur Sendemarken wie RTL oder Sat.1 um die Aufmerksamkeit der Zuschauer. Hinzu kommen Formatmarken wie »Ich bin ein Star – Holt mich hier raus« oder »Gute Zeiten schlechte Zeiten« und Personenmarken wie Stefan Raab oder Günther Jauch, die häufig stärker profiliert sind als die Sender. Die Zuschauer schauen eben in erster Linie »Wer wird Millionär« mit Günther Jauch und erst in zweiter Linie RTL.

Kennzeichnend für Medienmarken ist eine geringe Markentreue

Die leichte Imitierbarkeit und hohen Inhaltsbreite führt zu einer geringen Markentreue, die ein weiteres Kennzeichnen von Medienmarken ist – vor allem bei jungen Mediennutzern. 2008 hatte *Myspace* in Deutschland knapp fünf Millionen vornehmlich junge User, *SchülerVZ* kam 2009 auf ähnliche Zahlen. Heute versucht sich Myspace als Musikplattform. SchülerVZ wurde im April 2013 mit 200.000 Usern eingestellt. Auch die Zahlen von *Facebook* sind in Deutschland und den USA laut der Analysefirma *Socialbakers* rückläufig. Im ersten Quartal 2013 gab es in der Altersgruppe zwischen 25 und 34 Jahren demnach einen Rückgang von 1,2 Millionen Nutzern in den USA. An die Stelle rücken andere Dienste: *WhatsApp*, *Snapchat* und *WeChat* haben bei Teenagern die SMS so gut wie abgelöst. Daneben gilt die Blogginplattform *Tumblr* als großer Facebook-Konkurrent um Aufmerksamkeit und Nutzungszeit der Jüngeren (vgl. Horchert/Stoecker 2013; Pellikan 2013). Im Jahresbericht von Facebook an die Börsenaufsicht SEC aus dem Dezember 2012 heißt es: »Wir glauben, dass manche unserer Nutzer, vor allem jüngere Nutzer, andere Produkte und Dienste, die unseren ähneln, kennen und als Ersatz für Facebook aktiv nutzen.« (z.n. Horchert/Stoecker 2013) Explizit genannt wurde hier *Instagram*. Der Absatz schließt mit den Worten: »Wir könnten eine Abnahme der aktiven Nutzung erleben, und das könnte unserem Geschäft schaden.« ebd.) Diese Entwicklung wäre keineswegs überraschend: »Die Erfahrung zeigt: Je reifer ein Markt ist, desto verästelter und segmentierter wird er. Diese Entwicklung steht dem Social Web noch bevor, es wird vielschichtiger werden und die einzelnen Marktteilnehmer weniger dominant.« (Koch 2012). Eine Medienmarke kann also trotz hohen Investments und kontinuierlicher Qualität in den Augen der Leser, Zuschauer und User schnell an Attraktivität verlieren. Grund hierfür ist die rasante Innovationsgeschwindigkeit, die zu einem fortwährenden technologischen Wandel und damit zu neuen Medienangeboten und Mediennutzungsmustern führt. Auch wenn sich die Innovationszyklen vieler Konsum- und Gebrauchsgüter in den letzten Jahrzehnten ebenfalls verkürzt haben, sind die Umwälzungen des Medienmarktes bei weitem dramatischer. Markenartikler müssen sich auf ein beispielloses Tempo einstellen, das selbst etablierte Medienhäuser vor ungekannte Herausforderungen stellt, wie der ungewöhnliche Schritt von Bild-Chefredakteur Kai Diekmann zeigt, für einige Monate ins Silicon Valley auszuwandern.

> Markenartikler müssen sich im Medienmarkt auf ein beispielloses Tempo einstellen: Die rasante Innovationsgeschwindigkeit digitaler Medien führt zu immer neuen Mediennutzungsmustern.

Medienmarken sind Wirtschafts- und Kulturgut in einem

Besondere Beachtung verlangt zudem der *Verbundcharakter* von Medien. Medienmarken zu managen, bedeutet zwei Märkte zu vereinen: Publikums- und Werbemarkt. Die Nachfrage nach Information und Unterhaltung auf dem Publikumsmarkt muss mit der Nachfrage nach Zielgruppenkontakten seitens des Werbemarktes zusammengeführt werden. Dieser für Medien typische »dual-product marketplace« (Albarran 2004: 300) resultiert aus der Doppelfunktion der Medien als Wirtschafts- und Kulturgut. Einerseits sind sie profitorientierte Organisationen, andererseits gesellschaftlich vermittelnde Instanzen. Dies stellt Medienorganisationen vor große Herausforderungen bei internen Abstimmungsprozessen. Hier konkurrieren Marketing und Redaktion mit ihren divergierenden Zielen und Normen um die Entscheidungshoheit. Jürgen Heinrich (2002: 53f.) formuliert entsprechend: »… Öffentlichkeit, Meinungsvielfalt und Wahrheit sind eben keine Waren, die so billig wie möglich gemäß den Konsumentenpräferenzen produziert werden sollten, sie sind nur jenseits der Kategorien von Gebrauchswert und Tauschwert zu bewerten.« Dieses »Janusgesicht der Medien« (Altmeppen/Karmasin 2003: 24) liefert die Legitimation für eine eigenständige, transdisziplinäre Medienökonomie mit all ihrer Komplexität, wie sie aus der Verknüpfung der publizistischen mit der ökonomischen Dimension resultiert (vgl. Altmeppen/Karmasin 2003; Siegert 2002).

Medienmarken ermöglichen selbstbezügliche Marketingkommunikation

Als weiteres wichtiges Kennzeichen von Medienmarken nennt McDowell (2006) ihre Eigenschaft, ein Medium zu sein. Das Medium kann als Instrument für die

Facebook –
The Things that
connect us

eigene Vermarktung genutzt werden (»self-branding«) (ebd.: 242), etwa in Form von Trailern, Anzeigen, Bannern oder redaktionellen Hinweisen in eigener Sache, was im Vergleich mit anderen Produktkategorien erhebliche Kostenvorteile verschafft (s. auch den Überblick über die verschiedenen Formen der selbstbezüglichen Marketingkommunikation der Medien bei Siegert 2008: 16f.). Diese selbstbezügliche Kommunikation ist für das Image einer Medienmarke in der Regel weitaus wichtiger als klassische Werbung. Tatsächlich sind die allermeisten Versuche, Medienmarken mit den Mitteln der Marketing-Kommunikation zu emotionalisieren, gescheitert. Die Facebook Kampagne »The Things that connect us« aus dem Jahr 2012 ist hierfür ein prominentes Beispiel.

Eine große Ausnahme ist in diesem Zusammenhang sicherlich die Kampagne der FAZ, die seit 1995 mit 80 Persönlichkeiten hinter der aufgeschlagenen Zeitung wirbt und heute die meistausgezeichnete deutsche Werbekampagne ist (vgl. Abb. 1).

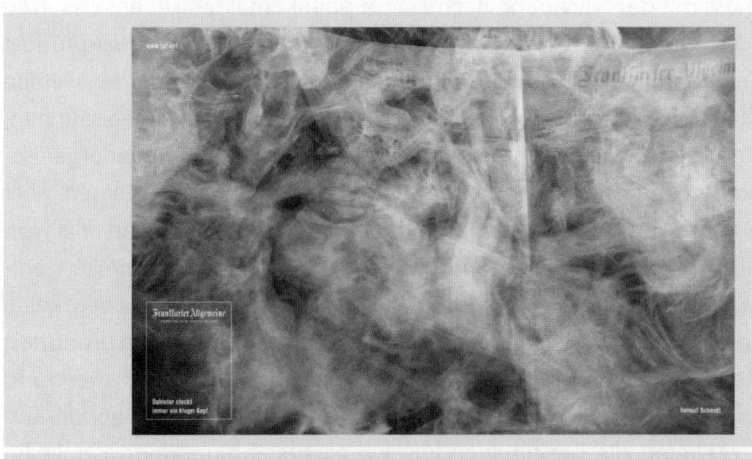

Abb. 1: Emotionalisierung von Medienmarken durch Werbung: TV-Spot von Facebook und Anzeige der FAZ mit Altkanzler Helmut Schmidt (Quelle: FAZ, Screenshot Facebook TV-Spot)

Das Resümee dieser kurzen Skizzierung typischer Eigenschaften von Medienmarken ist ernüchternd. Mit Ausnahme des zuletzt genannten Punktes weisen Medienmarken Spezifika auf, die für das Management erhebliche Risikofaktoren darstellen und somit den Eintritt von Markenartiklern in den Medienmarkt erschweren. Die grundsätzlichen Eigenschaften des Markenkonzeptes, wie sie beispielsweise aus dem Konsumgüterbereich bekannt sind, entfalten im Medienmarkt nicht ihre volle absatzfördernde Effektivität. Medien eignen sich im Vergleich zu Konsumgütern weniger gut als Markierungsobjekte.

> Medien eignen sich im Vergleich zu Konsumgütern weniger gut als Markierungsobjekte.

In einer empirischen Studie kommt Simon Berkler (2008: 32) zu dem Ergebnis, dass Medienmarken alle Markenfunktionen auf einem niedrigeren Niveau erfüllen als Konsumgütermarken. Dies gilt besonders für die beiden kognitiv entlastenden Funktionen der Komplexitätsreduktion (Wiedererkennung und Entlastung) und Risikoreduktion (Qualitätssicherheit und Vertrauen). Aber auch die beiden aktivierenden Markenfunktionen der Identifikation (wahrgenommene Übereinstimmung von Markenattributen und Attributen des Selbstkonzeptes) und des Prestiges (Symbolisierung von Gruppenzugehörigkeit) bleiben in ihrer Wirksamkeit deutlich hinter Konsumgütermarken zurück. Im Klartext bedeutet dies, dass der Aufbau einer starken Medienmarke von Unternehmen in der Regel ein noch höheres Investment verlangt als die erfolgreiche Etablierung von Konsum- oder Gebrauchsgütermarken.

Potenziale von Medienmarken für Marketer

In Anbetracht dieses wenig erbaulichen Ergebnisses lassen sich dennoch Faktoren identifizieren, die den Aufbau einer Medienmarke auch für Markenartikler nachhaltig lohnenswert machen. Mehr noch: Markenartikler sind, verglichen mit klassischen Medienhäusern, sogar in mancherlei Hinsicht im Vorteil, wenn es um den Aufbau starker Medienmarken geht. Dieser Vorteil begründet sich insbesondere durch die wachsende Verzahnung von Content und Commerce.

> Das Zusammenwachsen von Content und Commerce im digitalen Zeitalter eröffnet Markenartikler im Medienmarkt neue Geschäftsfelder.

Die Erlössituation im Medienmarkt ist bekanntlich schwierig. Inhalte alleine reichen als Geschäftsmodell nicht mehr, um eine Medienmarke erfolgreich in der digitalen Medienwelt zu führen. Zudem haben viele Medien mit sinkenden Werbeerlösen zu kämpfen. Dies gilt nicht nur für den Printmarkt. Auch viele Online-Portale sind über Display-Werbung nicht zu finanzieren. Dass sich daran etwas in naher Zukunft ändern wird, ist unwahrscheinlich. Es braucht deshalb eine intelligente Verzahnung von redaktionellen Themen mit passgenauen Produkten und

Leistungen rund um das mediale Angebot. »Konsumenten über Medien zu erreichen und das Thema Transaktion rücken enger zusammen. Die Fähigkeit, Konsumenten zu einer ›Conversion‹ zu führen – also zum Kauf eines Produktes – wird immer wichtiger«, so der *Aegis*-Manager Nigel Morris in einem Interview (Nötting 2013: 28). Die großen Medienhäuser haben dies längst erkannt und ihr Portfolio entsprechend ausgeweitet. Beispiel Axel Springer: Während das Unternehmen mit Zeitungen und Zeitschriften Lesestoff anbietet, betreibt Springer im Netz Marktplätze und Plattformen wie die Wohnungs- und Haussuche *Immonet*, das Jobportal *Stepstone* oder die französische Frauen-Community *Aufeminin*. Ein anderes Beispiel ist *Focus.de* Das Nachrichtenportal wurde ergänzt um Rubrikengeschäfte wie die Partnersuche *Elitepartner.de* oder die Arztsuche *Jameda.de*. Auch Burda setzt im Internet vorwiegend auf Transaktionserlöse: »Wir als Zeitschriftenverlag sind uns für Handel nicht zu schade. (...) Wir glauben, dass modern Medienunternehmen nicht nur informieren, sondern auch Transaktionen ermöglichen«, so der Vorstandsvorsitzende Paul-Bernhard Kallen (z.n. Hanfeld 2013). Burda generiert u.a. über das Reiseportal *HolidayCheck* transaktionsabhängige Werbeerlöse und verdient über seine Tochter *Zooplus* am Online-Handel mit Futtermittel. Daneben werden auch die redaktionelle Online-Angebote von Burda auf Transaktion getrimmt. Die Positionierung des Fashion- und Lifestyle Magazins *InStyle* »Den Stil der Stars erleben und kaufen« bringt diese für Medienmarken so wichtige Entwicklung auf den Punkt. Die Beiträge rund um Stars und Fashion sind mit Shopping-Tipps versehen. Beispielsweise erfährt der Leser, dass Hollywoodstar Reese Witherspoon diesem Sommer »XL Gliederketten« trägt. Ein Klick genügt und der Leser kann ähnliche Schmuckstücke von *Miu Miu* oder *Esprit* im Partnershop wie *Zalando* oder *Breuninger* kaufen. Eine möglichst enge Verzahnung von Content und Commerce verfolgt auch der Fernsehsender *RTL II*. Seit 2010 vertreibt der Sender eine eigene Möbelkollektion, darunter der »Fun Chair«, der in der RTL II-Sendung *Big Brother* zu sehen ist und exklusiv bei *Roller* vertrieben wird. Die Volks-Produkte der *Bild* oder die Hörbuch-Editionen der *Brigitte* sind weitere Beispiele, die in die gleiche Richtung zeigen. Dass hieraus mitunter auch ganz neue Geschäftsfelder im Rahmen einer konglomeraten Diversifikation entstehen können, zeigt das Angebot von *Zeit Reisen*. Die Idee: Gemeinsam mit Partnerveranstaltern und der Redaktion entwickelt der Zeitverlag ein umfassendes Angebot von Studienreisen. Reisen auf ZEIT-Niveau. Auch der *Bertelsmann* Konzern ist mit der *Arvato AG* außerhalb der klassischen und neuen Medienteilmärkte geschäftlich aktiv, die Dienstleistungslösungen unter anderem in den Bereichen IT, Finanzen und Creative/Marketing anbietet. Laut Schickler (2012) engagieren sich Medienunternehmen in Nordamerika und Europa vornehmlich in den Branchen Webportale, Dienstleistungen, Hotels/Freizeitparks/ Sportstätten sowie Finanzdienstleistungen. Weitere Märkte sind z. B. Spiele/ Browserspiele, E-Commerce/Versandhandel/Elektronik oder Unterricht.

Die Entwicklung von Medienmarken zu umfassenden Vermarktungsplattformen spielt Markenartiklern und deren Medien in die Hände. Dies gilt besonders für Unternehmen, die heute auf einem konvergierten TIME-Markt operieren (Telekommunikation, Informationstechnologie, Medien, Entertainment), wo sich die Grenze zwischen einst eindeutig voneinander unterscheidbaren Märkten auflösen. Besonders eindrucksvoll zeigt dies die Marke *Apple*. Das Unternehmen hat sich vom Computerhersteller zum Medienkonzern weiterentwickelt. Musik, Filme, eBooks, Games und Apps bekommen *Apple*-Kunden bei iTunes. Und *Apple* verdient immer kräftig mit. Das hat *Apple* zu einem der größten Medienanbieter der Welt gemacht. Musiklabels, Filmstudios, Fernsehsender, Verlage – sie alle müssen mit *Apple* kooperieren. Laut der Analysefirma *Asymco* (2013) generierte allein die Inhaltesparte iTunes mit Apps, Musik, Büchern und Filmen zusammen mit dem Zubehörgeschäft im ersten Fiskalquartal 2013 einen Umsatz von 5,5 Mrd. US-Dollar. Das Beispiel *Apple* zeigt auch, dass Medienmarken besonders für diejenigen Unternehmen eine Wachstumsstrategie darstellen, die Produkte oder Dienstleistungen über Medien aber vor allem im Medium (z. B. Online, Mobile, Teleshopping) selbst vertreiben beziehungsweise erfüllen. Die Leistungsangebote werden gewissermaßen digital mediatisiert. Medien können damit nicht nur für ihre oben erwähnte eigene Vermarktung genutzt werden, sondern im Sinne mediatisierter Leistungsangebote auch für ihren eigenen Vertrieb.

> Medienmarken können nicht nur für die Vermarktung von Produkten und Leistungen genutzt werden, sondern auch für deren Vertrieb.

Ein weiteres Beispiel hierfür liefert der US-Konzern *Johnson & Johnson*. Das Unternehmen betreibt unter der Marke *BabyCenter* ein umfangreiches Informationsportal für Schwangere und junge Eltern mit integriertem Shop und ist damit nach eigenen Angaben das weltweit meist besuchte Online- und Mobile-Angebot in diesem Themenbereich. BabyCenter ist ein weiteres erfolgreiches Beispiel für eine Medienmarke, hinter der ein globaler Konsumgüterhersteller steht und die nach Angaben des Konzerns als »redaktionell unabhängige Website« geführt wird, wie es auf der Website heißt.

Ein weiterer Beleg für das Zusammenwachsen von Content und Commerce sind nicht zuletzt die gigantischen Merchandising-Erlöse der Filmindustrie.

Mega-Seller Merchandising

Warum lieben so viele Kinder Harry Potter? Sie lieben die phantasievollen Figuren und spannenden Abenteuer, die Bücher und Filme. Sie lieben Harry Potter aber auch, weil sie früh ein T-Shirt von ihrem Helden geschenkt bekommen haben, in seiner Bettwäsche eingeschlafen sind und Sammelbilder mit Freunden getauscht haben. Von der Unterhose bis zur Zahnbürste: fast 300 lizenzierte Vermarktungsunternehmen hat *Time Warner* für die Potter-Filme gewinnen können, darunter *Lego*, *Mattel*, *Electronic Arts* (harrypottershop.com) (vgl. Schulz 2001). Auch der *Disney*-Konzern verdiente in den vergangenen zehn Jahren fast immer weit mehr Geld mit Lizenzprodukten als mit Kinokarten. 28,6 Milliarden US-Dollar erwirtschaftete das Unternehmen 2010 mit Lizenzprodukten und war damit an der Spitze der weltweit größten Lizenzgeber (www.disneyconsumerproducts.com), gefolgt von der *Iconix Brand Group* (z. B. Peanuts) 12 Mrd.$, *Mattel* (Barbie) 7 Mrd.$, *Warner Brothers Consumer Products* (Bugs Bunny) 6 Mrd.$ und *Nickelodeon Consumer Products* (SpongeBob) 5,5 Mrd. $ (License! Global magazine, Mai 2011). Merchandising ist ein Milliardengeschäft, weil es aus virtuellen Medienfiguren und -inhalten geliebte Objekte macht, die Menschen anfassen, berühren und in ihrer Lebenswelt leibhaftig erleben können. Für Markenartikler wie *Coca-Cola*, deren Kerngeschäft die Produktvermarktung ist, ist dies beim Aufbau von Medienmarken ein entscheidender Vorteil. Sie haben seit Jahrzehnten die Produkte auf dem Markt, die diese Nähe und Vertrautheit schaffen und in der Lebenswelt der Konsumenten allgegenwärtig sind. Beim Aufbau von Medienmarken können sie zudem auf Themen und Sujets der Marketing-Kommunikation zugreifen wie etwa den Coca-Cola Weihnachtsmann oder die Coca-Cola Polarbären, die wichtige Sympathieträger und somit geeignete Medienhelden sind.

Alle unsere Beispiele zeigen, dass die Ökonomisierung der Medien und die Medialisierung der Wirtschaft zwei ineinander verwobene, sich wechselseitig beeinflussende gesellschaftliche Meta-Prozesse sind, die der Diversifikation von Medien- und Nicht-Medienunternehmen Vorschub leisten. Eine Überschneidung ihrer Geschäftsfelder ist die Folge. Zudem wird die Grenze zwischen Markenmedien und Medienmarken zukünftig mehr und mehr verschwimmen.

> Die Ökonomisierung der Medien und die Medialisierung der Wirtschaft sind zwei ineinander verwobene, sich wechselseitig beeinflussende gesellschaftliche Prozesse, die der Diversifikation von Medien- und Nicht-Medienunternehmen Vorschub leisten.

Wenn Hans Bohrmann (2002) feststellt, dass nur wenn Geld verdient wird, es die Möglichkeit gibt, dauerhaft professionellen Journalismus zu betreiben und dass es sich als Illusion erwiesen hat, ohne genügend materielle Grundlage Massenkommunikation zu betreiben, so lässt sich heute im Zeitalter des Kommunikationswettbewerbes der Unternehmen im Umkehrschluss formulieren: Nur wenn der Umgang mit den Medien beherrscht wird, gibt es die Möglichkeit dauerhaft professionell zu wirtschaften. Die Vorstellung, dass ohne mediale Kompetenz Wirtschaften möglich sei, erweist sich mehr und mehr als irreal.

Selbstverständlich bleibt diese Entwicklung nicht ohne Folge für die Mediennutzung: Klassische Nutzungsmotive der Medien wie Information, Unterhaltung, soziale Interaktion, zeitliche Strukturierung des Alltags oder Prestige qua Gerätebesitz (vgl. Ridder/Engel 2010; Meyen 2004) werden ergänzt durch eine ökonomisch geprägte Motivation der Mediennutzung, die schon heute ein wichtige Funktion im Alltag vieler Mediennutzer hat. Medien vereinfachen alltägliche ökonomische Handlungen. Sie sind nützlich zum Einkaufen, bei der Reisebuchung oder dem Vergleich von alternativen Produktangeboten. Der Aufbau einer Medienmarke, die eine derart alltägliche Servicefunktion übernimmt, hat insofern als Diversifikationsoption für ein Nicht-Medienunternehmen Potenzial. Zudem bieten insbesondere Online-Medien vielfältige Interaktionsmöglichkeiten und sind damit für den Aufbau communityzentrierter Medienmarken prädestiniert. Auch dies zeigt das Beispiel BabyCenter, das Community- und Shop-Funktionen verbindet.

Neben der Vermarktung und dem Vertrieb von Dienstleistungen und Produkten bilden Werbeerlöse eine weitere Einnahmequelle für Medienmarken. Auch Markenartikler können mit ihren Markenmedien bzw. Medienmarken für Werbekunden interessant sein. Eine Refinanzierung der Angebote ist dadurch aber nur zu einem kleinen Teil möglich. Durch Anzeigen bzw. Display-Werbung erwirtschaften schon heute Formate wie die Frauenzeitschrift Laviva von *REWE* signifikante Werbeerlöse (vgl. Kap. 1, S. 3). Auch kostenfreie Kundenmagazine wie *Live* von *IKEA* (ca. 18.000 Euro), *Entertain* der Deutschen Telekom (19.500 Euro) oder das *Lufthansa Magazin* (ca. 30.000 Euro) rufen fünfstellige Beträge für eine 1/1 Anzeige auf. Spitzenreiter sind die *ADAC Motorwelt* oder die *Apotheken Umschau* die laut Preisliste bei 116.000 Euro für eine 1/1 Anzeige liegen, wenngleich es sich hierbei um sehr spezielle Markenmedien bzw. Medienmarken handelt. Neben diesen klassischen Werbeerlösen durch Anzeigen oder Display-Werbung etabliert sich mit dem sogenannten *Native Advertising* eine neue Werbeform in den USA, die laut dem jährlichen Journalismusreport »The State of the News Media 2013« im letzten Jahr um fast 40 % gewachsen ist. US-Medien wie *Forbes*, *Washington Post* oder *New York Times* räumen ihren Werbekunden in den Online-Medien inhaltliche Beiträge mit redaktionellem Rang ein. Auf Forbes.com etwa haben Reporter und Werbekunden dieselben Tools zum Publizieren auf und Analysieren der Website. Manche Beträge von Marken tauchen weit vorn in der Liste der meistgelesenen Artikel auf (vgl. Langer 2013: 14). Native Advertising ist aufgrund der engen rechtlichen Bestimmungen in Deutschland nur sehr bedingt realisierbar (vgl. Kap. 5, S. 243). Wichtiger für den deutschen Markt dürften deshalb eher transaktionsabhängige Werberlöse in Form von Provisionen sein (Affiliate Marketing). Auch ist es denkbar, dass ein Unternehmen über seine unabhängige Medienmarke Produkte des Wettbewerbs vertreibt und somit ebenfalls von Provisionen profitiert. Ähnliche Modelle gibt es beispielsweise im Reisemarkt, wo der *TUI-Konzern* unter der Marke *Discount Travel* auch Reisen des Wettbewerbers *FTI*, *Neckermann* oder *ITS* anbietet.

Edelmann und Salsberg (2010) ergänzen deshalb die Triade *Paid, Earned und Owned Media*, um die Kategorie »Sold Media«, bei dem ein Unternehmen anderen Marketern die Möglichkeit bietet, in seinen Markenmedien bzw. Medienmarken Werbeplätze bzw. -zeiten zu kaufen oder Content und Produktangebote zu platzieren (vgl. Abb. 2). Besonders für Handelsunternehmen ist dies eine interessante Strategie. Aber auch Dienstleistungsunternehmen oder Hersteller von Konsum- und Gebrauchsgütern können mittels Sold Media von Werbekunden profitieren, die Teil einer erweiterten Wertschöpfungskette sind und somit dem Kunden einen Mehrwert bieten (z. B. Lufthansa: Mietwagenfirmen, Reiseveranstalter, Hotelketten etc.; Mercedes-Benz: Reifenhersteller, Hotelketten, Mineralölkonzerne, Automobilclubs, Versicherungen etc.).

> Durch das Zusammenwachsen von Content und Commerce entwickeln sich Owned Media zu Sold Media.

	Klassische Marken-kommunikation	Markenmedien	Medienmarken
Markt:	Zielgruppenmarkt	Zielgruppen- und Publikumsmarkt	Publikums- und Werbemarkt
Verhältnis Marke-Medien:	Paid Media	Owned Media	Owned Media Sold Media

Grad konglomerater Diversifikation − → +

Abb. 2: Verlauf konglomerater mediärer Diversifikation

Was Sie beim Management von Medienmarken beachten sollten

1. Kontinuität trotz dynamischer Inhalte: Kontinuität ist ein wichtiger Erfolgsfaktor für Marken. Sie ist die Voraussetzung dafür, dass eine Marke klare Gedächtnisstrukturen und Vorstellungsbilder in den Köpfen der Verbraucher erzeugt (vgl. Esch 2004: 58f.). Dies gilt für Produkt- und Dienstleistungsmarken und ganz besonders für Medienmarken, deren Inhalte eine hohe Dynamik haben. Die Marke bildet einen wichtigen Orientierungspunkt für Menschen in einer sich dramatisch verändernden Informations- und Mediengesellschaft.

2. Eine Marke, alle Kanäle: Erfolgreiche Medienmarken haben das Potenzial, sämtliche Medienkanäle zu bespielen und sollten vor dem Hintergrund einer fortscheitenden medialen Konvergenz (vgl. Albarran 2004; McDowell 2006; Wirth 2006) entsprechend breit aufgestellt sein. Marketer sollten sich deshalb auf den Aufbau einer starken Medienmarke konzentrieren, statt eine Vielzahl von Einzelformaten zu etablieren. Ein Beispiel ist die Marke »Spiegel«. Das 1947 gegründete Nachrichten-Magazin »Der Spiegel« ist heute eine breit diversifizierte Medien- und Wissensmarke. 1988 ging die Marke mit »Spiegel TV« ins Fernsehen, 1994 folgte »Spiegel Online« – mit zwölf Millionen Unique User pro Monat (*AGOF* 01/13) eine der erfolgreichsten Nachrichtenseiten im deutschsprachigen Raum. Unter dem Namen »Spiegel Geschichte« sendet Spiegel TV zudem seit Juli 2009 ein Vollprogramm auf der Pay-TV-Plattform *Sky*. Im Juni 2011 startete darüber hinaus ein Internetfernsehen: Ein

24-stündiger Livestream zeigt täglich Dokumentationen, Analysen und Hintergründe (www.spiegel.tv). Auch in den sozialen Netzwerken ist die Medienmarke erfolgreich: *Spiegel TV* hat auf *Twitter* rund 65.000 Follower, *Spiegel Online* weitere 120.000 Follower. Den *YouTube*-Kanal von *Spiegel TV* haben immerhin rund 50.000 User abonniert.

3. Hybridisierung von Content und Commerce: Vor allem im Unterhaltungsbereich sowie bei Service- und Ratgeberformaten werden die Grenzen zwischen redaktionellen und kommerziellen Inhalten immer weiter verschwimmen. Eine weitere Verschränkung von Marken und Medien bzw. Markenmedien und Medienmarken ist wahrscheinlich. Markenartikler sollten deshalb bereits in der Content-Konzeption darauf achten, dass eine (spätere) Integration von Transaktionsleistungen leicht möglich ist.

4. Unabhängigkeit von Marke und Content: Eine Medienmarke sollte als Monomarke im Markenportfolio von Markenartiklern geführt werden. Sie hat so einen größeren Profilierungs- und Differenzierungsspielraum und kann spezifischer auf die besonderen Anforderungen des Medienmarktes zugeschnitten werden. Zudem ist es für eine Monomarke leichter, transaktionsabhängige Erlöse durch Partnerunternehmen bzw. Werbekunden zu erzielen, da es so weniger Interessen- bzw. Wettbewerbskonflikte gibt. Auch die redaktionelle Betreuung der Medienmarke sollte aus Gründen der Qualität und Glaubwürdigkeit möglichst unabhängig sein.

Literaturverzeichnis

A.T. Kearney (2012): Social-Media-Studie, 21.03.2012.
ACTA (2012): Anzahl der Nutzer von YouTube in Deutschland 2008 bis 2012 in Million. http://de.statista.com/statistik/daten/studie/165334/umfrage/anzahl-der-deutschen-nutzer-von-youtube-seit-2008/. Zugriff: 04.06.2013.
Adjouri, N./Stastny, P. (2006): Sport-Branding. Mit Sport-Sponsoring zum Markenerfolg. Wiesbaden.
Adobe (2012): Click Here: The State of Online Advertising, October 2012.
Albarran, A. B. (2004): Media Economics. In: Downing, J. D. H./McQuail, D./Schlesinger, P./Wartella, E. (eds.): The Sage Handbook of Media Studies. Thousand Oaks u.a.: Sage, pp. 291–307.
Albers, M. (2013): Digitale Dialoge. In: Brand Eins, 2/2013, S. 100–103.
Allen, R. C. (1985): Speaking of Soap Operas. UNC Press Books.
Altmeppen, K.-D. (1996): Publizistische und ökonomische Aspekte von Medienmärkten und Markthandeln. In: Altmeppen, K.-D. (Hrsg.): Ökonomie der Medien und des Mediensystems. Wiesbaden, S. 251–272.
Altmeppen, K.-D./Karmasin, M. (2003): Medienökonomie als transdisziplinäres Lehr- und Forschungsprogramm. In: Altmeppen, K.-D./Karmasin, M. (Hrsg.): Medien und Ökonomie, Bd.1, Grundlagen der Medienökonomie: Kommunikations- und Medienwissenschaft, Wirtschaftswissenschaft. Wiesbaden, S. 19–51.
Amirkhizi, M. (2013): Marketiers erhöhen Anforderungen. In: horizont, 4/2013, 24.1.2013, S. 17.
Arvato AG (2013): Unternehmens-Website. Im Internet: www.arvato.com. Zugriff: 15.05.2013.

Baetzgen, A./Tropp, J. (2012): Must-See Marke. In: Absatzwirtschaft. Zeitschrift für Marketing. Sonderausgabe dmexco 2012, S. 42–46.
Bartle, R. (1996): Hearts, Clubs, Diamonds, Spades: Players Who Suit MUDs. http://www.mud.co.uk/richard/hcds.htm. Zugriff: 21.02.2013.
Bashford, S. (2012): Branded Content. Watch before you buy. http://www.marketingmagazine.co.uk/news/1158087/Branded-Content-Watch-buy/. Zugriff: 12.4.2013.
Bauer, C. A. (2011): User Generated Content. Urheberrechtliche Zulässigkeit nutzgenerierter Medieninhalte. Heidelberg u.a.
Baumgarth, C. (2004): Besonderheiten der Markenpolitik im Mediensektor. In: Baumgarth, C. (Hrsg.): Erfolgreiche Führung von Medienmarken. Wiesbaden, S. 3–14.
BDZV (2012): Zur wirtschaftlichen Lage der Zeitungen in Deutschland 2012. http://www.bdzv.de/markttrends-und-daten/wirtschaftliche-lage/artikel/detail/zur_wirtschaftlichen_lage_der_zeitungen_in_deutschland_2011-1/. Zugriff: 15.7.2013
Beauftragte der Bundesregierung für Kultur und Medien (Hrsg.) (2008): Medien- und Kommunikationsbericht der Bundesregierung 2008. 17.12.2008. Berlin.
Beck (2012): Red Bull: Die teuren Mateschitz-Medien. In: FORMAT trend, 28.10.2012, http://www.format.at/articles/1243/930/350070_s2/red-bull-die-mateschitzmedien#Nnwflogroot. Zugriff: 15.7.2013
Beck, K./Schweiger, W. (Hrsg.) (2010): Handbuch Online-Kommunikation. Wiesbaden.
Berkler, S. (2008): Medien als Marken? Wirkungen von Medienmarken aus medien-ökonomischer Perspektive. Konstanz.

Bernhard, U./Scharf, W. (2008): Infotainment in der Presse. Eine Längsschnittuntersuchung 1980 – 2007 drei regionaler Tageszeitungen. In: Publizistik 53 (2), S. 231–250.

Beysüngü, F. (2012): Markenvertrauen: Quellen und Folgen. Eine kausalanalytische Studie. Saarbrücken.

Böringer, J./Meyer, T./ Spillecke D./ Umblijs A. (2012): Social Media: Mehr Return on Investment. In: Akzente 1, S. 50–55.

Bohrmann, H. (2002): Medienökonomie – eine lange Zeit versteckte Teildisziplin – dargestellt am Beispiel von Forschung und Lehre in Berlin. In: Siegert, G. (Hrsg.): Medienökonomie in der Kommunikationswissenschaft. Bedeutung, Grundfragen und Entwicklungsperspektiven. Manfred Knoche zum 60. Geburtstag. Münster, S. 113–129.

Bolz, N. (2010): Sehnsucht nach Authentizität. Katrin Heise im Gespräch mit Norbert Bolz. In: Deutschlandradio Kultur, 22.3.2010.

Bosshart, L./Macconi, I. (1998): Defining »entertainment«. Communication Research Trends, 18(3), p. 3–6.

Brender, N. (2008): Stuttgarter Zeitung 181/2008, S. 27.

Brian, M. (2011): Angry Birds gamers spend 200 million minutes playing each day. http://thenextweb.com/apps/2011/02/16/angry-birds-gamers-spend-200-million-minutes-playing-each-day/. Zugriff: 16.03.2013.

Bruce, A. (2010): Otto Modelcontest: Creative Advantage Blog. Zum Sieg durch geschickte integrierte Kommunikation und Social Media Know-how. http://creative-advantage.de/wordpress/?p=134. Zugriff: 30.04.2013.

Bruhn, M. (2005): Kommunikationspolitik – Systematischer Einsatz der Kommunikation für Unternehmen, München.

Bruhn, M (2009): Das kommunikationspolitische Instrumentarium. In: Bruhn, M./, Esch, F.-R./, & Langner, T. (Hrsg.): Handbuch Kommunikation: Grundlagen – Innovative Ansätze – Praktische Umsetzungen. Wiesbaden, S. 23–43.

Bryant, J./Vorderer, P. (Hrsg.) (2006): Psychology of entertainment. Mahwah, NJ: Lawrence Erlbaum Associates.

Burcher, N. (2012): Paid, Owned, Earned. Maximising Marketing Returns in a Socially Connected World. London: Kogan Page.

Burmann, C./Schallehn, M. (2010): Konzeptualisierung von Marken-Authentizität. Arbeitspapier Nr. 44 der Universität Bremen, Fachbereich Wirtschaftswissenschaft, Bremen.

Busemann, K./Engel, B. (2012): Wandel der Mediennutzungsprofile im Zeitalter des Internets. Analysen auf Basis der ARD/ZDF Langzeitstudie Massenkommunikation. In: Media Perspektiven, o. Jg. (3), S. 133–146.

BWM (2005): The Hire. The acclaimed Film Series by BMW will end a four and a half Year Internet Run October 21st. http://www.bmwusa.com/Standard/Content/Uniquely/TVAndNewMedia/BMWFilmPressRelease.aspx, Zugriff: 09.04.2013.

Campillo-Lundbeck, S. (2009). Beharren auf alten Werten. In: Horizont 11, S. 36.

Carter-Morley, J. (2011): London fashion week: Burberry launches 2012 collection on Twitter. In: The Guardian. 19.9.2011, http://www.guardian.co.uk/fashion/2011/sep/19/london-fashion-week-burberry-twitter/print. Zugriff: 15.7.2013.

Cisco Systems, Inc. (2012a): Cisco Visual Networking Index: Forecast and Methodology, 2011–2016. http://www.cisco.com/en/US/solutions/collateral/ns341/ns525/ns537/

ns705/ns827/white_paper_c11-481360_ns827_Networking_Solutions_White_Paper.
html. Zugriff: 28.03.2012.
Cisco Systems, Inc. (2012b): The Zettabyte Era. Im Internet: http://www.cisco.com/en/US/
solutions/collateral/ns341/ns525/ns537/ns705/ns827/VNI_Hyperconnectivity_WP.
html. Zugriff: 28.03.2012.
Cohen, H. (2011): 21 Content Marketing Definitions. http://heidicohen.com/content-
marketing-definition/. Zugriff: 12.04.2013.
Computerbild (2012): YouTube: Nutzer schauen täglich vier Milliarden Videos. http://
www.computerbild.de/artikel/cb-Aktuell-Internet-YouTube-Nutzer-schauen-taeglich-
vier-Milliarden-Videos-7187808.html. Zugriff: 04.06.2013.
Csikszentmihalyi, M. (1975): Beyond Boredom and Anxiety: Experiencing Flow in
Work and Play. San Francisco: Jossey-Bass.
Csikszentmihalyi, M. (1990): Flow: The psychology of optimal experience. New York, NY:
Harper & Row.

D'Astous, A./Chartier, F. A. (2000): A Study of Factors Affecting Consumer Evaluations
and Memory of Product Placements in Movies. In: Journal of Current Issues and
Research in Advertising, 22, p. 31–40.
Dahlén, M./Edenius, M. (2007): When Is Advertising Advertising? Comparing Responses
to Non-Traditional and Traditional Advertising Media. In: Journal of Current Issues
and Research in Advertising, 29, p. 33–42.
De la Motte-Haber, H. (1996): Handbuch der Musikpsychologie. Laaber
Deci, E.L. (1971): Effects of externally mediated rewards on intrinsic motivation.
In: Journal of Personality and Social Psychology 18(1), p. 105–115.
Deci, E. L. (1972): Intrinsic motivation, extrinsic reinforcement, and inequity.
In: Journal of Personality and Social Psychology 22(1), p. 113–120.
Deci, E. L./Ryan, R.M. (1985): Intrinsic Motivation and Self-Determination in Human
Behavior. New York: Plenum.
DeLorme, D. E./Reid, L. N. (1999): Moviegoers' Experiences and Interpretations of
Brands in Films Revisited. In: Journal of Advertising, 28, p. 71–95.
DeLorme, D. E./Reid, L. N./Zimmer, M. (1994): Brands in films. Young moviegoers'
experiences and interpretations. In: K. W. King (Hrsg.): Proceedings of the
Conference of the American Academy of Advertising (p. 60). Athens: American
Academy of Advertising.
Deutsche Telekom (2010): »Million Voices« gesucht und gefunden! – Telekom und
Thomas D feiern Premiere der Neuauflage von »7 Seconds«. http://www.telekom.
com/medien/konzern/28448. Zugriff: 30.04.2013.
Diez, W. (2006): Grundlegende Potenziale von Tradition im Markenmanagement.
In: Herbrand, N.O./Röhrig, S. (Hrsg.): Die Bedeutung der Tradition für die
Markenkommunikation, Stuttgart, S. 181–195.
Doctorow, C. (2012): Disney exec: Piracy is just a business model. http://boingboing.
net/2006/10/10/disney-exec-piracy-i.html. Zugriff: 29.04.2013.

Edelman, D./Salsberg, B. (2010): Beyond paid media: Marketing's new vocabulary.
In: McKinsey Quarterly, November 2010.
Ehrenberg-Bass (2012): Big Brands Being Snubbed by Fans on Facebook, 30.1.2012.
EICP European Institute for Corporate Publishing (2012): Corporate Publishing Basis
Studie 03 – Unternehmensmedien im Raum DACH, Juni 2012, Zürich/München.
Esch, F.R. (2004): Strategie und Technik der Markenführung, 2. Aufl., München.

Falkenau, J. (2013): Sportsponsoring. Wirkung und Erfolgsfaktoren aus neuropsychologischer Sicht. Freiburg.

Fogg, B.J. (2009). A Behavior Model for Persuasive Design. In Proceedings of the 4th International Conference on Persuasive Technology (p. 1–7). New York: ACM.

Franck, G. (1998): Ökonomie der Aufmerksamkeit. Ein Entwurf. München/Wien 1998.

Friese, J. (2013): Das lukrative Geschäft mit dem Mode-Ich. In: Berliner Morgenpost. 15.1.2013. http://www.morgenpost.de/lifestyle/fashionweek/article112787685/Das-lukrative-Geschaeft-mit-dem-Mode-Ich.html. Zugriff: 15.7.2013

Friestad, M./Wright, P. (1994): The Persuasion Knowledge Model: How People Cope With Persuasion Attempts. In: Journal of Consumer Research, 21, p. 1–31.

G+J EMS 2013: »Mobile 360° Studie«. Auszug aus den Gesamtergebnissen. http://ems.guj.de/uploads/media/GuJ_EMS_2013_Mobile_360_excerpt_n.pdf. Zugriff: 28.3.2013.

Gilmore J. H./Pine, B. J. (2007): Authenticity – What consumers really want, Boston: Harvard Business Review Press.

Google/Nielsen (2013): Mobile Search Moments, Understanding How Mobile Drives Conversion, March 2013. http://www.thinkwithgoogle.com/insights/uploads/941227.pdf/download/. Zugriff: 15.7.2013.

Gould, S. J./Gupta, P. B./Grabner-Kräuter, S. (2000): Product Placements in Movies: A Cross-Cultural Analysis of Austrian, French and American Consumers' Attitudes Toward this Emerging, International Promotional Medium. In: Journal of Advertising, 29, p. 41–58.

Grossman, L. (2006): You — Yes, You — Are TIME's Person of the Year. Time Magazine. http://www.time.com/time/magazine/article/0,9171,1570810,00.html. Zugriff: 30.04.2013.

Gupta, P. B./Gould, S. J. (1997): Consumers' Perceptions of Ethics and Acceptability of Product Placements in Movies: Product Category and Individual Differences. In: Journal of Current Issues and Research in Advertising, 19, p. 37–50.

Hall, E. (2004): Young consumers receptive to movie product placement. In: Advertising Age. 29.3.2004, http://adage.com/article/news/young-consumers-receptive-movie-product-placement/98097/ Zugriff: 09.04.2013.

Hanfeld, M. (2013): Wir entwickeln Angebote, die früher undenkbar waren. In: Frankfurter Allgemeine Zeitung. 25.1.2013. http://www.faz.net/aktuell/feuilleton/medien/burda-vorstandschef-kallen-im-gespraech-wir-entwickeln-angebote-die-frueher-undenkbar-waren-12038241.html. Zugriff: 29.7.2013

Heath, R. (2009): Emotional Engagement. How Television Builds Big Brands at Low Attention. In: Journal of Advertising Research, 49, p. 62–73.

Heckathorne, W. (2010): Speak Now or Forever Hold Your Tweets. In: The Harris Poll #74, June 3, 2010. http://www.harrisinteractive.com/NewsRoom/HarrisPolls/tabid/447/mid/1508/articleId/403/ctl/ReadCustom%20Default/Default.aspx. Zugriff: 30.4.2013.

Heine, C. (2013): New Ford Fiesta Campaign Will Be Entirely User-Generated Creative for TV, print and digital to derive from social. In: Adweek, 19.2.2013. http://www.adweek.com/news/advertising-branding/ford-campaign-will-be-all-user-generated-147384. Zugriff: 30.04.2013.

Heinrich, J. (2002): Medienökonomie. In: Siegert, G. (Hrsg.): Medienökonomie in der Kommunikationswissenschaft. Bedeutung, Grundfragen und Entwicklungsperspektiven. Manfred Knoche zum 60. Geburtstag. Münster, S. 47–55.

Hjarvard, S. (2008): The Mediatization of Society. A Theory of the Media as Agents of Socual ans Cultural Change. In: Nordicom Review, 29 (2), p. 105–134.
Horchert, J./Stoecker, C. (2013): Soziales Netzwerk: Facebook verliert junge Nutzer in Deutschland und USA. In: Spiegel Online. 3.4.2013. http://www.spiegel.de/netzwelt/web/nutzerzahlen-von-socialbakers-jugend-wendet-sich-von-facebook-ab-a-892266.html. Zugriff: 15.7.2013.
Horrigan, D. (2009): Branded Content: A new Model for driving Tourism via Film and Branding Strategies. In: Tourismos: An International Multidisciplinary Refereed Journal of Tourism, 4, p. 51–65.
Hudson, S./Hudson, D. (2006): Branded Entertainment: A New Advertising Technique or Product Placement in Disguise? In: Journal of Marketing Management, 22, p. 489–504.
Hunter, G./Burkhart, J. (2013): Newsjacking. London: Thames & Hudson.

IAB Platform Status Report (2008): User Generated Content, Social Media, and Advertising — An Overview. http://www.iab.net/media/file/2008_ugc_platform.pdf. Zugriff: 15.7.2013
Imhof, K. (2006): Mediengesellschaft und Medialisierung. In, in: Medien und Kommunikationswissenschaft, 54. Jg. (2006), Nr. 2, S. 191–215.
Indvik, L. (2011): Burberry's Evolving Role as a Media Company. In: Mashable.com, 21.9.2011, http://mashable.com/2011/09/21/burberry-media-fashion-company/

Katz, E./Gurevitch, M./Haas, H. (1973): On the Use of Mass Media for Important Things. In: American Sociological Review, 38, p. 164–181.
Kempter, K (1936): Die wirtschaftliche Berichterstattung in den sogenannten Fuggerzeitungen. München.
Kiendl, S. C. (2007): Markenkommunikation mit Sport. Sponsoring und Markenevents als Kommunikationsplattform. Wiesbaden.
Kirchgeorg, M. et. al. (2009): Live Communication Management. Ein strategischer Leitfaden zur Konzeption, Umsetzung und Erfolgskontrolle. Wiesbaden.
Knüwer, T. (2011). Die neue Schwarzkopf-Homepage: Eine Antwort auf die Warum-Frage. http://www.indiskretionehrensache.de/2011/02/neue-schwarzkopf-homepage/. Zugriff: 29.04.2013.
Ko, H./Cho, C./Roberts, M. (2005): Internet Uses and Gratifications: A Structural Equation Model of Interactive Advertising. In: Journal of Advertising, 34, p. 57–70.
Koch, K.-D. (2012): So überleben Medienmarken in der Zukunft – die 10 wichtigsten Herausforderungen. 24.7.2012. http://www.brand-trust.de/de/insights/artikel/2012/Markenfuehrung-Medienmarken-Herausforderung-Zukunft-Teil-3.php
Koster, R. (2005): A Theory of Fun for Game Design. Scottsdale: Paraglyph.
Kroker, M. (2012): 1700 Jahre Videos glotzen mit YouTube. http://blog.wiwo.de/look-at-it/2012/05/10/1700-jahre-videos-glotzen-mit-youtube. Zugriff: 15.7.2013.
Krotz, F. (2005): Einführung: Mediengesellschaft, Mediatisierung, Mythen – Einige Begriffe und Überlegungen. In: Rössler, P./Krotz, F. (Hrsg.): Mythen der Mediengesellschaft – The Media Society and its Myths. Konstanz. S. 9–30.
Krotz, F. (2007): Mediatisierung: Fallstudien zum Wandel von Kommunikation. Wiesbaden.

Langer, U. (2013): Die alten Grenzen verschwimmen. In: horizont, 29/2013, 18.7.2013, S. 14.

Lee, J. (2009): Billabong creates its own wave through video. In: The Sydney Morning Herald, 16.4.2009. http://www.smh.com.au/business/billabong-creates-its-own-wave-through-video-20090415-a7jf.html. Zugriff: 15.7.2013

Lepper, M. R./Greene, D./Nisbett, R. E. (1973): Undermining children's intrinsic interest with extrinsic reward: A test of the »overjustification« hypothesis. In: Journal of Personality and Social Psychology 28 (1), p. 129–137.

Levine, R./Locke, C./Searls, D./Weinberger, D. (1999): The Cluetrain Manifesto. Im Internet: http://www.cluetrain.com/auf-deutsch.html. Zugriff: 12.04.2013.

Lieb, R. (2011): Content Marketing. Think like a Publisher – How to use Content to Market Online and in Social Media. Indianapolis: Que Publishing.

Luerzer's Archive (2011): McDonald's Germany »Mein Burger«. http://www.luerzersarchive.com/content/show/id/535. Zugriff: 30.04.2013.

Matthes, J./Schemer, C./Wirth, W. (2007): More than meets the eye. Investigating the hidden impact of brand placements in television magazines. In: International Journal of Advertising, 27, p. 477–503.

McDowell, W. S. (2006): Issues in Marketing and Branding. In: Albarran, A. B./Chan-Olmsted, S. M./Wirth, M. O. (eds.): Handbook of Media Management and Economics. New York, London: Routledge, pp.229–250.

McKechnie, S. A./Zhou, J. (2003): Product Placement in Movies: a Comparison of Chinese and American Consumers' Attitudes. In: International Journal of Advertising, 22, p. 349–374.

McLuhan, M. (1964): Understanding Media: The Extensions of Man. New York: McGraw-Hill.

Meyen, M. (2004): Mediennutzung. 2. überarb. Aufl. Konstanz.

Meyen, M. (2009): Medialisierung. I. In: Medien & Kommunikationswissenschaft, 57. Jg. (2009), Nr. 1, S. 23–38.

Mildenhall, J. (2011): Liquid and Linked Mystique. Im Internet: http://www.youtube.com/watch?v=oDlGtqjibdQ&playnext=1&list=PL925C71DF1585C75B&feature=results_main. Zugriff: 15.7.2013.

Nakamura, J./Csikszentmihalyi, M. (2002): The concept of flow. In: C. R. Snyder/S. J. Lopez (Hrsg.): Handbook of positive psychology (p. 89–105). Oxford: University Press.

Netcraft (2012): December 2012 Web Server Survey. http://news.netcraft.com/archives/2012/12/04/december-2012-web-server-survey.html. Zugriff: 15.7.2013

Nötting, T. 2013: »Größe spielt eigentlich keine Rolle mehr«. In: w&v. Nr. 29, 15.7.2013, S. 26–28.

O'Brien, J. (2012). How Red Bull Takes Content Marketing to the Extreme. http://mashable.com/2012/12/19/red-bull-content-marketing/. Zugriff: 12.04.2013.

Papacharissi, Z./Rubin, A. (2000): Predictors of Internet use. In: Journal of Broadcasting & Electronic Media, 44, p.175–196.

Paul, A.M. (2012): Your Brain on Fiction, In: New York Times 17.3.2012. http://www.nytimes.com/2012/03/18/opinion/sunday/the-neuroscience-of-your-brain-on-fiction.html?pagewanted=all&_r=0. Zugriff: 15.7.2013.

Pellikan, L. (2013): Facebook ist bald nicht mehr cool. In: w&v, Nr. 21, 21. Mai 2013, S. 34–37.

Perrey, J./Meyer, T. (2010): Mega-Macht Marke: Erfolg messen, machen, managen. München.
Perrey, J./Spillecke, D. (2012): Retail Marketing and Branding: A definitive guide to maximizing ROI. Hoboken, N.J.: Wiley.
Pulizzi, J. (2012): John Deere: The Media Company. http://contentmarketingworld.com/videos/john-deere-media-company/. Zugriff: 29.04.2013.
Pulizzi, J./Barrett, N. (2009): Get content get customers: Turn prospects into buyers with content marketing. McGraw-Hill.

Red Bull Media House (2013): Heftkonzept ›Servus in Stadt und Land‹. Im Internet: http://b2b.servusmagazin.at/en/heftkonzept.html, Zugriff: 09.05.2013.
Ridder, C. M./Engel, B. (2010): Massenkommunikation 2010: Funktionen und Images der Medien im Vergleich. Ergebnisse der 10. Welle der ARD/ZDF Langzeitstudie zur Mediennutzung und -bewertung. In: Media Perspektiven, o. Jg. (11), S. 537–548.
Rose, R./Pulizzi, J. (2011): Managing Content Marketing: The Real-World Guide for Creating Passionate Subscribers to Your Brand. Cleveland: Content Marketing Institute.
Rosengren, S. (2008): Publicity vs. Advertising in a Cluttered Environment: Effects on Attention and Brand Identification. In: Journal of Current Issues & Research in Advertising, 30, p. 27–35.
Ross, M. (1975): Salience of reward and intrinsic motivation. In: Journal of Personality and Social Psychology 32(2), p. 245–254.
Ross, R. (2012): Cannes: It's a Brand's World. In: The Huffington Post. 23.5.2012. http://www.huffingtonpost.co.uk/rollo-ross/cannes-its-a-brands-world_b_1540886.html. Zugriff: 30.04.2013.
Rubin, A. M. (2009): Uses-and-Gratifications Perspective on Media Effects. In: J. Bryant/M. B. Oliver (Hrsg.): Media Effects. Advances in Theory and Research (p. 165–184). New York, NY: Routledge.
Rüeger, B./Hannich, F. (Hrsg.). (2010): Erfolgsfaktor Emotionalisierung. Wie Unternehmen die Herzen der Kunden gewinnen. Stuttgart.
Russell, C. A./Belch, M. (2005): A Managerial Investigation into the Product Placement Industry. In: Journal of Advertising Research, 45, p. 73–92.

Schickler (2012): Diversifikation außerhalb des Kerngeschäfts. Analyse der größten Medienkonzerne der Welt. Im Internet: http://www.schickler.de/expertise/studien/Dokumente/SCHICKLERStudieDiversifikationinMedienunternehmen.pdf, Zugriff: 15.05.2013.
Schirrmacher, F. (2012): Das heilige Versprechen. In: Frankfurter Allgemeine Sonntagszeitung. 26.11.2012.
Schramm, H./Knoll, J. (2013): Der Wert von attraktiven Mediencharakteren für die Werbekommunikation. Modellierung des Einflusses von parasozialen Interaktionen auf Werbeeffekte von Brand Placements. In: Tropp, J./ Schierl T. (Hrsg.): Wert und Werte der Marketing-Kommunikation. Köln. S. 264–282.
Schramm, H./Schmid-Petri, H./Lorkowski, M. (2013): Der Wert programmintegrierter Werbung: Zur Wahrnehmung und Akzeptanz von Product Placement in Filmen. In: Tropp J./ Schierl, T. (Hrsg.): Wert und Werte der Marketing-Kommunikation. Köln. S. 193–212.

Schultz, T. (2003): Alles inszeniert und nichts authentisch? Visuelle Kommunikation in den vielschichtigen Kontexten von Inszenierung und Authentizität. In: Knieper, T./Müller, M.G. (Hrsg.): Authentizität und Inszenierung von Bilderwelten, Köln, S. 10–24.

Schulz, T. 2001: Merchandising: Marke Potter. In: Spiegel Online. 5.11.2001. http://www.spiegel.de/wirtschaft/merchandising-marke-potter-a-165994.html. Zugriff: 15.7.2013.

Schulze, H. (2012): B2B Content Marketing Trends. Im Internet: http://www.optify.net/wp-content/uploads/2012/09/B2B-Content-Marketing-Trends-Report.pdf. Zugriff: 12.04.2013.

Scott, D. M. (2011): How to Inject your Ideas into a Breaking News Story and Generate Tons of Media Coverage. Kindle Edition: Wiley.

Seiser, M. (2010): Dosenkönig und Weltmeister. In: Frankfurter Allgemeine Zeitung. 16.11.2010. http://m.faz.net/aktuell/sport/formel-1/dietrich-mateschitz-dosenkoenig-und-weltmeister-11065572.html. Zugriff: 15.7.2013.

Shao, G. (2009): Understanding the Appeal of User-Generated Media: a Uses and Gratification Perspective. In: Internet Research, 19, p. 7–25.

Shayon, S. (2011): P&G Expands Digital Branded Content as Soap Operas Fade to Black. In: Brandchannel, 23.5.2011, www.brandchannel.com/home/post/PG-Evolves-Branded-Content-Strategy.aspx, Zugriff: 11.03.2012.

Sherry, J. L. (2004): Flow and media enjoyment. In: Communication Theory, 14, p. 328–347.

Siegert, G. (2002): Medienökonomie in der Kommunikationswissenschaft – Synopse: Von der multidisziplinären Medienzentrierung zur transdisziplinären Kommunikationsorientierung? In: Siegert, G. (Hrsg.): Medienökonomie in der Kommunikationswissenschaft. Bedeutung, Grundfragen und Entwicklungsperspektiven. Manfred Knoche zum 60. Geburtstag. Münster, S. 223–239.

Siegert, G. (2008): Self Promotion: Pole Position in Media Brand Management. In: Ots, M. (ed.): Media Brands and Branding. JIBS Research Reports, No. 2008-1. Jönköping International Business School, pp. 11–26.

Siegert, G. (2013): Medienmarken. Lexikoneintrag. iIn: Bentele, G./Brosius, H.-B./Jarren, O. (Hrsg.): Lexikon Kommunikations- und Medienwissenschaft. 2. überarb. u. erw. Aufl. Wiesbaden.

Smit, E., van Reijmersdal, E./Neijens, P. (2009): Today's Practice of Brand Placement and the Industry behind it. In: International Journal of Advertising, 28, p. 761–782.

Sjurts, I. (2005): Strategien in der Medienbranche. 3. überarb. u. erw. Aufl. Wiesbaden.

Snow, S. (2012): 7 Brand Content Campaigns That Got It Right In 2012. In: AdAge digital, 27.12.2012. http://adage.com/article/digitalnext/7-branded-content-campaigns-2012/238910/. Zugriff: 28.03.2012.

Sommer D./Fretwurst, B./Sommer K./Gehrau, V. (2012): Nachrichtenwert und Gespräche über Medienthemen. In: Publizistik 57 (4), S. 381–401.

Speck, P. S./Elliott, M. T. (1997): Predictors of Advertising Avoidance in Print and Broadcast Media. In: Journal of Advertising, 26, p. 61–76.

Sterneborg, A. (2012): Koffer in Opatija. In: Süddeutsche Zeitung. 8.11.2012, S. 35.

Tropp, J. (2011): Moderne Marketing-Kommunikation. System – Prozess – Management. Wiesbaden.

Tuttle, B. (2012): IKEA's Hit Web Show: An Entertaining Ad. In: The Wall Street Journal. 7.9.2012. http://online.wsj.com/article/SB10000872396390444358404577609932125128046.html. Zugriff: 15.7.2013.

van Reijmersdal, E./Neijens, P./Smit, E. (2005): Readers' Reactions to Mixtures of Advertising and Editorial Content in Magazines. In: Journal of Current Issues & Research in Advertising, 27, p. 39–53.
van Reijmersdal, E./Neijens, P./Smit, E. (2009): Modeling a New Branch of Advertising. Reviewing Factors that Influence Reactions to Product Placement. In: Journal of Advertising Research, 49, p. 429–449.
VDZ & McKinsey (Hrsg.) (2012): Veränderte Medienlandschaft – Veränderte Media Spendings, November 2012, Berlin.

Walker, A. (2010): Gap on Disastrous New Logo: »We're Open to Other Ideas«. http://www.fastcodesign.com/1662452/gap-on-disastrous-new-logo-were-open-to-other-ideas. Zugriff: 30.04.2013.
Wilke, J./Schulz, W./Noelle-Neumann, E. (2009): Fischer Lexikon Publizistik Massenkommunikation. Frankfurt a.M.
Wirth, S. M. (2006): Issues in Media Convergence. In: Albarran, A. B./Chan-Olmsted, S. M./Wirth, M. O. (eds.): Handbook of Media Management and Economics. New York, London: Routledge, p. 445–462.
Wirth, W./Matthes, J./Schemer, C./Husmann, T. (2009): Product Placements als Trojanische Pferde? Experimentelle Befunde zur Persuasion ohne explizite Erinnerung. In: S. Trepte/,U. Hasebrink, U./H. Schramm, H. (Hrsg.), Strategische Kommunikation und Mediengestaltung – Anwendung und Erkenntnisse der Rezeptions- und Wirkungsforschung. Baden-Baden. S. 97–114
Wirth, W./Schramm, H./Gehrau, V. (Hrsg.). (2006): Unterhaltung durch Medien. Theorie und Messung. Köln.
Wittkopf, S. (2011): IKEA feiert den Start von »Easy to Assemble«. In: BEO Branded Entertainment Online, 24.10.2011. http://brandedentertainmentonline.de/product-placement/bewegtbild/628-ikea-feiert-den-start-der-3staffel-von-easy-to-assemble. Zugriff: 15.7.2013
Wunsch-Vincent, S./Vickery, G. (2007): Working Party on the Information Economy: Participative Web: User-Created Content. http://www.oecd.org/internet/ieconomy/38393115.pdf. Zugriff: 30.04.2012.

YouTube (2011): http://www.youtube.com/watch?v=s83zFFxF0m4 2011. Zugriff: 30.04.2013.

Zuckerman, M. (2006): Sensation seeking in entertainment. In: J. Bryant/P. Vorderer (Hrsg.):, Psychology of entertainment. Mahway, NJ: Lawrence Erlbaum Associates. p. 367–387.

Autorenverzeichnis

Hans Albers ist seit 2012 Kreativ-Geschäftsführer bei *Jung von Matt/365* in Hamburg. Zuvor war er unter anderem Chief Creative Officer bei der *FischerAppelt Gruppe*, Kreativ-Geschäftsführer bei *Tribal DDB* sowie Chief Creative Officer bei *Economia/BBDO*. Von 1990 bis 2001 war er als Texter, Creative Director, Kreativ-Chef und Sprecher der Geschäftsführung bei der Agentur *Scholz & Friends* in Hamburg tätig. Er verfügt über ausgeprägte Erfahrungen in der strategischen und kreativen Steuerung von Kommunikationsmaßnahmen. Hans Albers studierte Psychologie in Hamburg.

Markus Albers ist Managing Partner bei *Rethink* und schreibt regelmäßig für *Brand Eins* sowie *Monocle*. Zuvor hat er als Redakteur beim *SZ Magazin* und der *Welt am Sonntag* gearbeitet sowie als Managing Editor der deutschen *Vanity Fair*. Seine Arbeiten wurden auch in *Die Zeit*, *GQ*, *AD*, *Spiegel* und *Stern* veröffentlicht. Seine Sachbücher »Meconomy« und der Wirtschafts-Bestseller »Morgen komm ich später rein« wurden vielfach besprochen. Zu den Buchthemen hält er regelmäßig Vorträge und moderiert Panels.

Andreas Baetzgen, Dr., ist Professor für Strategische Kommunikation und Branding an der *Hochschule der Medien* in Stuttgart. Zuvor war er viele Jahre in Agenturen tätig. Nach Stationen bei *Scholz & Friends* als Strategy Consultant und Head of New Business war er zuletzt bei *MetaDesign* als Brand Consulting Director. Andreas Baetzgen studierte an der Universität der Künste Berlin und promovierte in Potsdam. Vor seinem Ruf nach Stuttgart lehrte er an der UdK Berlin, TU Berlin, Kunsthochschule Berlin Weißensee und an der Steinbeis School of Management and Innovation. Er berät Unternehmen und Agenturen.

Thomas Bauer, Dr., ist Senior Expert im Münchner Büro von *McKinsey & Company* und Mitglied der europäischen Marketing & Sales Practice. Thomas Bauer berät Unternehmen insbesondere bei Markenführung und Marketingstrategie sowie Marketing Spend Effectiveness.

Nicole Bongartz leitet die Unternehmenskommunikation der *_wige group* und verantwortete 2012 den umfassenden Relaunch der Marke *_wige*. Zuvor war sie bei der PR-Agentur *Content Company* für Kunden aus dem Automotive-Bereich tätig. Nicole Bongartz studierte an der Universität zu Köln Europarecht und Musikwissenschaft.

Christoph Bornschein ist Geschäftsführer und Gründer der Agentur für digitale Transformation *Torben, Lucie und die gelbe Gefahr* in Berlin. Mit der in 2008 gegründeten Agentur betreut er weltweit Kunden wie *Lufthansa*, *Vodafone*, *Volkswagen* und *ThyssenKrupp* u.a. in der Entwicklung digitaler Strategien und Geschäftsmodelle. Seit 2000 ist er im Umfeld digitaler Geschäftsmodelle und Trends aktiv und verfügt über profunde Erfahrung sowohl im technischen Bereich als auch bei eCommerce und Online-Marketing. Christoph Bornschein gilt als einer der deutschen Vordenker der voranschreitenden Digitalisierung und ihrer Folgen für Marken und Anbieter.

Claus Bröckers ist seit mehr als 15 Jahren in der Mediabranche tätig. In den ersten Jahren seiner Laufbahn arbeitet er für zwei große Agenturen in Düsseldorf, bevor er 2007 zu MediaCom Agentur für Media-Beratung wechselte. Anfangs betreute er bei MediaCom gemeinsam mit seinen Teams mehrere namhafte Marktführer, für die er unter anderem im Jahre 2009 einen Deutschen Mediapreis und diverse andere Awards gewann. Seit 2011 gehört er der Geschäftsführung von MediaCom an und hilft in dieser Aufgabe, sowohl die Kunden als auch die Agentur auf alle spannenden Themen in der Welt der Mediaberatung und -planung vorzubereiten und weiterzuentwickeln.

Rainer Burkhardt ist seit 2003 Geschäftsführender Gesellschafter von *KircherBurkhardt*. Er ist überzeugter Markenprofi und gewann in seiner bisherigen Laufbahn sieben Effies und zahlreiche andere Awards für erfolgreiche Markenkommunikation. Nach Verlagslehre und Studium der Marktkommunikation absolvierte Rainer Burkhardt zunächst ein Traineeprogramm bei *Bosch* in Toronto/Kanada, um dann seine Agenturkarriere u.a. bei *SEA* und *Publicis*, voranzutreiben. Zuletzt war er als Managing- und Client Service Director bei *DDB* für den Ausbau des Berliner Büros verantwortlich.

Peter Figge, Dr., ist seit 2010 CEO von *Jung von Matt*. Zuvor war er, neben seiner Funktion als CEO bei der Multi-Channel-Agentur *Tribal DDB*, Managing Director der *DDB Group Germany*. Durch Tätigkeiten in Hong Kong, Paris, Zürich und Hamburg sammelte er internationale und nationale Erfahrungen in der Marketing-, Kommunikations- und CRM-Beratung für globale Marken und große Institutionen. Nach einer Ausbildung zum Bankkaufmann studierte Peter Figge Wirtschaftswissenschaften mit Schwerpunkt Marketing an der Université Fribourg, Schweiz, wo er auch promoviert wurde.

Bernhard Fischer-Appelt ist Gründer und Vorstand von *fischerAppelt*, einer der größten Kommunikationsgruppen Deutschlands, die Agenturen in den Bereichen PR, Werbung, Digital, Bewegtbild, Design, Live Marketing und Strategische Kommunikation betreibt. Fischer-Appelt wurde mit zahlreichen Preisen in den Bereichen Werbung, Design und PR ausgezeichnet, unter anderem den Cannes Lions, dem London International Awards und dem Deutschen PR Preis.

Pietro Graf Fringuelli, Dr., ist Rechtsanwalt und Partner im Kölner Büro von *CMS Hasche Sigle* und Head der *CMS Media Group* mit besonderer Spezialisierung auf den Bereich »Neue Medien«. Graf Fringuelli wird für den Bereich Medien, Film, Rundfunk und Entertainment vom *JUVE Handbuch, Chambers Global, Chambers Europe* und dem *Handelsblatt* als einer der führenden Rechtsanwälte im Bereich Medien bezeichnet. Ferner ist er Mitglied der Medienkommission der Landesanstalt für Medien NRW (LfM) sowie Lehrbeauftragter für Medienrecht an der Internationalen Filmschule Köln.

Conrad Fritzsch gründete nach seinem Regiestudium an der Filmhochschule Potsdam-Babelsberg 1993 die Werbeagentur *Fritzsch & Mackat* und war dort Kreationschef. 2008 gründete er zusammen mit Stephanie Renner den Online-Musiksender *tape.tv* und ist seitdem CEO des Unternehmens. Die Vision: Musikfernsehen für das digitale Zeitalter.

Thomas Funk ist seit 2012 CEO der *DDB Tribal Group*, einer Kreativagentur mit Standorten in Berlin, Düsseldorf, Hamburg, Wolfsburg und Wien. Die Agentur betreut mit ihren gut 450 Mitarbeitern Kunden wie *Volkswagen, Telekom, Henkel, eBay, IKEA* und *McDonalds*. Zuvor war Thomas Funk vier Jahre im weltweiten Board des CRM- und Digital-Networks *RAPP* und arbeitete von London aus für die Regionen UK und USA. Sein Fokus lag dabei auf der Integration von klassischer Kommunikation, Digital und Data sowie auf Change Management. Davor hatte er Geschäftsführerpositionen bei verschiedenen Werbeagenturen inne. Thomas Funk ist Redner auf Marketing- und Kommunikationsveranstaltungen, hat diverse Artikel publiziert und sitzt im Beirat von zwei Start-Up-Unternehmen.

Markus Großweischede ist seit 2009 Marketing Director von *Hasbro Deutschland*. Er treibt mit seinem Team die Hasbro Vision des Branded Play voran, d. h. den nachhaltigen Aufbau von Markenwelten für alle Altersgruppen für Brands wie u.a. *Transformers, Littlest PetShop, My little Pony, Nerf, Monopoly, Play-Doh* und *Furby*. Dies geschieht durch die zielgruppengerichtete Integration von Entertainment (Kino, TV-Serien etc.), digitalen Kommunikationsmitteln und Gaming-Plattformen, Licensing und klassischen Kommunikationstools above und below the line. Zuvor verantwortete er u.a. das *Hasbro* Trade Marketing sowie Channel Development und baute das Category Management des *Gerolsteiner Brunnens* auf.

Sebastian Handke arbeitet als Lead Editor und Konzepter in Berlin. Der studierte Kultur- und Kommunikationswissenschaftler war viele Jahre als Film- und Kulturjournalist tätig, unter anderem für *Welt am Sonntag*, *Tagesspiegel*, *Süddeutsche Zeitung*, *ZEIT Online* und *Vanity Fair*. Zuvor hat er als Regieassistent an der *Deutschen Oper am Rhein* gearbeitet und als Flash-Entwickler bei der *Deutschen Forschungsgemeinschaft*.

Björn Hoven verantwortet als Director *Weischer.Storyhouse* bzw. *Weischer.Mediengruppe* die Geschäftsfelder Brand Content, Alternative Programming und Entertainment Marketing in der *Weischer-Mediengruppe*. Er ist Executive Producer von »The Cinema Diaries« und war als Head of Digital & Branded Entertainment bei *FremantleMedia Enterprises* für das digitale Lizenzgeschäft und die Entwicklung neuer Geschäftsmodelle verantwortlich. Davor war er unter anderem bei *DDB Entertainment* Account Director im globalen *Volkswagen*-Product Placement Team. Björn Hoven ist Werbekaufmann und Diplom-Film- und Fernsehproduzent (Filmakademie Baden-Württemberg).

Michael Kamps ist Rechtsanwalt und Partner im Kölner Büro der Wirtschaftskanzlei *CMS Hasche Sigle* und auf Fragen der informationsrechtlichen Compliance (v.a. Datenschutzrecht; IT-Recht; Urheber- und Medienrecht) spezialisiert. Er ist Lehrbeauftragter für Informationsrecht an der Internationalen Filmschule Köln, Mitglied der Deutschen Gesellschaft für Recht und Informatik (DGRI) und der Gesellschaft für Datenschutz und Datensicherheit (GDD) und publiziert regelmäßig zu informationsrechtlichen Themen (u.a. unter www.cmshs-bloggt.de)

Johannes Knoll ist seit 2010 wissenschaftlicher Mitarbeiter in der Abteilung Medien- und Wirtschaftskommunikation am Institut Mensch-Computer-Medien der Universität Würzburg. Er forscht und lehrt u.a. in den Bereichen Rezeption und Wirkung von Brand Placements und Onlinewerbung und promoviert zum Einfluss von User-Generated Content auf die Wirkung von Onlinewerbung. Vor seiner Tätigkeit als wissenschaftlicher Mitarbeiter studierte er Kommunikations- und Medienwissenschaft sowie Psychologie und Soziologie an der Universität Leipzig und der Auckland University of Technology (Neuseeland).

Peter Lauterbach ist seit 2011 Vorstand der *_wige MEDIA*. Zudem war der Gründer und Geschäftsführer der Münchner Branded-Content-Agentur *BYLAUTERBACH* und fünf Jahre lang Moderator der Formel 1 für *SKY Deutschland*. Peter Lauterbach studierte Politikwissenschaft, Geschichte und Jura an der Johannes Gutenberg-Universität in Mainz.

Lars Lehne leitete nach dem Studium der Betriebswirtschaftslehre verschiedene Projekte für *DMB&B Düsseldorf* und *DMB&B World Wide MEDIAGROUP London*. Nachdem er das Media Department von *DMB&B* in Russland aufgebaut hatte, ging er zu *CIA Medianetwork*, wo er den Markteintritt im deutschen Markt verantwortete. Danach war er Managing Director der Mediaagentur *Carat*. 2004 wechselte er zur Hamburger Verlagsgruppe *Gruner + Jahr* als Gesamtanzeigenleiter für die Frauentitel und 2006 zur *GroupM*. Lehne war dort Director Trading and Content und leitete zusätzlich die Geschäftsführung der Agentur *Maxus Communications*. Seit 2009 leitet Lehne als Country Director (Agency) das Agenturgeschäft von *Google Germany* für den deutschsprachigen Raum.

Jesko Perrey, Dr., ist Director im Düsseldorfer Büro von *McKinsey & Company*. Er leitet den Marketing-Sektor von *McKinsey* in Deutschland und weltweit die Marketing Spend Effectiveness sowie die Customer Experience Group. Jesko Perrey ist Koautor zweier Standardwerke zu Marketing ROI und Markenmanagement.

Tobias Piwek: Bereits während seines Englisch- und Philosophie-Studiums an der Christian-Albrechts-Universität zu Kiel hat Tobias Piwek als freier Redakteur für diverse nationale und internationale Print- und Onlinemagazine gearbeitet. Seit August 2011 ist er *bei FISHLABS* für die Betreuung der Social-Media-Kanäle und die Durchführung von redaktionellen Arbeiten zuständig. In der Funktion des Senior Social Media Managers betreut er die sozialen Netzwerke des Unternehmens.

Georg Ramme, Dr., ist Geschäftsführer von *Endemol beyond*, die *Endemols* Tochterfirma für das Digital Business ist. *Endemol beyond* betreibt und produziert Online-Channel für alle relevanten digitalen Plattformen. Weiterhin leitet Georg Ramme bei *Endemol* den Geschäftsbereich »Commercial«, ist für alle Aktivitäten in diesem Komplex und den Bereich Unternehmensentwicklung verantwortlich. Vor seinem Einstieg bei *Endemol* war Georg Ramme drei Jahre lang als Leiter Digital TV und Executive Producer bei *MME MOVIEMENT* tätig. Der promovierte Medienwissenschaftler hat Betriebswirtschaft und Medienwissenschaften in Aachen und Potsdam studiert.

Herbert Schmitz ist Kreativ-Direktor und seit 2013 Partner bei der Berliner Agentur *Schöder+Schömbs PR*. Er betreute dort zuerst den Kunden *Jägermeister* und baute 2011 die Strategieberatungs- und Konzeptionsabteilung auf. Zuvor war er geschäftsführender Gesellschafter bei der *Hopf&Schmitz Agentur für Kommunikation*. Seit Ende der 1990er-Jahre entwickelte er Live-Communication-Plattformen im Kontext Musik für *Reemtsma*, *Bacardi* und *Krombacher*. Herbert Schmitz studierte Publizistik, Theaterwissenschaften und Politik an der Freien Universität Berlin.

Heike Scholz ist Gründerin von *mobile zeitgeist*, dem führenden Online-Magazin zum Mobile Business im deutschsprachigen Raum. Zu den täglichen Lesern gehören Entscheider aus den Medien, der werbetreibenden Industrie sowie der Mobilen Branche in DACH. Von der *Wirtschaftswoche* und der *Next Berlin* 2012 unter die 100 wichtigsten Internet-Vordenker und 2013 erneut unter die wichtigsten 100 Köpfe der europäischen Digital-Industrie gewählt, ist die Diplom-Kauffrau Heike Scholz eine gefragte Rednerin, Dozentin und Beraterin. Hierbei greift sie auf ihre langjährigen Erfahrungen als Strategy Consultant in den ITK-Märkten zurück.

Holger Schramm, Dr., ist Professor für Medien- und Wirtschaftskommunikation am Institut Mensch-Computer-Medien der Universität Würzburg. Er forscht und lehrt u.a. in den Bereichen Werbe- und Markenkommunikation sowie Unterhaltungskommunikation mit Schwerpunkt auf der Rezeptions- und Wirkungsperspektive. Holger Schramm studierte Medienmanagement an der Hochschule für Musik, Theater und Medien in Hannover und an der University of Texas in Austin (USA). Der promovierte und habilitierte Kommunikationswissenschaftler ist Mitglied von Editorial Boards internationaler Fachzeitschriften und hat zahlreiche Bücher und internationale Fachaufsätze publiziert.

Andreas Siefke, Dr., ist seit 2012 Geschäftsführender Gesellschafter von *Kircher-Burkhardt* und verantwortet den Bereich Content Marketing. Nach dem Studium der BWL und anschließender Promotion an der Universität Münster arbeitete er zunächst in der Unternehmensentwicklung des Fernverkehrs der *Deutschen Bahn*. 2000 wechselte er als Objektleiter zu *Hoffmann und Campe Corporate Publishing*. Von 2004 bis Ende 2011 war er als Geschäftsführer für den Verlag tätig. Seit 2007 ist Andreas Siefke Mitglied im Vorstand des Forum Corporate Publishing (FCP), seit 2010 dessen Erster Vorsitzender.

Nora S. Stampfl ist Gründerin von *f/21 Büro für Zukunftsfragen* und für ihre Kunden dem gesellschaftlichen Wandel auf der Spur. Sie hat Bücher und zahlreiche Artikel publiziert und verfügt über langjährige Berufserfahrung als Unternehmensberaterin bei *PwC Consulting* sowie *IBM*. Die Zukunftsforscherin, Organisationsberaterin und Autorin hat Wirtschaftswissenschaften an der Johannes Kepler Universität Linz (Österreich) studiert und ihren MBA an der Goizueta Business School, Emory University in Atlanta (USA) erlangt. Nora S. Stampfl lebt und arbeitet in Berlin.

Andreas Stecher ist ein bewährter Branchen-Experte mit einem erstklassigen Kontaktnetzwerk und mehr als zwölf Jahren Berufserfahrung im mobilen Markt. Als Executive Vice President Sales ist er bei *FISHLABS* nicht nur für die Bereiche Business Development und Sales verantwortlich, sondern betreut auch diverse Brand-Game-Projekte für renommierte Kunden wie *Volkswagen*, *Barclaycard* oder *The Coca-Cola Company*. Vor seinem Engagement bei *FISHLABS* war er als Sales Director bei *Electronic Arts* für den Vertrieb von Top-Titeln wie »Tetris«, »FIFA« und »Need For Speed« in Zentraleuropa zuständig. Außerdem hat er ein Jura-Diplom mit den Schwerpunkten Lizenzrecht und Verträge.

Jörg Tropp, Dr., ist Professor für Medien- und Kommunikationswissenschaft mit Schwerpunkt Unternehmens- und Marketing-Kommunikation an der Hochschule Pforzheim. Der promovierte und habilitierte Kommunikations- und Medienwissenschaftler verfügt über langjährige Berufserfahrung in der Marketingkommunikation. Er hat zahlreiche Bücher und internationale Fachaufsätze publiziert, ist wissenschaftlicher Berater des Gesamtverbandes Kommunikationsagenturen GWA, Gastprofessor an der Universidad Autónoma de Madrid sowie Mitglied in diversen nationalen und internationalen wissenschaftlichen Kommunikationsverbänden.

Stichwortverzeichnis

Absolut Vodka 159, 161
ADAC 285
Affiliate Marketing 286
Aktualität 11
Akzeptanz 22
Allianz 131, 132, 133, 139, 141, 185, 186
Apotheken Umschau 285
Apple 10, 13, 37, 180, 283
Archetypen 79, 80
Audience Conversion 142
Aufmerksamkeit 6, 21, 137, 165
Aufmerksamkeitsökonomie 6, 9
Augmented Reality 114
Authentizität 31, 48, 58, 67, 122, 126, 133, 173, 174, 185, 202
Automated Content 140
Awareness 117, 118

BabyCenter 283, 285
Bahlsen 80, 81
Banner-Blindness 174
Barclaycard 110, 111, 151, 152, 153
Barcoo 115
Bartering 127
Big Data 142
BMW 18, 22, 50, 150, 197
Bogner 190, 191, 245
Branded Entertainment 23, 117, 119, 122
Brand Games 144
Budgetallokation 227
Burberry 3, 9
Burger King 153
Buzz 241

Chrysler 202
Coca-Cola 12, 13, 15, 69, 96, 152, 163
Co-Kreation 207
Commerce 281, 283, 288
Community 54, 63
Content Marketing 4
Conversation Scan 92

Conversion 282
Corporate-Publishing 4, 131, 136, 251
crossmedial 218
Crowdsourcing 64, 222
Customer Decision Journey 235

Dauerwerbesendung 118, 120, 222, 248
Deere, John 88
Deutsche Telekom 15, 16, 65, 66, 68, 169, 222, 285
Dialog 33
Digitalisierung 8, 31, 58, 88, 89, 117, 136, 207
Disney 284
Distribution 120, 200, 213
Diversifikation 282, 284
dm 98, 99
Dramaturgie 36

Earned Media 4, 14, 137, 210, 239
Effekte, virale 127
Effektivität 229
Effizienz 125, 229
Electronic Arts 284
Emotionalisierung 161
Emotionen 52, 183
Entega 64
EpicWin 44
Erfolgsmessung 17
Eristoff 76
Erleben 24
Erlebnisse 57
Erlösmodelle 276
Erregungsniveau 24
Events 198, 208
Exklusivität 14

Facebook 9
Fanta 12
Farmville 51
First Screen 106, 200
Flow-Erleben 25, 26, 27, 47

Stichwortverzeichnis

Flow-Theorie 24, 25
Fogg Behavior Model 51
Foldit 44
Ford 60, 62
Formatentwicklung 197
Frequenz 232

Gameplay 147, 148
Games 9
Gamification 42, 96
GAP 62
Genre 151, 161, 171
Geschichten 33, 34, 36, 55, 133, 176, 184
Glaubwürdigkeit 11, 53, 136, 174, 179, 185, 288
Google 31
Gross Rating 230
Gross Rating Points 17
Guinness 135

Haribo 112
Harley-Davidson 10
Hasbro 10, 121, 124, 226
HbbTV 225
HEMA 78
Heuristik 228
H&M 154

Identität 173
IKEA 7, 17, 285
Imagefit 188
Impressions 232
Information 5, 19, 20, 22
In-Game-Ads 154
Insights 13, 58, 207
Involvement 10, 13, 118, 119, 126

Jägermeister 164, 166, 167, 169, 170
Jaguar 198
Johnnie Walker 152
Johnson & Johnson 283
Journalismus 11, 14, 69, 76, 79

Kaufentscheidungsprozess 228
Kaufprozess 233
Kennzeichnung 243, 246
Kennzeichnungspflicht 247, 248, 249
Kompetenzen, journalistische 15
Kontakthäufigkeit 231

Kontaktqualität 233
Kontinuität 287
Konvergenz 287
KPI 142, 156
Kultur 22, 23
Kundenbeziehungen 53
Kundenbindung 131
Kundenerlebnis 46
Kundenzeitschrift 251

Laviva 16
Lego 10, 61, 65, 73, 284
LesMads 178
Liquid Experience 109
Liquid Marketing 96
Live Communication 159, 160
Lizenzgebühr 220
Lizenzprodukte 284
Location Based Services 114, 115
L'Oréal Paris 204, 205, 206, 207
Lucky Strike 265
Lufthansa 93, 285, 286

Markenassoziationen 19
Markenbekanntheit 14
Markencommunity 52
Markenfit 199
Markengeschichten 69
Markenloyalität 55
Markenmedien 4, 5, 275
Markenpersönlichkeit 14, 179
Markentreue 278
Marketing, virales 250
Mattel 284
McDonald's 44
Medialisierung 6, 7, 284
Mediamix-Modellierung 235
Medienfunktionen 20
Medien, journalistische 13
Medienkonvergenz 109, 252
Medienmarke 275, 276
Mediennutzung 19, 285
Mercedes-Benz 286
Merchandising 127, 283
Methode, heuristische 229
Methode, ökonometrische 229, 235
Michelin 88, 135
Microsoft 181, 182
Mobile-TV 257

MTV 107, 108
Multi-Screen-Nutzung 107
Mundpropaganda 48
Musik 160, 161, 201

Nachrichtenfaktoren 76
Native Advertising 286
News 75, 77
Newsjacking 12, 71, 81
Newsplanning 72, 81
Nike 45, 54, 61, 95, 154, 201, 222
NIVEA 9
Nutzungsart 255
Nutzungsmotiv 19, 20, 23
Nutzungsrecht 128, 255, 258, 261
Nutzwert 134

Ökonometrik 228
Ökonomisierung 284
Old Spice 270
Orange 162, 163
Orchestrierung 207
Oreo 71, 149
OTTO 62, 223
Owned Media 4, 137, 169, 239, 286

Paid Media 4, 9, 137, 210, 239, 241
Partizipation 45, 46, 52
Pepsi 65, 152, 163
Persuasion Knowledge Model 21
Pixar 35
Pizza Hut 62
Placements 19
Point of Sale 128, 231
Prada 34
Pressegesetze 246
Pril 63
Procter & Gamble 13, 135, 197, 202, 266
Product 19
Production Value 147, 148
Product Placement 12, 66, 119, 120, 124, 128, 191, 198, 208, 213, 215, 216
Promotion 164
Public TV 225

Qualität 15, 277

RCQ-Score 234

Reach-Cost-Quality-Ansatz 230
Real Time Advertising 125
Real Time Effectiveness 125
Recall 27, 232
Recognition 27
Red Bull 5, 7, 16, 18, 72, 73, 94, 139, 186, 192, 250, 251, 252
Reichweite 9, 89, 120, 127, 146, 154, 188, 208, 221, 222, 223, 230, 231
Reichweitenverlust 223
Relevanz 7, 11
Return on Investment 16, 128
REWE 5, 16, 275, 285
Roadblocking 118
ROI 220, 227
Rom 77
Rossmann 115
Rundfunkänderungsstaatsvertrag 215
Rundfunkstaatsvertrag 120, 127, 222, 223, 247

Salamander 243, 251
Schleichwerbung 216
Schwarzkopf 87, 137
Second Screen 107, 119, 125, 127, 200
Selbstbestimmungstheorie 53
SEM 127, 203
Sendelogik 272, 273, 274
SEO 142
Shitstorm 32, 137, 180, 240, 269
Smart TV 225
Social Media GRP 240
Social-Media-Monitoring 240
Social Media ROI 240
Sold Media 286
Spiegel 287
Spieldynamik 50, 51, 52
Spielertyp 50
Spielmechanismus 49, 50
Spin-off 222
Sponsoring 66, 161, 162, 164, 188
Sport 183, 184
Springer, Axel 37
Stihl 10
Story 164
Storytelling 34, 70, 79, 81, 96, 99, 117, 128, 141, 187, 200
Streaming 254
Streuverluste 231

Stichwortverzeichnis

Targeting 206
Tausend-Kontakt-Preis 17, 232
Techniken, unterschwellige 223
Telekom 165, 172
Telemedien 252
Telemediengesetz 223, 249
Teleshopping 120, 247
Testimonials 210, 212
Themen 8, 11, 12, 14, 69, 70, 89, 93, 94, 100, 141, 176, 184, 210, 241
Themen-Management 12
Themenprofil 11
Themenwelt 88
TIME-Markt 283
Time Warner 284
T-Mobile 154
Touch Point 32, 41, 109, 110, 200
Tracking 233
Trailer 211, 280
Transaktion 282
Trennungsgebot 245, 246
TUI 286
Twitter 9

Unterhaltung 5, 20, 22, 23, 53, 70
Unterhaltungserleben 24, 26, 202
Unterhaltungswert 34
User Experience 102, 180
User Generated Content 5, 59, 168, 244, 259

User Inspired Content 63

Veranstaltungen 160
Vermarkter 217
Vermarktung 5
Verticals 208
Vertrauen 57
Vervielfältigungsrechte 259
Video-on-Demand 254, 258
Video-On-Demand-Plattformen 225
Viralität 74
Volkswagen 37, 125, 126, 145, 146

Wahrnehmung 19
Weight Watchers 43
Werbecharakter 244
Werbeerinnerung 206
Werbeerlöse 281, 282
Werbereaktanz 18
Werbewirkung 27, 38, 228
Wirkung 18, 21, 39, 142, 143
Wirkungserfolg 146
Word of Mouth 13, 14, 53

Yahoo 202
Youtube 9

Zalando 136, 282